EXPANSION
of
CAPITAL

资本的扩张

五洲震荡风雷激

薛晓明 著

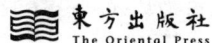
东方出版社
The Oriental Press

图书在版编目（CIP）数据

资本的扩张 / 薛晓明著 . —— 北京：东方出版社，
2025.4. —— ISBN 978-7-5207-3984-9

I. F11

中国国家版本馆 CIP 数据核字第 202476H2V1 号

资本的扩张
ZIBEN DE KUOZHANG

作　　者：	薛晓明
责任编辑：	李　烨　李子昂
出　　版：	东方出版社
发　　行：	人民东方出版传媒有限公司
地　　址：	北京市东城区朝阳门内大街 166 号
邮　　编：	100010
印　　刷：	华睿林（天津）印刷有限公司
版　　次：	2025 年 4 月第 1 版
印　　次：	2025 年 4 月第 1 次印刷
开　　本：	660 毫米 ×960 毫米　1/16
印　　张：	29
字　　数：	360 千字
书　　号：	ISBN 978-7-5207-3984-9
定　　价：	72.00 元
发行电话：	（010）85924663　85924644　85924641

版权所有，违者必究

如有印装质量问题，我社负责调换，请拨打电话：（010）85924602　85924603

每个有生命的有机体都在自己力量允许的范围内尽可能远地蔓延开去,并且征服一切弱小者。这样,它就发现了它自身存在的意义。

——《权力意志》尼采

序一 海陆相克的资本运动史

薛晓明先生是我的学生,得知他所著《资本的扩张》付梓,我心甚慰,欣然作序。阅读本书,作者对探求真知的坚持,对问题、对读者的真诚,对祖国的热爱,全都跃然纸上。晓明曾有多年海外求学和生活的经历,故此,他在本书中所持的见解和立场再一次印证了我长久以来的一种判断:越是深入了解西方世界的人,越是敢于斗争、善于斗争。

本书旨在讨论资本作为一种生产关系是如何在中东世界萌芽,西传地中海并在欧洲世界孕育生长,又是如何在大西洋沿岸的荷兰、英国发育成熟,一路向东方扩张,以图拓展其资本积累的生产空间的;近代中国、日本等东方文明又是如何应对西方资本主义扩张的,成功者何以成功,而失败者又何以失败。从地理与历史的角度去看,近 600 年的资本运动扩张史,又何尝不是一部陆海复合型强国与海洋强国争夺世界霸权的斗争史,是陆海复合型强国与海洋强国各自的权势在不同的民族国家间相继转移的历史进程。

陆海复合型强国与海洋强国争夺世界霸权这一经典范式,起始自早期的地中海世界。来自西干草原(Western Steppe)的游牧帝国奥斯曼土耳其帝国在 1453 年征服君士坦丁堡、拿下黑海海峡后,就迅速崛起为地中海地区支配型的陆海复合型霸权,而当时地中海上的主要海洋霸权是威尼斯，它们之间的冲突和竞争，上演的是"茶壶里的风暴"，地点就在地中海中东部。日后陆海复合型强权与海洋霸权之间的各种斗争，在近600年前的地中海中东部全部预演过，像胚胎发育一样具体而微。正如黑格尔所言，"萌芽虽然还不是树本身，但在自身中已有着树，并且包含着树的全部力量"①，而"一切事物最初都是在自身（或潜在的），但那并不是它们的终极，正如种子是植物自身，只不过植物是种子的自身发展"②。近600年来陆海复合型霸权与海洋霸权之间各种斗争的内在规律和内在规定性已经全部自在于近600年前地中海中东部那场海陆对冲争霸的萌芽之中了，而这种规律和内在规定性也不会满足于停留在它的萌芽状态，而是一定要把自身的全部力量伸展开来，发展到支配全世界。这一运动发展过程，首先就表现在海陆权势沿着各自的逻辑渐次转换其权势担纲者，东方哲学认为这是一种"天命所归"，而西方古典哲学的集大成者黑格尔则将这种历史天命的承担者称为"世界历史民族"。③

　　研究历史可以发现，陆海复合型霸权的转移路径是奥斯曼土耳其帝国—西班牙哈布斯堡王朝—法国波旁王朝与拿破仑帝国—德意志第二帝国与第三帝国—沙俄与苏联。从地理位置上看，是从欧亚大陆中部地带，即欧亚草原带（The Eurasian Steppe）的南端出发，向西横跨地中海，来到欧亚大陆最西端南部的伊比利亚半岛，继而北上来到法兰西，再渐次向东复归，跨过波德平原，回到中部地带的北端——东欧平原，整个过程像是钟表以中部地带南端为圆心的顺时针摆动。而海洋性霸权

---

① 黑格尔：《法哲学原理》导言，范扬、张企泰译，商务印书馆1961年版，第1页。
② 黑格尔：《小逻辑》，贺麟译，商务印书馆2011年版，第269页。
③ 参见吴晓明：《论黑格尔历史道路理论的具体化纲领》，《天津社会科学》2015年第1期，第14—22页；黑格尔：《历史哲学》，王造时译，上海书店出版社2001年版。

的转移路径则是威尼斯—葡萄牙—荷兰—英国—美国—日本为首的东亚生产网络。从地理位置上看，是从地中海出发一路向西，来到分割地中海与大西洋的伊比利亚半岛西侧，再沿海路折向东北，来到低地国家荷兰，随即义无反顾转身向西，先是跨越狭窄的英吉利海峡来到英伦三岛，继而横跨大西洋来到美国。海洋性霸权的基础，是面向世界市场进行大规模生产和贸易，其硬实力包括海军的力量和远洋的运输能力，然而当前美国这些基础的硬实力优势已经逐渐消减，美国只剩下资本市场的融资能力和科研能力。当前的趋势是海权力量继续向西，离开美国西海岸，横跨太平洋，经过日本、韩国、中国台湾、中国香港、新加坡，着落在中国南方。

海陆两种力量之间的对抗和竞争，起初表现为威尼斯与奥斯曼土耳其帝国的地中海争霸战争，大航海时代后便依次发展为葡萄牙对抗西班牙、荷兰对抗法国、英国对抗法国、英语民族对抗俄罗斯的百年大博弈，其间穿插了对抗德国崛起的插曲，最后以20世纪下半叶的美苏冷战以苏联解体而告一段落。就物质生产、贸易网络、战争能力和自上而下的管控能力而言，其实在苏联解体之后，21世纪初的陆海复合型强权的力量重心已经转移到了东亚北方。

审视历史地图，陆海复合型霸权与海洋霸权这两种道路、两种精神内核，一阴一阳在地理空间上如同台风眼一般迁移回流，若以北极为地图中央观照历史地理空间，阳性在欧亚大陆上按顺时针回流，阴性则以逆时针在海洋上回流。

上述两大权势的转移路径都是现代化路径的探索轨迹，但是由于地理和历史文化传承的不同，各有所侧重，各有特点；如今都转移到了中国的北方和南方，在中国交汇了。从这个角度看，中国提出的"一带一路"倡议和构建人类命运共同体理念具有开创新全球史的重大历史意义。

　　薛晓明先生的这部《资本的扩张》，恰逢其时，深刻剖析了资本运动法则支配下的人类集团之间斗争与合作的一般规律，暗合陆海复合型强权与海洋霸权在全球地理空间上对立统一的辩证发展过程，不但对读者深刻理解我们今天所处世界大有裨益，亦为人们思考当下诸多问题的应对之道有所助力。

　　是为序。

翟东升
2024 年 3 月

序二　驾驭资本远航者方可见新大陆

这是一部以资本为主角的《奥德赛》或《伊利亚特》；一部资本的大洋漂流与扩张史；一部资本从婴儿期到青壮年的史诗。在这部史诗里，资本扮演的是劫掠者与被劫掠者的双重角色：既是英雄，也是被英雄争夺的海伦；既是财富的推进器，也是财富收割机，或者干脆就是财富本身。

《资本的扩张》用36万余字的篇幅，给我们开辟了一条认识和描述世界的新通道：循着金融的诞生到资本的扩张这条线索，作者告诉我们，与东方大国在小农经济的土地上王朝循环更迭不同，西方世界在古希腊与古罗马文明衰落之后的再度崛起，是借助资本这支魔杖在全球寻获财富圣杯或金羊毛的结果和演进。作者还告诉我们，人类社会被资本牵着走，并非从五百多年前资本主义社会诞生时开始，而是早在一千多年前，居于欧亚大陆的阿拉伯帝国，就用复式记账法和商业票据、银行票据，以及商业合伙人制度，把东西方联结成了一张洲际远距离贸易的价值流网络。

作者说这是人类历史上第一次全球化。这是几乎所有历史学家都不曾使用也不习惯使用的观察和分析视角——资本的视角。

更值得一提的是，作者同时展开的另一视角：以中国的编年史为坐标，对比东西方在资本勃兴的这一千余年里的每一个重大事件。这使本书对国人产生了用他人历史反观与反省自身的沉重感。

正统的史家总是更多地关注王朝兴替、社会盛衰或战争胜败，对经济生活的关注也多留意于游牧耕种、纺织稼穑、贸易往来这些表象的繁荣与凋敝。金融活动在他们眼中，不过是经济生活的小角落，而且还隐藏在货币的身后。很少有人注意到，资本一直是王朝更替、社会转换与战争胜负的隐形线索，即使在那些金融业不发达的王朝时期亦如此：战争融资能力的强弱，往往决定一支军队乃至一个国家的存废。

从"争雄印度洋"到"海陆相克"，从"鸦片战争"到"日本崛起"，再到"日俄战争"，作者向我们描述了资本如何推动人类历史两度全球化的过程，不是皇族与领主对疆土的渴望，也不是将军与士兵对胜利的激情，而是资本对利润最大化的追逐使之成为全球化的始作俑者。

哥伦布、麦哲伦与大航海时代如此，蒙古帝国用弯刀为自由贸易开路亦如此，鸦片战争中两种文明、两个时代的碰撞更是如此；日本正是有了对资本的全面开悟，最终战胜它的两大邻国而一举崛起。这一切，都是拜资本所赐。

在人类近千年特别是近三百年的经济生活中，资本一直既是令人困惑的角色，也是令人着迷的话题。人们对它既爱又恨。富有者爱它，匮乏者恨它，但所有人都渴望它。更有人把对过多占有它的人的憎恨倾泻在了它身上，殊不知，这是把对资本的占有与资本混为一谈。而资本其实只是中性之物，本身无所谓好坏与善恶，它只是人类经济活动的工具，除了它能量惊人外，它与镐锹、犁铧、车床、流水线这些生产工具并无二致，或者说得更形象些，它是经济发动机的燃油和润滑剂，是经济活动的食粮，如果我们从不憎恨燃油和粮食，那么我们为什么要憎恨资本？

比这个问题更严重的是，历史已经证明，谁误解了资本，谁就可能误失自己的命运甚至国运。300年西方之兴，在于其善用资本；同时期中国之衰，在于其不懂资本。这恐怕是农耕民族与海盗民族、马背民族的生存方式和习惯的天然差别所致。海盗不断航行与草原民族不停迁徙，都有极强的流动性；人的流动性必然带来经济的流动性，所到之处，与原住民的交易互市自然发生，对金融与资本的理解也更深刻并运用自如。中国则不同，五千年文明，基本就在长城内外，黄河上下，长江两岸间展开，虽然幅员足够辽阔，物产足够丰厚，但小农经济、集市贸易，没有远距离商贸往来，也就没有流动性，货币不过是经济活动的计量单位；没有大规模投资需求，资本自然不会勃兴，资本主义大工业社会也就不会到来。生产方式与交易方式的匹配模式，决定了一个国家的属性和运势。于是，海陆相克，流动帝国对守土帝国的胜利，就是必然性事件了。

作者用一段段历史、一个个案例印证了我的上述推断，也触发了我更深的忧虑：

今天，我们正处于人类历史第三次全球化的后半程，甚至可以说是它的落幕期。在此之前，西方世界一边打仗，一边生产，让资本同时驱动两只轮子转动，互相推挽前行，直到美国人发明出"第三只轮子"：用资本产生资本。这一时期萌芽于1944年布雷顿森林体系建立，肇始于1971年美元与黄金脱钩，形成于20世纪80年代里根新经济时代。借信息技术革命之风，计算机、互联网之助力，美国把这一轮全球化彻底打上了美元的钢印，换句话说，这一轮全球化就是美元的全球化、金融资本的全球化，甚或说，就是美元资本横扫世界。其威力如何？从2008年金融危机之后，美国连续多次执行QE（量化宽松政策），用超发货币的方式，不但把美国股市从危机前的17000点一路拉升到36000

点，并使美国的GDP连续十五年保持2%—3%的增长速度，而让其他国家的经济全部成为它的垫脚石。看看这段短暂的当代史！美国能在十余年时间里恢复过来，其主要推手，就是美国资本的力量。

然而，"神龟虽寿，犹有竟时；腾蛇乘雾，终为土灰"，所有的帝国都有终结，美国也不例外。明眼人都能看出，尽管在一番辗转腾挪后，美国渐渐爬出了2008年金融危机的泥潭，但也把美国的气息消耗得所剩无几，不然，其国内两党的内斗、社会族群的撕裂就不会如此剧烈。有人认定，科技创新会为美国续命，AI时下的大热似乎在印证这一点。但科技大发展的结果，从来就是改变社会，而不是延长帝国的寿命，看看蒸汽机与电气化后的大英帝国即可明白这个道理。

历史上任何一个帝国的终结，都是其他国家的机会。大势当前，东方大国该如何应对？道理千条，万法归一，如何善待资本、善用资本，进而创造并提升中国自己的资本力量，仍是当下摆在国人面前的一个时代课题，因为历史已证明，能驾驭资本之舟远航者，方能抵达新大陆。我想，这也是作者应从《资本的扩张》戛然而止处，需要继续谱写的篇章。

我与本书作者薛晓明虽然时有信息交流，但至今未曾谋面。在我遇到的五十岁以下的学者中，他是思维死角最少者之一。他视野开阔，涉猎广泛，经历丰富，直觉敏锐且富于激情，尤其难能可贵的是，他没有过早地形成思维定式，他有鲜明的立场，但又不让立场代替思辨和判断，与那些对自己不管懂不懂的问题，都能张口就下结论、做判断的人有云泥之别。因此，我对他有信心，并愿意向读者推荐他的这部大作。

空军退役少将　乔良
2024年3月9日于三亚

自序

这是一本漫长的书。从公元 10 世纪前后伊斯兰文明建立起人类历史上第一个全球化经济体系,直到 1905 年日俄战争结束,前后横跨 1000 余年,是从策略上探讨西方文明的兴起及其对东方的征服和挑战,以及东方文明中不同分支如何应对此种挑战并输出不同结果的——有的成功,有的失败;成功者何以成功,失败者又何以失败。然而种种策略讨论,都只是社会科学客观规律在不同历史时期的具体展现,这些社会科学客观规律,当然包括汉斯·摩根索所说的"政治是由根植于人性的客观规律所支配的"或者"普遍的道德原则不能以其抽象的公式运用于国家行为",也包括达尔文提出的"物竞天择,适者生存",同时还包括帕麦斯顿勋爵的"没有永恒的朋友,也没有永恒的敌人,只有永恒的利益",包括热力学第二定律"在孤立系统内,任何变化不可能导致熵的减少",以及尼采的"每个有生命的有机体都在自己力量允许的范围内尽可能远地蔓延开去,并且征服一切弱小者,这样,它就发现了它自身存在的意义";而所有这些客观规律,又都是围绕一条最根本的法则而展开的:争取价值在空间分布上有利于自己。本质上讲,一切人类斗争都是围绕这个基本点展开的,而所有这些社会科学"客观规律",都不过是这一斗争当中的某种算法。

与自然规律自动触发的运作方式不同，由于人的自由意志及其衍生出的主观能动性，社会规律以一种戏剧化的方式展开，不同的人群当然可以按照自己对于客观法则的认识水平不同，以及主观意志、利益诉求乃至客观约束条件的不同，选择是否按照，以及多大程度上按照客观法则行事，当然这些不同选择必然导致不同的结果，由不同的人群各自承受，求仁得仁，"求锤得锤"，由此演绎出一幕幕历史大戏。"元嘉草草，封狼居胥"，兴衰成败不可胜数，而戏剧的脚本又总是着落在客观规律所规定的方向上，眼看他起高楼，眼看他宴宾客，眼看他楼塌了，无一例外。由此，在自然界中以铁律形式存在的客观规律，在人类社会中也就还原成为某种"算法"，而这，恰恰是社会科学引人入胜的地方，它允许人们依照其自由意志，充分发挥其主观能动性，与天奋斗、与地奋斗、与人奋斗，争夺价值。

这里所讲的"价值"当然是在政治经济学意义上的。马克思认为价值就是"凝结在商品中的无差别人类劳动"，而价值的大小则由生产某种商品的"社会必要劳动时间"来确定，并且在商品交换中要遵循"价值规律"等价交换。紧跟着，马克思就转入到对商品内部所蕴含的价值如何在一个社会内部不同阶级之间分配的问题进行分析，并基于此提出了他最著名的"剩余价值"理论；而主流西方经济学家则转而讨论在一个开放的世界市场当中，国家之间如何按照比较优势的原则，发展符合各自自然禀赋的产业结构，进而通过自由贸易提升所有国家的福祉。马克思与主流西方经济学家们的理论分野自然是南辕北辙，然而他们似乎都没有将一个至关重要的变量纳入其理论框架：主权民族国家。

主权民族国家对于价值的塑造和空间分布当然具有决定性的规训力量。当马克思用"社会必要劳动"来定义价值，并用"社会必要劳动时间"去衡量价值大小的时候，他似乎并没有讨论这里的"社会"如何去界定——某种商品的价值究竟是由哪里的、多大规模的"社会"之必要劳动所决定的？是东南亚、西北欧这种区域级别的经济社会，还是美国加利福尼亚州橙郡、佛罗里达州坦帕，抑或是中国山东曹县、俄罗斯的下诺夫哥罗德？以本书的主旨而论，价值的"社会"界限只能由国界来划定，主权民族国家的国界成为决定不同社会价值的决定性因素。一切商品的价格，包括劳动力和资本在内的生产要素的商品价格，全都因为国界这一政治地理因素的存在，而在经济地理的空间分布上完全不同，于是，商品本身以及商品所承载的价值，就按照价格指挥棒的调度，在全球市场上轻重聚散，完成价值的空间流动和分布。

主权民族国家作为世界市场上最强有力的行为体，完全可以按照自己的利益，不择手段，去影响和改变价值的空间流向和分布。这些手段包括而不限于以战争等暴力手段来强行扭转价值流向和空间分布；以战略性的产业政策和关税政策来打击其他国家的相关产业并扶植自己的产业；以发达的金融市场来控制定价权；制造金融危机、经济危机、地缘政治危机等来打击竞争对手进而损人利己；如此等等。

如果看不到国际斗争对于分割剩余价值的决定性作用，那么我们就难免要犯列宁提到的"'左派'的幼稚病"；同样，如果我们执着于自由主义的乌托邦想定，看不到国际斗争对于价值空间分布的决定性规训作用，那么我们就难免要犯"白左圣母病"。无论哪种"病"，都是妨碍我们准确看待世界本质的重大障碍。

主权民族国家为了争取价值，或者说利益，所使用的所有这些手段、这些政策工具，有些看似可怖，另一些则看起来未免"下三滥"甚或"邪恶"，为"正人君子"所不齿。然而，不要忘记，"普遍的道德原则不能以其抽象的公式运用于国家行为"①,国际社会区别于国内社会的基本性质,就是无处不在的无政府状态,并没有一个至高无上的主权者垄断暴力和司法,来为全社会主持公道,国际社会每个成员归根到底只能靠自己的爪子、牙齿、拳头和脑子来挣扎图存,对于生活在这样一个近乎丛林社会的主权民族国家来说,最根本的道义原则有且仅有一条:不择手段活下去,争夺更大的利益空间,国家利益至高无上。如果遵循道义原则,可以帮助国家生存下去,那么国家就坚持道义原则;如果践踏道义原则,可以帮助国家生存下去,那么国家就要毫不犹豫为非作歹。让上帝的归上帝,让恺撒的归恺撒。

长久以来,"正人君子"们看不到国内社会与国际社会的本质区别,不明白"国家利益至高无上"的道理,不自觉而又不明智地将仅仅适用于人际关系私域的抽象道义原则普遍地应用于国际关系领域,这就极大影响了人们以客观而实事求是的态度去认识和把握国际斗争领域的客观规律,而认知水平决定文明兴衰。只要我们放下仁义道德的精神枷锁,齐观万物,真正去实事求是地认识和把握客观规律,就会豁然开朗,获得一种任督二脉被打通的智力快感,从此反客为主,不拘一格,手里的政策选择工具箱会异常丰富,飞花摘叶皆可杀人。须知,所有这些手段,这些政策工具,本身并无高低善恶之分,应用与否,应用到何种程度,全在于是否最大限度符合国家利益。

这本书正是要借助分析世界近五百多年文明兴衰、资本运动、大国博弈的历史,来复盘所有这些规则、规律和算法,这在当下中美贸易摩擦和俄乌战争的时代条件下,绝非是无关紧要的,只有直面所有这些错综复杂的矛盾,积极主动去破解这些矛盾,中华民族伟大复兴才能从中

---

① 汉斯·摩根索:《国家间政治:为了权力与和平的斗争》,孙芳、李晖译,海南出版社2008年版,第14页。

国梦真正贯彻落实为历史的实然。

进一步,海阔天空。

谨以此书,献给我的同胞。

目录

第一章　争雄印度洋：第一个全球化体系的兴衰　001
　　阿拉伯帝国的崛起　002
　　全球化 1.0：阿拉伯帝国构建的霸权贸易网络　009
　　阿拉伯的金融炼金术　019
　　欧洲人的逆袭　031
　　葡萄牙人的印度洋殖民帝国　041

第二章　海陆相克　057
　　元朝：自由贸易的世界帝国　058
　　商业帝国的败亡之路　064
　　热力学第二定律　069
　　何以天朝：明朝意识形态的发展脉络　078
　　本色主义：明朝的财政赋税　087
　　九边国殇　095
　　盐引与资本市场　100
　　大明商帮　109
　　权力旋转门　116

夷人远来　　　　　　　　　　　　　124

　　倭寇的故事　　　　　　　　　　　　133

　　巡抚与海盗　　　　　　　　　　　　144

　　马尼拉大帆船　　　　　　　　　　　150

　　大失败　　　　　　　　　　　　　　158

　　拓展阅读：中国殖民八大伟人传　　　167

第三章　鸦片战争　　　　　　　　　　　173

　　东印度公司与天朝的崩溃　　　　　　174

　　分布式鸦片帝国　　　　　　　　　　182

　　外交官与两广总督　　　　　　　　　189

　　病夫当国　　　　　　　　　　　　　195

　　虎门之战　　　　　　　　　　　　　204

　　山雨欲来　　　　　　　　　　　　　211

　　伦敦金融城打赢的鸦片战争　　　　　226

　　东方的罗斯柴尔德：沙逊家族崛起　　242

　　汇丰银行：一个金融帝国的诞生　　　248

　　生丝大战：胡雪岩的滑铁卢　　　　　260

　　失落的天国：军阀崛起与洋务运动　　272

第四章　日本崛起　　　　　　　　　　　279

　　东北亚大棋局　　　　　　　　　　　280

　　明治维新与英国对华大战略　　　　　286

　　西乡暴走与北洋亮剑　　　　　　　　292

　　日本崛起的战略分析　　　　　　　　297

　　清国征讨方略　　　　　　　　　　　302

　　甲午大败局　　　　　　　　　　　　307

帝国的谱系	314
欧亚折叠	321
朝鲜半岛定风波	325
华俄道胜银行	329
维特伯爵之烦恼	335
卢布帝国	340
英日同盟	348
沙皇的决断	355

第五章　日俄战争　365

坂上之云	366
庙算	373
犹太银行家	380
雅各布·希夫的战争	384
幽灵永生	389
沙皇的炼金术	394
203高地	404
波罗的海舰队的奇幻漂流	408
对马海战	425

后记　435

第一章
争雄印度洋：第一个全球化体系的兴衰

从地理条件上讲，以两河流域为核心区的中东地区是桥接世界岛东西两端，也就是东亚与西欧这两个世界上最重要的生产和消费中心的心脏地带。中东伊斯兰商业文明崛起在这块欧亚大陆的心脏地带上，通过地缘政治上的地理空间扩张与商业组织和金融技术上的卓越创新——商业合伙制度、复式记账法、商业票据、银行票据等，以常态化的大宗商品洲际远距离贸易将东亚与西欧真正联结成为一张全球化的价值流动网络，从而开创人类历史上第一个世界体系。这样一个全球化的世界体系，将刺激真正的资本主义在西欧萌芽、发展、茁壮成长，进而向东方世界积极扩张，由此便掀开了本书波澜壮阔的历史篇章。

阿拉伯帝国的崛起

在我国唐代之前，世界上并不存在一个联系紧密的全球化的贸易体系，几个主体文明分布在地球的天涯海角，守着自己的一亩三分地，它们的命运没有关联，悲欢并不相通。直到公元7世纪，兴起于阿拉伯半岛的伊斯兰文明，在此后100年左右的时间里，建立起一个东至印度、西至西班牙的庞大帝国，这才在人类文明的历史上，塑造出了第一个全球化的世界体系。

唐永徽二年（公元651年），阿拉伯帝国彻底征服了波斯萨珊王朝[①]。唐景云二年（公元711年），阿拉伯帝国跨过伊朗高原继续向东扩

---

① 陈沫：《沙特阿拉伯》，社会科学文献出版社2011年版，第27页。

张，征服了信德地区①②（今天巴基斯坦信德省），将阿拉伯帝国的版图向东扩张到了印度河一线，当年，阿拉伯帝国在西线甚至跨过直布罗陀海峡，攻进了西欧的伊比利亚半岛，消灭了信奉基督教的西哥特王国，征服了今天西班牙一带的土地③④。阿拉伯帝国还进一步北上，翻越比利牛斯山脉，攻入西欧信奉基督教的法兰克王国。唐开元二十年（公元732年），阿拉伯人在图尔战役中惨败⑤，于是放弃了向西欧内陆进军，西欧的基督教世界就此得以存续。唐天宝十年（公元751年），阿拉伯帝国与唐朝在位于今天吉尔吉斯斯坦境内的怛罗斯爆发大战⑥，此战之后，双方沿葱岭一线，即帕米尔高原形成力量均衡。从此之后，西起西班牙和北非的大西洋沿岸，东至唐朝西域和印度河一线，这片广阔的欧亚非大陆上，千差万别的种族、文化、气候、地理区域，都统一在同一种信仰、同一个政府、同一种货币、同一种社会制度之下。

古代阿拉伯人，是沙漠里的游牧民族，在伊斯兰文明出现之前，古代阿拉伯人的文明发展程度是比较低的，社会组织还处在一盘散沙的部落形态。古代阿拉伯人完全是靠着骤然勃兴的宗教力量，实现了超越时代的动员能力和组织能力，再加上宗教信仰力量的加成，这才击败了周边的一系列古老文明，并征服了空前广袤的土地。但是，常年维持如此规模的军事行动，需要动员、组织军事力量投入旷日持久的征服战争，要建立、维持治理广袤领土的国家机器，要养活官僚机构进行行政管理，所有这些都不是仅仅靠宗教信仰就能办到的，当然也不能仅仅依靠

---

① 陈沫：《沙特阿拉伯》，社会科学文献出版社2011年版，第33页。
② 刘宏煊：《中国睦邻史：中国与周边国家关系》，世界知识出版社2001年版，第296页。
③ 刘宏煊：《中国睦邻史：中国与周边国家关系》，世界知识出版社2001年版，第233页。
④ 陈沫：《沙特阿拉伯》，社会科学文献出版社2011年版，第32—33页。
⑤ 陈沫：《沙特阿拉伯》，社会科学文献出版社2011年版，第33页。
⑥ 苏文菁：《海上看中国》，社会科学文献出版社2016年版，第4页。

阿拉伯沙漠里的脆弱游牧经济，而是要靠以战养战、建立系统的税收财政制度。

所谓以战养战，其实就是掠夺新征服土地上的财富。公元711年，阿拉伯帝国征服原属波斯萨珊王朝的信德地区之后，就掠夺了高达6000万迪拉姆的财富[1]。迪拉姆是阿拉伯帝国统一铸造并流通的银币，1迪拉姆含有大约14克拉白银。除了掠夺之外，以战养战的第二个办法是勒索赎金。南宋淳祐十年（公元1250年），法国国王路易九世在第七次十字军东征中战败被俘，阿拉伯人整整勒索了40万第纳尔的赎金[2]。第纳尔是阿拉伯帝国统一铸造流通的金币，1第纳尔金币相当于20个迪拉姆银币。（见图1-1）

图1-1　阿拉伯第纳尔金币
图片来源：https://en.wikipedia.org/wiki/Gold_dinar#/media/File:Khalili_Collection_Islamic_Art_av-1071.jpg

---

[1] Jairus Banaji, "Islam, the Mediterranean and the Rise of Capitalism,Historical Materialism", 2007(15), pp. 47-74.
[2] M. K. Setton, W. H. Hazard, ed, *A History of the Crusades*,Vol. 3: *The Fourteenth and Fifteenth Centuries*, Madison:University of Wisconsin Press,1975, p. 670.

第一章 争雄印度洋：第一个全球化体系的兴衰

不管掠夺还是勒索赎金，都是一锤子买卖，不可持久；长久之计还是要建立常备的税收财政体系。阿拉伯帝国在新征服的土地上，最初实行宗教宽容政策，人民可以保留原有的宗教信仰，但是要缴纳极其高昂的人头税，凡是异教徒家庭，按照收入水平的差异，被分成贫穷、中产和富人三个层级，贫穷家庭每年要缴纳 1 第纳尔金币的人头税，中产家庭每年要缴纳 2 第纳尔的人头税，富人家庭则要每年缴纳 4 第纳尔金币的人头税[①]。

然而，人类历史反复证明，仅靠征税往往并不能满足财政支出的需要。征税是对存量财富课征税负，所以征税的收入总是有限的、固定的，难以满足哈里发、埃米尔、苏丹们的穷奢极欲和穷兵黩武的野心。关键还是要找到获取巨额财富增量的办法，而这个获取财富增量的办法，其实也是根植于阿拉伯民族血脉基因当中的商业贸易传统。而且，想要获取巨额财富增量，一般的区域性商业贸易是不够的，必须是远距离的跨国贸易，甚至是跨越大洋的洲际贸易。

贸易如果仅仅局限于一个地区范围之内，往往利润有限，只有远距离的跨国贸易、洲际贸易，才能带来超额利润。因为商品价值是一个经验的相对概念，而不是先验的绝对概念。商品价值永远是由一个社会生产这种商品所耗费的社会必要劳动时间所决定的，社会必要劳动时间又是由社会一般的劳动强度和生产技术水平所决定的，不同社会的劳动强度和生产技术水平是大不相同的。因此，同一种商品，A 社会的生产效率偏高，其价值就相对较低；而 B 社会的生产效率偏低，其价值就相对较高。如果能把这种商品从 A 社会运到 B 社会贩卖，那么这种商品就会实现比在原产地贩卖高得多的价值。贸易对人类的价值正在于，不同

---

① Al-Nawawī（Translated by E. C. Howard）, *Minhaj et talibin: a manual of Muhammadan law,* Adam Publishers, 2005, pp. 339–340.

社会通过交换各自相对生产效率更高的劳动产品,从而全面提升彼此的福利水平。

更不用说,根据马克思在《资本论》中对商品价值的分析,尽管商品流通不创造价值,但是物流运输是生产过程的一部分,把商品从原产地运到终端消费市场,也是一种生产性劳动,能创造价值,因此跨国贸易,甚至洲际贸易本身,在长距离的物流运输过程中,就能创造巨大的劳动价值。

根据法国著名经济史学家布罗代尔估算,在中世纪晚期,原产于印度的胡椒在其原产地售价每公斤1—2克白银,运抵埃及亚历山大港后价值升为每公斤10—14克白银,运抵威尼斯则可以卖到每公斤14—18克白银,运抵西欧后售价可以高达每公斤20—30克白银。1公斤胡椒从印度运到英国,价值竟然增加了足足20—30倍[1];甚至于,"胡椒、香料等印度产品在罗马的售价比生产价格高百倍"[2]。

对于公元7世纪至8世纪崛起的阿拉伯帝国来说,要维持并扩张自己的帝国,就必须攫取这一巨大的价值增长收益。因此,控制东西方之间从中国南海经过印度洋到达地中海的贸易网络,自然就是题中应有之义,甚至也是这个帝国的本能。脱掉宗教神权帝国的外衣,我们会发现,阿拉伯帝国其实是一个商业贸易帝国。

古代阿拉伯是沙漠里的游牧民族,游牧这种生产方式,是不可能做到自给自足的,粮食、食盐、铁器、纺织品等生产资料和生活必需品,都必须从外部进口,商业贸易几乎是内生于游牧民族的生产和生活方式

---

[1] [法]布罗代尔:《15至18世纪的物质文明、经济和资本主义:形形色色的交换》,施康强、顾良译,猫头鹰出版社1999年版,第345页。
[2] [法]布罗代尔:《15至18世纪的物质文明、经济和资本主义:形形色色的交换》,施康强、顾良译,生活·读书·新知三联书店2002年版,第163页。

之中的。阿拉伯人很早就开始参与从印度洋到地中海的远距离贸易。伊斯兰教先知穆罕默德从 12 岁起就开始经商，游走在印度洋与地中海之间，是名地地道道的商人。先知在创教的时候，就十分重视商人及商业在社会上的地位和作用，穆罕默德曾经说"商人犹如世界上的信使，是真主在大地上可信赖的奴仆"①，这在宗教神权上，赋予商人崇高而神圣的地位。可以说，在同时期的各大文明当中，穆斯林商人的社会地位是最高的，商业利益也最受统治者的尊重和保护，这无疑具有重大的历史进步意义。

而伊斯兰文明的圣地麦加，位于阿拉伯半岛的红海沿岸地带，距离今天沙特阿拉伯第一大集装箱码头吉达港仅有 70 公里，最早也是连接印度洋和地中海两大贸易商圈的海上丝绸之路的陆上货物转运中心。伊斯兰文明诞生于东西方贸易中心，这本身就具有巨大的象征意义。

对于新崛起的伊斯兰文明来说，非常幸运的是，它不用无中生有地重新开辟一个联结东西方的印度洋贸易网络，这个网络很久之前就已经存在了，阿拉伯人只需要接收这个网络，并按照自己的利益和比较优势，重新塑造这个贸易网络。

后世的考古学家们在印度孟买发现了 7000 多年前的船坞、码头和造船厂的遗址。阿拉伯水手早在 4000—5000 年以前就发现了印度洋季风的规律。印度洋的季风和洋流非常稳定，每年 4 月到 9 月，西南季风劲吹；11 月到次年 2 月，则盛行东北季风，水手们乘着有利的季风，鼓足风帆，从埃及红海沿岸的港口启程到达马六甲海峡，上万公里的航程往往只需要 15 天就能到达。相比之下，在风平浪静的地中海，从意大利的港口启航，到达地中海东岸的中东港口，航程不过两三千公里，

---

① ［巴基斯坦］赛义德·菲亚兹·马茂德：《伊斯兰教简史》，吴云贵等译，中国社会科学出版社 1981 年版，第 65 页。

却往往需要耗时两个月之久。考古学家们甚至发现，非洲马达加斯加岛上的土著居民，最早是在公元前2500年左右，从东南亚马来群岛和印度尼西亚群岛启航，乘着季风扬帆跨海而来的[①]。

于是，掌握季风规律的印度洋地区各民族商人和水手，就在阿拉伯半岛、东非和印度次大陆之间，在南洋群岛和非洲马达加斯加岛之间开辟了几条长距离的直达海上航线。

古希腊亚历山大大帝东征，第一次凿通了地中海文明与东方文明之间的直接联系通道。罗马帝国初期，埃及红海沿岸港口与印度次大陆西海岸港口之间的海上交通不但实现了直航，而且贸易规模迅速扩大。据爱德华·吉本的《罗马帝国衰亡史》记载，耶稣基督诞生前后，每年从埃及红海驶往印度的商船已多达120艘[②]。到了公元1世纪，就有埃及人用希腊文创作了《红海环航记》一书，详细记载了红海沿岸、东非、阿拉伯半岛南部，以及印度等地的跨海贸易。古罗马帝国图拉真皇帝在公元116年，即东汉元初三年，成功抵达波斯湾，看着水手们起航前往印度，他哀叹自己太过年迈以致无法亲眼见证印度的奇观[③]。

公元1世纪到2世纪，罗马帝国治下的埃及商人们，就学会了用货物和商船抵押融资的办法，来扩大海上贸易资本，扩张贸易规模，分散风险，实现收益最大化。根据公元2世纪留下来的一份海上贸易契约，学者们发现，当时罗马帝国的航海商人们往往提供货物或船舶作为抵押品从有钱人那里借贷，航行过程中如果贷款抵押品出于不可抗拒的原因灭失，债务人可免除偿还贷款之责，一应损失概由债权人承担。

---

① 潘树林：《试论中世纪印度洋国际贸易区的形成、特点和历史地位》，《西南民族大学学报（人文社会科学版）》1999年第S6期，第60—65页。
② 李金明：《中国古代海上丝绸之路的发展与变迁》，《新东方》2015年第1期，第10—15页。
③ J. Bennett, *Trajan, Optimus Princeps*, Bloomington: Indiana University Press, 2001, p. 199.

第一章　争雄印度洋：第一个全球化体系的兴衰

从此，在生产力发展水平跃升，商品经济逐渐丰富，航海技术突破，以及商业资本组织形式创新的刺激下，跨越印度洋的东西方远距离贸易开始蓬勃发展起来。在这个时期波斯商人和犹太商人成了印度洋贸易的主角。唐贞观七年（公元633年），有人亲眼目击来自唐朝的商船，每年都要定期来到波斯湾中的巴士拉港做贸易[①]。公元633年，阿拉伯帝国骤然勃兴，以摧枯拉朽之势，接连击败东罗马帝国，征服波斯萨珊王朝，取得了环印度洋地区的主导权。原来波斯萨珊王朝的海上贸易重镇信德地区，被阿拉伯人征服后，仅掠夺的战利品就有6000万迪拉姆银币[②]，由此可见彼时海上贸易之繁盛。

在阿拉伯人取得印度洋地区的主导权，控制了沟通东西方的跨印度洋贸易网络之后，一个属于伊斯兰文明的全球化1.0时代也就呼之欲出了。

全球化1.0：阿拉伯帝国构建的霸权贸易网络

阿拉伯帝国骤然勃兴于唐贞观年间，向着四面八方不停扩张，用时100年左右，直到唐开元、天宝年间，征服了东起帕米尔高原、印度河流域，西到北非和西班牙的大西洋沿岸之间的广袤无垠的领土，成为一个横跨欧亚非大陆的大帝国，掌握了印度洋的主导权，也彻底掌握了东西方之间的商业贸易网络。为了应对财政压力，阿拉伯帝国将殖产兴业、鼓励通商、创造增量财富作为国策。

---

① Jairus Banaji, "Islam, the Mediterranean and the Rise of Capitalism", *Historical Materialism*, 2007(15), pp. 47-74.
② 同上。

首先，阿拉伯帝国在战争与征服的历史进程中，有意识地学习和吸收各个文明的科学知识和生产技术。在北上征服叙利亚、黎巴嫩以及两河流域的过程中，阿拉伯人从当地学会了生产丝绸和制造铁器；在征服埃及的过程中，学会了如何用亚麻和羊毛生产纺织品；在征服印度河流域的过程中，又学来阿拉伯数字；在征服也门时还学会了冶炼钢铁；在唐天宝十年（公元751年）发生的怛罗斯战役中，阿拉伯人打败了唐朝军队，又向被俘虏的唐朝工匠学习了纺织、造纸、指南针等技术。此外，阿拉伯帝国的手工业、制造业还扩展到制糖、建筑、家具制造、玻璃、皮革鞣制、陶器和石材切割等[①]，伊斯兰世界的工程师进而发明创造了水力、风力、潮汐力、石化燃料的多种早期手工业用途，包括潮汐磨坊、漂洗厂、磨粉厂、脱壳机、锯木厂、造船厂、印章厂、钢厂、糖厂和风车等。[②] 到了11世纪，从西班牙和北非到中东和中亚，整个伊斯兰世界的各个部分都有这些手工业工厂在运作。

由此可见，在文明的交流过程中，学习更先进的文明可以有多种多样的方式：碰撞、冲突，甚至战争也可以是一种重要的文明交流方式，甚至是一种效率最高、最成功的方式。尤其是对于文明发展程度较低的文明来说，提升内部的组织度和动员能力，对外积极进取扩张，往往是实现自身文明程度跃升的一条捷径。阿拉伯帝国崛起的历史即为此一公理之明证。正是通过一轮又一轮的对外扩张，己之所欲，必施与人，在征服与统治的同时，也向被征服地区的先进文明学习了治国理政的典章制度、各种科学知识和生产技术，建立起相应的制造业产业。

---

① ［美］珍妮特·L.阿布－卢格霍德：《欧洲霸权之前：1250—1350年的世界体系》，杜宪兵、何美兰、武逸天译，商务印书馆2015年版，第225页。
② Adam Robert Lucas, "Industrial Milling in the Ancient and Medieval Worlds: A Survey of the Evidence for an Industrial Revolution in Medieval Europe", *Technology and Culture*, 46 (1), 2005, pp. 1–30.

而在所有这些产业中，在价值链当中地位最高、产值最高、最重要的当数纺织业。从中世纪早期开始，荷兰、比利时发展成为独步欧洲的纺织业中心①，从而可以用高附加值的纺织品去支配相对落后的波罗的海商圈及东欧、俄罗斯地区的原材料、木材、粮食等低附加值商品及其产能。中世纪晚期，欧洲就初步形成了中心与外围的国际生产分工和交换体系，荷兰、比利时这样的中心国家负责生产高技术、高附加值的工业品，进行高效率的资本积累，而波罗的海沿岸国家、俄罗斯等外围国家则负责提供低附加值的原材料和农产品，成为中心国家高技术产品的消费市场，为中心国家高效率的资本积累提供养分和燃料。直到今天，俄罗斯等东欧国家，实际上还是被钉死在欧洲资本积累体系的外围地带。

一直到现代初期纺织业都是最重要的贸易和出口创汇商品，谁掌握纺织业，谁就能在区域性的国际社会当中取得支配地位。阿拉伯商人早早就发现了这个秘密，纷纷投资、经营纺织业②。实际上，阿拉伯帝国第一代哈里发阿布·伯克尔（The Caliph Abu Bakr）本人就曾是一名纺织品商人。一位生活在12世纪的阿拉伯著名学者兼商人在自己的书里写道："如果天堂里有贸易，我会选择纺织品贸易，因为哈里发阿布·伯克尔就曾是一个布料商人（If there were trade in Heaven, I would choose cloth-trade because Abu-Bakr al-Siddiq was a fabric-merchant）。③"

中世纪早期的阿拉伯帝国，为了满足统治者的穷奢极欲、帝国政府和军队的财政需求，阿拉伯帝国在其统治区域内的各个地方，纷纷建立

---

① ［美］珍妮特·L.阿布－卢格霍德：《欧洲霸权之前：1250—1350年的世界体系》，杜宪兵、何美兰、武逸天译，商务印书馆2015年版，第83—90页。
② ［美］珍妮特·L.阿布－卢格霍德：《欧洲霸权之前：1250—1350年的世界体系》，杜宪兵、何美兰、武逸天译，商务印书馆2015年版，第227—230页。
③ S. M. Ghazanfar, "Capitalist Traditions in Early Arab-Islamic Civilization", in The Muslimheritage. com. https://muslimheritage.com/capitalist-early-arab-islamic-civil.

了官办纺织厂,比如,位于埃及提尼斯的皇家纺织厂,拥有织机5000架,每年仅采购金线的开支就高达3万—4万第纳尔金币。而类似规模的官办纺织厂,遍布阿拉伯帝国各个主要城市。比如,位于阿拉伯帝国阿拔斯王朝的国都巴格达的皇家纺织厂,每年为王室生产服装而编订的采购和生产预算就达到2万第纳尔金币。位于今天伊朗境内的大不里士,当时是丝绸之路上的贸易重镇,设在那里的官办纺织厂的生产效率比巴格达整整高了一倍,用了仅1万第纳尔的预算,就达到了巴格达皇家纺织厂需要花费2万第纳尔才能实现的产量[1]。

当然,阿拉伯帝国不仅存在官办纺织厂,民间资本经营的纺织厂也是普遍存在的。一般来说,民办纺织业主要是由商业资本投资办起来的。商人一般不直接控制纺织机等主要生产资料,而是选择和拥有纺织机的手工业者签订供货、生产和采购合同,商人负责采购纺织所需的原材料,提供给手工业者,待纺织品完成后,再由商人采购销售,商人根据产品的质量和数量,向手工业者支付计件工资。在阿拉伯帝国疆域之内的每个市镇,都有一个纺织品贸易集市,在每周的市场和交易会上提供各种各样的纺织品,无论是毛的、棉的、丝的、亚麻布的,是便宜的还是贵的,每一块布都会印上生产城市的名字,以便购买者获得应该知道的商品信息,并由此判断自己应该支付的商品价格[2]。

阿拉伯帝国的商业资本和民营手工业面临着封建势力的种种压迫和剥削,在埃及的法蒂玛王朝统治时期,经营纺织业的商人们不得不向官员采购原材料,生产出来的成品面料往往只能通过国家指定的经纪人销售,几乎是国家统购统销。除此之外,阿拉伯帝国的达官显贵们也都盯

---

[1] Subhi Y. Labib. "Capitalism in Medieval Islam, The Journal of Economic History", 1969, 29, 1(3), pp. 79–96.
[2] 同上。

上了纺织业的巨额利润，纷纷投资办场与民争利①。可想而知，阿拉伯帝国的商业资本和民营制造商们，面临着怎样严苛的生存环境和竞争压力。

商人们出人意料地赢得了这场严酷的竞争。随着阿拉伯帝国的衰落，官办纺织厂也随之渐趋衰落。1258年，蒙古大军攻陷巴格达，随着阿拔斯王朝的最终灭亡②，阿拉伯帝国的官办手工业也消失在了历史长河之中。伊斯兰文明的商人们，却顽强地生存着，直到公元16世纪，实际主宰了东西方之间的长距离国际贸易。

有后世的经济史学家对此评论道，在中世纪早期，伊斯兰治下的和平，是一个经济黄金时代的基础，当时的贸易主角是阿拉伯人、波斯人、柏柏尔人、犹太人和亚美尼亚人；伊斯兰贸易网络从直布罗陀海峡一直延伸到了中国海。相比之下，欧洲人的海上航行仅限于沿着意大利的海岸线以及希腊群岛之间的适度的沿海旅行③。

伊斯兰文明的商人们能够主宰东西方贸易，主要靠五件法宝。第一件法宝是商业组织上的创新。阿拉伯人很早就在漫长的经商贸易实践中，摸索出了一套全新的商业组织形式，后世学者把这种组织形态叫作"康曼达"（Commenda）④。康曼达其实就是一种商业资本的投资形式，是商业活动的投资人与商业活动的执行人之间签订的合伙协议。一方面，商人们熟悉市场，洞悉商机，但往往苦于缺乏足够的资本去充分挖掘市

---

① Subhi Y. Labib, "Capitalism in Medieval Islam", *The Journal of Economic History*, 1969, 29, 1(3), pp. 79–96.
② 王钺、李兰军、张稳刚：《亚欧大陆交流史》，兰州大学出版社2000年版，第195页。
③ Subhi Y. Labib, "Capitalism in Medieval Islam", *The Journal of Economic History*, 1969, 29, 1(3), pp. 79–96.
④ Jairus Banaji, "Islam, the Mediterranean and the Rise of Capitalism", *Historical Materialism*, 2007(15), pp. 47–74.

场潜力,也无法分散在经商过程中所面临的各种风险;另一方面,社会上总有一些富人,有资产保值增值的需求,有投资商业机会赚取利润的需求,但出于各种原因,不愿意或者不能亲自参与商业活动。于是,投资人与商人之间,就可以订立康曼达契约,以某一宗生意为标的,投资人提供资金,商人管理业务,双方合伙来做这宗生意,风险共担,最后利润在合伙人之间按照合同约定的比例分配,投资人和商人的分成一般是六四开或者七三开。这种商业组织制度上的创新,一个核心要点是,对于一份康曼达契约的投资人而言,使自己投入的资本直接实现了增值,这显然具有明显的资本主义特征①。美国学者刘易斯对此评价道,"由于没有真正的商业行会可用,伊斯兰文明主要依靠个人资本主义开展业务,其中占主导地位的联合类型是采取各种形式的合伙关系"②。

第二件法宝是市场空间的扩大。阿拉伯帝国在科学知识和生产技术上的长足进步、制造业的蓬勃发展,配合商业资本组织形态上的创新,再加上阿拉伯帝国雄踞东西方之间的有利地理位置,使得阿拉伯商人实际主宰了东西方贸易往来的商业网络。阿拉伯商人从印度带来了甘蔗和棉花,从非洲带来了黄金、象牙和奴隶,为西西里和西班牙带去了大米③。有一位阿拉伯商人在其流传后世的诗中曾经写道:

我想把波斯藏红花运到中国,听说在那里它卖得很贵,然后把中国

---

① Jairus Banaji, "Islam, the Mediterranean and the Rise of Capitalism", *Historical Materialism*, 2007(15), pp. 47-74;另参见[美]珍妮特·L.阿布-卢格霍德:《欧洲霸权之前:1250—1350年的世界体系》,杜宪兵、何美兰、武逸天译,商务印书馆2015年版,第215—216页。

② Lewis, Archibald, *Nomads and Crusaders: A. D. 1000-1368*, Bloomington:Indiana University Press, 1988, p. 31.

③ Subhi Y. Labib, "Capitalism in Medieval Islam", *The Journal of Economic History*, 1969, 29, 1(3), pp. 79-96.

瓷器运到希腊，再把希腊的绸缎运到印度，接着把印度的生铁运到叙利亚的阿勒颇，再把阿勒颇的玻璃运到也门，最后把也门的条纹材料卖到波斯。

从位于阿拉伯半岛的也门出发，向西跨过红海，就是非洲的东北海岸，阿拉伯商人不仅在红海西岸进行贸易，还在整条非洲东部的印度洋海岸线上建立一系列贸易和殖民据点，包括位于今天肯尼亚的蒙巴萨港和坦桑尼亚、莫桑比克沿岸的诸多港口，在那里，阿拉伯商人们大量进口非洲的象牙和奴隶。阿拉伯商人甚至还从北非出发，乘着骆驼，穿越撒哈拉沙漠，向西南方向进入遥远的西非国家加纳和马里，在那里，他们从当时世界上最重要的金矿中获得黄金[1]。

阿拉伯商人所有这些生意中，与东亚地区的贸易无疑是公元8—12世纪最有利可图的商业资本积累途径。当时，停泊在波斯湾和红海港口的每一艘满载中国商品的商船，其承运的货物价值，可以达到50万第纳尔金币之多[2]。11世纪下半叶，埃及的亚历山大港，每年都有5000—6000吨来自东亚和印度的亚麻原料被运往地中海市场[3]。

如此频繁绵密的贸易往来，形成了多条主要贸易线路。海上贸易路线穿过地中海、红海和印度洋到达中国；陆上贸易路线则从埃及经过叙利亚、伊拉克和伊朗进入印度，或者从伊朗进入中亚河中地区，即今天

---

[1] Subhi Y. Labib, "Capitalism in Medieval Islam", *The Journal of Economic History,* 1969, 29, 1(3), pp. 79–96.

[2] S. M. Stern, 1967, "Rāmisht of Sīrāf, a Merchant Millionaire of the Twelfth Century", *Journal of the Royal Asiatic Society*, April, pp.10–14.

[3] Udovitch, Abraham. "International Trade and the Medieval Egyptian Countryside", in *Agriculture in Egypt from Pharaonic to Modern Times, Proceedings of the British Academy 96, edited by Alan Bowman and Eugene Rogan*, Oxford: Oxford University Press, 1999, p.270.

的乌兹别克斯坦等国,最后进入中国[1]。

随着长距离洲际跨国贸易的繁盛,商业资本在港口城镇和众多内陆贸易转运中心的大量集中,这些城镇往往充当货栈、仓库,以及在汇聚贸易路线的交叉处充当批发市场。

于是,沿着从印度洋到地中海的主要贸易路线,一系列贸易城镇纷纷崛起,而伊斯兰世界的主要城市就从这些贸易城镇当中发展起来,尤其是埃及的开罗和亚历山大港、库斯;也门的亚丁港,沙特的麦加、麦地那和吉达港,以及波斯湾里的巴士拉港等[2]。而早期伊斯兰资本主义,就是从这些主要贸易城市发源的。

第三件法宝是商业模式上的创新。这种商业模式的创新,就是专业化的交易市场。在贸易中心城市建立专门的大型商业机构和交易市场,对中世纪伊斯兰的资本主义具有重要意义,这些机构和市场甚至发展成后世交易所的雏形。这些大型专门交易市场实际统治着整个伊斯兰世界的大城市。

在十字军东征时期,法蒂玛王朝及后来阿尤布王朝的首都开罗拥有四个大型专门交易市场:第一个是石油交易市场,主要交易从叙利亚进口的石油。据记载,14世纪,一个阿拉伯石油商人在这个市场一次支付了2万迪拉姆银币来购买石油,除此之外他还另外支付了9万迪拉姆银币购买其他从叙利亚进口的商品[3]。

第二个是水果市场,主要交易苹果、梨、木瓜等水果。

第三个是毛皮市场,商人在这里贩卖从各地集散而来的皮草,货源

---

[1] Jairus Banaji, *Islam, the Mediterranean and the Rise of Capitalism*, *Historical Materialism*, 2007(15), pp.47-74.

[2] 同上。

[3] S. M. Ghazanfar(2008), *Capitalist Traditions in Early Arab-Islamic Civilization*, TheMuslimheritage.com. https://muslimheritage.com/capitalist-early-arab-islamic-civil.

地甚至远至俄罗斯和北欧波罗的海地区的莽莽森林。

第四个是琥珀市场，主要交易从波罗的海地区进口的琥珀。阿拉伯人非常喜爱琥珀这种装饰品。中世纪统治普鲁士地区的条顿骑士团基本垄断了波罗的海琥珀出口，条顿骑士团还专门在普鲁士国都柯尼斯堡设置了总军需官，对波罗的海出产的琥珀实行统购统销的贸易专营制度[①]。其实，大量的波罗的海琥珀被卖给了条顿骑士团的死敌阿拉伯帝国。显然不管是宗教、意识形态矛盾，还是城墙，抑或是野蛮人最顽强的仇外心理，都经不住物美价廉商品的重炮轰击。

除了开罗，在巴格达、科尔多巴和大马士革等所有阿拉伯大城市，都有谷物和纺织品的大型专门交易市场。在巴格达甚至有一个专营中国进口商品的特殊市场。

除了现货批发、零售交易市场之外，中世纪伊斯兰资本主义的商业模式中可以找到现代股票交易市场、货币市场和期货交易市场的雏形[②]。所谓期货交易，也就是在当下成交，但将在未来交付的商品交易。例如阿拉伯椰枣在收获前就在拍卖会上合法出售。还有许多容易保存的块茎类蔬菜，比如洋葱、大蒜、胡萝卜、芋头等，都是在收获之前就完成了交易。这其实是一种早期的期货交易。

伊斯兰商人取得成功的第四件法宝是垄断黄金供应。

众所周知货币霸权对商品生产和流通具有支配作用。而黄金无疑是构成货币的各种材质当中购买力最强的，因此是权势最大的一种货币。

[①] Juhan Kreem, "The Teutonic Order and the Baltic Sea in the 13th–16th centuries", in *The Sea in History-The Medieval World,* Edited by Christian Buchet and Michel Balard, Suffolk: Boydell & Brewer, 2017, pp. 595–604.

[②] John M. Hobson, "Islamic Commerce and Finance in the Rise of the West", in Nayef R. F. Al-Rodhan (ed.), *The Role of the Arab-Islamic World in the Rise of the West,* Houndmills: Palgrave, 2012, pp. 84–115.

可以说，掌握黄金，就能铸造出被世界市场广泛接受的足值金币，发挥世界货币的职能，在世界贸易当中取得支配地位。

在中世纪及以前，全世界最主要的黄金产地，集中在撒哈拉沙漠以南的非洲国家，尤其是大西洋沿岸的西非国家加纳、马里、塞内加尔、几内亚等国家，而这些地方出产的黄金，主要通过跨撒哈拉沙漠的骆驼商队运输到北非地中海沿岸港口，然后通过地中海的商贸和海运网络进入欧洲以及西亚地区。

从大约公元5世纪起，人类驯服了骆驼，从此撒哈拉沙漠变成了骆驼商队可以自由穿越的"海洋"。从公元8世纪起，每年一度的骆驼商队都沿着沙漠中踩出来的商业路线上跋涉。无疑，自南向北流动的产自苏丹和西非的黄金，以及自北向南流动的来自地中海和北非、中东地区的食盐，是跨撒哈拉沙漠贸易的主要商品。还是在公元8世纪，阿拉伯帝国的扩张浪潮席卷北非大地，在短短半个世纪内，就把整个北非纳入其帝国版图，并使其皈依阿拉伯人的宗教。随之而来的，就是阿拉伯商人对于西非和苏丹黄金贸易线路的垄断。

此外，蒙古帝国在公元1234年征服了金国，在公元1279年征服了南宋，随后元朝全面推行纸币制度，取消了黄金、白银等贵金属的货币地位。由此，在市场这只看不见的手的推动之下，元朝数千年间在中原地区积累起来的黄金、白银等贵金属存量，开始向西方流动，并大量沉淀在了伊斯兰商人手中。这也使得阿拉伯商人更加巩固了金银贵金属的全球垄断地位[1]。

依托由其垄断的黄金供应，阿拉伯帝国和阿拉伯商人们，创造出了一个充满活力的货币经济体系。这个经济体系的基础是大量铸造的、币

---

[1] Robert P. Blake, "The Circulation of Silver in the Moslem East Down to The Mongol Epoch", *Harvard Journal of Asiatic Studies*, 1937, 2, 3/4(12), pp. 291-328.

值稳定的、高价值的第纳尔金币。第纳尔金币迅速流通到东西方的主要贸易区，重新整合了彼此截然不同、互不相关的货币区。这是一个空前巨大的成就①。实际上，来自阿拉伯帝国北非地区的黄金供应，成为 14 至 15 世纪，横跨两大宗教的整个地中海地区国际贸易的根本驱动力。其实，商人们都是为了得到黄金，才愿意克服千难万险，把商品贩卖到最需要的地方去。

正是第纳尔金币赋予阿拉伯帝国的货币霸权，造就了当时东西方贸易结构的货币基础，也造就了由伊斯兰文明创造的人类历史上的第一个全球化的世界体系，我把它称为"全球化 1.0"。根据文献记载，在我国五代十国时期后周广顺元年（公元 951 年），有阿拉伯商人在地处今天毛里塔尼亚与马里交界处的跨撒哈拉沙漠贸易重镇奥达戈斯特，亲眼看到了一个信用证，即商业汇票，票面承兑金额达 42000 第纳尔金币②。这是他在东方从未见过的。是的没错，早在我国五代十国时期，伊斯兰文明就已经进行了伟大的金融创新。而这种金融创新，又会对伊斯兰文明所主导的全球化 1.0 造成何种影响呢？

阿拉伯的金融炼金术

从阿拉伯帝国崛起的公元 7 世纪到 16 世纪的几百年，相当于从我国盛唐时期一直到明嘉靖年间，在这漫长的历史时段内，无论国际风云

---

① Andrew M. Watson, "Back to Gold-and Silver, Economic History Review", *New Series*, 1967, 20, 1(4), pp. 1–34.
② Jairus Banaji, "Islam, the Mediterranean and the Rise of Capitalism", *Historical Materialism*, 2007(15), pp. 47–74. 另参见［法］F.-X 福维勒-艾玛尔：《金犀牛：中世纪非洲史》，刘成富、梁潇月、陈茗钰译，中国社会科学出版社 2019 年版。

如何变幻，伊斯兰商人们实际主宰了东西方之间的长距离国际贸易。

伊斯兰商人最早开创了康曼达商业合伙制度，搞起了商业组织创新，还垄断了世界的黄金供应。伊斯兰商人拥有先进的商业合伙制度，又掌握着黄金货币霸权，于是新的市场空间被不停地开拓出来①。

在伊斯兰商人的主持下，国际贸易的商品种类急剧增多，水稻、亚麻、大麻、甘蔗、生丝、靛蓝、棉花等经济作物广泛传播，贸易往来日益频繁，世界市场的地理空间也空前扩大，越来越多的地方越来越紧密地与世界贸易纠葛在一起。伊斯兰商人的骆驼商队和阿拉伯帆船，游走在东西方之间，编织起一张绵密的商业贸易网络，从英伦三岛到长江、珠江流域，从波罗的海的冰天雪地，到印度洋的暖湿季风，所有本来毫不相干的地方，都被这张商业贸易网络联结起来，抽象的价值，依附在实体的商品身上，沿着这张商业贸易网络的经纬线，川流不息地奔腾着，整个世界都流动起来了②。

随之而来的是商业市镇在商贸经纬线的交叉节点上蓬勃发展起来，比如开罗、亚历山大港、安条克、大马士革、阿勒颇、巴格达、巴士拉、吉达港、亚丁港等，在上述商业市镇中，不但专营各种特定商品的贸易集市如箭竹开花般渐次生根发芽，甚至早期的期货交易市场、股票交易市场、货币市场和票据清算市场的雏形也都逐渐出现③。

这涉及伊斯兰商人赖以控制东西方贸易通道的第五大法宝，即伟大

---

① Subhi Y. Labib, "Capitalism in Medieval Islam", *The Journal of Economic History*, 1969, 29, 1(3), pp. 79–96.
② ［美］珍妮特·L. 阿布 - 卢格霍德：《欧洲霸权之前：1250—1350 年的世界体系》，杜宪兵、何美兰、武逸天译，商务印书馆 2015 年版，第 137—148 页，第 181—185 页，第 193—201 页，第 234—235 页，第 243—252 页。
③ S. D. Goitein, *A Mediterranean Society*, Berkeley: University of California Press, 1967, pp. 362–367. 参见 S. M. Ghazanfar, "Capitalist Traditions in Early Arab-Islamic Civilization", The Muslim Heritage.com, 2008, https://muslimheritage.com/capitalist-early-arab-islamic-civil.

的金融创新。一旦牵扯到商业贸易,尤其是远距离的国际贸易,就必然会产生对于商业信用的市场需求。

在很多情况下,终端厂商只有把工业制成品卖出去之后,才有钱支付之前购买原材料的货款,这就产生了赊账购买和延期支付等商业信用技术。此外,远在地球两端的买家和买家之间结算货款,也需要远程汇兑,特别是大额私人贸易以及税款押运等国家官方之间的交易,更是牵扯到巨额资金的远程汇兑,由此产生的巨额资金在运输过程中的安全问题和汇率波动问题,都迫使人们寻求更安全、更高效的支付方式。由此,商业承兑汇票,汇票之间的清算,以及专门经营汇票生意的银行业,也就全都应运而生了[①]。

经营远程汇兑的伊斯兰银行,在阿拉伯语当中被称为哈瓦拉(Hawala),经营哈瓦拉的银行家,则被称为哈瓦拉达(Hawaladars)。哈瓦拉达银行家们往往会聚在商业城市当中,形成专门的银行家集市,类似于今天的金融街。在集市上经营银行业的哈瓦拉达银行家,以及分布在不同时空环境下、无数个集市中的哈瓦拉银行,组成了当时国际贸易中最重要的融资汇兑渠道,他们收取存款,发放贷款,并且将大笔资金从一个地方转移到另一个地方,同时集中处理票据清算业务[②]。

在公元1250年之前,最主要的东西方商业贸易线路,是从地中海东岸的港口,比如今天土耳其的安条克和以色列的阿克等海港登陆,向东经过大马士革和阿勒颇进入巴格达,此后分成两支,一支继续走陆路,

---

[①] Fischel, Walter, "The Origins of Banking in Medieval Islam: A Contribution to the Economic History of Jews in Baghdad in the Tenth Century", *Journal of Royal Asiatic Society*, 1933, pp. 339–352.

[②] Badr, Gamal Moursi (Spring 1978), "Islamic Law: Its Relation to Other Legal Systems", *The American Journal of Comparative Law*, Vol. 26, No. 2, 26 (2–Proceedings of an International Conference on Comparative Law, Salt Lake City, Utah, February 24–25, 1977), pp. 187–198.

继续向东经过伊朗古城伊斯法罕，中亚古城撒马尔罕，一路进入我国境内；另外一路则沿着幼发拉底河和底格里斯河水路南下波斯湾港口城市巴士拉，再从巴士拉走海路进入印度次大陆、南洋群岛和我国东南沿海。

由此，今天伊朗的伊斯法罕和伊拉克的巴士拉就成了中世纪丝绸之路上面向东方的两个重要贸易节点。于是，伊斯法罕银行家集市上汇聚了200家银行，巴士拉的金融街上汇聚了400—1000家银行。当时，巴士拉几乎成为整个阿拉伯世界的金融中心，几乎每个商人都在巴士拉的哈瓦拉银行里拥有自己的银行账户，商人们在集市上贸易的时候，只使用自己的银行支票（Khattsaraf）来支付货款。伊斯兰银行家们也发行汇票，用以支付远距离的国际贸易[1]。

这种汇票在波斯语里叫作"苏福塔亚"（Suftaja，音译），一张典型的苏福塔亚汇票往往左上角写的是目的地付款银行的名称，接着下面一行是应支付给持票人的金额数字，最后，左下角写的是持票人在出发地的存款开户银行，也即这张汇票所含支付命令的发出者[2]。比如，有商人要带一笔620迪拉姆银币的款项从巴士拉赶往开罗，而这位商人在巴士拉的一家银行拥有储蓄账户，假设这家银行叫阿布银行，而阿布银行又在开罗有一家关联银行，假设叫伊本银行，那么这位商人就会去巴士拉的阿布银行开一张苏福塔亚汇票，上面写着"奉神之名，伊本银行将支付620迪拉姆银币给持票人"。落款是开票人阿布银行。（见图1-2、图1-3）

---

[1] Subhi Y. Labib, "Capitalism in Medieval Islam", *The Journal of Economic History*, 1969, 29, 1(3), pp. 79–96.

[2] P. Lieberman, "Suftaja and the Laws of Interest in a Post-Biblical Economy", The Torah.com, 2021,https://thetorah.com/article/suftaja-and-the-laws-of-interest-in-a-post-biblical-economy.

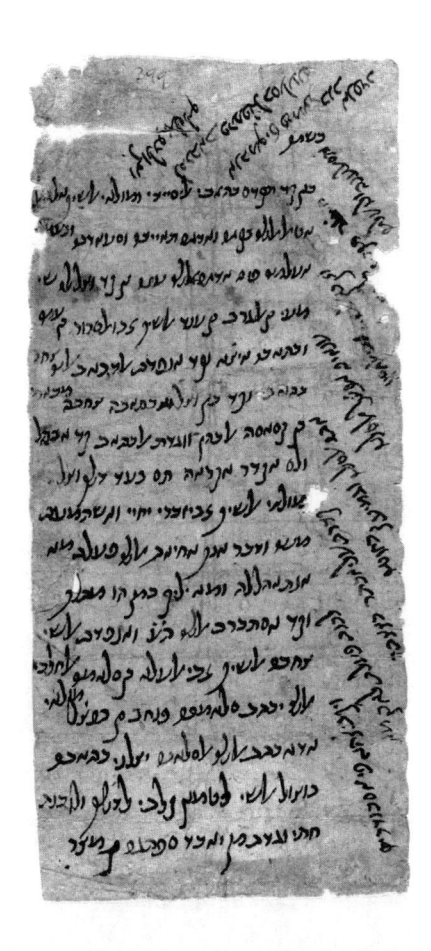

第一章　争雄印度洋：第一个全球化体系的兴衰

图 1-2　中世纪中东犹太商人使用的苏福塔亚汇票。

注：图中文字为希伯来文。

资料来源：https://www.thetorah.com/article/suftaja-and-the-laws-of-interest-in-a-post-biblical-economy

图 1-3　中世纪中东阿拉伯、犹太商人使用的苏福塔亚汇票
注：图中文字为阿拉伯文和希伯来文，现存普林斯顿大学数字人文中心。
资料来源：https://geniza.princeton.edu/en/documents/7504/

也就是说，阿拉伯商人只要拥有银行账户，就能从银行里开出相应金额的汇票，等到达目的地之后，找到当地的银行，出示汇票就能获得相应数额的现金。这种远程汇兑往来是非常频繁的，而且彼此交织在一起，对于一家银行来说，往往既是一些汇票的开票方，同时又是另一些汇票的支付方。从银行业整体来看，只要定期集中清算往来的票据，很多都能互相抵消，实际发生的现金支付其实是非常少的[①]。

由此，巴士拉的银行网点遍布伊斯兰世界的各个角落，巴士拉银行业发行的汇票、支票等商业票据，几乎支配了整个伊斯兰世界的工农业实体经济。当你生产、贩卖商品只能通过巴士拉银行的商业票据的时候，那么你就成了巴士拉银行家们的奴隶。巴士拉银行家的殖民地遍天下。生活在公元10世纪左右，即唐宋之交的一位波斯历史和地理学家伊本·哈马达尼曾经写道，巴士拉人是天底下最大的财主，任何人到最偏远的中亚费尔干纳盆地，或者摩洛哥西部边缘地带去旅行时，肯定会在那里找到一位巴士拉银行家[②]。

长距离跨国贸易以及信用交易的蓬勃发展，使得准确的会计处理成为商业活动必需的一项基本技术。不管是银行家、货币兑换商还是一般的商人，都必须保存金钱往来记录，并在分类账中准确地记录每一笔交易。

恰在此时，穆斯林数学家伊本·穆萨·花剌子密在公元9世纪，系统地发展了印度数字、十进制、小数和零，由此阿拉伯数字系统基本成熟，数字和数字系统成为资本主义经济的基础技术框架。花剌子密表示，他的数学著作就是为了解决交易、继承、遗嘱、买卖合同、货币兑换、疏浚河道、测量货物等技术问题而编写的[③]。

[①] Fischel, Walter, "The Origins of Banking in Medieval Islam: A Contribution to the Economic History of Jews in Baghdad in the Tenth Century", *Journal of Royal Asiatic Society,* 1933, pp. 339-352.

[②] Subhi Y. Labib, "Capitalism in Medieval Islam", *The Journal of Economic History*, 1969, 29, 1(3), pp. 79-96.

[③] Jairus Banaji, "Islam, the Mediterranean and the Rise of Capitalism", *Historical Materialism,* 2007(15), pp. 47-74.

有了市场需求，有了技术工具，那么复式记账法就应运而生了①。复式记账法是商业技术的核心组成部分。复式记账法不仅让商人看到单一价值的流动，也让商人看到资本的流通，让商人能够量化地记录资本的变化和转变，控制和引导企业的成功和发展。这就是著名历史学家黄仁宇先生所谓的，用数目字进行管理。

唐宋时期的中东伊斯兰商人已经能够比较准确地区分货币、利润和资本这几个基础概念。利润、资本和资本积累这些概念都可以在公元9到14世纪的阿拉伯文献中找到。

公元8世纪的宗教律法学家就已经将商业伙伴关系的功能定义为一种"资本扩张"，也就是"扩大或创造资本的方法"。而在阿拉伯语中，有个词"阿马尔"专门用来指代"资本"，这个词也可以翻译成"货币"，它的意思是货币形式的资本，或者就是"货币资本"。公元11世纪，我国北宋年间的另一位中东宗教律法学者——萨拉克西在分析康曼达合伙合同时写道，"投资者将资本委托给代理人，目标就是获取利润"。而且，宗教律法允许人们缔结康曼达商业合伙协议，因为人们需要这类合同：资本所有者可能无法找到有利可图的交易活动，能够找到市场机遇的商人又可能没有资本，除非通过资本运动和贸易活动这两种方式，否则根本无法获得利润②。

在伊斯兰文明长期的商业实践和理论探索的基础上，公元14世纪，我国元末明初时期的伟大阿拉伯学者伊本·赫勒敦，甚至明确提出了劳动价值论③。在其传世名著《历史绪论》中，赫勒敦清楚地指出"劳动是

---

① Jairus Banaji, "Islam, the Mediterranean and the Rise of Capitalism", *Historical Materialism*, 2007(15), pp. 47–74.
② 同上。
③ 同上。

利润的源泉"。人的劳动对每一种利润和资本积累都是必要的，而黄金和白银则是"所有资本积累"当中，唯一被社会接受的价值衡量标准。他还将"利润"定义为"资本增加的程度"，将"商业"定义为"通过资本扩张来追求利润"。

由此可见，中东地区的宗教律法和哲学、政治经济学传统，都是完全支持各种商业创新的，但是宗教律法对于金融创新却存在致命的威胁，那就是源自中东地区的宗教律法普遍禁止在借贷关系中收取利息。比如《出埃及记》就明确规定，"如果你借钱给我的人民，就是与你们在一起的穷人，你对待他们不可像放债的人一样，不可在他们身上取利。"除此之外，《申命记》和《利未记》中也都禁止从借贷中收取利息。实际上，整个闪米特一神教①体系全都禁止放贷生息。然而，在商业实践当中，借贷资金并支付费用，是一种客观存在的商业需求。于是，活跃在中东地区的犹太商人与阿拉伯商人一道，发展出种种金融技术，来巧妙地规避宗教律法的禁止令②。

比如，犹太商人就发展出一种叫"塔尔沙"（Tarsha）的商业机制，意思是"双方默认的利息"。在塔尔沙机制下，卖家会允许买家延迟付款，而买家在付款的时候，会为商品支付比平时更高的价格，实际就是买方以赊销方式贷款并加上利息偿还。阿拉伯商人则发明了苏福塔亚汇票制度，买方往往在延期支付的汇票上填写一个高于实际成交金额的数字，以此连本带利支付最初卖家授予的商业信贷。此外，中东地区的银行家往往在信贷合同中，写明实际放贷金额按照协议纸面金额打折发

---

① 又称亚伯拉罕诸教、亚伯拉罕宗教、沙漠一神诸教、闪米特诸教，指来源于闪米特民族的三个宗教：犹太教、基督教和伊斯兰教。
② Subhi Y. Labib, "Capitalism in Medieval Islam", *The Journal of Economic History*, 1969, 29, 1(3), pp. 79–96.

放,或者规定一个比实际放贷金额高一些的协议纸面金额,以本金折扣的形式来变相收取利息。这为金融业的发展打开了方便之门。

实际上,活跃在中东地区的各族商人,都不会回避高利贷的商业交易。甚至中东地区的统治者,哈里发、苏丹和埃米尔,也都从商人那里借高利贷。当这些统治者无力偿还的时候,往往会授予身为债权人的商人重要的贸易、关税、租金和税收优惠。由此,产生了早期伊斯兰的资产阶级。阿拉伯语中,把这些敢于向统治者发放高利贷的商人群体叫作卡里米(Karimi)[①]。

公元1258年,蒙古大军攻陷了阿拉伯帝国的首都巴格达,阿拔斯王朝灭亡。从此丝绸之路的陆地商路盛极而衰,阿拉伯商人所控制的东西方贸易商道,从陆地转向海洋,从巴格达转移到开罗,从波斯湾转移到了红海和亚丁湾。整个阿拉伯世界的政治经济中心也由此从阿拔斯王朝的首都巴格达,转移到了阿尤布王朝的首都开罗。

从此,卡里米商人群体在埃及迅速崛起[②]。不像同时代的欧洲商人和中国商人,卡里米商人既不迷恋土地,也不充当统治者的包税商人,而完全以市场导向的商业贸易和金融业为其核心业务:他们通过康曼达合同,与统治者结成商业伙伴关系,在代理人的主持下,使用帝国皇室和达官显贵们的船队,穿行在地中海、红海和印度洋上,把生意做到意大利、西班牙、印度和南洋群岛;通过各地的代理人实际主宰了伊斯兰世界中各个主要商业市镇和这些市镇中的商品专营集市以及各种交易所;为各种大项目提供融资,他们建立银行吸收存款、提供贷款;不但借钱

[①] E. ASHTOR, "The Kārimī Merchants", *Journal of the Royal Asiatic Society of Great Britain and Ireland*, 1956, 1/2 (4), pp. 45–56.

[②] S. D. Goitein, "New Light on the Beginnings of the Kārim Merchants", *Journal of the Economic and Social History of the Orient*, 1958, 1, 2(4), pp.175–184.

给哈里发、苏丹、埃米尔、国王、酋长、将军、总督，还贷款给欧洲人，利息往往高达 30%；不但通过贷款帮助自己的客户，在必要时还提供士兵和武器[1]。

有人估计，在埃及的卡里米商人群体崛起之前，中东地区的批发贸易商平均资本约为 3 万第纳尔金币，而卡里米商人的财富至少达 10 万第纳尔金币，很多人的资本达到了 100 万第纳尔金币，少数人甚至坐拥上千万第纳尔金币的资本。一个第纳尔金币相当于 20 个迪拉姆银币，1000 万第纳尔金币即两亿迪拉姆银币，折合我国明清时期的白银大约是 1600 多万两[2]。

到了 14 世纪中叶，即我国明朝前期，卡里米商人的经济实力越来越强。他们在开罗经营大型国际银行，1351 年至 1352 年，他们向被埃及苏丹囚禁的也门国王提供巨额贷款以支付赎金；1352 年，当叙利亚发生反抗埃及阿尤布王朝统治的起义时，苏丹需要巨额融资以进行军事远征，向卡里米商人贷款，而商人们竟然拒绝了朝廷的贷款请求，他们转而从苏丹那里以实际价值购买了某些资产和产品，以此来为苏丹的军事行动提供必要的资金[3]。显然卡里米商人质疑君主的偿债能力，要求君主以实物资产和产品为抵押提供了这笔融资，并在提供融资的同时，就取消了君主的抵押品赎回权。

1394 年，当埃及面对来自中亚地区的帖木儿帝国入侵迫在眉睫的时候，卡里米商人立刻对埃及提供巨额贷款的融资支持。1403 年，当一支法国-热那亚联合舰队突然袭击亚历山大港的时候，为了保护埃及

---

[1] E. Ashtor, "The Kārimī Merchants", *Journal of the Royal Asiatic Society of Great Britain and Ireland*, 1956, 1/2 (4), pp. 45–56.
[2] 同上。
[3] Subhi Y. Labib, "Capitalism in Medieval Islam", *The Journal of Economic History*, 1969, 29, 1(3), pp. 79–96.

的主要港口，卡里米商业家族又为组织军队付出了巨大的代价。①卡里米商业家族通过大规模信贷融资，与伊斯兰世界的立国和战争行动紧密结合，而这往往是资本主义从萌芽迈进成熟的先兆和历史契机。

然而，阿拉伯的卡里米商业家族群体担纲的早期伊斯兰资本主义萌芽并没有充分的条件发展成为成熟的资本主义②。

中世纪的伊斯兰文明并没有发展出中央银行制度。商业银行、储蓄和支票账户对伊斯兰世界来说并不新鲜，典当、贷款、信托、货币兑换、信用转让和债务转让都是中世纪伊斯兰大城市商业生活的重要组成部分③。然而，无论是政府还是商人都没有承担起建立国家银行的任务。在没有中央银行充当最后贷款人的情况下，中世纪伊斯兰金融体系注定先天不足，很难保持长期稳定。

中世纪的阿拉伯世界也没能进化出近代保险制度。尽管通过康曼达合同，商业风险在合伙人之间按比例分配，商业保险的早期雏形就蕴含在康曼达合伙制度当中，但是服务于资本主义商业发展，通过为商业风险定价、交易来减少商业风险的近代商业保险实际上仍然在中世纪伊斯兰文明的想象范围之外。

最重要的是，当时的宗教律法和统治者都不承认商业城市的独立地位，也从来没有给予它们自治权，由此，商人们聚集的城市社区无法发展成为一个政治上有效的行动单位，他们无法通过自治权与封建统治者

---

① E. Ashtor, "The Kārimī Merchants", *The Journal of the Royal Asiatic Society of Great Britain and Ireland*, 1956, Apr., (1/2), pp. 45–56. See also A. Fuess, "Prelude to a stronger involvement in the middle east: french attacks on beirut in the years 1403 and 1520", *Journal of the Medieval Mediterranean*, 2005, 17(2), pp. 171–192.

② 李荣建、王鹏：《阿拉伯帝国为何没能产生重商主义？》，《阿拉伯世界研究》2007年第6期，第26—31页。

③ A. L. Udovitch, "Reflections on the Institutions of Credits and Banking in the Medieval Islamic Near East", *Studia Islamica*, 1975, 41, pp. 5–2.

博弈。而没有政治地位保障的财富只是封建统治者的盘中美餐。统治者们拒绝偿还债务，甚至动用国家权力没收商人的财产是一件司空见惯的事情，以至于富不过三代成为阿拉伯卡里米商业家族的宿命①。

可以说，从长期来看，在中世纪封建王朝的框架之内，像卡里米商人集团这样的商业贵族是没有立足之地的，他们可能长期享有巨大的权力和影响力，但当局的强制捐款和没收遗产的封建制度迟早会毁了他们②，而毁了不成熟的资产阶级，就是消灭早期伊斯兰文明的资本主义萌芽。

终于，1415 年，一支葡萄牙舰队征服了北非直布罗陀海峡地中海一侧的重要港口休达。来自欧洲文明的力量，即将在之后的一百年里从那里出发，渐次绕过非洲大陆，挺近印度洋，一举颠覆伊斯兰文明主导的持续长达五六百年之久的全球化 1.0 世界体系。

欧洲人的逆袭

伊斯兰文明在公元 7 世纪到 15 世纪的整整六七百年间，创造了人类历史上第一个经济全球化的时代。这个时代在公元 13 世纪到 15 世纪达到了高峰。在 1291 年到 1517 年间，大约 80% 的东西方海上贸易都由埃及人控制。开罗成为伊斯兰世界的政治和全球贸易的中心③。伊斯

---

① E. Ashtor, "The Kārimī Merchants", *Journal of the Royal Asiatic Society of Great Britain and Ireland*, 1956, 1/2 (4), pp. 45–56.
② Subhi Y. Labib, "Capitalism in Medieval Islam", *The Journal of Economic History*, 1969, 29, 1(3), pp. 79–96.
③ [美] 珍妮特·L. 阿布-卢格霍德：《欧洲霸权之前：1250—1350 年的世界体系》，杜宪兵、何美兰、武逸天译，商务印书馆 2015 年版，第 185 页。

兰世界的商人们，以埃及国都开罗为根据地，结成了商业公会组织卡里米，这与中世纪晚期德意志商人结成汉萨同盟[①]是一模一样的。

与阿拉伯商人不同，欧洲的商人们幸运多了。从政治上讲，欧洲在历史上从来没有过大一统，中世纪的欧洲政治格局更是乱成了一锅粥，诸侯割据，邦国林立，世俗政权之上还叠加着天主教会的神权统治。遍布在欧洲各地的大大小小的主教管辖区与世俗贵族的领地犬牙交错，互有优势，彼此制衡。这一切简直就像迷宫一样让人眼花缭乱，摸不清头绪。这反倒有利于新生的资本主义萌芽在各种封建割据势力的缝隙当中茁壮成长，商业资本反而可以利用诸侯贵族们之间错综复杂的矛盾纵横捭阖，不但争取到商业市镇的自治地位，争取到商人组织的政治权力，更可以联合亲近资本的封建贵族，打击对资本不利的封建势力，而这种结盟与斗争的关系又是随着具体形势的发展变化而随时变化的。

如此一来，新生的欧洲商业资本，不但可以在封建割据势力的缝隙中生根发芽，还能在政治斗争中，锤炼自己的能力、眼光和手腕，学习治国理政和战争艺术。例如，德意志的商人们可以争取到商业市镇的自治权，取得与封建贵族们平起平坐的政治权力，再将政治上独立自主的商业城邦联合起来，组成汉萨同盟，通过汉萨同盟的议会实现统一决策、统一财政、统一军事力量。当丹麦帝国强大起来，威胁到德意志商人的商业利益时，汉萨同盟就通过外交手段，在政治上孤立丹麦，在经济上封锁制裁丹麦，在军事上对丹麦发起战争，当周边其他封建势力做大的时候，汉萨同盟又可以毫不犹豫地联合丹麦去打击新的对手。

欧洲的资产阶级迅速成长起来。而成熟的资产阶级在政治斗争的艺

[①] 汉萨同盟是德意志北部城市之间形成的商业、政治联盟。"汉萨"（Hanse）一词，德文意为"公所"或者"会馆"。13世纪逐渐形成，14世纪达到兴盛，加盟城市最多达到160个。

术上，是远远高于封建统治者的，因为商业是一项高度实践化的职业，最见不得虚头巴脑，最讲究实事求是，当然也包括随机应变和精明的商业手腕。不能实事求是，不懂得根据形势变化而随机应变，不能适应复杂多变的客观环境，不能精明地计算利害得失的商人，都在残酷商战中被淘汰了。经过长久的商业实践和冷酷无情的商业算计，能在商场上站稳脚跟活下来，甚至还能发展壮大的商人，都养成了高度理性的逻辑思维和战略自觉，一旦与立国、统治和战争的艺术结合起来，产生化学反应，就会迸发出强大斗争能力，在有史以来的一切私有制社会中，没有任何一种统治阶级比它更能战斗、更会战斗了。

西欧的商人，最早获得了作为一个阶级的阶级自觉，建立起一种强大的精神主体性，在这种主人翁精神的支配下，西欧的商人们勇于按照自己的意志，积极主动地塑造有利于自己的历史进程。

1806年，法国大革命时期资产阶级的代表人物拿破仑，在耶拿战役中大破德意志军队，随后率军进入耶拿城，当时正在耶拿大学哲学系担任哲学讲师的黑格尔，在民族战败的屈辱中，亲眼看到拿破仑骑着高头大马，昂首通过街巷。黑格尔内心澎湃不已，在写给朋友的信中，哲学家激动地写道：

> 我看见拿破仑了——这个世界精神领袖在巡视全城。当我看见这样一个伟大人物时，真令我产生一种奇异的感觉。他骑在马背上，他在这里，集中了一切注意点，他要走向全世界、统治全世界。①

而欧洲资产阶级的这种骑在马背上的世界精神，在欧洲资本主义萌

---

① ［德］黑格尔：《精神现象学》（上卷），贺麟、王玖兴译，商务印书馆1979年版，第3页。

芽的早期，与基督教普世主义的传教热情和封建贵族开疆拓土的贪婪野心结合起来，就汇聚起一股强大的力量，发誓要打倒阿拉伯霸权，将披在宗教狂热外衣下、获取利润的理性算计，推广到欧洲人目力所及的全部地区。

公元1096年，即宋绍圣三年，罗马教皇乌尔班二世号召十字军东征，由此拉开了欧洲人十字军东征运动的历史序幕。一拨又一拨的十字军在地中海东部的西亚沿岸地区开疆拓土，征服了北到君士坦丁堡，南到耶路撒冷的广袤土地，在相当于今天从土耳其到埃及的这片土地上，十字军照搬西欧的封建制度，建立起一系列欧洲文明主导下的封建诸侯国。

在这个过程中，为十字军提供后勤保障的欧洲商人们，主要是威尼斯和热那亚的商人们，在这些新征服的土地上，尤其是沿海的港口城市中，纷纷获得贸易特权、治外法权甚至被允许建立自己的殖民地。所谓贸易特权，就是减免税负，贸易垄断；所谓治外法权，就是商人们在港口城市的聚居区域内获得自治地位，按照商人自己的商业习惯法，而不是当地统治者的法律，来裁决自己的纠纷案件；建立殖民地，就是威尼斯商人把君士坦丁堡分割出3/8作为自己的租借地，热那亚商人干脆钻进了黑海，在今天的克里米亚半岛上建立了殖民城市卡法城[1]。

在公元1347年，蒙古金帐汗国大军西征来到黑海岸边，开始围攻这座热那亚人的殖民城市。此后黑死病在卡法城爆发，热那亚商船又从卡法城出发，把黑死病传播到了全欧洲，最后造成1/3至1/2的欧洲人死亡，热那亚的宿敌——威尼斯——的因病死亡人口更是高达全城人口的60%。人口的大量减少在很大程度上破除了中世纪那种宗教迷信的

---

[1] Subhi Y. Labib, "Capitalism in Medieval Islam", *The Journal of Economic History*, 1969, 29, 1(3), pp. 79–96.

狂热，并且在劳动力极度稀缺的情况下，大幅提升了劳动者的工资，人工成本大幅上升又刺激大量投资注入技术研发，以机械力来替代昂贵的人力。

可以说，正是十字军东征给西欧的资本主义萌芽抢到了第一桶金，完成了第一次的资本原始积累。伊斯兰世界的海港贸易城市，成为被十字军掠夺的货币资本的丰富来源，这些货币资本在很大程度上为欧洲海上资本主义的发展提供了启动资金。

以热那亚为例，在公元 1000 年之前，热那亚本来是个以农业为主的沿海小城，热那亚掌权的是土地贵族，而这些土地贵族能够为贸易扩张提供资金，并通过海洋贸易和造船业引发快速资本积累的连锁反应，首先是因为热那亚人在十字军东征，以及突袭阿拉伯人统治下的西班牙和北非海岸时获得了大量现金。

在公元 1087 年，热那亚人对北非港口城市马赫迪耶发动了一次大规模袭击，抢走了大约 10 万第纳尔金币的巨款。在公元 1101 年，巴勒斯坦的地中海港口凯撒利亚被十字军洗劫一空，为十字军提供海运和后勤支持的热那亚商人们得到了巨额战利品的 15%。在公元 1234 年，热那亚人围攻了另一座北非港口城市休达，又勒索了大量的战争赔款①。正是与"阿拉伯人"的战争，使得热那亚人的海洋贸易事业，获得了第一笔决定性的天使投资。事实上，法国现代政治经济学家欧内斯特·曼德尔直言不讳地写道：

从 11 世纪到 15 世纪，意大利商人主宰着欧洲经济生活，而意大利

---

① Subhi Y. Labib, "Capitalism in Medieval Islam", *The Journal of Economic History*, 1969, 29, 1(3), pp. 79–96.；参见［美］珍妮特·L. 阿布－卢格霍德：《欧洲霸权之前：1250—1350 年的世界体系》，杜宪兵、何美兰、武逸天译，商务印书馆 2015 年版，第 104 页。

商人的货币资本积累，直接源自十字军东征。十字军东征就是一项巨大的、以掠夺财富为目标的企业行为。①

十字军东征还导致了一个严重的结果，那就是改变了东西方之间，黄金与白银套利交易的流向②。在十字军东征之前，西欧、东罗马帝国与阿拉伯这三大力量中，黄金与白银的汇率长期维持在约1∶12、1∶18、1∶14③。显然，白银在东方贱，在西方贵，商人们不用做买卖，只要在东方低价套购白银，再在西方高价卖出，就能赚取巨额差价。于是，在几百年的时间里，白银持续不断地从东罗马帝国和伊斯兰世界流向西欧，黄金则从西欧反方向流入伊斯兰世界和东罗马帝国。这给西欧造成了巨大的黄金短缺，于是欧洲不得不放弃金本位制，转而实行银本位制，铸造大量的银币，这导致欧洲人对于黄金的需求量进一步下跌，黄金价格继续下跌，又引发黄金持续从西方流出，白银持续流入。

与此同时，金银套利交易在伊斯兰世界造成了持续的白银外流，一个又一个地区被迫放弃使用银币，直到公元1000年前后，从印度到大西洋沿岸的伊斯兰世界不再铸造银币，曾经铸造的银币也退出了流通。伊斯兰世界的货币制度从金银复本位制变革为金本位制。而黄金的内在价值远远高于白银，作为一种货币，黄金对于财富的支配能力也远远大于白银，黄金的货币能量远远高于白银，于是，谁掌握了黄金霸权，谁

---

① Mandel, Ernest, *Marxist Economic Theory(Volume 1)*, translated by Brian Pearce., London: Merlin, 1968, p. 103.
② 参见 Andrew M. Watson, "Back to Gold-and Silver", *The Economic History Review, New Series*, 1967, 20, 1(4), pp. 1–34；Lopez R. S., "Back to Gold",1252, *The Economic History Review, New Series*, 1956, 9(2), pp. 219–240.
③ 贺力平：《中外历史上金银比价变动趋势及其宏观经济意义》，《社会科学战线》2019年第12期，第40—50页。

第一章　争雄印度洋：第一个全球化体系的兴衰

就掌握了贸易霸权。黄金流向伊斯兰世界，支撑起伊斯兰世界的中心地位，而白银流向西欧，坐实了西欧的依附地位，这正是伊斯兰文明主导着全球化 1.0 体系再明显不过的外部标志。

然而十字军东征扭转了这一切。十字军东征开启了西欧的白银流向伊斯兰世界，伊斯兰世界的黄金流向西欧的历史潮流[①]。十字军在中东、西亚地区建立的一系列基督教王国，就成了东西方货币史转折的杠杆支点。

在西亚地区十字军新征服的统治区内，十字军只接受黄金来支付税收、缴纳贡赋，所有的大宗交易也只接受黄金。阿拉伯人要想赎回自己的战俘，东罗马帝国要想赎回自己丢失的领土，也只能支付黄金作为赎金。东罗马帝国为了购买塞浦路斯岛，整整花了 10 万枚拜占庭金币；阿拉伯人则为赎回自己的战俘支付了 80 万第纳尔金币。

此外，西欧的商人们也紧跟十字军的队伍，尾随而至。在十字军占领的地中海东部和西亚沿海地带，欧洲人用白银支付进口自东方的商品，而在出口欧洲商品时，则只收取黄金。

热那亚商人从阿尔卑斯山区和法国普罗旺斯地区抽取白银，运往当时还处在阿拉伯人统治下的西西里岛、塞浦路斯岛，以及西亚的贝鲁特和北非的突尼斯，换取原产自非洲的黄金。威尼斯商人则主要从德意志、波希米亚、波斯尼亚和塞尔维亚等地区搜刮白银，铸造成银币，借着十字军东征的势头，使威尼斯银币格罗索广泛流通于地中海东部和西亚地区。

欧洲人甚至还伪造大量不足值的阿拉伯迪拉姆银币投入东西方贸易。13 世纪，足足有 30 亿枚伪造的劣质银币从欧洲流向伊斯兰世界，

---

① Jairus Banaji, *Islam, "the Mediterranean and the Rise of Capitalism"*, *Historical Materialism*, 2007(15), pp. 47–74.

总量约合4000吨白银,伊斯兰世界也只好用来自西非加纳的金币来支付这些流入的欧洲白银。

此外,到了公元1150年之后,热那亚人还大量参与北非西部的海运贸易,大量投资于摩洛哥的地中海港口,主导了该地区的对外贸易,其真实目的则被小心翼翼地掩藏在了港口贸易和投资的表象之下,即开辟一条通往西非几内亚湾地区黄金原产地的大西洋黄金航线①。

在接下来的几十年乃至几个世纪时间里,热那亚人对大西洋的商业探索取得了巨大发展,长途航运贸易带来了巨额财富。公元1293年(元至元三十年)卡斯蒂利亚和热那亚联合舰队在直布罗陀海峡摧毁了穆斯林海军②,从此穆斯林文明对非洲商贸的垄断地位被打破,从13世纪末到15世纪,来自西非加纳的黄金经过热那亚港口大量涌入意大利,并进一步流向整个西欧地区③。

从古罗马帝国时期开始,西非黄金就跨过撒哈拉沙漠流向北非港口,进而流向地中海和广大的伊斯兰世界。然而,从12世纪开始,随着热那亚商人开始经略北非到西非的商业通道,西非黄金开始直接涌入西欧。

到了公元1175年,阿拉伯帝国的阿尤布王朝重启白银铸币,到了公元1240年,白银完全取代了黄金成为阿尤布王朝的基准货币。结果,黄金在伊斯兰世界的需求进一步减少,对白银的需求则稳步上升,这又驱使更多黄金流向西方。很快,银币就在中东和西亚地区"驱逐"了

---

① Subhi Y. Labib, "Capitalism in Medieval Islam", *The Journal of Economic History*, 1969, 29, 1(3), pp. 79-96.
② [美]珍妮特·L.阿布-卢格霍德:《欧洲霸权之前:1250—1350年的世界体系》,杜宪兵、何美兰、武逸天译,商务印书馆2015年版,第121页。
③ Andrew M. Watson, "Back to Gold-and Silver", *The Economic History Review, New Series*, 1967, 20, 1(4), pp. 1-34.

第一章 争雄印度洋：第一个全球化体系的兴衰

金币。

紧接着，公元1260年蒙古帝国开始实行币制改革，全面废除银本位制，实行纸钞制度①，从此东亚的白银开始大量外流，主要是流向中东、北非和西亚的伊斯兰世界②。据历史学家考证，整个元朝期间，中国外流的白银达到2亿—3亿两，以至于到了明朝初年，全国白银货币的全部存量不超过1.5亿两③。如此大规模的白银外流，也进一步刺激了伊斯兰世界回归银本位制，直到大约100年后，银本位制完全取代了金本位制。

同时，随着大量黄金流入，欧洲开始重新实行金银复本位制。最早是热那亚，在12世纪末期到13世纪初期就开始铸造金币。到了公元1252年，佛罗伦萨开始铸造金币弗罗林，热那亚开始铸造金币热那维诺，1284年，威尼斯开始铸造金币杜卡特，在1290年到1320年之间，法国也开始大量铸造金币。到了14世纪中期，欧洲北部和西班牙也开始回归金本位制，至此金本位制已经在欧洲取得了全面胜利。到了14世纪末期，威尼斯人铸造的杜卡特金币开始成为埃及马穆鲁克王朝统治区域的主要流通货币，佛罗伦萨的弗罗林金币也开始在东西方贸易中大量流通。从此，金银套利交易的流动方向大势不变——白银流向东方，黄金流向西方。白银稳定地经过伦敦、布鲁日，向南流向意大利、法国，再进入地中海流向东方。最终，在公元1567年，明穆宗隆庆元年，朝廷解除海禁之后，这些欧洲的白银找到了自己最终的归宿，流入中国就

---

① 王文成:《蒙古灭金前后的市场演变与白银使用》,《中国经济史研究》2000年第1期，第117—125页。
② P. R. Blake, "The Circulation of Silver in the Moslem East Down to The Mongol Epoch", Harvard Journal of Asiatic Studies,1937, 2, 3/4(12), pp. 291–328.
③ [日]爱宕松男:《斡脱钱及其背景——十三世纪蒙古元朝白银的动向》,李治安译,《蒙古学资料与情报》1983年第2期，第15—23页。

再也不出来了，沉淀在了中国的泥土里，直到250年后，英国东印度公司开始对华倾销鸦片。

到了14世纪末，随着欧洲人铸造的金币开始支配东西方贸易，欧洲金币甚至广泛地被伊斯兰世界接受，成为主要流通货币。全球化1.0的体系还存在，但伊斯兰文明在其中的主导地位已经岌岌可危，就像纸糊的房子一样，一踹就倒。

从15世纪开始，葡萄牙人为了与热那亚人竞争意图垄断西非的黄金供应线路，开始征伐北非的地中海沿岸港口。公元1415年，葡萄牙国王御驾亲征，亲自率领一支由19000名陆军、1700名海军和200艘战船组成的舰队，攻占了直布罗陀海峡地中海一侧的北非重要港口休达①。在进一步向东攻击摩洛哥的北非地中海港口受挫之后，葡萄牙人转而向西越过直布罗陀海峡，进入大西洋，征服了马德拉群岛和亚速尔群岛，然后掉头南下，直扑西非几内亚湾的黄金原产地。他们在公元1444年终于抵达几内亚湾的塞内加尔河入海口，在那里，他们用欧洲商品换来了黄金、象牙、香料和辣椒，随后他们开始用暴力征服沿岸的重要港口，建造城堡，并掠夺土著居民贩卖奴隶。

然而葡萄牙人并不满足于在西非几内亚湾所获取的巨大商业和殖民利益，也没有裹足不前于未知的大陆与海洋。贪婪和野心驱使他们继续沿着非洲大西洋海岸南下探索，先进的航海知识和技术保证了类似探险活动的可行性，贸易和殖民掠夺的超额利润则赋予这耗资巨大且旷日持久的航海探险活动以充分的合理性，使得葡萄牙人的航海探险行动不至于像同时期明朝郑和下西洋那样最终夭折。

终于，在明孝宗弘治十年，公元1497年12月16日，葡萄牙航海

---

① [美]珍妮特·L.阿布-卢格霍德：《欧洲霸权之前：1250—1350年的世界体系》，杜宪兵、何美兰、武逸天译，商务印书馆2015年版，第104页。

家达·伽马的船队绕过了非洲大陆的最南端，进入非洲以东的印度洋中。这是欧洲人历史上第一次到达这里。达·伽马将这块新发现的土地叫作"纳塔尔"，是葡萄牙语中"新生"的意思。到了1498年1月，达·伽马舰队抵达了东非莫桑比克海岸的马林迪港[①]。马林迪港也是阿拉伯帝国统治印度洋商业网络的南大门，是阿拉伯帝国在非洲东海岸南端最末梢的殖民地。在那里，葡萄牙人面向一望无垠、陌生而无比富饶且繁忙的印度洋，即将发起对阿拉伯霸权最后的挑战。在此后短短的十年时间里，这个当时人口只有100万的西欧小国，将彻底终结伊斯兰文明所主导的，持续了五六百年之久的全球化1.0体系。

葡萄牙人的印度洋殖民帝国

公元1415年，葡萄牙人为了打破热那亚人对于非洲黄金的垄断地位，出兵征服了北非重要港口休达，休达位于直布罗陀海峡的地中海一侧，从经济地理上讲，是西非黄金北上进入地中海世界的重要转运港；从地缘政治上讲，又是扼守直布罗陀海峡的重要战略节点。葡萄牙的舰队从休达出发，向东是地中海；向西穿过直布罗陀海峡就到达大西洋。如果从陆路向南挺进，就进入到非洲大陆腹地，那里盛产黄金、象牙、麝香和奴隶。

然而，仅仅拿下休达还是远远不够的。当时，世界财富集中在东方世界，而以埃及为中心的阿拉伯帝国垄断了80%的东西方贸易，埃及

[①] A. Velho, *A Journal of the First Voyage of Vasco Da Gama, 1497-1499*, New York: Cambridge University Press, 2010, p. 41.

人坚决不允许欧洲商人通过埃及自由进入印度洋世界[①], 欧洲商人只能在埃及的通商口岸做转口贸易, 威尼斯商人跟埃及的阿拉伯王朝互相勾结, 垄断了东方商品的转口贸易, 相当于二级分销商, 成为阿拉伯卡里米商人在欧洲的买办。

为了打破阿拉伯人的贸易霸权, 欧洲人首先使用武力, 企图以暴力正面凿通通往东方的道路。公元1249年 (南宋淳祐九年), 欧洲人发动了第七次十字军东征。法国国王路易九世率领十字军跨海远征埃及, 结果被阿拉伯人惨败, 就连路易九世本人也被俘虏。欧洲人也只能继续屈从于阿拉伯人的贸易霸权, 继续忍受威尼斯商人变本加厉的中间盘剥。

第七次十字军东征虽然以失败告终, 却在不经意间产生了两个重要的副产品: 第一, 从阿拉伯世界掠夺了大量货币资本, 为欧洲资本主义萌芽掘到了第一桶金, 实现了初步的资本积累; 第二, 打破了阿拉伯帝国对于黄金供应的垄断地位, 扭转了东西方金银套利交易的流动方向, 欧洲开始逐渐掌握黄金霸权。从此, 资本主义萌芽在欧洲茁壮发展起来, 驱使欧洲新兴的商业资本, 千方百计地打破阿拉伯人的世界贸易霸权[②]。

原本, 伊斯兰文明还不能完全垄断东西方贸易, 东罗马帝国历经千年风霜依然雄踞黑海海峡, 东西方的商人们还可以通过里海、黑海到达君士坦丁堡这条通道, 从事东西方商贸活动。然而, 公元1453年, 奥斯曼土耳其帝国征服了君士坦丁堡, 东罗马帝国最终灭亡。欧洲通向东方世界的最后一道门也落上了门闩。欧洲商业资本的资本循环被死死地扼住了喉咙。

---

① [美]珍妮特·L.阿布-卢格霍德:《欧洲霸权之前: 1250—1350年的世界体系》, 杜宪兵、何美兰、武逸天译, 商务印书馆2015年版, 第185页。

② Jairus Banaji, "Islam, the Mediterranean and the Rise of Capitalism", *Historical Materialism*, 2007(15), pp. 47-74.

第一章　争雄印度洋：第一个全球化体系的兴衰

如果欧洲人不能另辟蹊径，找到通往东方的新航路，他们就只能继续依赖埃及通道，依赖阿拉伯卡里米商人集团垄断的东西方贸易通道，忍受阿拉伯商业霸权的压榨和盘剥，这是日益壮大的欧洲商业资本绝对无法容忍的。

传说中东方的巨大财富，吸引欧洲人如飞蛾扑火一般，前仆后继地探索通往东方的新航线。欧洲探索新航线的先驱者之一——葡萄牙人，吹响了大航海时代的号角。在贪婪和野心的驱使下，葡萄牙人于公元1444年抵达西非几内亚湾的黄金原产地之后，并没有满足于掠夺西非的黄金、象牙和奴隶，而是继续拉满风帆，沿着非洲西部的大西洋海岸线，坚持不懈地南下探索。

西欧人先进的航海知识和技术，保证了远洋探险在技术上是可行的，海外贸易和殖民掠夺的超额利润，则足以覆盖耗资巨大且旷日持久的航海探险活动所要支付的成本和面临的种种风险，这赋予了欧洲大航海事业充分的合理性。

几乎与葡萄牙人南下探索印度洋新航线同一个历史时期，明朝也派郑和统率舰队探索东南亚和印度洋海域。明朝以马六甲海峡为界，将马六甲海峡以东的海域叫作南洋，将马六甲海峡以西的海域叫作西洋，即印度洋。郑和船队七下西洋，途经印度次大陆和阿拉伯半岛，抵达非洲东海岸，最远到达今天肯尼亚境内的蒙巴萨港和马林迪港。在下西洋的过程中，明朝军队也曾占领马六甲城，建筑城墙和仓库，作为前出印度洋的补给基地[①]，明朝朝廷还曾在苏门答腊岛的巨港地区设置旧港宣慰

---

① 沈瑞英：《海外基地：郑和下西洋历史经验与现代启示》，《上海大学学报（社会科学版）》2016年第33期，第67—77页。参见李金明：《中国古代海上丝绸之路的发展与变迁》，《新东方》2015年第1期，第10—15页。

司①,成为明朝最南端的领土。

然而郑和下西洋在经济上是完全不合算的。郑和船队动辄出动舰船两百多艘,大军两万多人,人吃马喂不算,仅仅每艘舰船的造价少说五六千两白银,明朝日常维持着两千多艘舰船的庞大规模,全靠两京一十三省的钱粮供给,结果郑和下西洋既不做贸易,也不巧取豪夺番邦的黄金、白银、香料、奴隶,完全不能收回成本。最匪夷所思的是,明朝朝廷一边派官家船队七下西洋,另一边甚至更加收紧民间的海禁政策,明朝商人非但完全不能像十字军东征时期的欧洲商人那样,紧随朝廷大军的脚步,把生意做到大军所到的每一个角落,郑和舰队还坚决执行朝廷的海禁政策,沿途扫荡当地的海外华人商业网络②。如此,郑和下西洋不是促进,而是摧残我国的资本主义萌芽,且好大喜功、劳民伤财,因而支持的人不多,反对的人不少。

即便明朝开放海禁,允许商业资本跟随朝廷水师的步伐进入南洋群岛和印度洋,恐怕还是不足以改变历史。海外贸易的距离太远,成本太高,物流时间和资本周转时间都非常漫长,当时,从泉州到阿姆斯特丹的海路要走两年,约 1/5 的货船在茫茫大海中失踪,一艘商船单次物流成本达白银五十万两以上。这意味着,从事东西方远距离贸易必须用到融资工具、海上保险,还要发明股份合作制,并建立二级资本市场去流通这些融资和债务工具,更需要远程汇兑,发展远洋海军保护海上航行安全,这些都远远超过了明朝时的商业和金融技术能力,明朝时还没有复式记账法,无从发展无中生有的金融炼金术,当然也就不可能支撑起

---

① 杨宏云:《环苏门答腊岛的海洋贸易与华商网络》,社会科学文献出版社 2016 年版,第 83 页。
② 庄国土:《论郑和下西洋对中国海外开拓事业的破坏——兼论朝贡制度的虚假性》,《厦门大学学报(哲学社会科学版)》2005 年第 3 期,第 70—77 页。

一个海上贸易帝国。因此，郑和下西洋并没有产生欧洲大航海时代那样的连锁反应，甚至中途夭折也符合历史的必然。

在郑和下西洋落下帷幕的七年之后，公元1440年，明英宗正统五年，明朝在苏门答腊岛设置的旧港宣慰司被当地的土著王国吞并。天朝未能吊民伐罪、兴王师以讨不臣，而是坐视不理。这件名不见经传的"小事"，标志着明代中国正式退出了大航海时代。

与此同时，葡萄牙人正坚持不懈地探索通往东方的新航线。明弘治十年，公元1497年7月8日，葡萄牙航海家达·伽马率领四艘帆船，170名水手，离开葡萄牙国都里斯本，开始向印度洋进发①。这四艘船分别是圣加布里埃尔号、圣拉斐尔号、圣米格尔号，以及一艘补给船。其中达·伽马所处的旗舰圣加布里埃尔号和圣拉斐尔号都是适合海战的卡拉克级大帆船，排水量达到180吨，配备火炮20门；贝里奥号补给船则是适合商用的卡拉维尔级大帆船，排水量分别是90吨和200吨。达·伽马率领着一支总排水量不到1000吨的小型舰队，意图征服浩瀚的印度洋。

1497年的12月16日，达·伽马舰队终于绕过非洲大陆东南端的大鱼河河口②，开始沿着非洲东部的印度洋海岸线北上。1498年3月2日，他们来到了莫桑比克岛③，在与当地人发生冲突后，继续北上，于4月7日，到达了今天位于肯尼亚的蒙巴萨港④。由于达·伽马舰队在北上途中

---

① Diffie, Bailey W. , Winius, George D. , *Foundations of the Portuguese Empire, 1415–1850, Europe and the World in the Age of Expansion*, Vol. 1, pp. 176–177.
② A. Velho, *A Journal of the First Voyage of Vasco Da Gama,1497-1499*, New York: Cambridge University Press, 2010, p. 15.
③ A. Velho, *A Journal of the First Voyage of Vasco Da Gama,1497-1499*, New York: Cambridge University Press, 2010, p. 22.
④ A. Velho, *A Journal of the First Voyage of Vasco Da Gama,1497-1499*, New York: Cambridge University Press, 2010, p. 34.

一路劫掠，大搞海盗行径，他们受到了蒙巴萨港的敌视和驱逐；达·伽马船队不得不继续北上，来到今天肯尼亚境内的另外一个港口城市马林迪①。马林迪与蒙巴萨是竞争对手，秉承着"敌人的敌人就是朋友"的准则，马林迪热情接待了达·伽马舰队。在马林迪港，达伽马舰队进行了充分的补给，并且找到了经验丰富的阿拉伯航海家伊本·马吉德，聘请他为达·伽马舰队横渡印度洋的领航员②。1498年4月24日，达·伽马舰队离开马林迪港，在印度洋西南季风的帮助下，他们仅用了23天时间就横渡印度洋来到了此行的目的地，印度西海岸最重要的港口城市卡利卡特③。

卡利卡特位于今天印度的喀拉拉邦，是印度西海岸南部马拉巴尔海岸上最重要的贸易集散港口，也是当时环印度洋贸易网络的中心，在我国的史书上，把这里叫作古里，我国明代航海家郑和就是在古里逝世的。

在郑和逝世65年之后，即公元1498年5月20日，达·伽马舰队终于抵达卡利卡特。这也是历史上欧洲人第一次远洋航行来到这里。与印度洋沿岸的商业市镇一样，卡利卡特的商业活动主要控制在伊斯兰商人手中，而当地的统治者信奉印度教，按照印地语的发音，卡利卡特统治者的称号叫作扎莫林。远道而来的葡萄牙人一厢情愿地认为扎莫林是基督徒，而扎莫林又误以为葡萄牙人是穆斯林，就这样错进错出，葡萄牙人在一开始受到了卡利卡特统治者的热烈欢迎。

---

① A. Velho, *A Journal of the First Voyage of Vasco Da Gama,1497-1499*, New York: Cambridge University Press, 2010, p. 41.
② Hyunhee Park, *Mapping the Chinese and Islamic Worlds: Cross-Cultural Exchange in Pre-Modern Asia,* Cambridge:Cambridge University Press, 2012, p. 188.
③ A. Velho, *A Journal of the First Voyage of Vasco Da Gama,1497-1499*, New York: Cambridge University Press, 2010, pp. 47–48. .

第一章 争雄印度洋：第一个全球化体系的兴衰

葡萄牙人利用进城贸易的机会，轮番搜集了各种情报。来自斯里兰卡和南洋群岛的物产第一次进入到欧洲人视野，这些都将引诱欧洲人进一步向东越过马六甲海峡，进入东南亚海域探索、贸易与征服。葡萄牙人也在当地打听到了从南洋群岛到印度，再经过阿拉伯海和红海，进入埃及开罗、亚历山大港，最后进入地中海世界的传统香料贸易路线，这项战略情报就成了欧洲人日后在东方开疆拓土的主要依据。达·伽马的部下还趁机采集了肉桂、胡椒、丁香和宝石的样本，作为未来商业拓展和殖民拓植的信息源[①]。

葡萄牙人还获得了一条信息，几十年前，有另外一些浅肤色的海上来客造访过卡利卡特，这些人像欧洲人一样蓄着长发，只是大多数人没有胡须，登陆时身披铠甲，头戴头盔，腰挎大刀，手持长矛。他们的船只比葡萄牙人的舰船要大得多，但装备的大炮比葡萄牙人的大炮小得多。他们的船只也和葡萄牙人的卡拉克级大帆船一样，装有4根桅杆，并借助印度洋季风每年往返两次。显然，卡利卡特当地人所描述的，就是当年郑和下西洋的明朝船队。这也是欧洲人第一次比较直观地了解到中国的实力。

最终，在达·伽马舰队即将启程离开前，扎莫林又要求葡萄牙人上缴入港税，必须用黄金支付，否则不予放行。达·伽马不得不扣押了几个当地印度教权贵作为人质，强行离开了卡利卡特，沿着海岸线继续北上，来到另外一座港口城市卡纳诺尔。这座城市是卡利卡特的商业竞争对手，于是允许达·伽马靠港修整。在这里，葡萄牙人购买了大量的东方香料和珠宝，然后启程返回葡萄牙。

卡利卡特扎莫林也曾两次派出舰队追踪拦截葡萄牙舰队，怎奈葡萄

[①] Velho A., *A journal of the first voyage of Vasco da Gama, 1497-1499*, New York: Cambridge University Press, 2010, pp.77-79.

牙人船坚炮利，航速又比当地帆船快得多，最终顺利摆脱了扎莫林的阻截，于1499年1月7日返回东非肯尼亚的马林迪港。由于这次返航是被迫出逃，顾不上利用天时，逆着季风航行。结果，出发的时候在季风帮助下，横渡印度洋只用了23天，返航的时候逆着季风，则足足用了132天才横渡印度洋。

稍事休整，达·伽马舰队再度启航返回葡萄牙。直到1499年9月9日，最终抵达葡萄牙国都里斯本①。此时，达·伽马舰队只剩下了两艘舰船，船员也只剩下了一半，然而他们却开拓了通往东方的新航线，带回来了关于东方贸易和殖民扩张的各种情报，带回来了满载的香料和宝石，这些东西在欧洲市场贩卖，利润达到了60倍。达·伽马经略印度洋的传奇故事轰动了整个欧洲。

公元1500年，葡萄牙国王派出佩德罗·阿尔瓦雷斯·卡布拉尔统率葡萄牙舰队第二次远征印度②。这次舰队由10艘排水量200吨的大型卡拉克级战舰和6艘卡拉维尔级商船组成③，出征的海军官兵和水手一共1500人左右④。他们的任务是迫使卡利卡特与葡萄牙签署正式的通商条约，使得葡萄牙获得商业特权，并且在卡利卡特设置一家永久性的贸易商行。

---

① Diffie, W. Bailey, Winius, D. George, *Foundations of the Portuguese Empire, 1415-1850, Europe and the World in the Age of Expansion*, Vol. 1, Minneapolis: University of Minneapolis Press 1977, pp. 176–177.

② Diffie, W. Bailey, Winius, D. George, *Foundations of the Portuguese empire, 1415–1580, Europe and the World in the Age of Expansion*, Vol. 1, Minneapolis: University of Minneapolis Press, 1977, p. 187.

③ M. Newitt, *A History of Portuguese Overseas Expansion 1400–1668*, New York: Routledge, 2005, p. 65.

④ Subrahmanyam, Sanjay, *The Career and Legend of Vasco da Gama*, New York: Cambridge University Press, 1997, p. 175.

第一章　争雄印度洋：第一个全球化体系的兴衰

　　1500年9月13日，葡萄牙无敌舰队抵达卡利卡特①，顺利地与卡利卡特扎莫林签订了双边通商条约，并取得扎莫林同意，在卡利卡特设置了常驻贸易商行②，一共70名葡萄牙商人派驻在商行中，从事日常贸易。

　　结果，葡萄牙人的进驻，激怒了长期以来垄断卡利卡特商业渠道的阿拉伯商人。阿拉伯卡里米商人联合起来，对葡萄牙人发起了贸易制裁，不与葡萄牙人做生意。葡萄牙统帅卡布拉尔不得不向扎莫林申诉，要求他打击阿拉伯商人行会欺行霸市的行为，或授予葡萄牙商人香料贸易的优先权。然而扎莫林却回复称，这是市场行为，政府不干涉商业自由。

　　面对卡利卡特扎莫林政府的不作为，葡萄牙统帅卡布拉尔决定自己争取。公元1500年12月17日，卡布拉尔下令扣押一艘来自吉达港的阿拉伯商船，并没收了船上满载的香料。卡利卡特城内的阿拉伯卡里米商人立即发动暴乱，开始围攻城内的葡萄牙贸易商行③。经过三个小时的战斗，53名葡萄牙商人和传教士被杀害④。而商号内存储的商品则被卡利卡特当局扣押。

　　葡萄牙统帅卡布拉尔闻讯大怒，他向卡利卡特扎莫林发出了最后通

---

① Diffie, W. Bailey, Winius, D. George, *Foundations of the Portuguese empire, 1415-1580, Europe and the World in the Age of Expansion*, Vol. 1. Minneapolis: University of Minneapolis Press, 1977, p. 194.

② McClymont, James Roxburgh, *Pedraluarez Cabral (Pedro Alluarez de Gouvea): his progenitors, his life and his voyage to America and India,* London: Strangeways & Sons, 1914, p. 27.

③ McClymont, James Roxburgh, *Pedraluarez Cabral (Pedro Alluarez de Gouvea): his progenitors, his life and his voyage to America and India,* London: Strangeways & Sons,,1914, pp. 27-28.

④ Kurup, K. K. N., "India's naval traditions: the role of Kunhali Marakkars", New Delhi: Northern Book Centre, 1997, p. 10.

牒①，给扎莫林一天时间进行补救，然而扎莫林却置若罔闻。于是，12月18日，葡萄牙展开武装行动，对卡利卡特实行武装封锁，同时扣押了在港口内停泊的10艘阿拉伯商船，没收了阿拉伯船上的所有货物，杀死了所有船员，并烧毁了所有的船只②。到了12月19日，葡萄牙统帅卡布拉尔下令对卡利卡特进行炮击③。要知道，自古以来，除了少数海盗出没之外，印度洋贸易总体来说都是在和平有序的状态下进行的，很少有人试图使用海权力量来夺取制海权和贸易霸权，也没有人会开着船去攻打一座和平的对所有人都有好处的贸易港口城市。因此，卡利卡特连最基本的海防工事都没有。于是，葡萄牙人的炮击对这座没有设防的城市造成了巨大破坏，伤亡人数高达600人左右④。

从此，西方侵略者只要在东方某一个海岸上架起几尊大炮就可霸占一个国家的时代正式开始了。这一年，正好是公元1500年，明弘治十三年。

葡萄牙人炮击卡利卡特，也标志着葡萄牙王国与印度卡利卡特扎莫林之间的战争正式爆发。葡萄牙人先后六次派出舰队远征印度洋，他们数次击败印度卡利卡特的舰队，在卡利卡特以南的另外两座印度港口城市科钦和奎隆设置了永久性的贸易商行和海军基地，他们最终取得了整个印度西海岸的制海权，控制了印度马拉巴尔海岸的政治秩序。

---

① Greenlee, William Brooks (1995), *The voyage of Pedro Álvares Cabral to Brazil and India: from contemporary documents and narratives,* New Delhi: J. Jetley, 1995, p. xxiii.
② McClymont, James Roxburgh, *Pedraluarez Cabral (Pedro Alluarez de Gouvea): his progenitors, his life and his voyage to America and India,* London: Strangeways & Sons, 1914, p. 28.
③ Greenlee, William Brooks , *The voyage of Pedro Álvares Cabral to Brazil and India: from contemporary documents and narratives,* New Delhi: J. Jetley, 1995, p. xxiii.
④ Kurup, K. K. N. , *India's naval traditions: the role of Kunhali Marakkars,* New Delhi: Northern Book Centre, 1997, p. 10.

第一章　争雄印度洋：第一个全球化体系的兴衰

对卡利卡特战争的胜利进一步决定了葡萄牙在印度洋的大战略，即取得整个印度洋的制海权，用武力封锁传统的阿拉伯商路，迫使东西方贸易脱离阿拉伯人的轨道，转而进入葡萄牙人的轨道①，经过南非好望角航线，而不是埃及亚历山大港，进行东西方贸易。

葡萄牙人确实垂涎于东方的香料等高附加值商品，这些商品漂洋过海运到欧洲，售价往往可以达到在其东方原产地市场的百倍以上②，而要想吃到这笔暴利，就必须建立起东西方贸易的垄断权。那么如何获取贸易垄断地位？答曰暴力："没有什么比在红海海口（即亚丁湾海域）或附近建立一个军事要塞更为重要……通过封锁这里（即红海航道），他们（指穆斯林商人）就再也无法将任何香料运送到苏丹的领土上，而且印度人将不再幻想同我们之外的任何人进行贸易"③。

实际上葡萄牙人的野心远远不止于控制红海航道，葡萄牙人闯入印度洋后，葡王曼努埃尔随即自封"埃塞俄比亚、印度、阿拉伯和波斯的征服者、航海和商业之王"的头衔④，几乎就是要把整个印度洋当作自己的内湖了。

然而当时葡萄牙国小力弱，全国总人口不超过100万，能够派到印度洋地区的战舰，每次最多不会超过30艘，士兵不会超过两千人，如此微弱的力量，即便没有敌人，浩瀚的印度洋似乎也无法有效控制，更别说打倒强大的阿拉伯帝国。（见表1-1）

---

① 赵婧：《葡萄牙帝国对印度洋贸易体系的影响》，《全球史评论》2009年第1期，第128—140页。
② ［法］费尔南·布罗代尔《15至18世纪的物质文明、经济和资本主义：形形色色的交换》，顾良译，生活·读书·新知三联书店2002年版，第163页。
③ K. N. Cuaudhari, *Trade and Civilisation in the Indian Ocean: An Economic History from the Rise of Islam to 1750*, Cambridge University Press, 1985, p. 68.
④ C. R. Boxer, *The Portuguese Seaborne Empire: 1415-1825*, London: Hutchinson, 1968, p. 48.

表 1-1　1525 年葡萄牙舰队军事力量分布[①]

轮船类型	数量	备注
战船	6	3 艘在霍尔木兹
大帆船	11	5 艘修理,2 艘在卡利卡特
桨帆并用大木船	5	2 艘在焦耳制造
桨帆并用的轻快小船	4	3 艘在卡利卡特
双桅帆船	4	1 艘在马林迪
圆形和拉丁船	9	2 艘在瓜答富伊角
海盗船	11	
小船	34	

　　葡萄牙不愧是大航海时代的先驱，他们对于制海权有着透彻的了解，而此前 100 年坚韧不拔的间谍和探险活动，已经使得他们对于印度洋地区掌握了足够的情报。在葡萄牙人看来，印度洋虽大，但只要控制住三个战略要点，就能全面控制印度洋的制海权。

　　这三个战略要地，自西向东，分别是红海进入印度洋的必经之地曼德海峡，波斯湾进入印度洋的必经之地霍尔木兹海峡，以及孟加拉湾进入南洋群岛的必经之地马六甲海峡。地中海世界的商人，从埃及亚历山大港登陆上岸，再经过开罗进入红海，从红海继续向南航行，经过阿拉伯半岛上的也门与非洲之角上的厄立特里亚和吉布提之间的曼德海峡，就进入了浩瀚的印度洋，而就在曼德海峡进入印度洋的海口上，横亘着一座岛屿，就是今天位于也门境内的索科特拉岛。葡萄牙于公元 1507 年，占领了这座岛屿，并在岛上建设城堡和炮台，彻底封锁了曼德海峡[②]。

---

① Sanjay Subrahmanyam, *The Portuguese Empire in Asian,1500-1700:Apolitical and Economic History*, Longman Publishing, 1993, p. 94.
② 赵婧:《葡萄牙帝国对印度洋贸易体系的影响》,《全球史评论》2009 年第 1 期, 第 128—140 页。

而在阿拉伯半岛的东侧，在阿曼与伊朗之间，是霍尔木兹海峡，霍尔木兹海峡的咽喉处有一座霍尔木兹岛。公元1507年，葡萄牙占领了这座岛屿[①]，彻底扼住了霍尔木兹海峡的咽喉，随时能用大炮和军舰切断波斯湾进出印度洋的海上交通线。至于马六甲海峡，葡萄牙于公元1511年征服了马六甲城，并在这里修筑城堡和炮台，建立起葡萄牙人的海外殖民地[②]。

感受到生存受到巨大威胁的阿拉伯帝国会同印度卡利卡特扎莫林和古吉拉特苏丹组成联合舰队[③]，大小船只2000余艘，其中战船100艘，大军20000余人，在印度西北角的第乌港集结，准备与葡萄牙人进行主力舰队对决，力图重新夺回印度洋制海权。

到了1509年2月3日，双方在印度西北角的第乌港外爆发了决战，投入这次战役的葡萄牙舰船只有12艘卡拉克级战舰和6艘卡拉维尔级武装商船，总兵力只有1800人。然而，葡萄牙人的海军技战术全面碾压阿拉伯与印度联军，葡萄牙的舰船总可以在阿拉伯舰队意想不到的远距离位置，以密集火炮轰击阿拉伯的战船。而阿拉伯的海军战术还停留在靠近敌船，然后登上敌船通过肉搏战解决战斗的古老传统阶段。然而当阿拉伯人冒着炮火靠近葡萄牙战舰的时候，发现葡萄牙人的战舰比他们的船高得多，根本无法登上葡萄牙舰船的甲板进行贴身肉搏，反而被葡萄牙人居高临下，使用火器大量杀伤。这不是战斗，而是一场单方面的屠杀。阿拉伯-印度联合舰队被葡萄牙人的降维打击彻底摧毁了。

---

① Jeremy Jones, Nicholas Ridout, *A History of Modern Oman,* New York:Cambridge University Press,2015, pp. 24–25.

② 赵文红：《试论16世纪葡萄牙以马六甲为支点经营的海上贸易》，《红河学院学报》2011年9月第5版，第50—53页。

③ Rogers, J. Clifford, *Readings on the Military Transformation of Early Modern Europe,* San Francisco:Westview Press, 1995, pp. 299–333.

此战过后,葡萄牙迅速夺取了印度洋上的几乎所有重要港口,包括果阿、孟买、锡兰、马六甲和霍尔木兹。阿拉伯人长达600年的印度洋海上霸权和东西方贸易霸权已经一去不复返。这一年,正是公元1509年,明正德四年。

当然,以暴力夺取港口、战略要地和制海权,这只是手段;目的则是要建立其霸权支配下的垄断贸易制度,榨取超额垄断利润。为此,和葡萄牙人凭借游弋在各个军事要塞之间的武装舰队,以及散布在印度洋海域的一系列军事据点和商业代理站,建立了以通行证制度(Cartaz)为核心的贸易垄断体系①,所有在印度洋海域进行贸易的各国船只都必须向葡萄牙人购买通行证,要求申明商船所运载的人员和装载的货物,且所有船只都必须停靠在葡萄牙指定的港口,例如果阿、卡利卡特、奎隆、霍尔木兹或马六甲,并向葡萄牙缴纳商业税。

为贯彻通行证制度,葡萄牙武装舰队驻扎在印度洋海域的重要港口和军事基地,并来回游弋于各个港口之间,对来往船只进行拦截检查,并迫使其在葡萄牙控制的港口停靠,对于"无葡萄牙通行证者判处死刑并没收其船只和财产。"②

葡萄牙人的商业-军事复合体殖民帝国运转得卓有成效。原本东西方之间的贸易主要通过阿拉伯商人与威尼斯商人之间的中转贸易来完成,威尼斯因此成为西方世界中东方商品的集散中心,而在第乌海战之后不过三四个年头,到了1512—1513年时,维也纳的批发商就

---

① Bailey Wallys Diffie, Boyd C. Shafer, George Davison Winius, *Foundations of the Portuguese empire, 1415-1580,* Minneapolis:University of Minnesota Press, 1977, p. 274, pp. 320–323.
② Earl J. Hamilton, "The Role of Monopoly inthe Overscas Expansion and Colonial Trade of Europe Before 1800, Papers and Proceedings of the Sixtieth Annual Meeting of the American Economic Association", The American Economic Review, 1948, 38(2), pp. 33–53.

开始抱怨说，在威尼斯已经买不到足够的胡椒和香料了①，而葡萄牙首都里斯本则成为欧洲新的东方商品转运中心②，从东方流入欧洲的胡椒，在第乌海战之前的1507年前后只有约50吨，而到了1519年前后约100吨，1526年前后约200吨，1531年前后约300吨，1548年前后约600吨，1558年前后约700吨，1565年前后约1300吨，1589年前后约1400吨，1593年前后达到了约2400吨③。而葡萄牙则通过自己建立的东方殖民帝国获得了巨额贸易税收，仅仅在16世纪40年代，单霍尔木兹一口，商业税收入就达到了985564色拉芬金币，平均每年29566920雷亚尔④。

葡萄牙人获得这一切，并不是由于什么出众的商业技巧，或是具有比较优越的商品生产能力，而只是因为船坚炮利，以及更重要的：统治未知世界的勇气，外加敢于藐视一切人间道德原则、敢于厚颜无耻、敢于运用暴力巧取豪夺的大无畏精神。正如当时一位葡萄牙商人所承认的："我们是所遇到的人中最狡猾的。其实这里的人在各方面都胜过我们，穆斯林商人往往拥有40万—50万杜卡特（一种威尼斯金币），他们的心算超过我们笔算，所以他们嘲笑我们。我承认他们在许多事情上都胜过我们，只有一样：他们无法抵抗我们手中的刀剑。"⑤

---

① ［法］费尔南·布罗代尔：《菲利普二世时代的地中海和地中海世界》，商务印书馆1996年版，第816页。
② 赵文红：《试论16世纪葡萄牙以马六甲为支点经营的海上贸易》，《红河学院学报》2011年9月第5版，第50—53页。
③ David Bulbeck, Anthony Reid, Lay Cheng Tan, Yiq Wu, *Southeast Asian Exports Since the 14th Century:Cloves, Pepper, Coffee and Sugar,* Singapore: Institute of Southeast Asian Studies, 1998, pp. 72–73.
④ Sanjay Subrahmanyam, *The Portuguese Empirein Asian,1500-1700:A Political and Economic History,* London: Longman Publishing, 1993, p. 94.
⑤ Francisco Bethencourt, *Portuguese Oceanic Expansion 1400-1800,* New York: Cambridge University Press, 2006, p. 24.

第二章
海陆相克

"游牧民族最先发展了货币形式,因为他们的一切财产都具有可以移动的因而可以直接让渡的形式,又因为他们的生活方式使他们经常和别的共同体接触,因而引起产品交换。"① 元朝所开创的自由贸易的世界帝国,乃是中东商业文明与蒙古军事贵族武力扩张相结合所起的化学反应的结果,而明朝的建立则是来自中原农耕文明对游牧文明所建立的自由贸易世界帝国的一种拒斥和否定,不论是"海禁"还是"册封与朝贡",都是这种拒斥和否定在国家政策层面的一种具象体现。而当西方资本主义跨海而来,经过初期的不断摩擦和较量,以1567年隆庆开关为标志,明朝终于被动融入西方资本主义文明所开创的近代早期资本主义世界体系当中,在西方殖民主义者所掌握的美洲白银诱使下,成为欧洲资产阶级进行其自身资本积累的商品制造基地;而当西方主导的早期资本主义世界体系因为欧洲三十年战争而陷入停摆后,美洲白银暂时不再流向明朝,则明朝立刻陷入恶性通货紧缩和财政崩溃,最后导致甲申之变,明朝灭亡。

元朝:自由贸易的世界帝国

延续上一章的脉络,本章接着聊一下,在西方殖民者进入东方世界之后,东方文明是如何应对这千年未有之大变局的。

上一章我们讲道,从公元7世纪到公元8世纪开始,中东文明异军突起,实际上控制了东西方之间的物质和文化交流,建立了人类历史上第一个全球化的世界体系。其实,任何文明的崛起,都是建立在学习吸

---

① 《马克思恩格斯全集》第23卷,人民出版社1972年版,第107页。

收其他文明优秀成果的基础之上的。建立起霸权之后，中东文明更是如饥似渴地学习着古希腊的哲学和科学。亚里士多德和柏拉图的著作，在西方中世纪的黑暗蒙昧状态下近乎湮灭，却大量保存于伊斯兰文明的大学和图书馆中，一代又一代中东学者努力钻研着古希腊的学术成就，同时阿拉伯人也从中国引进了大量的实用技术，比如造纸术、指南针等。

在此基础上，中东文明的科学技术水平得到了巨大的发展，中东文明的造船和航海技术独步天下，他们不但牢牢控制着印度洋的制海权，而且，相对于同时期的东方和西方文明，中东文明也取得了地中海制海权。在地中海地区，中东文明控制着绝大多数重要岛屿和战略航线，从事东西方贸易的欧洲商人，包括大名鼎鼎的热那亚商人和威尼斯商人们，只能在极其苛刻的贸易条件下，从阿拉伯商人手中批发东方商品，再运回国零售，甚至，他们的海上航行安全还要依赖阿拉伯帝国的海军保护[1]，因此，他们实际上已经沦为强大的阿拉伯卡里米商人的欧洲买办。

在东方，中国直到南宋之后才发明出能够远洋航行的船只，由于信用不足，以及商业组织、商业网络和金融风险分散等方面存在巨大代差，海上贸易的主导权一直掌握在阿拉伯商人手中，比如南宋的海外贸易中心——泉州——分置的市舶司，就一直掌握在伊斯兰商人蒲寿庚的家族手中[2]，阿拉伯商人集中居住的社区大量分布在广州、泉州等沿海贸易城市当中，而我国商人却无法在霍尔木兹、巴士拉、吉达港、耶路撒冷、苏伊士、亚历山大港等伊斯兰文明的重要海上贸易城市立足。

---

[1] Jairus Banaji, "Islam, the Mediterranean and the Rise of Capitalism", *Historical Materialism*, 2007(15), pp. 47—74.

[2] 陈自强:《论蒲寿庚家族对泉州港海外交通贸易的贡献》，载中国航海学会、泉州市人民政府编:《"泉州港与海上丝绸之路"国际学术研讨会论文集》，中国社会科学出版社2002年版，第360—378页。

在军事技术方面，伊斯兰文明其实也已经压倒了同时期的中国。蒙古西征大军从伊斯兰文明学到了大量的工程和火炮技术，马上就在征服中原和江南的战争中使用。蒙古军队在1267年到1273年围攻襄阳城时，就从伊斯法罕征调来自大马士革的穆斯林工程师到襄阳前线，就地组装制造威力巨大的投石机，一次可发射150公斤重的巨石，射程达到400米①，据《元史》记载，这种投石机一旦发射，则"声震天地，所击无不摧陷，入地七尺"②。在绝对力量面前，宋朝守军终于崩溃，襄阳知府吕文焕被迫开城投降。由于这种投石机源自欧洲，于是在阿拉伯人的史书当中称其为法兰克炮，而在中原的史书当中则称其为襄阳炮③。

在元朝统治中原期间，穆斯林商人更是借助蒙古军队的赫赫武功，依靠元朝朝廷，实际控制了中原的财政、金融和外贸④。元朝统治者往往将国家的财政政策交给穆斯林商人出身的官员去制定，元朝的达官显贵们将他们从中原搜刮的真金白银信托给穆斯林商人去经营或者放贷生利，蒙古贵族们也会交办穆斯林商人为他们采购西方的奢侈品的任务，元朝朝廷为了满足财政支出的需求，经常会把一部分征税权卖给穆斯林商人，朝廷还委托阿拉伯商人用建造好的船只出海贸易⑤，阿拉伯商人借此把持着元朝主管外贸工作的沿海各地市舶司⑥。

---

① 胡风雨：《回回炮在宋元襄樊之战的应用及对后世的影响》，《湖北文理学院学报》2017年第1期，第26—30页。
② 《元史》卷二〇三《亦思马因传》。
③ 马建春：《蒙·元时期"回回炮"的东传及作用》，《西北民族研究》1996年第2期，第12—17页。
④ [日]爱宕松男：《斡脱钱及其背景——十三世纪蒙古元朝白银的动向》，李治安译，《蒙古学资料与情报》1983年第2期，第15—23页。
⑤ 廖大珂：《元代官营航海贸易制度述略》，《中国经济史研究》1998年第2期，第100—104页。
⑥ 杨志娟：《回回海商集团与元代海洋政策》，《烟台大学学报（哲学社会科学版）》2013年第3期，第88—95页。

第二章 海陆相克

根据《元史》记载，元朝时期，阿拉伯裔和波斯裔出身的右丞相有1人、左丞相3人、平章政事11人，在朝廷任宰执职位者，共有16位色目人，占中央高官之比远超过阿拉伯裔和波斯裔占全国人口之比，执掌地方政府的色目人共32人，占比之高也超乎寻常，尤其是在海外贸易繁盛的闽南地区，地方官府中色目人占据绝大多数要职，比如泉州市舶司就基本为色目人所把持，包括泉州蒲氏、陈江丁氏、荣山李氏、燕山苏氏、清源金氏，都是当地穆斯林政要世家。

元朝统治者与穆斯林商人按照"康曼达"商业合伙制，结成合伙公司，共同经营着蒙古帝国这份产业。阿拉伯帝国的商人们会结成商业行会组织卡里米，蒙古帝国的伊斯兰商人们也结成了自己的商业公会组织，名为"斡脱"，"斡脱"来源于突厥语，含义是伙伴，大概可以引申为合伙公司①。

元朝还以大都为中心，建立起通往蒙古帝国各个要塞和主要城市的国道和驿站，除了朝廷官员和贵族之外，穆斯林斡脱商人也可以免费使用驿站，他们在这些驿站打尖歇脚，存放货物。元朝的国道、驿站不但通往中原和江南，还向西纵贯蒙古大草原和中亚河中地区，直通伊尔汗国的国都大不里士和金帐汗国国都萨莱城。

伊尔汗国和金帐汗国都是大蒙古帝国的四大汗国之一，伊尔汗国由成吉思汗第四子拖雷的儿子旭烈兀所建立，国都位于今天伊朗的大不里士，其领土东起中亚乌兹别克斯坦的阿姆河和南亚的印度河，向西延伸到今天土耳其的大部分地区，向南直抵波斯湾，向北隔着高加索山与金帐汗国比邻而居。

金帐汗国由成吉思汗长子术赤的儿子拔都所建立，其领土东起流经

---

① 穆和坦尔：《蒙元斡脱研究》，硕士学位论文，浙江大学，2012年。

哈萨克斯坦的额尔齐斯河，西到流经乌克兰的第聂伯河，向北临近北极圈，向南直达高加索山和黑海、里海一线。就像埃及是围绕尼罗河建立起来的一样，整个金帐汗国是围绕着伏尔加河这个轴心建立起来的，金帐汗国把自己的国都安顿在了伏尔加河注入里海的入海口附近，命名为萨莱城。今天，萨莱城早已消失在了历史的尘埃之中，只剩下少许遗址，存留在后世彪炳史册的英雄城市伏尔加格勒附近。

元朝修建的国道和驿站体系，直通大不里士和萨莱城。萨莱城扼守伏尔加河的入海口，伏尔加河的主航道加上支流航道，总通航里程达到了3256公里。从元大都来的由斡脱商人组成的商旅，从萨莱城出发，可以沿着伏尔加河航道一路北上，通过俄罗斯广袤腹地进入北欧波罗的海商圈。商旅沿着伏尔加河也可以进入金帐汗国控制下的黑海，那里有威尼斯、热那亚的商业殖民城邦，通过与黑海殖民城邦的意大利商人做生意，元朝斡脱商人可以间接进入地中海商圈。

斡脱商人也可以沿着全长1677公里的第聂伯河主航道北上，一直来到俄罗斯商圈的中心城市诺夫哥罗德，名义上诺夫哥罗德也算是蒙古金帐汗国的藩属国，而德意志汉萨同盟商人在诺夫哥罗德设有一家大型贸易商站，通过与汉萨同盟的德意志商人做生意，斡脱商人又可以间接地进入北欧波罗的海商圈。从元大都来的商旅，也可以途经伊尔汗国的国都大不里士，向西到达位于今天的土耳其、叙利亚、以色列的沿海港口，进入地中海贸易圈，向南可以直达波斯湾沿岸港口霍尔木兹和巴士拉，进入印度洋商圈。元朝斡脱商人们不但可以继续向西前往红海沿岸的贸易港口，向东则可以直达印度马拉巴尔海岸的贸易中心城市，如果阿、卡利卡特、科钦、奎隆等港口，也可以乘着印度洋季风越过马六甲海峡，返回广州、泉州、宁波等我国主要贸易口岸。从广州、泉州、宁波等口岸出发沿海路一路北上，可以到达天津的直沽港。虽然随着时间推移，直沽已经成为天津市区的一部分，天津的海岸线已经向东推进到了塘沽一带，而在元朝时期，直沽就是海港。商船进入直沽港之后，可以沿着元朝开凿的运河体系直接驶入北京城内的积水潭口岸。商船还可以从积水潭出发转折向南，经过京杭大运河，重新回到江南。北京城内的积水潭如今已经成为一片陆地，仅仅留下一个地名，元朝时期，积水潭还是一片大湖，不但是南北漕运的总码头，而且，通过运河体系，还可以直通海路，成为元代海上丝绸之路的起点和终点[①]。

于是，以元朝为主导的蒙古帝国所经营的欧亚大陆与海洋世界体系就完全联通了起来，元朝朝廷对其治下的商贸活动，不论是陆上的还是海上的，不论是外国的商人还是本国的商人，都是三十税一，即只征收约3%的商业税。任何敢于扰乱正常贸易活动的势力，都必将遭到蒙古大军的惩罚。于是，商品、货币、文化、信息、人员都可以沿着蒙古帝国的陆上国道、驿站网络，以及海上航运线路，自由地来回奔腾，由伊斯兰文明开创的全球化1.0体系，被蒙古帝国极大地拓展了，蒙古帝国的政治军事力量，与伊斯兰文明的商业网络水乳交融在一起，从泉州到威尼斯，从中国东海、南海一直到黑海、地中海，从南洋群岛到北欧波罗的海，所有当时地球上最重要的生产中心和贸易圈层，都被绵密地整合在了一起，整合进了元朝编织起的经济贸易网络当中。这张绵密的经济贸易网的经纬线，无疑是元朝政府主持的陆地与海洋丝绸之路，而这张绵密的世界经贸网的中心，无疑是元朝国都大都。后世的西方学者，甚至将这一时期称为"蒙古治下的世界和平"，或者说是"蒙古自由主义的世界体系"[②]。

---

① 付崇兰：《运河史话》，社会科学文献出版社2011年版，第106—107页。
② 周子衡：《蒙元货币统一与世界经济的诞生》，《金融评论》2016年第5期，第81—105页。

元朝在中国历史上可以说是一个彻头彻尾的"异类",中国的传统是重农抑商,然而元朝是一个奉行自由贸易主义的重商主义国家,国家财政完全依靠盐税和商业税,农业税则被下放给地方,成为地方的主要税种。又因为如此,从税收财政角度来看,元朝财政与其大一统的中央集权的封建王朝不太相符,倒是与欧洲、日本的封建制度,以及后世的联邦制颇为相似。由此也可以管中窥豹,品味元朝的与众不同。

商业帝国的败亡之路

元朝建立起了一个可以自由贸易的世界帝国,这个帝国由三根支柱构成,第一根支柱建筑在基础设施建设上,即遍及亚洲大陆中心城市之间的国道和驿站体系,以及由这些大规模基础设施建设支撑起的陆上丝绸之路;第二根支柱建立在地缘政治的基础之上,即蒙古帝国建立的以元朝为中心,四大汗国尤其是伊尔汗国和金帐汗国为外藩的完整地缘政治板块;第三根支柱建立在组织结构上,那就是蒙古贵族的暴力与穆斯林商人的商业技能及商业网络的有机结合[①]。

元朝是蒙古贵族与穆斯林商人共治天下,双方合作的制度化组织形态是斡脱制度,其实是元朝统治者学习了阿拉伯商人的康曼达合伙制度,与穆斯林商人结成康曼达合伙企业,元朝权贵将其拥有的真金白银信托给穆斯林商人代为经营,一般会要求至少 10% 的资本回报率,于是军事贵族信托给穆斯林商人的货币财富就成了生息资本。

有学者统计,从 1230 年左右蒙古征服金国一直到 1260 年忽必烈继

[①] 王文成:《蒙古灭金前后的市场演变与白银使用》,《中国经济史研究》2000 年第 1 期,第 117—125 页。

位称帝为止的差不多 30 年时间里，蒙古朝廷一共在中原征税三千万两白银①，这些白银中的一部分充作对宗室诸王和各部贵族的赏赐，还有一部分被蒙古统治者用作装饰材料以及购买奢侈品所用，其余的大部分白银几乎全部以货币资本的形式信托给了斡脱商人。

那么斡脱商人又如何为信托委托人挣钱呢？起初，除了组织手工业生产和商业贸易以赚取利润之外，斡脱商人最常干的勾当就是放高利贷②，利息高到如果债务人无法在第一年偿还债务本息，那么到了第二年，全部的债务本息就要计算到初始的债务本金之内，继续生息，人们形象地把这种高利贷的利滚利称为"羊羔息"，比喻债权本金产生的利息就像绵羊下羊羔子一样，子子孙孙无穷尽矣。

这种羊羔息的利息率通常高达十成之多。在这种高利贷的盘剥下，普通百姓苦不堪言，很多人不得不脱离原籍逃亡外地成为流民，以此来逃避敲骨吸髓的高利贷盘剥。然而"跑得了和尚跑不了庙"，债务人可以逃跑，可是当地的官府却是无路可逃的，斡脱商人硬逼着地方官府给自己的子民还债，以至于逼得"令长逃债，多委印去"③；斡脱高利贷能把地方官府的县令、知府逼得挂印而去，逃之夭夭，这在官本位根深蒂固的古代中国，是空前绝后的，由此也更可见元朝性格之特殊。

那么斡脱商人通过放高利贷一共刮了多少钱呢？《元史·太宗本纪》记载，太宗十二年仅以官银（即地方政府财政）代民偿还斡脱钱就达到

---

① ［日］爱宕松男：《斡脱钱及其背景——十三世纪蒙古元朝白银的动向》，李治安译，《蒙古学资料与情报》1983 年第 2 期，第 15—23 页。
② 同上。
③ 姚燧：《牧庵集》卷二十五《高泽神道碑》，转引自王文成：《蒙古灭金前后的市场演变与白银使用》，《中国经济史研究》2000 年第 1 期，第 117—125 页。

了380万两之多,而当年全国总户籍数不过180万户[①];由此可以想象出,斡脱高利贷达到了何等巨大的金额。

我们还可以大致估算下,在蒙古入主中原的最初30年里,一共征收税银3000万两,其中大部分被信托给穆斯林斡脱商人经营理财,那么如果这3000万两税银中仅有10%转化为了高利贷资本,按照羊羔息高达十成的利息率来计算,可以推测,30年间,斡脱高利贷资本所榨取的利息竟然高达9000万两之多[②]。淮河以北沉淀在民间的白银被洗劫一空了。

高利贷盘剥造成的巨大社会危害,让元朝朝廷也觉察到了危机,多次下令豁免债务,或者用朝廷发行的纸币来替债务人清偿债务,甚至后来忽必烈下诏禁止高利贷。只靠一纸禁令绝无可能在朝夕之间就让既得利益集团放弃高利贷生意,然而元朝对于南宋的征服,却替大家都解了套。

江南地区发达的手工业、制造业在当时处于世界领先地位,尤其是瓷器和丝绸,为世界各地人民所喜爱。比如福建产出的瓷器远销东南亚、南亚、印度洋沿岸、非洲等地,风靡海外各国。其中最著名的是建窑黑釉"天目瓷",被日本视为国宝,福建生产的"珠光青瓷"茶碗也被日本茶道界视若珍宝。在日本镰仓海岸出土的瓷器中,有许多是福建建窑、同安窑、晋江磁灶窑的产品。当时,日本的诸侯大名,为了得到一件福州洪塘怀安窑的"茶入",甚至不惜用一座城池交换[③]。

江南地区的手工业产品在海外市场如此受欢迎,南宋也借此发展出

---

① [日]爱宕松男:《斡脱钱及其背景——十三世纪蒙古元朝白银的动向》,李治安译,《蒙古学资料与情报》1983年第2期,第15—23页。
② 同上。
③ 梅华全:《福建与"海上丝绸之路"》,《福建文博》2012年第1期,第2—6页。

了发达的海外贸易，据《宋会要辑稿》职官卷记载，宋高宗赵构曾说，"市舶之利最厚……岂不胜取之于民？朕所以留意于此，庶几可以少宽民力尔"①，宋高宗认为拓展海洋贸易增加财政收入，远胜过向百姓征税，也可以大大减轻老百姓的负担。在南宋朝廷实行重商主义的外贸政策刺激下，南宋的海外贸易事业空前高涨起来。据统计，南宋早期海关关税年收入就达到了200万贯，相当于朝廷每年财政总支出的10%。到了南宋高宗绍兴末年，仅仅泉州市舶司的年收入，就达到了大约100万贯，约占南宋全部财政收入的2%②。而到了南宋淳熙和绍熙年间，即12世纪七八十年代，南宋朝廷全年财政总收入中，农业税的比例不到15%，其余大部分是国内外贸易产生的商业税。在元朝朝廷和斡脱商人们看来，这无疑是最具诱惑力的资产。

于是，在1276年元朝征服南宋之后，斡脱商人也随蒙古大军南下，接管了南宋发达的制造业和海外贸易事业，迅速转型为航海贸易商人。元朝朝廷不但继续将银两信托给斡脱商人打理，并且将东南沿海各主要港口的市舶司都交给斡脱商人主管，还用国家力量建造大型海船，号称官本船，并且也被信托给斡脱商人从事海外贸易。所谓官本船，就是官府以国有商船为本钱，以固定资产入股，与斡脱商人合伙做生意③。

这些斡脱商人与原本主导南宋海洋贸易事业的穆斯林商人迅速合流，实际控制了元朝的海外贸易。元朝朝廷为了帮助自己的商人获得更有利的贸易条件和贸易地位，甚至派出海军舰队与斡脱商人的远洋商船队混编在一起，征讨占城和爪哇，扫荡南洋群岛，并以武力为后盾，迫

---

① 唐文基：《福建古代经济史》，福建教育出版社1995年版，第340页。
② 颜吾芟：《中国历史文化概论》，北方交通大学出版社2002年版，第185页。
③ 廖大珂：《元代官营航海贸易制度述略》，《中国经济史研究》1998年第2期，第100—104页。

使印度洋沿岸主要贸易城市纳贡，俯首称臣。在当时的东南亚地区，元朝商人在当地杀了人，只要赔钱即可，不用抵命，而当地原住民如果杀害了元朝人，是一定要掉脑袋的。

在元朝大肆进行对外贸易的同时，却是中原白银不断外流。元朝实行纸币制度，禁止白银在民间流通，而当时中东却实行银本位制度，急需大量白银铸造银币，这就使得中国白银价格远远低于中东、西亚的白银价格，元朝黄金与白银的比价大致维持在1∶10，即十两白银兑换一两黄金，而在阿拉伯世界，公元1250年左右的金银比价大致是1∶5，只要五两白银就可以兑换一两黄金。由此，通过金银套利交易，中原地区的白银借蒙古穆斯林斡脱商人之手大量涌向了阿拉伯世界[①]。

而在元朝统一中国之后，斡脱商人基本控制了元朝的海外贸易，然而元朝的海外贸易虽然空前繁荣，但是元朝统治者，尤其是蒙古贵族对于阿拉伯世界出口的奢侈品有巨大的需求，蒙古贵族为了求得一匹阿拉伯纯种马往往不惜一掷千金，并且国际贸易大多要以白银结算，于是中原的白银首先以政府税收和货币资本利息的形式集中到达官显贵们的手中，再通过他们的商业代理人，即斡脱商人之手，源源不断流向西方。由此，公元1340年之后，阿拉伯世界的金银比价就从几十年前的十两黄金换五十两白银，升值到了十两黄金换一百二十四两白银，并长期稳定在了1∶12.4的汇率水平上。白银大幅贬值，也显示了当时世界白银向中东集中的总趋势。

那么元代中国白银总共外流了多少呢？根据宋代史料记载，金国灭北宋时，总共劫掠到白银约四亿两[②]，而根据现代学者的估算，唐宋元

[①] 周子衡：《蒙元货币统一与世界经济的诞生》，《金融评论》2016年第5期，第81—105页。
[②] 李心传：《建炎以来系年要录》第一卷，上海古籍出版社1992年版。

三朝，也就是从公元 618 年到 1368 年之间，中国白银总产量约为四亿一千万两，到了明朝开国初年，全中国社会的白银存量就只剩下一亿两左右。这也就是说，在元朝入主中原的大约一百年时间里，中国总计外流白银大约三亿两[①]。

如此持续不断的大规模白银外流，迅速抽干了元朝维持其社会机体正常运转的脊髓血液，接踵而至的就是恶性通货膨胀。元朝实行纸币制度，民间禁止白银流通。而官府印刷的纸钞能够取信于民，完全依赖于官府承诺的百姓拿着纸钞可以随时兑换成白银。然而随着白银的大量外流，这种信用承诺也成了一纸空文。元至元三年，即公元 1266 年，一石大米只能卖到纸钞六百文，到了元大德十年，即公元 1306 年，一石大米的价格就涨到了纸钞三十贯，到了元至正十九年，即公元 1359 年，纸钞一千贯甚至买不到一斗米，物价在数十年间竟然惊人地暴涨了一千倍以上，中原百姓生活在水深火热当中。元朝统治中原的合法性已经摇摇欲坠，元朝自由贸易世界帝国的基本盘实际已经崩盘。天下大乱，逐鹿中原，就在眼前。

热力学第二定律

之前我们讲道，元朝建立的自由贸易的世界帝国在 100 年不到的时间里，就遭遇白银大量外流乃至恶性通货膨胀的打击而摇摇欲坠。在斡脱商人的高利贷和恶性通货膨胀的双重打击下，社会面临深刻的经济危机和社会危机，百姓生活在水深火热之中。

[①] 张翼、蒋晓宇：《1550—1830 年中国白银流入及其影响》，中国人民银行工作论文，2020 年 12 月 2 日。

空前强盛的大元帝国统治中原不到100年就面临土崩瓦解的困局，我们当然可以将原因归咎于元朝朝廷实行的错误的民族政策，也可以归咎于官府的横征暴敛、权贵的穷奢极欲、斡脱商人的高利贷盘剥压榨、过于超前的纸币制度、错误的外贸政策导致的白银大量外流、由纸币制度和白银外流共同作用导致的恶性通货膨胀等。但归根结底，元朝的失败在于其统治秩序和治理方式与华夏社会的底层逻辑在性质上是水火不容的。

蒙古帝国是由西域、草原和中原这三大地缘经济和地缘政治板块有机结合而成的三元制帝国，来自草原的暴力，将西域主持的第一个全球化1.0世界经济体系，与中原的强大物质生产能力捏合为一个整体，形成了一个自由贸易的世界帝国。这个世界帝国要想走得长远，三者缺一不可，这三股力量在元朝的统治集团当中，分别是蒙古军事贵族、斡脱商人与中原士大夫为代表的三大集团，这三个集团的地位是不平等的，蒙古军事贵族集团手握封建皇权和军权，执掌中枢；斡脱商人集团主管财政、金融和对外贸易；中原士大夫则掌管内地的民政。

在蒙古军事贵族集团的统治之下，斡脱商人集团和中原士大夫集团在朝廷中的分量，又是前后变化的。在元朝建立的过程中，中原士大夫集团所发挥的作用非常显著，然而元朝一旦平定天下，儒家内敛的文化性格就与军事贵族集团的扩张野心开始格格不入，渐行渐远。

元朝并不是必然出现在历史舞台上的，而很大程度上是忽必烈个人野心的产物。忽必烈是成吉思汗第四子拖雷的儿子，他的兄长蒙哥于1251年继位蒙古大汗，遂任命自己的兄弟忽必烈总领中原地区的军国庶务。蒙哥于1259年驾崩于重庆合川钓鱼城下，蒙古贵族议会选举忽必烈的弟弟阿里不哥继位蒙古大汗。因此，按照蒙古帝国的法统轮不到忽必烈来继承汗位。

然而忽必烈长期总领中原地区军国庶务,在蒙古帝国统治范围内,中原是工农业生产力发展水平最高的地区,实力最强;忽必烈又以其卓越的政治能力,争取到蒙古军事贵族集团和汉族军阀的支持。同时,忽必烈在总督中原之初,就在位于今天张家口和锡林郭勒盟之间的金莲川草原上建立起自己的幕府[1],招揽各族有识之士,征询治国方略,包括在中原学术界最具影响力的邢州学派的刘秉忠、张文谦、郭守敬等人。

邢州学派在中原学术界非常特殊[2],并不只攻儒学,而是儒释道三家融会贯通,还特别重视天文水利和工程技术研究[3]。刘秉忠还推荐中原正统理学大儒姚枢、郝经等人加入金莲川幕府,共同为忽必烈出谋划策。忽必烈也经常与这些汉族知识分子谈论时政,究天人之际,通古今之变,以做资治通鉴。

金莲川幕府在忽必烈争夺汗位、创建元朝、成就伟业的过程中发挥了至关重要的作用,也成为元朝朝廷最早的班底。正是在刘秉忠、郝经等人出谋划策之下,忽必烈才当机立断,出兵夺取了汗位。忽必烈登基之后,也是刘秉忠为忽必烈制定了第一个年号"中统",意为中原正统。至元八年,即公元1271年,刘秉忠上书忽必烈,建议根据《易经》中的"大哉乾元",将国家改名为"大元",同时他向忽必烈进言:"可以马上取天下,不可以马上治天下。"他主张参照中原的典章制度,改善法度、革除弊政。待忽必烈批准之后,刘秉忠又亲自颁章服、举朝仪、

---

[1] 潘清:《元上都地理空间建置与多民族统一国家的建立》,《江苏社会科学》2022年第5期,第191—199页。
[2] 李智文:《浅论邢州学派的背景(一)》,《邢台学院学报》2007年第3期,第9—11页。李智文:《浅论邢州学派的背景(二)》,《邢台学院学报》2007年第4期,第33—35、41页。
[3] 藏明:《中国古代科技衰落原因再思考——元代及邢州学派科技发展与李约瑟难题研究综述》,《邢台学院学报》2013年第4期,第6—8页。

给俸禄、定官制,成为元朝政治制度的设计者①。

营建元大都城、开凿纵贯帝国南北并沟通海洋的运河体系等战略性国家基础设施建设,也都是在邢州学派的主持下完成的。凿通京杭大运河奠定了元、明、清三朝南粮北运,维持国家正常运转的基本格局,也为元朝初年实现天下安定,经济繁荣,做出了最重要的贡献。

然而一旦元朝的统治稳定下来,中原士大夫集团就不再受到重用②。统治元朝的蒙古军事贵族集团的眼光和格局都是世界性的,他们要组织一个自由贸易的世界帝国,要不断出兵开疆拓土,讨伐不臣,要向东征服日本列岛,向南征服缅甸、越南和南洋群岛,要与远在波斯湾和黑海沿岸的伊尔汗国建立稳定的、常态化的海上直接联系,并主宰印度洋贸易利润的分配权,元朝甚至试图用远洋舰队夺取印度洋的制海权③。

这样的战略眼光和世界格局,是中原士大夫所无法理解的,更不用说想办法为对外战争以及建立和维持世界秩序而大规模融资,并建立稳定的财政秩序了,这已经超出了中原学术政策供给的能力边界。这时候,元朝统治者只能选择与斡脱商人深度合作,由斡脱商人集团经营帝国的财政和融资。斡脱商人集团与蒙古军事贵族集团一样,同样具有世界性的眼光和格局。

刘秉忠去世之后,连续宰执大元朝政的是色目人阿合马、汉人卢世荣及色目人桑哥。这三个人都是奉行伊斯兰商业文化的理财能臣④。尤其

---

① 侯倩男:《论刘秉忠的思想及其在元初的重大作为》,硕士学位论文,河北师范大学,2014年。
② 刘成群:《元初政治格局的演变与北方儒学群体的整合》,《社会科学》2018年第6期,第145—154页。
③ 沈丹森:《中印海上互动:宋至明初中国海上力量在印度洋沿岸的崛起》,《复旦学报(社会科学版)》2014年第2期,第13—24页。
④ 参见薛博欢:《元世祖时期理财权臣研究》,硕士学位论文,内蒙古民族大学,2022年。

是元朝第一任色目人宰相阿合马,他采取的两项重要财政和货币政策,奠定了元朝国家治理的基本脉络,那就是盐铁专卖制度和纸币制度。元朝时期的盐税收入常常占到中央政府财政收入的80%—90%,这一巨大成就正是阿合马所奠定的①。阿合马之后,元朝历代朝政都不过是在盐铁专卖制度和纸币制度上修修补补。卢世荣虽然身为汉人,但一直在阿合马的手下历练行走,学的是斡脱商人集团的经世理财之术,比如官本船制度,即官府投资兴建海船,信托给斡脱商人出海贸易②,类似于康曼达合伙制度,正是卢世荣出任宰相时开创的,并成为元朝海外贸易事业的定制之一③。

中原士大夫集团相对于斡脱商人集团,在格局、视野和能力边界上有如此大的差异,是由中原农耕文明的自然经济、小农经济的生产方式和农业定居的生活方式所决定的。在这种自然经济、小农经济、定居农业的生产和生活方式支配下,中原社会最基本的社会单位也是经济单位——家庭,而单个家庭抗风险能力太弱,于是家庭关系又向外扩展为家族关系,规范家庭和家族内部人际关系需要一套道德伦理准则,比如三纲五常、长幼有别、尊卑有序,等等。古代中国社会就是由家庭关系、家族关系外化形成的家族式社会,国家就是这种家族社会的缩影、镜像。于是,规范家庭和家族内部人际关系的道德伦理准则就外化为古代中国治理天下的基本政治原则和政治哲学,孔子将这套伦理道德体系总结为礼,古代中国的道统就是礼制,以礼仪制度治理天下。

---

① 王若麟:《关于回回人阿合马的理财之政思考》,《理论观察》2022年第2期,第139—142页。
② 梁二平:《"官本船",蒙元帝国创建的海上商贸新模式》,《丝绸之路》2015年第21期,第4—9页。
③ 陈简希:《浅析卢世荣官本船贸易与其仕途失败之关联》,《黑龙江史志》2013年第19期,第301、303页。

这种天下观、道德伦理观、礼制思想，成为中华文明的"思想钢印"，在支撑起我们文明的框架结构的同时，也极大地限制了我们认识世界、开拓世界的想象力、思维边界和行动能力，也极大地限制了我们去认识真实世界客观规律的能力，因为伦理道德要求人们重视这个世界应该成为什么样子，而不去思考这个世界本来是什么样子。

古代中原知识分子的"理想国"是一个长幼有别、尊卑有序又父慈子孝、和睦稳定的田园牧歌式的农业乌托邦，而这种对于家庭式道德伦理的追求注定是感性的，不可能是理性的。中原儒生根本无法想象一个不以定居农业为主要生产和生活方式的文明是什么样子，不能摆脱道德伦理的感性思维枷锁来理性思考国家战略问题，不能理解为达目的不择手段在特定应用场景之下也可以成为褒义词，不能理解这个世界的本质是无处不在的矛盾，以及由矛盾所驱使的变动不居，不能理解商业贸易对于实体经济的领导、支配和促进作用，不能理解争夺制海权、宰割海上贸易利润的思维逻辑，更无法理解对外扩张、夺取更广阔生存空间，对于一个国家、一个民族生死存亡的重要意义。

黄炎培先生提出了著名的历史周期率问题[①]。其实，中国古代历史之所以一再陷入治乱往复的周期率，不过是因为马尔萨斯陷阱，日益增长的人口无法获得足够的自然资源来发展定居农业，又无法通过获取更多外部资源来缓解人口与资源之间不匹配的问题，于是社会秩序终于崩溃，陷入无序状态，等人口消灭到与中原的自然承载力相匹配了，就再涌现出一个朝代，再来一轮盛世。

那么要如何解决周期率的问题呢？首先我们要认识到，这个世界就是按照热力学第二定律来运行的，即"在孤立系统内，任何变化不可能

---

① 薛永毅：《黄炎培与毛泽东"窑洞对"前后》，《学习时报》2023年2月3日，A3版。

导致熵的减少"[1]。熵，是一个物理学概念，指的是一个事物内部的混乱程度，也可以理解为能量的反向指标，事物内部混乱程度减弱，有序度增强，是因为从外部获得了更多的能量，而如果一个事物内部的有序度减弱，陷入混乱状态，一定是因为内部消耗的能量大于从外部获取的新增能量[2]。

人类社会的运行法则同样遵循热力学第二定律，一个社会如果不能与外界形成能量交换，从外界攫取新的能量，那么一个自我封闭的系统，其内部混乱程度的增加，即熵增，就会压倒系统内部的自我平衡，也就是自我毁灭。只有在一个高度的开放系统中，源源不断地从外部获取新的能量，才能不断减少内部的混乱程度，也就是减熵。

因此，要破除历史周期率就只有一个办法，即遵循热力学定律，通过不断向外部世界扩张，获得源源不断的能量输入，从而实现熵的不断减少。

斡脱商人们能够理解人类社会中的熵增现象，这是因为，至少商业贸易与战争一样，都是最需要理性计算的事业，也是最需要实事求是的事业。空谈理学心性是不会死人的，也是不会赔钱的，可是打仗会死人，生意做不好要赔钱，不理性就要亏钱，不讲实际就要完蛋。这就迫使商人们必须实事求是地认识和理解世界，必须理性计算如何在真实的世界中获得利益。

斡脱商人们所能看到的世界，所能理解的世界，也远比中原士大夫要广阔得多。中原文明的核心价值观是长幼有别、尊卑有序、三纲五常，而承载这套价值观的宗教仪式是家族祠堂、祖坟、祖先牌位，这些载体

---

[1] 向义和:《大学物理导论：物理学的理论与方法、历史与前沿》，清华大学出版社1999年版，第458页。
[2] 邢红军:《论熵的定义与熵的物理意义》，《物理教师》2020年第12期，第64—66页。

只有生长在故乡的泥土里才有生命力，才能成为人们的心灵家园和精神归宿。从事海外贸易的中国商人，总归是没办法带着祠堂和祖坟在世界范围内跑的，是一定要叶落归根的，这使得中国商人无法在世界上扎下根来，建构在地的商业网络①。

中原社会本质上是家族关系的外化，这就使得信用机制发育得极不成熟，因为只有家族成员才是值得信任的。家族成员外，只有本乡本土知根知底的乡亲是值得信任的。这使得中原的社会组织和商业组织都是高度宗族化的，比如我国明清时期崛起的徽商、晋商等商帮组织，都是以血缘或者地缘关系为文化资本组织起来的②。陌生人之间要想建立长期合作关系，可资利用的文化资本也只是宗法伦理，只有尽力模仿家族血缘关系，比如结义、聚义。直到今天，我们也得与方方面面的人际关系处成准家族关系，以哥、姐相称，才显得亲近，才好办事情。但是，让不同文化背景的人结为异姓兄弟很难，更无法建立准家族关系，这就使得在海外经商的中原人士很难与各国人士建立长期有效的商业合作关系，更不用说形成商业网络。我们的传统文化让我们的社会信用严重不足，无法在陌生人之间形成商业合伙和金融信用关系③。

然而穆斯林商人却截然不同，在宗教信仰的支撑下，穆斯林商人乐于以四海为家，经营自己的商业贸易网络。而世界各地的陌生人，在闪米特一神教体系下，只要信仰同一个上帝，就都是主的孩子，都是兄弟

---

① 陈志武、张涛、温方方：《从文明的逻辑看儒学》，《国际儒学》2022年第2期，第103—112、176页。
② 吴琦、周黎安、刘蓝予：《地方宗族与明清商帮的兴起》，《中国经济史研究》2019年第5期，第139—158页。另见蔡洪滨、周黎安、吴意云：《宗族制度、商人信仰与商帮治理：关于明清时期徽商与晋商的比较研究》，《管理世界》2008年第8期，第87—99、118、188页。
③ Zhiwu Chen, Chicheng Ma, Andrew Sinclair, "Banking on the Confucian Clan: Why China Developed Financial Markets So Late", *The Economic Journal*, 2022, 132(644), pp. 1378-1413.

姐妹。而对于穆斯林商人来说，不管身在何处，不管离家乡有多远，只要有清真寺，就能找到精神家园和心灵的归宿。这便于穆斯林商人长期在世界各地扎下根来，经营起长期有效的商业网络和社会活动网络。这是穆斯林商人能够主宰古代海上贸易秩序的社会文化原因[①]，也是元朝蒙古贵族集团与穆斯林商人集团合作共治天下的根本原因之一。

然而，蒙古军事贵族集团与穆斯林商人集团所共同主持的元朝自由贸易世界帝国，是建立在剥夺中原地主阶级和士大夫集团的基础之上的，纸币制度、斡脱高利贷和长期通货膨胀，严重剥夺了中原地主阶级的经济资源，元朝统治者长期搁置科举制度的做法，又严重剥夺了中原士大夫集团的政治资源。这些人对元朝统治集团恨之入骨，尤其对替代中原士大夫集团原本社会生态位的穆斯林商人集团更加不满[②]，在后来明朝所修的《元史》当中，把奠定财政货币制度的阿合马、卢世荣和桑哥都打入了奸臣传，分列奸臣传的前三名。[③]

随着时间推移，双方矛盾逐渐加深以致不可调和，接踵而至的是中原地主阶级与士大夫阶级动员仅存的社会资源和文化资源，来反抗元朝的统治。至正十一年（公元1351年），红巾军起义，一直到至正二十八年（公元1368年），朱元璋在南京称帝，建立明朝，改元洪武，明军北伐攻克大都，历史从此拉开了新的篇章。然而西方资本主义、殖民主义的挑战才刚刚开始。

[①] 陈志武、张涛、温方方：《从文明的逻辑看儒学》，《国际儒学》2022年第2期，第103—112、176页。
[②] 刘成群：《元初政治格局的演变与北方儒学群体的整合》，《社会科学》2018年第6期，第145—154页。
[③] 《元史》列传第九十二《奸臣》。

何以天朝：明朝意识形态的发展脉络

元朝统治中原不到一百年，就因为与中原文明的底层社会逻辑水火不容而崩塌。明洪武元年（公元1368年），明军北伐攻入大都，元顺帝退回草原，曾经横跨欧亚大陆的草原—中原—西域三元制元帝国迅速解体，回归到各自的地缘政治经济和文化板块。

明太祖朱元璋所要解决的首要问题，就是如何收拾元朝这个世界帝国崩溃后留下的烂摊子。他首先要做的，就是为新的中原王朝寻找到一种新的意识形态，用以输出秩序和稳定。

朱元璋出身贫寒，十七岁时"父母兄相继殁"，"乃入黄觉寺为僧"，"游食合肥"，二十四岁"入濠见子兴"。[①] 郭子兴所属的红巾军动员时所用的意识形态是白莲教，这个教门在中原民间流传甚广，可是在中原士大夫看来不过是些异端邪说，不见容于上流社会。

元顺帝至正十六年（公元1356年），朱元璋所部义军光复了集庆（现南京），朱元璋打下了一块稳固的根据地，终于可以考虑争霸天下的问题了。此时，朱元璋发现，再用宗教结社的意识形态去打天下是行不通的，士大夫阶层不认可、不支持，就坐不稳江山。新政权的组织和运行，还得纯任德教，用周政，依靠儒家知识分子。至正十七年（公元1357年），朱元璋攻取徽州，也就是今天的歙县、黟县、休宁、婺源、绩溪、祁门六县，然后又沿着新安江一直打到了浙江东部一带。

以今天的视角来看，拿下徽州六县对于朱元璋来说具有决定性的意义，徽州物产丰富，农业、手工业和商业都很发达，日后席卷天下财富的徽商在元代已经崭露头角，徽州商人用自己的商业资本和商业网络支

---

① 《明史》本纪第一《太祖》。

持朱元璋的军事行动，朱元璋也投桃报李，在自己的控制区内，授予支持他的商人们以贸易特权，并且只征收3%的商业税，只对商业收取象征性的低税率，逐渐在整个明代成为一项定制。

更重要的是，征服徽州使得朱元璋为自己开创的新王朝找到了精神归宿。徽州在华夏的文化脉络中占有独特的地位。徽州文脉的源流要从魏晋南北朝说起。魏晋南北朝时期天下大乱，北方游牧民族南下，中原士大夫衣冠南渡，其中很多人就跑到黄山脚下，背靠黄山山脉，在新安江江水的滋养下，就地安顿下来，形成了所谓新安士族，东晋朝廷就在这块土地上设立了新安郡，新安郡的第一任太守名叫程元谭，是新安士族的领袖[1]。

徽州程氏家族一直传承到北宋，出了两位大儒，即程颢、程颐兄弟，号为"二程"，正是他们开创了理学和心学两大后世主要儒家学派。二程祖籍徽州，主要活动地点在洛阳，因此二程所开创的儒家学派又被称为洛阳学派，简称洛学[2]。

程颢、程颐兄弟的老师正是儒家理学的创始人周敦颐[3][4]，"濯清涟而不妖，出淤泥而不染"，就出自周敦颐的笔下。周敦颐出自汝南周氏[5]，考汝南周氏之起源，晋朝人杜预著《春秋释例》，云周氏乃"黄帝

---

[1] 陈雪明、卞利：《始迁祖历史形象的建构与塑造——以徽州程氏家族始迁祖程元谭为例》，《安徽大学学报（哲学社会科学版）》2018年第3期，第1—8页。

[2] 任婷：《二程洛学构建话语体系的历史经验研究》，《新西部》2020年第2期，第98—99页。

[3] 赵壮道：《洛学思想萌芽的文本分析》，《洛阳理工学院学报（社会科学版）》2023年第2期，第4—8页。

[4] 郭畑：《二程师友渊源在南宋的厘定》，《哲学动态》2022年第8期，第64—72页。

[5] 王莉：《南朝汝南周氏家族文化与文学研究》，硕士学位论文，广西师范大学，2017年。

之苗裔,姬姓、后稷之后"①,又据唐人林宝撰《元和姓纂》记载,"周安平王次子秀别封汝州,因家焉。汉汝南侯周仁徙汝南"②,由此可见,汝南周氏,正是周朝天子宗室之苗裔,可以说是中国历史上的头等名门望族。

程门洛学到了南宋时期又发展成为程朱理学。程朱理学,朱熹是集大成者,号称朱子,他的《四书章句集注》是明清500年科举考试的题库和标准答案,由此,经过朱熹发扬光大的程朱理学也就成了明清500年的官方正统意识形态。朱熹也是程门洛学的传人,他的老师正是程颢、程颐兄弟的再传弟子李侗。朱熹的祖籍也是徽州。朱熹生在福建,长在福建,主要的学术活动也在福建,因此朱熹创立的学派又被称为"闽学"③。

程颢、程颐兄弟还有一位表叔张载。张载是陕西凤翔府眉县横渠镇人,世称"横渠先生"。张载也是北宋大儒,他留下的"横渠四句"——"为天地立心,为生民立命,为往圣继绝学,为万世开太平",成为后世华夏士人的精神坐标。张载在学术思想上与程颢、程颐兄弟有所不同,程颢、程颐认为世界的本原是理,要存天理、灭人欲;张载则认为宇宙的本原是气,气在理之先,理在气之中,气有阴阳,既彼此对立又互相转化,辩证运动,无休无止,不舍昼夜,气聚则成万物,气散则归于太虚。这就是张载所创立的"气学"。由于张载讲学主要在关中地区,因

---

① 杜预:《春秋释例》,商务印书馆1936年版,第358页。
② 林宝撰、岑仲勉校记,郁贤皓、陶敏整理:《元和姓纂》,中华书局1994年版,第645页。
③ 黄保万:《朱熹闽学与二程洛学——从朱熹理学思想形成看洛学闽化的完成》,《朱子学刊》1995年第1期,第62—75页。

此他创立的学派又被称为"关学"①。

在政治立场上，张载却与程颢、程颐兄弟一致，站在儒家的立场上，共同反对王安石变法。张载的老师是范仲淹，范仲淹曾经主持过庆历新政，与王安石一样，同为宋朝的改革派大臣，王安石原本指望张载参与他的改革大业，与他一道变法图强，然而王安石变法的精神是"天变不足畏、祖宗不足法、人言不足恤"，张载却主张"为政不法三代者，终苟道也"，意即宰执天下，而不效法夏、商、周三代，就是不走正道，就是邪魔外道。可见，两者在精神气质上水火不容。

理学、气学、关学、洛学都反对王安石变法，司马光很想扶持这两大学派成为朝廷的官方正统思想，以此为意识形态武器，打击王安石变法。张载去世早，司马光得势后就大力扶持程颢、程颐兄弟的理学，正是司马光保举程颐当上了国子监教授和崇政殿说书②。从此，二程理学就成了庙堂中的一门显学，风头一时无两，而张载的气学就此式微，却也一直传承着，不绝如缕，明末清初大思想家、哲学家王夫之，正是张载气学的传人③。

其实，司马光不但扶持二程的理学，他本人就是理学的开山祖师爷④。司马光比程颐大十四岁，论辈分跟二程的老师周敦颐同辈，他的学识和思想似乎还在周敦颐之上，司马光最早将太极、两仪、三才、四时、五行归结于道德仁义礼，提出了道德本体论，也就是世界的本原是仁义

---

① 张茂泽：《传承关学优秀传统建立发展新关学》，《唐都学刊》2019年第1期，第50—53页。
② 刘丽丽：《司马光与二程交游考述》，《平原大学学报》2007年第2期，第74—77页。崇政殿说书的职能是为皇帝讲说史书，解释经义，并备顾问。
③ 陈政扬：《王夫之对张载"心"论的承继与新诠——以〈张子正蒙注〉为例》，《陕西师范大学学报（哲学社会科学版）》2017年第2期，第103—118页。
④ 董根洪：《司马光是理学的重要创始人》，《山西大学学报（哲学社会科学版）》1996年第4期，第55—62页。

道德，是礼制。这与二程的理学思想是高度一致的。后来司马光还经常跑去二程的道场——嵩山嵩阳书院——写他的《资治通鉴》。

司马光除了扶持二程的理学，他自己也有学术传承。司马光的弟子和再传弟子中，最具影响力的，就是提出了心学的陆九渊。陆九渊主张"四方上下曰宇，古往今来曰宙，宇宙便是吾心，吾心便是宇宙"，万事万物皆由人心而生发出来，表面看来，似乎是说宇宙的本原是人的主观意识，是人的思维，但其实，心学与理学对于世界本原的认识并无本质不同，都认为世界的本原是孔子所讲的仁义道德，只不过，陆九渊的心学认为心就是理，人心就是天理，就是仁义道德；陆九渊所谓的"明心""正心"，目的是要存天理灭人欲，弃恶扬善[1]。

正如陆九渊心学传人，明代思想家、哲学家王阳明所言："无善无恶心之体，有善有恶意之动，知善知恶是良知，为善去恶是格物。"意为人心本来没有善恶之分，但是，一旦人们产生主观意念，起心动念之间，就能够造成是非善恶之行为，正确地区分什么是善、什么是恶，这就是良知；人要以良知为标准，勿以恶小而为之，勿以善小而不为，这就是格物[2]。

然而，朱熹却主张"理为天地、人物存在之本，是先于宇宙而存在"，也就是说世界的本原是理，世间万物都是理的运动所生成的，而世界万物本身就包含着理，那么追求真理就应当由道问学，格物致知，穷究物理，需要好好学习各门知识，学的知识多了，对世界万物的了解多了，蕴含在万事万物中的理就参透了，个人的道德水准必将随着知识

---

[1] 刘文钊：《陆九渊心学与二程洛学关系研究》，硕士学位论文，南昌大学，2019年。
[2] 王金凤：《略论阳明心学与陆九渊、杨简思想之关系》，《贵阳学院学报（社会科学版）》2013年第1期，第13—17页。

的增长而增进①。

可见，心学与理学殊途同归，在意识形态的终极归宿上并无二致，都是仁义道德礼，人们不论修习心学还是理学，归根到底，都是要做一个高尚的人、一个纯粹的人、一个有道德的人、一个脱离了低级趣味的人、一个有益于天下苍生的人。

然而陆王心学这一套与程朱理学的法门却是格格不入，一个要明心见性，另一个要格物致知，这就起了矛盾冲突，陆九渊跟朱熹是同时代人，他们打得不可开交，两人去江西省铅山县鹅湖山进行了一场学术大辩论，最后陆九渊稍占上风，朱熹拂袖而去②。后来朱熹给朋友写信，说："吾痛不得自鹅湖，遂入怀玉，深山静坐数月。"

然而，在理学与心学的意识心态斗争中，朱熹成为朝廷认证的最终赢家。元朝皇庆二年农历十一月十八日（1313 年 12 月 6 日），元仁宗下诏恢复科举，以朱熹所作的《四书章句集注》为科举考试的定本，应举的读书人必须熟读，不得另外解释。明清两朝沿用，成为定制。③

从此，朱子理学成了官方正统。陆九渊心学则被王阳明发扬光大，成了在野的显学。

至此，可以发现不管是理学、心学、气学，还是关学、洛学、闽学，归根到底，都是儒家思想的哲学化，是儒家思想经过道家哲学和佛家哲学发酵后的产物，是宋代儒家学者们，面临佛道两家的意识形态挑战，主动学习、吸收佛道两家哲学思想的结果，尤其是老庄哲学和佛家唯识宗哲学，对宋明儒家学者的影响尤其深远。不管是张载，还是二程，都

---

① 刘小红:《朱熹〈玉山讲义〉文旨解析》,《黄山学院学报》2015 年第 6 期, 第 46—48 页。
② 解光宇:《鹅湖之会：心学与理学分野》,《孔子研究》1999 年第 2 期, 第 84—90 页。
③ 《元史·志第三十一，选举》；另见冯友兰、赵复三:《中国哲学简史》, 生活·读书·新知三联书店 2009 年版, 第 323 页。

能从他们的学说中看到《易经》和《道德经》的影子，只不过，他们把老子的道，替换成了儒家的仁义道德、三纲五常，所谓宇宙法则，客观规律，都不过是伦理道德的一种外化；老子的辩证法，辩证运动到最后，都是存天理灭人欲，都是格物致知，都是明心见性致良知。可以说，程朱理学，张载气学，陆王心学，都是儒家思想的一种"宗教改革和文艺复兴"。

那么为什么宋代儒家学者会发动这一场"宗教改革"运动呢？这是因为，孔孟之道儒家思想，只是一种伦理道德的说教，缺乏哲学思辨的思想深度，而佛道两家都有着深邃的哲学思想，儒家在与佛道两家的长期意识形态斗争中根本不是对手。儒家是中华的正统思想，可从魏晋之后，儒家一直被佛道的哲学思想超越，唐代更是推崇道家思想。儒家身为华夏正统而被压制数百年，到了宋代，一场思想革命、"宗教改革"，已经如箭在弦上不得不发。

而经过宗教改革运动洗礼之后的儒家思想，尤其是程朱理学，与中国的小农自然经济的经济基础相适应，特别适合运用于建立在小农自然经济基础之上的宗法社会，于是社会存在与社会意识相统一，经济基础与上层建筑相统一，程朱理学就成为明清500年的官方正统意识形态，成为后世中国人的根本精神坐标。

程颢、程颐兄弟和朱熹的祖籍都在徽州，徽州在东晋时期叫新安郡，朱熹本人也多次回到徽州老家讲学传道，因此徽州的理学之风尤其盛行，被称为新安理学[1]。哪怕是元朝建立后，朝廷一度中止科举，不再开科取士，新安理学的学者们也不过是好好安顿下来，与地方宗族势力结合起来，默默地而又坚韧不拔地在泥土里扎下根来，利用元朝官方自

---

[1] 刘成群：《元代新安理学从"羽翼朱子"到"求真是"的转向》，《江汉论坛》2012年第1期，第73—78页。

由主义的文化政策，通过办教育、讲学等方式传播思想，积蓄能量。新安理学的思想影响力，顺着新安江水系，一直渗透到浙江东部的沟壑纵横之间，哪里有河谷，哪里能种田，哪里就有理学学者们为当地宗族开办的私塾学堂，小农经济、宗法制度、宗族社会、程朱理学，互相水乳交融在一起，互相提供支持和养分，互相论证合法性与合理性[1]，于是又形成了所谓的浙东学派[2]。

比如，元末明初的浙东学派大家宋濂，曾长期在浦江郑氏宗族学堂里做教书先生，浦江郑氏从南宋初年就禁止自家子孙分家另住，规定在统领全族的族长主持下，共同安排衣食住行，所有浦江郑氏子弟，全都按照儒教的伦理秩序约束自己的生活，宋濂所教授的儒家理学，无疑又从思想合法性上支撑着这种宗族宗法社会的合理性。而浦江盆地这样的农业社区遍布江南的山川河谷之间，浦江郑氏这样严格按照儒家伦理宗法来进行日常社会生活的宗法制小社会，就是整个华夏古代社会的缩影。

就这样，浙东学派迅速发展壮大起来，到了元末明初，浙东学派就孕育出了所谓的"浙东四先生"，分别是浙江青田的刘伯温、龙泉的章溢、丽水的叶琛，还有浦江的宋濂[3]。后世有名的方孝孺、王阳明、黄宗羲、朱舜水、章太炎，也都是出自浙东学派的传承。值得一提的是朱舜水，他追随郑成功反清复明，被郑成功派驻日本，负责德川幕府的外交工作，以图能联日反清。郑成功失败后，朱舜水不得不长期定居在日本江户川，成了德川幕府的座上宾，与日本思想界文化界交往颇深，尤其

---

[1] 刘成群：《新安理学与元代徽州地区的宗族建构》，《学术界》2010年第8期，第153—159页。
[2] 刘亚斌：《从知识谱系看浙东学派的内涵及当代意义》，《大众文艺》2021年第7期，第232—233页。
[3] 张文香、张夏：《金华学派与宋濂思想》，《三角洲》2023年第2期，第140—142页。

是对武士道精神的创立者山鹿素行有着直接的重大影响。朱舜水带来的程朱理学和阳明心学思想，在山鹿素行形成所谓武士道精神的思想过程中发挥了至关重要的作用①。山鹿素行不仅是日本理学大师，也是日本兵学山鹿流兵法的开创者。而山鹿素行的思想，又直接影响了日本明治维新的思想教父吉田松阴②。

回到元末明初，新安理学的广泛传播，不但催生了浙东学派，在新安理学的故乡徽州，也诞生了所谓"新安理学三大家"：郑玉、赵汸和朱升③。

1357 年，朱元璋攻下徽州之后，三顾茅庐请朱升出仕辅佐他。朱升给朱元璋出了一条锦囊妙计，帮助朱元璋拿了天下，这条锦囊妙计总共九个字：广积粮，高筑墙，缓称王。朱元璋进军浙东之后，朱升推荐浙东四先生刘伯温、章溢、叶琛、宋濂进入朱元璋幕府④。

宋濂不但是太子朱标的老师，还是朱元璋北伐檄文的起草者，也正是在宋濂的主持下，新安理学，即程朱理学，落实成为明朝立国的基本原则和指导思想。

我们不妨节选一段宋濂所起草的讨元檄文，管中窥豹，一探明朝的建国理念：

元以北夷入主中国，四海以内，罔不臣服，此岂人力，实乃天授。

---

① 吕玉新：《东亚政治文明思辨中的古学之兴——朱舜水、山鹿素行、荻生徂徕》，《政治思想史》2014 年第 1 期，第 124—152、199—200 页。
② 唐利国：《近世日本兵学与幕末的近代化转型——从山鹿素行到吉田松阴》，《世界历史》2020 年第 4 期，第 1—14、147 页。
③ 刘成群：《代新安理学从"唯朱是宗"到"和会朱陆"的转向》，《学术探索》2010 年第 3 期，第 6—12 页。
④ 龚剑锋、黄彪：《刘基为首的"浙东四先生"对大明立国的贡献》，《明史研究》2012 年第 1 期，第 79—86 页。

彼时君明臣良，足以纲维天下，然达人志士，尚有冠履倒置之叹。自是以后，元之臣子，不遵祖训，废坏纲常……其于父子、君臣、夫妇、长幼之伦，渎乱甚矣。夫人君者斯民之宗主，朝廷者天下之根本，礼仪者御世之大防，其所为如彼，岂可为训于天下后世哉！①

檄文表达的思想，即古代华夏的统治者只有遵守礼的秩序，也就是长幼有序，尊卑有别，三纲五常，其统治才会被承认具有正统性。元朝当初也是因为维持了伦理秩序，得到上天的认可，被看成是一个正统的王朝。后来，元帝失德，纲纪废弛，乱了秩序，这就是朱元璋发动反元起义的最主要原因。

由此可见，朱元璋立国的基本原则，就是伦理礼法，就是长幼有序，尊卑有别。长幼有序就是指同辈之间出生时间在先的为"长"，在后的为"幼"。尊卑有别就是从共同的祖先算起，靠近祖先的一辈为"尊"，距离远的为"卑"。按照辈分与年龄的大小，来规定人与人之间的上下级关系，这就是礼。按照礼法来治国，就是模仿家族宗法的上下级顺序和管理秩序，来组织社会与国家。以礼法来治国，就是礼制。

本色主义：明朝的财政赋税

明太祖朱元璋在建立明朝的过程中，逐渐确立程朱理学为官方正统意识形态，以宗族礼法为治国的基本政治原则。然而在建设新国家的具体过程中，新生的明朝朝廷还要面临一系列攸关国运的重大实际问题，所有问题都围绕着一个主题，元朝自由主义的世界帝国崩溃，新生的大

---

① 《大明太祖高皇帝实录》卷二十六《吴元年十月丙寅条》。

明王朝要如何处理那破碎的帝国遗产并应对其挑战。

首先，就是如何安排国家财政税收和货币制度。为政者第一要务是能最大限度掌握并且动员各种社会资源。说为政者的第一要务是如何赚钱也未尝不可，毕竟手里没把米，叫鸡鸡不来，只不过赚钱本身不是目的，用赚来的钱支配社会资源才是目的，这就要求起码要有商品经济、货币经济，然而元朝灭亡于恶性通胀，其货币制度已经崩溃，元朝的钞票如废纸，白银又大量外流，有现代学者估计，在明朝初年，全国的白银存量只剩下了不到一亿两，如此少的货币供应量，是远远不足以支撑起明朝这样一个超大型经济体，继续维持商品经济的。到了明朝初年，商品经济实际已经崩盘，经济基本面大体回归到了小农自然经济和以物易物的原始商品交换形态。

而明朝朝廷明明知道元朝是亡于纸币制度崩溃，却硬是不敢将货币制度回归到白银本位，因为在白银供应量严重不足的情况下强行回归银本位，结果只能是恶性通货紧缩，因此朱元璋只得延续元朝的宝钞制度，依然发行纸币为官方流通货币，同时禁止白银在市场上流通，并且不接受纸币兑换成白银。这种无本位的纯粹信用纸币制度，其实毫无信用可言。

明太祖洪武初年，朝廷颁布的货币标准是，1贯大名宝钞与1000文铜钱、1两银子或者0.25两黄金等值，当时市面上的米价是一石米1两银子，于是1贯宝钞就能买一石米，按照明制1石等同于76.5公斤，大明宝钞的购买力还是可以的，然而等到洪武三十年（公元1397年），米价涨到了每石3贯500文，宝钞贬值到原来的1/3.5，等到明宣宗宣德年间，宝钞贬值就已经达到原来的1/100；随后，到明英宗正统年间，宝钞竟然贬值到原来的1/1000；到明宪宗成化年间，宝钞竟然贬值到原来的1/2000，而这一切，仅仅发生在洪武初年到成化年间的大约80

年时间里。

成化年间，宝钞实际上已经丧失了货币地位。有当代学者对明朝徽州的土地买卖做了研究，发现在明朝初年洪武、建文、永乐三朝，土地交易尚且主要是以宝钞支付，但到了宝钞贬值到原来的 1/100 的宣德年间，土地交易就开始用宝钞配合粮食共同支付；等到了宝钞贬值到原来的 1/1000 的正统年间，公元 1450 年左右之后，就再也见不到用宝钞支付的记载了，大额的土地交易，开始普遍用白银来支付。[①]

从明孝宗弘治十三年（公元 1500 年）以后，纸币宝钞变成了一种礼仪性的货币，大多只是在皇家赏赐的情况下发挥象征作用，在真实的商品经济中，已没有任何意义，大额交易用白银，小额交易用铜钱，钞票已经退出了商品流通，经济基本面逐渐开始回归于银本位主导下的商品经济和货币经济。

然而白银匮乏的问题依旧像紧箍咒一样限制着明朝的商品经济发展。明初全国存银不到一亿两，而从洪武二十三年（公元 1390 年）至正德十五年（公元 1520 年），共 130 年的时间里，全国征收银矿开采税总额为 11395775 两[②]，明代朝廷每年所征收的银矿开采税，约等于当年白银总产量的 30%，按照这个比例推算，明初 130 年间，全国新增白银存量不到 4000 万两，加上历史存量总计不到 1.5 亿两，全国平均每年白银产量只有 30 万两左右，这一点白银根本不能满足社会的需要。

那么，既然纸币不堪用，而贵金属货币又不够用，明朝朝廷究竟如何掌控以及动员广大的社会资源呢？

---

① 傅衣凌：《明代前期徽州土地买卖契约中的通货》，《社会科学战线》1980 年第 3 期，第 129—134 页。
② 万明：《明代白银货币化：中国与世界连接的新视角》，《河北学刊》2004 年第 3 期，第 145—154 页。

明太祖干脆选择放弃货币经济，主动将商品经济活动的深度和广度都压制到最低限度，将国民经济的基本盘最大限度限定在自给自足的小农自然经济，朝廷将货币课税降到最低限度，不再以征收货币税收作为支配以商品形式存在的社会资源的主要手段，而是将征税对象直接设置为有形的物质财富本身，比如农业税以征收稻米、小麦为主，附加征收生丝、麻布和棉布等手工业产品和土特产，百姓还要承担徭役，免费给官府干活儿，比如修路铺桥，修建城池或者兴修农田水利等。

当然，朝廷也允许百姓拿货币来代替实物税负或者徭役。比如在洪武八年（公元1375年），朱元璋颁布法令，"凡商税课，钱钞兼收，钱十之三，钞十之七"，即商业税可以用铜钱和纸钞来纳税，铜钱占30%，纸钞占70%。到了明英宗正统元年（公元1436年），朝廷允许南直隶、浙江、江西、湖广、广东、广西、福建各省用白银代替粮食来交纳农业税。原来这些省份要以稻米和小麦来交纳农业税共计4000000石，折算成白银大约是1000000两，折算的这笔税银也被称为"金花银"。到了正德元年（公元1506年），朝廷正式承认所谓"银差"，即部分徭役也可以折算成银两来征收。

那么所有以实物资产来交纳的税负就被称为"本色"，而用实物折算成相应货币金额来交税的，则被称为"折色"。所谓"本色"，实际上就是劳动产品的使用价值，所谓的"折色"，就是这些使用价值一旦投入市场交易所呈现出的交换价值。由此，朱元璋所定鼎的财政税收制度，其实就是以国家暴力为背书，凭借政治权力直接征收使用价值和劳动本身，而仅仅以征收商品的交换价值为辅助性的财政工具。

这套专注于征用劳动产品的使用价值和劳动本身的财政税收体系要能行得通，必须建立在对全国百姓都能进行严密人身控制的基础之上。为此，明朝朝廷在传统的编户齐民政策的基础之上，实行了加强版的黄册制和里甲制。

编户齐民是将百姓以家庭户为单位编组起来加以管理，是谓"编户"，同时废除过去封建体制下地方上原有的贵族、长老、族长等地方领袖，所有人都是国君的臣民，是谓"齐民"。编户齐民既是一种行政管理制度，又是一种赋税制度，编户齐民有责任、有义务为国家完粮纳税，服徭役和兵役。

编户齐民起源于战国时代的秦国，成熟于汉代，完备于明清。明朝开国之后，朝廷将全国百姓按照职业分成民户、军户、匠户、灶户等。民户包括种田的、读书的、经商的；当兵的是军户；做工的就是匠户；古代食盐的地位举足轻重，所以制盐的工人就被单独编为灶户等。

在此基础上，朝廷又陆续下令另造军籍册、匠籍册、灶籍册，以加强对军户、匠户、灶户的控制与役使。具体造册过程中，朝廷以户为单位，将每户的籍贯、姓名、年龄、人口、田宅、资产等信息逐一登记在册。按规定，户籍册每十年就要重新登记一次，每册一式四份，分别上报户部及省、府、县有关衙门。因为送户部的这一册，封面用黄纸，因此被称为黄册。

百姓一旦被编进黄册，就以严刑峻法控制其不能任意改变自己的户籍，如果是军户，就要世世代代当兵；如果是匠户，就要世世代代做工；如果是灶户，就要世世代代制盐。

在黄册制的基础上，明朝又建设了以所谓卫所制度为主轴的基本军事制度。洪武十七年（公元1384年），朝廷在全国的各个军事要地设立军事卫所，一个郡设置一个所，几个郡连起来设置一个军卫。112人为一个百户所，1120人为一个千户所，五个千户所形成一个军卫，一个军卫大约有5600人，各卫所隶属于五军都督府，亦隶属于兵部，有事调发从征，无事则还归卫所。编在黄册中的军户，在各个卫所世代服役，除非是立了大功做了大官，或者皇帝格外开恩，否则是绝不可能脱离军户的。

与黄册制配套出台的是里甲制，规定：每110户为一里，以人口和土地最多的10户为里长，其余100户分为10甲，每甲10户，里长和甲首10年一轮换。里长和甲首的职责是催办钱粮，勾摄公事。里甲制的宗旨是要建立一种画地为牢的社会秩序，创造一种超稳定的社会结构，运用超经济的政治强制力，将百姓管束起来，并使之附籍在田土和其他工作场所当中，以此为朝廷提供源源不断的税负和徭役、兵役。

由此可见，我国古代的"皇权不下县"，实在是一种莫大的误会，实际上朝廷这棵参天大树，需要将吸取养分的树根一直向下扎根到田间地头的每一户人家，落实到每一个人头上，才能贯彻"溥天之下，莫非王土，率土之滨，莫非王臣"，大明土地虽大，却没有一个村庄是多余的；大明人口虽众，却没有一个壮丁不能尽其所用。由此更可见得，大明虽然在表面上以儒家伦理道德为建国的基本原则，口口声声"父慈子孝，兄良弟悌，夫义妇听，长惠幼顺"，即父亲慈爱而子女孝顺，兄长善良而弟弟友爱，丈夫公正而妻子顺从，长者仁爱而幼者顺服，看起来是一片和谐的、其乐融融的田园牧歌。实际上，却是严密的人身控制和人身依附，是敲骨吸髓般的剥削和压迫。正所谓，满纸尽是仁义道义，字缝里却全是吃人。

在这种制度下，一方面劳动力和劳动产品毫无自由流通可言，货币供应严重不足与经济体本身的去货币化相辅相成，商品交换和市场经济被压缩到最低水平，生产要素无法按照市场自然活动形成的价格信号来合理配置，因而也就无法合理安排生产劳动，国民经济只能在萧条中缓慢复苏。

第二章 海陆相克

然而，另一方面，本色主义的财政税收制度、编户齐民、黄册制、里甲制，一整套制度安排在元末明初货币经济崩盘，商品经济崩溃，山河破碎，天下大乱，民不聊生的特定历史条件下，却又不失为重建社会秩序和强大国家力量的一剂良药、猛药。朝廷只有在切实掌握充分社会资源的前提下，才能动员起足够的力量，为国家的治理和发展提供基础的公共服务，比如国防、基础设施建设。

就基础设施建设而言，明朝建立之初，朱元璋就命令天下州、府、县修治桥梁道路①，从而使京师到各行省都有陆路交通干道相联系。相比于陆路运输，水路运输更加省时省力，节省费用。明孝宗朝的文渊阁大学士、理学名臣丘濬在其所著的《大学衍义补》中曾经说道："河漕视陆运之费省什三四，海运视陆运之费省什七八。"河道漕运费用比陆路运输省了三四成，而走海运航线，则比陆路运输节省七八成之多。因此，当时不管是朝廷异地调拨物资，还是商人远距离贩运大宗商品，更重要的是利用水运。而明清时期的水上运输，主要是利用长江干流、钱塘江、珠江、湘江等水系及大运河。

明成祖永乐年间，迁都北京之后，为了方便南粮北运，明朝廷疏浚大运河自临清至济宁北段的会通河，到了嘉靖年间又修复了通惠河，从此大运河从杭州至北京全线贯通，成为朝廷南北漕运和商人南北贩运商品的首选运道。

有明一代，珠江三角洲上共修筑堤坝181条，总计长度为220399.75丈（1丈约等于3.33米）②，大大提高了珠江的通航能力，几百

---

① 《洪武实录》卷一百六十二。
② 佛山地区革命委员会《珠江三角洲农业志》编写组：《珠江三角洲农业志（初稿二）》：珠江三角洲堤围和围垦发展史，广东人民出版社1966年版，引自叶显恩主编：《广东航运史（古代部分）》，人民交通出版社1986年版，第84页。

吨的海船可以从珠江口一直开到广州城内的广州市舶司怀远驿码头。

明朝朝廷还大力整治长江三峡，大大改善了长江的航运条件，使得货运船舶可以一直上溯到重庆朝天门码头①。据学者统计，到明末清初，我国内河商路航程已达 5 万公里，沿海航线约 1 万公里②。

在国防建设方面，明朝朝廷在卫所制的基础上，沿长城一线，自东向西，重点建设了九个边防重镇，分别是辽东镇、蓟州镇、宣府镇、大同镇、山西镇、榆林镇、宁夏镇、固原镇、甘肃镇，合称九边，重点防范北元势力从蒙古高原卷土重来。

九边各镇都驻有重兵。到了万历中期（公元 1600 年左右），九边仅主兵就有六十万左右，加上各种支援辅助部队，总兵力不下百万之众。各边积极备战需要各种军用物资和给养，还要给士兵支付军饷，这些在明朝初年大多依赖九边各镇所实行的屯田制，三成兵力披甲执锐守城，另外七成兵力则屯垦农田供养三成的战兵。等到了明英宗继位后，逐渐改由京师的太仓国库供应。而各边所需要的军事开支，在弘治（公元 1488 年至 1505 年）、正德（公元 1506 年至 1521 年）年间，每年大约是四十三万两白银。到了嘉靖（公元 1522 年至 1566 年）年间，九边每年需要花费二百七十余万两。到了万历（公元 1573 年至 1620 年）年间，九边的军费开支竟然高达每年三百八十余万两，几乎相当于明朝每年田赋收入的总数，此时明朝财政已是入不敷出。

为了应对九边重镇军事开支的无底洞，从明朝建国之初，明朝朝廷就别出心裁地，在实物本色主义的财政制度基础上，设计了一套非常高明的货币金融政策，以商业利润为诱饵，动员商人的力量，为边关输送

---

① 张仲礼、熊月之、沈祖炜主编：《长江沿江城市与中国近代化》，上海人民出版社 2002 年版，第 28 页。
② 吴承明：《论清代前期我国国内市场》，《历史研究》1983 年第 1 期，第 96—106 页。

军事物资。这套为了解决军事融资问题而制定的金融国策，竟然无意中产生了军事凯恩斯主义①的客观效果，与上述大规模基础设施建设所形成的超级凯恩斯主义一道，为明朝商品经济和货币经济的全面复苏，为明朝商人集团的强势崛起，为全国性统一大市场的最终形成，为明朝迎接即将到来的大航海时代的挑战，铺平了道路，做好了准备。

九边国殇

朱元璋为了解决贵金属通货紧缩的世纪难题，选择放弃商品经济和货币经济本身，而是建立起一套适应小农自然经济基础的，所谓"本色"主义的财政税收制度，也就是朝廷直接以动员劳动产品实物以及劳动本身，而不是用货币税收来满足财政需要。然而这套以实物税和劳役税为主的财政体系，却在九边重镇巨额国防开支的压力下不堪重负，摇摇欲坠。

终明一朝，北方边患不断，九边重镇驻防的军队越来越多，据《明武宗实录》记载，正德十一年（公元1516年），兵部上奏："祖宗御戎之法，规模宏远，东起辽阳，西至甘肃，烽堠万里……各镇带甲儿四十万，岁费粮草以百万计"，也就是说，在明初期洪武、永乐年间，九边总兵力大约是40万人，每年耗费的钱粮折合银两不下百万；等

---

① 由波兰经济学家卡莱茨基于1943年提出，主要观点有：1. 军事投资是一种政府投资，有拉抬GDP的效果。2. 很多民间科技产品早期都是来自军用研发专案，所以能促进科技研发，因为很多先进科技在早期阶段都成本过高没有市场效益，但是战场上以战争胜败和死伤为考量的前提下可以容忍没有经济效益但是有用的高价先进科技，让它们有一个茁壮的温床直至发展成熟到成本降低能进入一般市场为止。3. 军队中很多工作所需技能不高，或是可以入伍后再训练学习，可以吸纳大量中低学历的就业人口，降低失业率和社会不安定因素。

到了万历四十八年（公元 1620 年），户部尚书李汝华奏称："九边共计一十三镇官兵八十六万七千九百六十四员名"①。比起明朝初年，万历年间九边兵力几乎翻了一番。

对于大明九边这几十万将士来说，最大的敌人首先还不是塞外草原上的瓦剌、鞑靼，而是如何养活自己。本来明初实行屯田制，边军就地开荒种田，基本能做到粮食自给。朱元璋对自己施行的军屯制度非常骄傲，认为"吾京师养兵百万，要令不费百姓一粒米"。嘉靖朝进士、文献学家王圻在他所著的《续文献通考》中曾对朝廷实行的军屯制度评论道："军国之事，备边为急。备边之务，兵食为先。屯田之法，乃足食足兵之要道。②"

然而，在明朝初年洪武、永乐年间，政治清明，地广人稀，且北元新败无力南下，在这些特定条件下依靠边军屯田还可以满足军需的话，等到宣德、正统年间，尤其是土木堡之变后，军屯制度就再也难以为继了。

根据《明实录》记载，永乐元年（公元 1403 年），朝廷从全国军屯收取的田租达 23450799 石，而当年全国农业田赋夏税秋粮总额是 31299704 石，军屯收入竟然占到全国农业赋税总收入的 75%，但这一年也是明代军屯收入的最高峰，到了永乐十五年（公元 1417 年）之后，终有明一朝，军屯田租就再也不曾超过 1000 万石。到正统朝（公元 1436 年—1449 年）以后，全国军屯田租每年就只能收到二三百万石，竟然只有高峰期的 10%③。

---

① 梁淼泰：《明代"九边"的军数》，《中国史研究》1997 年第 1 期，第 147—154、156—157 页。
② 盧宣旬：《文献通考正续合编》，第 1—8 卷。
③ 吕景琳：《论明朝国有军屯土地的私有化》，《江海学刊》1996 年第 1 期，第 120—127 页。

军屯的衰落，不仅反映在租税上，也反映在屯田面积上。全国军事屯田面积在洪武永乐年间有 70 万顷左右，到明宪宗成化二十三年（公元 1487 年），就只剩下了 285480 顷，到了明武宗正德年间更跌落至 16 万顷多一点，竟然缩减到只有原额的 20%①。问题是，那另外 80% 的军屯土地跑到哪里去了呢？这些土地显然不会自己插上翅膀飞出银河系，而是化公为私，被势豪武官霸占去了。

所谓"势豪"，包括皇亲国戚、勋贵、功臣、太监、地方豪强等等，武官则包括从都督、总兵到千户、百户等各级官吏。本来明朝的军屯土地都属于国家所有，严禁私人买卖，尤其禁止豪强兼并；在明朝初期，势豪武官们慑于严刑峻法，还能有所收敛，从宣德朝（公元 1426 年—1435 年）以后渐渐放纵，以致积重难返。等到正统十四年（公元 1449 年）"土木堡之变"后，为了移民实边，加强防务，景泰元年（公元 1450 年）朝廷允令"近边官豪势要一应人等有力之家尽力开种"，等于将势豪武官兼并军屯田地的行为合法化。这个口子一开，在京宗室勋贵等争相占据口外军镇附近膏腴田地，开立庄田。次一等田地也被镇守总兵、参将、指挥等武官据为己有，役军耕种。日积月累，京畿、九边军屯田地尽入其彀中。实际上，早在宣德六年（公元 1431 年），宁夏左屯卫指挥使张泰就上奏朝廷，弹劾宁夏总兵官、宁阳侯陈懋私役军士种田并贩卖私盐："……（陈懋）又私役军种田三千余顷，夺民水利。岁收之粟，召商贾收籴中盐。又与（都指挥使）阎俊等遣军挽车九百余辆，载大盐池盐往卖于西安、平凉等府。②" 这一段记载所反映出的信息量是非

---

① 吕景琳：《论明朝国有军屯土地的私有化》，《江海学刊》1996 年第 1 期，第 120—127 页。
② 刘景纯：《明代九边官豪的私业经营与政府控制》，《陕西师范大学学报（哲学社会科学版）》2011 年第 3 期，第 74—82 页。

常大的。

原本军屯田地的农业产出,一半作为地租上缴国库,另外一半留在边镇作为军粮,从永乐元年的记录来看,国家从军屯征收租税达到2345万石粮食,可以反推出在1400年前后,官军每年可从军屯收取军粮1000万—2000万石,养活几十万边军还是做得到的;可到了1500年前后的正德朝,军屯土地被势豪武官兼并去了十之七八,要知道,根据大明祖制,皇族、勋贵、官员、士人,都是优免赋税和徭役的,土地兼并到这些人手里,国家和军队是收不到一粒粮食的。因此,土地还是那些土地,可朝廷和官军从军屯中所能获取的粮食供应竟然锐减到了每年只有两三百万石。现实情况就是宗室、勋贵、官绅、士大夫们掌握着最多的土地却不纳钱粮,而这些恰恰是封建王朝的实际统治者和统治支柱。要改革不合理的土地财政制度,就要冒天下之大不韪,需要最高皇权以无上的政治担当,以坚定政治意志,支持大无畏的改革者,以雄狮般的胆魄和狐狸般的政治手腕,将改革推进到底。

可惜,在封建王朝,这是一项几乎不可能完成的任务,而几十万边军喂饱肚子的问题又总要解决,于是朝廷不得不想尽一切办法来为边军筹粮。

首先就是从京师户部太仓国库拿银子运到边关就地采购粮草物资,号称"京运",也称为"京运年例银";其次是让北方各省的老百姓把本来要交给国库的粮食运送一部分到边关,号称"民运粮"。一开始,京运银子和民运粮食只是为了补偿军屯之不足,但随着时间流逝,京运银和民运粮所占比重越来越大。根据《明史·食货志六》记载,以九边中的宣府镇为例,其粮饷供应为,军屯粮十三万二千余石,折合白银二万二千余两,民运粮折合白银七十八万七千余两,京运年例银十二万五千两;算下来军屯粮竟然只占到了全镇粮饷供应的2%,明太祖引以为傲的军屯实际已彻底破产。

然而更严重的问题是，京运年例银和民运粮实际上都是国家用纳税人的血汗钱来赎买被势豪武官霸占去的军屯粮，而京运年例银消耗国库不说，民运粮对于百姓的负担和压榨又过于深重了，且不说百姓要拿出多少自己辛辛苦苦种的粮食供应边镇军需，光是越过北方的崇山峻岭，把这些粮食手提肩扛运到边镇，就已经是一件无比痛苦的事情了。而到了明朝后期，民运粮实际上也难以为继，因为势要豪强们兼并土地的脚步绝不仅仅限于军屯，而是所有民田：势要豪强们连军屯都敢私吞、都能私吞，还有什么田土他们不敢兼并、不能兼并吗？

大明土地兼并、税田流失的趋势不可逆转。洪武二十六年（1393年），明朝登记在册的税田总额有850万余顷，而到了明孝宗弘治十五年（1502年），鱼鳞册里登记在册的税田直接腰斩到422万余顷。

所谓"京运银"和"民运粮"，其实就是朝廷管不住权豪势要兼并土地，不得不拿纳税人的钱粮来弥补亏空，其实就是赎买那些被权豪势要兼并土地上的粮食产出。

但，随着全国土地兼并形势的日趋严峻，在全国税田总体大幅减少的情况下，民运粮也越来越少、越来越难。靠京运年例银更不靠谱，本来户部太仓国库就入不敷出，根本挤不出更多的银子来赎买九边豪强所控制的粮食了，而从根本上说，自元朝系统掠夺中原后，中原就陷入了白银严重不足的通货紧缩状态，朝廷确实也拿不出来更多的银子了。那怎么办呢？只有拿其他的国有资产赎买九边势豪武官所霸占的军屯粮草。那么这是一种什么样的资产呢？就是食盐专卖权。

盐引与资本市场

在古代中国，国家垄断食盐和铁矿，实行盐铁专卖，也称为禁榷制度，乃是一项源远流长的基本国策。禁，就是禁止私人开发贩卖；榷，就是国家垄断专营。春秋齐桓公时，国相管仲对盐铁实行专卖政策，以增加财政收入。后来管仲根据齐国政府参与盐铁经营的长期实践，在他所著的《管子·海王》篇中提出了所谓"官山海"的经济思想；官是官府，山是矿山，海是海盐，所谓官山海，就是要官府专营盐业、矿产，实行盐铁专卖。"官山海"的制度在秦国商鞅变法后得到贯彻执行，在秦国建立举国体制，最后横扫六国、统一天下的过程中发挥了巨大的财政动员作用。到汉武帝时期，外儒内法，承秦制继续实行盐铁专卖，此后历经朝代更迭和社会经济的发展，禁榷制度屡有反复，最后在宋代基本定型，成为此后历代封建王朝的一项定制。明朝朝廷，就是要用垄断在国家手中的食盐和食盐专卖权去交换、赎买权豪势要所控制的粮食。

但朝廷不能拿着食盐直接去跟势要权贵们换粮食——这无异于鼓励权豪势要干脆连食盐专卖权也一起霸占了；朝廷更加不能把国家的食盐专卖权卖给势要权贵，这样做不但在法理上行不通，不符合政治伦理，更重要的是，极有可能导致豪强势力尾大不掉，封建割据的幽灵再度浮现，这在政治上是大忌。

那么怎么办呢？这就需要在朝廷的食盐专卖权和豪强势要控制的粮食之间设置一个中间夹层，一道彼此交易的中介和旋转门，这就需要商人阶层扮演中介和旋转门的角色，组织市场交易。商人组织、参与食盐换粮食的市场交易，就是历史上著名的"开中法"。

所谓开中法的"开中"，是招投标的意思，政府预算边军需要多少粮食或其他军需物资，然后由户部张榜公布则例，规定粮食与盐引的兑付比率、缴纳仓口，招募商人投标，称为"开中"；户部榜文所定则例综合考虑了当时食盐和粮食的市场价格、运输费用等因素，为商人留出有吸引力的利润空间，以此吸引商人开中。

开中商人按户部榜文所示项目，按照先到先得的原则（所谓"抢上法"），竞先上纳粮草，把粮食物资运到边关，然后取得收据，这收据同时也是支取食盐的凭证，称为"盐引"；一盐引对应着200斤食盐的所有权；商人将粮食物资运到边关换取盐引，称为"报中"；商人"报中"后，官府就会开具"勘合"，也就是盖上骑缝印章的证书以及相应的账本，证书与账本的内容相同，包含记录商人的姓名、缴纳粮食物资的种类和数量，以及相应给他们盐引的数量；盐勘合证书发给报中商人，账本则送至产盐地的官府。

商人拿到勘合、领取盐引后，赶往按盐引所载明规定之指定盐场，把勘合交给当地政府，政府盐业主管部门会拿着商人的勘合盐引与账本相对照，若骑缝印与记载事项一致，则发给相应数量的食盐。这个过程一般较长，商人需要守候支取食盐，称为"守支"。

商人支取到食盐后，再按盐引载文规定，把支取到的食盐运到指定区域，也就是所谓"行盐地"，进行贩卖，至销售完毕，缴回盐引；这个过程，称为"市易"。开中—报中—守支—市易，构成了"开中法"的全部流程。

显然，商人要完成开中法的整个流程最后赚到钱，绝不是一件轻而易举的事情。宣德五年（公元1430年）四月，户部奏定九边报中粮食细则，规定九边纳粮仓口有五处，分别是京仓、宣府卫仓、甘肃卫仓、宁夏卫仓和独石堡仓，除了位于北京的京仓之外，其余四个仓都地处边远，宣府卫仓在今河北省张家口市宣化区，甘肃卫仓在今甘肃省张掖市，宁夏卫仓在今宁夏银川市，独石堡仓则位于今天河北省赤城县独石口；而大明的盐场却主要分布在两淮、两浙、河东，所谓两淮就是淮河两岸，也就是今天的苏北；两浙就是浙东、浙西，也就是今天的苏南和浙江；河东就是今天的山西运城。按照万历年编纂的《明会典》记载，在明初洪武年间，全国食盐总产量是1149013引（一引200斤），其中两淮盐场出盐352576引，两浙出盐220757引，河东出盐152000引，三大盐场出盐合计占到全国食盐总产量的63%，而两淮、两浙盐场独占天下一半。

九边在北，盐场在南，商人要把粮食运到塞北边关报中，再去江淮盐场守支，几乎要纵跨大半个中国，沿途奔波至少也要半年左右；商人要想真的支取到盐并售出获利，据历史学家黄仁宇先生估计，在最理想的情况下，也需要两年时间。然而，商人为了获取盐引，可是首先拿出粮食物资早早就报中给了官府的。那么商人到底交换到的是什么呢？

实际上，从报中粮食物资，到守支拿到盐，在这个时段内，商人所得的其实是官府的信用，或者换句话说是商人向官府提供了商业信用：商人把自己的粮食物资预付给官府，以此换取未来某一天能拿到一定量的食盐，而这些食盐在市场价值上应当大于初期商人预付的粮食物资，借此商人可以牟利。换个角度看，其实也是官府以未来的食盐收入为抵押从商人手中借贷粮食物资，未来还给商人的食盐价值大于初期官府借贷粮食物资的市场价值，多出的部分就是官府支付给商人的利息。

从开中法中商业资本的运动形式来看，经历了由货币到粮食，再由粮食到盐引，然后从盐引到盐，最后回归到货币的运动过程，报中商人售盐后所得货币超出本钱的部分，既是官府支付的国债利息，换个角度看也补偿了官府延期付款的利息损失，且一般可以取得更多的利润。

由此，官府为报中商人所开立的盐引，实质上就是一种有价证券，就是明朝朝廷以食盐及其专卖权为抵押发行的国债；从某种程度上，也

第二章 海陆相克

可以说盐引是明朝朝廷以食盐及其专卖权为抵押发行的一种商品货币，颇为类似于金本位时期西方国家所发行的纸币，只不过纸币可以按照面值兑换成黄金，而盐引则是按照引文所载支取食盐。只不过，国债跨期交易而产生的市场风险由商人承担了，风险大小主要取决于官府的守信程度，风险回报则是获得食盐销售权利及售盐后的利润。

可问题是，明朝朝廷的信用记录实在不怎么样。朝廷掌握的食盐虽多却也是有限的，而朝廷的财政开支却近乎是无限的；从洪武三年朝廷采用开中法以来，滥发盐引，弥补财政赤字，就成为开中法必然的结局。盐引多而盐少，由此，商人报中拿到盐引后，赶到盐场却不一定能支取到盐，要守着排队等候官府给盐，这一等，就没准了，跟官府有关系的，等个一年半载也许就能领到盐，关系不硬的也许要等个三年五载，甚至于商人本人老死了、儿子拿着盐引继续守支的也不乏其人。正统五年（公元1440年），两淮都转运盐使司就上奏朝廷称："各处纳米中盐客商，有永乐中候支，到今祖父子孙相代，尚不能得者，艰难百状"①，也就是说，有的报中商人，从永乐年间（公元1403年—1424年）就在盐场守支，一直守到正统年间（公元1440年前后）传了祖孙三代，还没支取到盐。

更糟糕的是，明代朝廷规定，盐引不得转让，不得出售，在开中法全流程中必须从一而终，一盐引对应一商人，人引一致，商人一旦加入开中，就必须经营到底，不管在盐场守支多少年，哪怕从永乐等到正统，也必须耐心等待。

于是，盐引作为一种国家信用担保的国债，一种有价证券，不能在二级市场交易流通，也就无法通过二级市场交易量化测算其市场风险和

---

① 卜永坚：《盐引·公债·资本市场：以十五、十六世纪两淮盐政为中心》，《历史研究》2010年第4期，第87—98页。

违约风险，无法通过二级市场交易对盐引进行有效定价，无法通过二级市场交易转移这些风险，更加无从在国家政治权力和商业资本之间塑造一种基于市场机制的有效互动与合作机制。

五百年后复盘这段历史，令人扼腕叹息。所谓"资本主义萌芽"，就这样与明代中国擦肩而过。须知，资本主义的本质，资本主义的内在规定性，并不仅仅在于办个工场、买几台织布机、再雇些工人、然后剥削工人的剩余价值，而在于商业资本通过国债市场交易与国家权力相结合，进而转化为金融资本。

那么是不是要求明朝建立证券交易二级市场脱离了那个时代的历史条件呢？还真不是，实际上早在宋代就已经出现了证券二级市场。明代"开中法"直接传承自宋代"折中法"。所谓"折中法"，也是宋朝朝廷为了满足边关粮食军需，利用禁榷制度，垄断食盐专卖权，再以食盐交换商人运粮至边关，并且允许盐引转让出售。

宋朝朝廷专门建立官署"交引库"发行盐引，设置"榷货务"掌管以食盐兑付盐引等事宜，开办"抵当所"向民间抵押贷款，盐引也可做抵押物向官家"抵当所"抵押融资；由于盐引可以抵押融资，可以交易转让，于是在民间自发形成了盐引的二级交易市场："交引铺"。官府甚至专门设置了平准基金，通过吞吐盐引进行公开市场操作，进而监管市场，不致过度投机交易引起泡沫危机。如果说中国历史上存在资本主义萌芽的话，宋代比明清更加接近这个所谓的"资本主义萌芽"[1][2][3]。

那么为什么明朝朝廷抄宋朝的作业不抄全套呢？这大约是出于明朝

---

[1] 高国平：《试论宋代盐钞对社会经济运行的影响》，《贵州财经学院学报》2011年第6期，第86—90页。
[2] 刘春燕：《宋代的茶叶"交引"和"茶引"》，《中国经济史研究》2012年第1期，第149—153页。
[3] 吴钩：《现代的拂晓时辰》，广西师范大学出版社2015年版，第398—401页。

人对元朝奉行重商主义的一种反动。元朝是蒙古军事贵族与穆斯林商业资本合作共建的一个开放型的、重商主义的世界帝国，是穆斯林商业资本主导的全球化 1.0 体系与蒙古军事力量相结合的一个衍生物。商业精神是一切游牧民族的固有特征，正如马克思在《资本论》中指出的"正好与城市发展及其条件相反，对那些没有定居的游牧民族来说，商业精神和商业资本的发展，却往往是他们固有的特征"[①]。而西征的蒙古大军一头撞到中东穆斯林商人编制的全球化 1.0 商贸网络中，就自然发生了化学反应。

据《蒙古秘史》记载，成吉思汗第一次遇见一位名叫阿撒纳的塞尔柱突厥商人，就信任他，向他提出建议，自己愿意给他本钱，并且提供人身安全保护，令其可以在自己的领土上收购货物，并且贩卖到遥远的西边（欧洲），赚得的利润由双方按比例分成。为此，《大扎撒》第四十五条规定，"以信托资金经商累计三次亏本的，处死刑。"[②③] 元朝时当然还不可能存在现代意义上的信托资本，《大扎撒》里所谓的"信托资金"，无非就是蒙古军事贵族把财富"信托"给商人代为经营牟利，双方按比例分红；这种权贵与商人合伙经营的方式，就被称为"斡脱"。而蒙古军事贵族为了保护自己的商人，拓展自己的商业利益，也不惜发动连绵不断的对外战争，比如蒙古西征花剌子模的那段著名历史公案。由此看见，元朝实在是一个奉行军事重商主义的世界帝国。

然而这个重商主义的普世帝国，却给中原人民带来了深重的灾难。元朝军事贵族的政治权力与斡脱商业资本结合为一种早期的原始金融资

---

① 《马克思恩格斯全集》（第 25 卷），人民出版社 2006 年，第 371 页。
② 内蒙古典章法学与社会学研究所：《〈成吉思汗法典〉及原论》，商务印书馆 2007 年版，第 189 页。
③ 李鸣：《中国民族法制史论》，中央民族大学出版社 2008 年版，第 292 页。

本，元朝朝廷凭借这种早期金融资本，通过纸币和通货膨胀政策，对中原地区施加了系统性的金融掠夺，斡脱商人则借助商业特权和高利贷对中原百姓敲骨吸髓地压榨，造成中原白银贵金属海量流失，通过中东穆斯林商人的商业网络中转涌向西方，成为近代早期欧洲资本崛起的第一桶金[1][2]。

元朝斡脱金融资本给中原人民造成的灾难和痛苦太过深重，给明初的中国人留下了深深的心理和精神创伤，以致明太祖朱元璋对一切跟元朝统治有关的事物都痛恨不已，甚至于连商业资本、海外贸易和商业市场经济本身都被明朝统治者深深怀疑。

明朝定鼎后，不但将与元朝合作的斡脱商人全部犁庭扫穴，更加厉行海禁，与穆斯林治下的全球化 1.0 体系强行脱钩，甚至于将唐宋以来江南民间社会自然生长出来的商业市民社会一扫而空，江南的富家巨姓被连根拔起，强制迁往淮西、云南、辽东、西北等地落户。朝廷还借各种政治大案株连江南富民，"时严通财党与之诛，犯者不问实不实，必死而覆其家……浙东、西巨室故家，多以罪倾其宗"[3]，赫赫有名的江南富商望族，由海上贸易发家的昆山顾氏（顾瑛）、周庄沈氏（沈万三）、福山曹氏、上海费氏，以及元末浙东海商集团夏家、吴家、韩家、倪家、戴家等等，都因此而湮灭在了历史的长河中。

而明太祖会仿效宋朝"折中法"，创制"开中法"，采用金融手段撬动商业资本为边关输粮，不过是形格势禁，不得不出此下策，至于盐引还能转让流通、便宜商业资本壮大，那是绝不可能的，故有《大明

---

[1] R. Blake, "The Circulation of Silver in the Moslem East Down to The Mongol Epoch", *Harvard Journal of Asiatic Studies*, 1937, 2(3/4), pp. 291–328.
[2] A. Watson, "Back to Gold-and Silver", *The Economic History Review*, 1967, 20(1), pp. 1–34.
[3] 方孝孺：《逊志斋集》卷二二《采芩子郑处士墓碣》，《四库提要著录丛书》集部第 115 册，北京出版社 2011 年版，第 512—513 页。

律》卷八《户律五·课程·盐法》"阻坏盐法"条规定:"凡客商中买盐引勘合,不亲赴场支盐,中途增价转卖,沮坏盐法者,买主、卖主各杖八十,牙保减一等,盐货、价钱并入官。"

然而在实践中,由于盐引内含的价值增值属性,作为一种资本符号,一种有价证券,民间自发产生的盐引交易需求绝不是官家一纸禁令所能一禁了之的;如果官家严刑峻法不能阻止土地兼并、土地集中的话,那又如何能阻止盐引在二级市场上流通交易呢?正如马克思所言,"如果有10%的利润,资本就会保证到处被使用;有20%的利润,资本就能活跃起来;有50%的利润,资本就会铤而走险;为了100%的利润,资本就敢践踏一切人间法律;有300%以上的利润,资本就敢犯任何罪行,甚至去冒绞首的危险"①,只要有利可图,民间总能找到各种方法绕过官家的法律禁令去交易盐引。

首先,参与开中法的商人们为了规避市场风险,逐渐分化出所谓"边商"与"内商"的社会分工,所谓"边商"就是专门在九边边镇报中纳粮的商人,"内商"就是专门在江淮盐场守支食盐的商人;边商报中纳粮后并不亲自前往盐场守支,而是将报中所得盐引转卖给内商,由内商完成支盐。实际上,就是内商对边商手中的盐引进行票据贴现,然后从官家手中兑付食盐牟利。

久而久之,从边商与内商的社会分工中又进一步分化出所谓"囤户",即专门买卖盐引的商人。盐引所附载的一定量的食盐专卖权被明朝人形象地称为"窝",盐引的买卖交易就被称为"买窝卖窝";按照市场行情,买窝每千引的市场价格在七八十两至百余两这个区间波动。

"囤户"买窝盐引后,并不会老老实实拿着去盐场守支,而是转手

---

① 《马克思恩格斯全集》(第23卷),人民出版社2006年版,第829页。

再高价卖给别的囤户或者内商牟利。当然囤户以较高价格出售盐引卖窝，是囤户对自己承担市场风险的回报，属于"风险溢价"。而盐引的买窝卖窝，其实就是一种资本市场投机炒作，而各种囤户其实就是盐引市场的投资者／投机者，这些投资者／投机者还进化出所谓"虚搭""虚单"等投资／投机方式，颇类似现代金融市场的期货、期权投资，从而吸引大量社会剩余资金进入盐引交易市场投机牟利，那么这些社会剩余资金通过盐引交易市场实现自我增值，也就转化为了资本。

而这种资本市场投资或者说投机，实际上极其有利于开中法的顺利实施，有利于国家国防事业的大局稳定。在实践中，阻碍开中法实施的最大问题是盐场守支难，资本周转时间太长，走完一次完整的开中交易占用的资金太大，资金占用周期太久，市场风险太大，这都极大挫伤了商人报中的积极性。据《明英宗实录》记载，正统六年，为陕西边镇筹措军粮，户部张榜开中，并发给陕西延边军政衙门"中盐勘合"，然而直到两年后才有商人上纳粮食，由此可见开中法之滞碍难行。

而囤户收购盐引买窝，实际上是对边商手中的远期盐引进行贴现，且盐引交易市场越活跃，贴现资金规模就越庞大，这就大大加快了边商的资本周转速度，使他们能够持续不断地报中纳粮。

于是，大明朝廷实施的开中法，经过盐引资本市场的加持，焕发出了强大的生命力，除了为巩固国防做出巨大贡献外，更导致了一个令开中法的创制者——明太祖朱元璋所始料不及的后果，那就是商品经济迅速复苏，大明商帮重新崛起。

第二章 海陆相克

大明商帮

朱元璋一定没有想到，尽管他痛恨商人唯利是图，痛恨商业金融资本，采取重农抑商的基本国策，实行实物本色主义的财政税收制度，厉行海禁，一手扫除了唐宋以来江南民间自然生长出的商业市民社会，但是通过开中法，又在不经意间种下了明清商业复兴的种子。实在地说，明太祖朱元璋皇帝真是华夏历史上一位承上启下的关键人物，在他手里终结了华夏中古商业社会，而又开启了华夏近代商业传统；影响至今不衰的所谓晋商、徽商、浙商、闽商、粤商、江右商、洞庭商、山东商、龙游商等资本雄厚的商帮，究其根源，最早都可以追溯到开中法所开创的全国性商业贸易网络。

首先因为开中法崛起的商帮是陕西和山西商人。九边重镇，除了辽东、蓟镇、宣府这三镇，其余大同镇、山西镇、延绥镇、宁夏镇、固原镇、甘肃镇全都在山西和西北，而陕西拥有西北地区最主要的粮食产区关中平原，山西则拥有全国第三大、北方第一大盐场河东盐场，山陕两省的商人收购关中平原的粮食去九边报中获取盐引勘合，再去山西运城的河东盐场守支，空间上距离最近，时间上最短，因而资本周转的速度就最快，资本积累的效率就最高，晋商、陕商集团也随之崛起。

等到 1570 年隆庆和议，俺答封贡，中原与蒙古草原重新开放互市，明朝在大同左卫的威远堡、宣府的万全右卫、张家口等处设置多处马市，定期交易。草原以马匹、牲畜、皮张等货物换取中原商贩的铁器、布匹、绸缎、茶叶等手工业制成品，从此蒙古草原经济区也加入开中法所创制的全国性贸易网络中，而前往九边报中纳粮的内地商人也不再空手返回盐场守支，而是满载草原货物回到内地市场交易，不但大大拓展了开中商贸圈的贸易内涵，也极大加快了资本周转和积累的速度。山西商人由于距离互市口岸最近，资本实力最为雄厚，逐渐主导了中原与草原的互市贸易，并经过蒙古草原重新连接俄罗斯商路，中国的布匹、丝绸、茶叶等货物重新进入西方市场，从此晋商压倒陕西商人成为北方开中贸易圈最大的获利者，晋商也成为近代中国商帮发展史的一段传奇。

此外，徽商和浙商由于距离全国最大盐场两淮和两浙最近，便于就近守支食盐，因而也迅速实现了资本积累，并且在所谓"边商"与"内商"的社会分工中进化为"内商"，即不再前往九边报中纳粮，而是直接收购报中纳粮之边商手中的盐引，专门在内地盐场就近守支，也就是通过贴现边商（大多数是晋商、陕商）手中的盐引，加快自己的资本周转速度，进而提升资本积累的效率，从而积累起雄厚的财力；进而从"内商"中又进化成所谓的"囤户"，连守支行盐这种实体生意都不做了，专门从事盐引的二级市场交易，这就已经非常类似于虚拟资本了[①]。当然人们可以攻击这些囤户不事生产，专事证券投机，但论迹不论心，不论囤户投机炒作盐引的初衷为何，实际上如果没有这些囤户通过二级市场交易为盐引的贴现提供充足的流动性，则开中法必然由于守支难的问题而阻滞难行。

开中法，在时间维度上，是粮食与食盐的跨期交易，究其实质，就是朝廷以国家信用换取商人授予其商业信用，这里国家信用的承载物就是盐引，这是开中法的金融属性；而在空间维度上。开中法也是粮食与食盐等大宗商品的远距离贸易，粮食、棉布、铁器等军需物资，经商人之手，从内地主要产粮区和经济贸易区源源不断流向九边，而江淮盐场的食盐则同样经商人之手流向各地行盐，于是，在九边巨大国防开支的军事凯恩斯主义刺激下，原本被元朝金融掠夺和元末战争破坏，而又因

---

① 陈昆：《从扶助之手到掠夺之手：盐引与明代金融市场》，《制度经济学研究》2015年第4期，第41—66页。

明朝定鼎恢复和平与秩序因而具有巨大复苏潜能的国民经济，被开中法及盐引二级市场交易彻底释放出来了，江南、珠江三角洲、长江中上游、华北和西北五大经贸区域在开中法的大宗商品跨期交易、大宗商品的远距离贸易中形成，这些经贸区之间、经贸区与区外大宗商品远距离贸易频繁，意味着中国国内大市场的最终形成。也就此奠定了今日中国经济地理版图。

而在朝廷方面，本着重农抑商的传统国策，力图将国内大市场牢牢控制在自己手中，令天下商帮行贾编织起来的这张商业贸易网络为朝廷所用。那么朝廷如何控制市场这只看不见的手呢？显然，用行政命令是行不通的，明代朝廷对商业和市场经济的理解出人意料地深刻：朝廷显然意识到了控制商业的两大决定性环节是仓储和做市商，朝廷选择了一个深谙市场经济之道的制度来控制市场经济本身：塌房、官牙[①][②]。

所谓"塌房"，就是官营客栈，是供客商行贾们打尖歇脚的所在。客商行贾下榻客栈，必然要求客栈提供相应的货物仓储服务，于是"塌房"就成为货物仓储中心，而南来北往的客商汇聚于客栈，便于交流商业情报和市场信息，于是"塌房"又成为商品交易所；同时朝廷按商税三十税一的税率（约 3.5%），对贮存于塌房的货物课税，称为"塌房税"。

所谓"官牙"，意思是"官办牙行"；那么什么是牙行呢？其实就是商品交易的中介组织。由于古代社会商品经济发展还不成熟，法治水平低，因此自宋元以来民间贸易几乎都要经"牙行"这一中间组织作保才能进行。"牙行"本身存在的价值就是担保买卖双方的商业信用，在

[①] 胡铁球:《"歇家牙行"经营模式的形成与演变》,《历史研究》2007 年第 5 期, 第 88—106 页。

[②] 胡铁球:《明清歇家研究》, 上海古籍出版社 2015 年版。

不管是买方违约还是卖方违约时，确保受害方不致遭受违约损失，因此只有经过牙行中介作保，买卖双方才能安心交易，据史料记载，宋朝时"市肆交易，必为牙保"，元朝时"凡买卖人口、头匹、房屋、一切物货，须要牙保人等与卖主买主明白书写籍贯，往来去处"，于是牙行实际上就成了宋元民间市场经济的做市商。然而到了明朝，朝廷为了保证官营塌房的市场垄断地位，特意出台法律禁止民间"牙行"交易，只有官营塌房对商业交易提供中介服务。《明会典》载："洪武初，京城置塌房及六畜场，停积客商货物及猪羊等畜厅，听其两平交易，革罢官私牙行，但收免牙钱一分"，也就是说，商人在"塌房"交易，适用"货物听客商自卖"的政策，不许"牙商"（中介保人）参与其中，而由朝廷对"塌房"交易所内完成的商品交易收取10%的中介费。

有了塌房这样得力的官营市场垄断组织，朝廷就将塌房制度推广开来，在南北两京及商业比较发达与交通便利的地区普遍设置官营"塌房"，如九边宣府，运河沿岸之南北通州、临清、张家湾、天津，山海关外之八里铺，以及山西的蒲州、江西的东乡等地，都设有"塌房"，且规模宏大，往往一处"塌房"即拥有店房多达数千间。这些遍布全国主要商贸网络节点的"塌房"，就成为朝廷掌控全国性商贸网络的神经末梢。是的没错，朝廷就是力图利用"塌房"这种官营仓储和交易场所来主导天下商业网络。

然而，禁止民间"牙行"在当时历史条件和社会条件下其实很难真正执行。所谓"买货无牙，称轻物假；卖货无牙，银伪价盲"，在当时的条件下，在买卖交易中，如果没有牙行中间作保，则买家唯恐卖家以次充好、以假乱真、漫天要价，而卖家害怕买家以成色不够的银两支付货款，或者赊账不还等，正常的市场交易就很难完成。因此朝廷也只得面对现实，修正了完全禁止民间牙行的做法，而是改为官督商办的

"官牙"。

洪武三十年（1397年），《大明律》规定，"凡城市乡村，诸色牙行及船埠头，并选有抵业人户充应，官给印信文簿，附写客商船户，住贯姓名，路引字号，物货数目，每月赴官查照。私充者杖六十，所得牙钱入官，官牙埠头容隐者，笞五十，革去。"这里的所谓"牙行"，主要指在城市乡村中介买卖者；"埠头"，指的是在船舶码头中介客商货物者；"抵业人户"，就是那些自有家业，比如土地、田宅等，可以抵算客商货物价值的人家。这整段法律条文的意思是，只有那些自有家业、足以担保客商货物价值的人家，由官府发给营业执照，登记在册，才能充当合法合规的"牙行"、"船埠头"（可统称牙行），没有官府执照而私充牙行的人，就要打板子，罚没非法所得。而这种官督商办的牙行，就被称为官牙。

"官牙制"确立之后，"货物交易全凭牙行，船车装卸悉依埠头"[①②]，"牙行"逐渐成为市场经济结构的中枢；而官营"塌房"则相反，走向衰落。"塌房"既为官营，则难逃权力寻租的通则，权豪势要借塌房的垄断地位对商贾施加各种苛捐杂税、强买强卖、克扣勒索自不待言，导致塌房不断衰落。史载：景泰年间（1450—1457年），"塌房邀接商旅，倚势赊买，恃强不偿，行贾坐敝，莫敢谁何？[③④]"由此可见，权豪势要把持"塌房"，强行邀截客商，低价卖出客货，甚至借赊账之名侵吞客商财货，商贾苦不堪言，实际上官营"塌房"的经营模式已难以为继。

---

① 童光政：《明律"私充牙行埠头"条的创立及其适用》，《法学研究》2004年第2期，第116—125页。
② 胡铁球：《"歇家牙行"经营模式的形成与演变》，《历史研究》2007年第5期，第88—106页。
③ 《明史》卷一百六十四。
④ 王春瑜、杜婉言：《明朝宦官》，紫禁城出版社1989年版，第45页。

景泰以后，以"塌房"为主体的官营贸易体系便严重衰落下去了，取而代之的，是私人开办的"歇家"。

"歇"是歇脚休息的意思，所谓"歇家"，其实也就是客栈，与官营"塌房"类似，除了提供住宿这样的基本服务外，也对客商提供仓储、信息交流、中介交易等服务，同时也负有法定职责替官府监督商人行止、并市场交易公平秩序，甚至代为收税等。比如电影《新龙门客栈》中的"龙门客栈"就是一个典型的歇家。而举办"歇家"者又多为牙行，"牙行"与"歇家"在经营主体、商业模式和经营内容上相得益彰、互为表里、互相促进，于是各地"歇家"与"牙行"往往合二为一，混业经营。

对于客商来说，"牙商"与歇家转化结合，使得投宿、仓储、运输、询价、度量、交易等服务高效整合起来，可大大降低客商货物转运、仓储和交易成本，极大提高客商资本周转和资本积累的效率。不仅如此，由于歇家常年招待四方来客，又掌握相当的在地资源，熟悉本地的人脉关系和风土人情，久而久之，内外各种资源便有效整合于歇家，在当时商业信息不充分的历史条件下，极大地降低了外来客商与本地商人、手工业者和农民之间做买卖的交易成本，有利于商品经济的顺利进行与发展；对于官府来说，"牙行"与"歇家"转化结合后，使得歇家与"牙商"监督市场交易和商人行止的职责合二为一，能够更有效地协助官府防止商人逃漏税款、维护商业秩序，以及代征商税等职责，从而极大地降低了官府对于商业市场运行的监管成本，由此官府也乐见，甚至鼓励"歇家牙行"经营模式在全国各地迅速发展。

因此，歇家牙行便在潜移默化中，顺理成章地成为大明商帮的核心组织方式和主要经营模式，举凡晋商、陕商，乃至徽商、浙商，无不以歇家为构成商帮的主要组织形式。歇家，即大明商帮之汉萨同盟。由此，

第二章　海陆相克

歇家更成为大明商业市场的主要做市商，举凡大宗商品的跨区域远程贸易，包括国内贸易和海外贸易，无不由有势力之地方歇家发起组织。

比如当时著名徽商杨家，在扬州建庭园客栈方便贸易，"老人坐蓄江南百货，凡北贾者，皆争趋老人所，以故老人无一日无宾，亭无一日无盛筵……处士馆谷供帐食饮，与诸坐贾丰腴异远甚矣。故南北贾咸愿凭处士主程，大与处士结欢盟契，以故贸易愈益绳绳不绝。"① 这显然是集客栈、中介经纪、仓储、交易于一体的"歇家牙行"贸易形式。而在海外贸易中，歇家也异常活跃，甚至置朝廷海禁政策于不顾，大搞海上违禁走私贸易，可以说没有歇家就没有大明海商。史载："（明太祖）绝倭朝贡，命信国公汤和筑沿海四十九城以防之，独市舶未之绝也。后以内监领市舶司，嗜利胺削；兼商牙歇家，交相为奸，负倭债累万盈千。"万历时期的韩江通番案也可算是歇家组织海外违禁贸易的一个典型案例，在此案中，歇家张道囤积通番走私者的货物，组织下海贸易，走私队伍达94人之众②，最后迫使明政府制定了专门针对歇家的海防新条例，即"凡歇家窝顿奸商货物，装运下海者，比照窃主问罪"③，由此可照见歇家组织海外违禁贸易之盛况。

总而言之，到了明朝中叶，随着国内和平与秩序的重建，经过九边巨额国防开支，以及运河、长城、道路等全国性公共基础设施建设的凯恩斯主义刺激，在开中法及国家特别公债——盐引的二级市场交易的拉动下，明朝的商品经济全面复苏，逐渐繁荣起来，形成了江南、珠江三角洲、长江中上游、华北、西北五大经济区，晋商、徽商、浙商等几大

---

① 胡铁球：《明清贸易领域中的"客店"、"歇家"、"牙家"等名异实同考》，《社会科学》2010年第9期，第144—153页。
② 范金民：《贩番贩到死方休——明代后期（1567—1644年）的通番案》，《东吴历史学报》2008年第18期，第75—112页。
③ 王在晋：《皇明海防纂要》卷一二《禁下海通番律例》，明万历四十一年刻本。

商帮也以"歇家""牙行"等经营模式组织了起来，这五大经济区经过晋商、徽商、浙商等几大商帮的全国性贸易活动而交织在一起，统一的国内大市场最终形成。那么紧跟着的问题就是，为何明代的商品经济和商帮组织没有如西方一样发展为近代资本主义呢？

权力旋转门

明代的商品经济和商帮组织没有如西方一样发展为近代资本主义，归根到底，其原因就在于古代中国根深蒂固的农业自然经济的生产方式，以及建立在这种经济基础之上的上层建筑：皇权专制，儒家思想，以及两者相结合而产生的科层制封建官僚制度。

要在一个农业自然经济占主导地位的社会中建立大一统的政治秩序，就一定要把政治秩序的基础放在文化资本上，而一定不能放在土地资源上；换言之，统治者绝不能依靠拥有独立法人地位的封建土地贵族来建立政治秩序，这样做的结果只能是诸侯割据，分封建制；统治者要建立稳固的大一统的政治秩序，只能废除分封制，建立郡县制，然后把朝政和地方治理这两个层面的政治权力，通过科举考试，信托给接受同一套文化符号–意识形态系统的士人知识分子；这些士人获取权力的基础，不在于自己所控制的人力和物质资源，而在于皇权的信托代理，各级士人官僚反过来又对皇权负有信托责任。

换句话说，士大夫当官获取政治权力，并不依赖自己本身的实力，而依赖于皇权的授权；然而皇家能给予，就能随时收回，因此士人官员的权力地位其实只是皇权的投射，是皇权投射在乌纱帽上的虚幻倒影，是极其不稳固的，所谓"眼看他起高楼、眼看他宴宾客、眼看他楼塌了",就是这种脆弱不稳定性的文学写照;于是士人官僚就对皇权产生了根本性的人身依附,而大一统的封建皇权本身也就稳固了。因此,通过建立郡县制及其相应的科层制官僚体系,再依靠科举考试这个旋转门网罗士人知识精英成为皇权的政治代理人,去充实官僚体系,治理郡县及总理中央朝政,就成为明清政治秩序的主轴。

而科举考试所依靠的文化资源正是根植于封建农业自然经济的儒家思想。儒家思想显然不是宗教,但也很难说是一种高明的哲学,它没有多么高深的逻辑思辨,有的只是基于农业自然经济这个简单生产方式之上的家族血缘关系的伦理学,它的价值内核是长幼有序、尊卑有别,是封建家长制,它的思维层次只能触及"老吾老以及人之老,幼吾幼以及人之幼",即将家庭内部血缘关系和治理逻辑通过假想的方式,虚幻地投射到社会公共生活中去,却极其有利于封建统治者构筑其专制权力,因为经过儒家伦理主义这个滤镜的过滤,公共政治竟然变成了家族私务的一种外化:家族中的家长制,所谓长幼有序、尊卑有别,可以轻易在公共政治领域外化为封建等级制度和君主专制,皇帝成了"君父",官僚成了"父母官",而"天下无不是的父母",于是官僚对皇帝、人民对官府也都只有"孝敬父母"这一条正途好走,否则便是"大逆不道",由此驱使士人官僚对君主、人民对官家"心甘情愿地"无条件服从——这是多么有利于封建统治者有效降低其统治成本啊!

诚如马克思所言,"这些古老的社会生产机体……以个人尚未成熟、尚未脱掉同其他人的自然血缘联系的脐带为基础,或者以直接的统治和服从的关系为基础。它们存在的条件是:劳动生产力处于低级发展阶段,与此相应,人们在物质生活生产过程内部的关系,即他们彼此之间以及他们同自然之间的关系是很狭隘的。这种实际的狭隘性,观念地反映在古代的自然宗教和民间宗教中。①"马克思在这里所提到的"自然宗教"和"民间宗教",具体到古代中国,自然就是儒家思想。而对于儒家思想所背书的东方式封建等级制度和君主专制,马克思在《对华贸易》《中国革命和欧洲革命》等文中更多次分析道,"中国的皇帝通常被尊为全国的君父","官僚被看作这种父权的代表"②,这种"家长制的权力"是"这个广大的国家机器的各部分间的唯一的精神联系"③,斯言诚哉。马克思不愧是人类历史上第一流的思想家,远隔万水千山,却对旧中国封建社会的实质有着一针见血的洞察力。

在这种社会逻辑和政治秩序之下,资本、资本积累、资本主义,都是不可想象的。资本是独立法人的资本,资本积累是独立法人的资本积累,资本主义的本质也只不过是资产阶级法权,是产权的制度性保障;而在一个封建家长制主宰的社会里,人民的财产甚至身家性命都在统治者的一念之间,予取予求,遑论资本积累了。

人民为了获取起码的政治权利和法律保障,只有通过科举考试博取功名在身,有了功名才能见官不拜,才能打官司不挨板子,才能理直气壮去找官家理论公共意见,才能免除强制劳役,才能优免赋税;一句话:只有考取功名,才能获得现代意义上的公民地位,才能获得起码的产权保障;而考不上科举的人,只有"投献"到考取功名的士人(以及势要权豪)门下,才能搭车享受一定程度的产权保障;如果不"投献",那就只有倾全族之力,在自己家族中培养出一个读书人去考取功名,以获取政治权利和产权保障。所谓一人得道鸡犬升天,这绝非只是一句玩世不恭的俚语,而是旧中国封建社会的老百姓从现实生活中总结出的经

---

① 马克思:《资本论》第1卷,人民出版社2004年版,第96—97页。
② 《马克思恩格斯全集》第10卷,人民出版社1998年版,第277页。
③ 《马克思恩格斯全集》第15卷,人民出版社1963年版,第541页。

验之谈。

　　这也就是说，在旧中国封建社会，商业资本只有与文化资本、政治权力资本相结合，成为后者的奴仆，成为官商，才能获得起码的产权保障，才能进行一定程度的资本积累，而这种资本积累的目的，并不是为了资本积累本身，而是为了博取更多的经济筹码，在这个以科举制为主轴的资本—土地—文化—权力四要素互相转化的旋转门体制当中获得一席之地；而其结果，就绝不可能产生近代资本主义，而只能是对封建主义的有益补充，是封建家长制的得力助手和帮凶。

　　在古代中国封建社会的官商结构中，"官"是矛盾的主要方面，居于支配地位；而"商"是矛盾的次要方面，居于被支配地位；封建官僚士大夫利用"商"来实现权力寻租，而封建商人则依靠"官"来获取贸易特权，以此在商场中制胜。须知古代中国的主要经济资源通过禁榷制度几乎全都掌握在官家手里，举凡盐、铁、茶、药材、香料、矾等均由国家专营，尤其明清海禁，利润最为丰厚的海外贸易同样垄断在官家手中，谁能拿到为官家买办生意的经商特权，谁就能赚到大钱，比如赫赫有名的广东十三行。

　　这样的商人，商帮，无论物质财富上多么富有，都不会产生独立的阶级意识，都不会成为资产阶级，而只能成为封建商人；他们经商的意义，要么是为了满足他们所投靠的政治主宰的穷奢极欲，以换取贸易特权和产权保护；要么是为了投资族中子弟考科举当官，好给自己安排个政治保护伞。

　　比如明后期晋商中势力最大者蒲州（今山西运城）张氏、王氏家族，即是以家族血缘、姻亲关系为纽带，通过科举考试旋转门形成官商结盟形式之典型代表。蒲州张氏的掌门人张四维是整个家族官商结合之权力核心。张氏发迹于九边开中贸易，因为蒲州近便河东盐场，守支最易,乃因盐致富。张四维本人致力儒家经学,于嘉靖三十二年(公元1553年)考中进士,万历三年(公元1575年)右迁礼部尚书兼东阁大学士,张居正去世后,接任内阁首辅。张四维入仕后,张氏家族继续经商,张四维的父亲张允龄、叔父张遐龄、三弟张四教都是非常成功的大盐商。张氏家族与同乡王氏结为姻亲,王氏家族的权力核心即是张四维的舅父王崇古。王崇古于嘉靖二十年(公元1541年)考取进士,累官至兵部尚书、宣大总督、陕西总督;王崇古的祖父王馨是河南邓州学正(教育局长),父亲王瑶从事大宗商品的远距离贸易,其实也就是参与朝廷食盐换粮食的开中贸易;王崇古的伯父王文显、兄长王崇义、从弟王崇勋、姐夫沈廷珍和外甥沈江都是大盐商。张、王两个家族还与当朝大学士马自强家联姻,而马自强的弟弟马自修也是大商人①。可以说蒲州张氏、王氏的张四维、王崇古就是晋商集团在朝廷里的政治代表。

隆庆五年(公元1571年)二月,王崇古奏上《确议封贡事宜疏》,力言与塞外草原互市之利,条陈八议,包括:赐封号官爵、定贡额、议贡期贡道、议立互市、议抚赏之费、议归降、审经权、戒矫饰,被称为"封贡八议",确立了所谓"隆庆议和"的基本原则。正是王崇古、张四维代表晋商利益集团促成隆庆议和,结束了中原与塞北草原之间的长期战争,实现通商互市,令晋商集团近水楼台先得月,重新接入陆上丝绸之路,这才使得晋商崛起为天下第一大商帮。

明清时期,商业资本与文化、权力资本相结合的网罗,又岂止是晋商,岂止是蒲州王氏、张氏家族。商人们通过培养、资助、贷款、贿赂等方式投资于官僚阶层或其后备军——士人集团,换取产权保护,同时积极帮助他们逃税漏税、压低工资和打击竞争对手等,已经成为全国性

---

① 张宇燕、高程:《海外白银、初始制度条件与东方世界的停滞——关于晚明中国何以"错过"经济起飞历史机遇的猜想》,《经济学季刊》2005年第2期,第491—518页。

的制度行为。有徽商在其族规中明确写道:"族中子弟有器宇不凡,资禀聪慧而无力从师者,当收而教之,或附之家塾,或助膏火,培植得一个两个好人,作将来模楷,此是族党之望,实祖宗之光,其关系匪小。"①据《两淮盐法志·科举志》记载,明代两淮共考中进士137名,举人286名,其中原籍徽州、陕西、山西的进士、举人分别为106名和213名,均占总数的70%以上,而这些士人基本都是徽商、秦商、晋商的子弟;商业最为兴旺的江南地区自不甘为人后,明清两代科举总共出了51000名进士,其中江南商人家庭出身者有7800余人,竟占两朝全国进士总数的15%。

这些得到商人风险投资的士人一旦入仕后,自然是投桃报李,成为商人利益在朝中、在官府的代言人,在他们的政治运作下,终有明一朝,商税一直是比较低的,据厦门大学历史系林枫教授统计,在万历早期,以银两计价,商业税收入包括盐税250万两、茶税10余万两、市舶税4万两、通过税60万两、营业税20万两,总额不过340万两,而同期全国农业税本色合计达到了22217358两,商业税收入只占到农业税的15%②;而根据黄仁宇教授的统计,明晚期,大明繁盛一时的大宗商品远距离贸易和海外贸易,每年仅为国库贡献41万两白银的税收③。

这乍看起来非常容易给人一种错觉,好像明代中国的产权保护制度似乎比同期的西方国家更有效率,以至于明朝商人只需按照可能是古今中外最低水平的税率缴纳商业税,可实际上呢,翻过头去看,朝廷

---

① 李琳琦、王世华:《明清徽商与儒学教育》,《华东师范大学学报(教育科学版)》1997年第3期,第80—88页。
② 林枫:《万历矿监税使原因再探》,《中国社会经济史研究》2002年第1期,第13—19页。
③ 黄仁宇:《十六世纪明代中国之财政与税收》,生活·读书·新知三联书店2007年版,第339页。

从商业,尤其是利润最为丰厚的海外贸易中所能获得的税收收入少到不值一提的程度,那么从朝廷的角度去看,采取重农抑商的国策自然无可厚非——毕竟农业才是主要税源嘛,自然更加没有动力去为海上贸易的华商提供武装保护了,毕竟建设海军,远洋作战,是一件相当烧钱的事业,为了区区每年41万两的税收收入,属实是不值得。在西方列强纷至沓来的大航海时代,这一点将对明代商人的海外利益造成最为致命的打击。明代官商集团之目光短浅和缺乏战略思维的危害之深,都是令人惊诧的。

更糟糕的是,官商联盟并不是一种稳定长期的产权保护制度,由于官僚权力的皇权代理人属性,官僚的权力地位通常是极其不稳定的,所谓"君子之泽,五世而斩",而官僚之宦海沉浮更加充满了戏剧性,每一场政治变动都会导致官场更迭,随着官场权力版图的快速转化,庇佑于原有权力版图的财富分配便立刻随之变化,命运的齿轮随着权力的游戏而迅速转动,眼看他起高楼,眼看他楼塌了,其间的盛衰交替乃是寻常之事;君不见,朝为田舍郎、暮登天子堂,倏忽间便又"为官的,家业凋零;富贵的,金银散尽……好一似食尽鸟投林,落了片白茫茫大地真干净!"曹雪芹在《红楼梦》里的这首判词,正是传统封建中国之官商结合产权保障制度的生动写照。这种命运的无常和人们宿命般的无力感,驱使消极无为的老庄思想和四大皆空的佛学思想成为中国人的一种思想底色,在充满不确定性的世界里求得一点心理的慰藉。

由此可知,依赖于皇权而存在的官僚权力只是皇权在乌纱帽上的投影,而依赖于官僚权力而存在的商业资本只是官僚权力在商场中的投影,由此,在开中法"食盐换粮食"的跨期交易中,交易双方并不是法律地位上平等的主体,这就不可能是一个符合市场规律原则的真正的交易;盐引上并没有注明兑付期限,表面上实行见票即付的原则,但实际官家滥发盐引，造成报中商人实际上难以支取到食盐，甚至存在商人守支三代人还未取到食盐的情况；朝廷信用败坏至斯，商人对此毫无办法。

而国家（State）遵守国债（Publicdebt）"可信偿付承诺"，被现代制度经济学认为是前现代社会向现代社会转型的关键。通过"可信偿付承诺"的国债制度，国家权力与资本实现了稳定可预期的长期利益共同体，形成持续推动社会发展的合力，这正是西方最先进化出资本主义，并率先进入现代社会的关键点。而在明代中国，存在盐引这种特殊形式的国债，却绝不存在"可信偿付承诺"这回事。一旦官家违约，商人没有任何法律、政治，甚或暴力手段强制要求官家履行承诺，于是，在古代中国的封建法统之内，也就不可能产生任何可以称之为"资本主义"的东西。

更重要的是，明清商业资本通过科举考试这个旋转门，与政治权力紧密结合在一起，官商结构在每一宗具体个案中都具有高度脆弱性和流动性的同时，又在总体上趋于紧密而牢不可破；与官僚结盟对某个具体的商业家族而言，有利于增强其产权受保护程度，有利于其财富的稳定和增值，但也正是因为商人财富的安全与扩张取决于是否与官僚政治权力相结合、取决于此种结合之亲密程度，使得相互激烈争夺官僚政治资源的商业大家族彼此心存芥蒂，彼此钩心斗角，纷争不已。一句话：明清商人们所追逐的目标，已经不仅仅是财富的增值，而是官僚所代理的政治权力。

在科举考试旋转门内外徘徊的明清商人们，已经无从形成一个独立的、团结的、稳定的、战斗的、有自我意识的阶级，他们已经融化进了封建社会结构的分子式中，分解为无数个互相割裂的原子，依赖于当时的政治制度安排，彻底丧失了阶级自觉性和能动性，绝无可能独立进化为资产阶级,也就更加不可能采取资产阶级的集体行动去推动制度变迁了。费孝通先生说得好,这些"欲求自保的资产阶级"靠近政权、打入官僚阶层的战略"并不是攻势,不是积极的目的,而是消极的目的——并不想去'取而代之',而是只想逃避,'吃不到自己'";"他们更不想改革社会制度",因为一旦如此,他们就"不能靠这制度得到经济的特权"①;这番话,真是入木三分。

然而凡事总有例外,就在这亚细亚生产方式所铸就的东方专制主义的铁幕之下,竟然在封建王朝最不起眼的沿海边陲,在那无尽的山川和海岸线之间,野蛮生长出了明代中国自己的田园野生资本主义萌芽,这个萌芽有一个生猛草莽的名字:海盗。

夷人远来

当葡萄牙国王曼努埃尔一世于1508年命令贵族迪奥戈·洛佩斯·薛奎罗(Diego Lopes de Seqneira)设法打探中国情况的时候,他一定不会想到,有朝一日竟然要与中国海盗合作,才能拿到打开中国市场大门的钥匙。

就在1498年,葡萄牙国王陛下的航海家达·伽马"发现"了通往印度的新航线十年后,葡萄牙人就已经在1509年的第乌海战中粉碎了印度-阿拉伯联合海军,一举征服了浩瀚的印度洋,建立起了属于葡萄牙人的印度洋贸易殖民帝国。而在第乌海战的前一年,葡萄牙人就已经把目光投射到了扼守印度洋与太平洋交通咽喉的马六甲海峡。葡王曼努埃尔一世在此时派遣贵族迪奥戈·洛佩斯·薛奎罗出访马六甲城,要求

---

① 吴晗、费孝通等:《皇权与绅权》,天津人民出版社1988年版,第6—8页。

通商，显示出其野心不满足于印度洋世界，还进一步把目光投射到了更加遥远的南洋群岛和中国。在给王室外交代表薛奎罗的信中，曼努埃尔一世这样写道①：

> 你必须探明有关秦人的情况，他们来自何方？路途有多远？他们何时到马六甲或他们进行贸易的其他地方？带来些什么货物？他们的船每年来多少艘？他们的形式和大小如何？他们是否在来的当年就回国？他们在马六甲或其他任何国家是否有代理商店或商站？他们是富商吗？他们是懦弱的还是强悍的？他们有无武器或火炮？他们穿什么样的衣服？他们的身体是否高大？……他们是基督教徒还是异教徒？他们的国家大吗？国内是否不止一个国王？是否有不遵奉他们的法律和信仰的摩尔人或其他任何民族和他们一道居住？还有，倘若他们不是基督教徒，那么他们信奉的是什么？崇拜的是什么？他们遵守的是什么样的风俗习惯？他们的国土扩展到什么地方？与哪些国家为邻？

这一年，正是大明正德三年。

显然薛奎罗没有完成他的国王交代给他的任务。薛奎罗于1509年抵达满剌加（即马六甲城），但通商要求被满剌加苏丹拒绝；在城内穆斯林商人的鼓动下，马六甲苏丹甚至打算袭击薛奎罗使团，薛奎罗不得不于1510年逃离这座城市。翌年，葡萄牙在印度果阿的总督、"大征服者"阿方索·德·阿尔布克尔克借口薛奎罗遇袭事件，率领远征军一举征服了马六甲城。从此葡萄牙殖民者统治这座城市一直到1641年，荷兰人赶走了葡萄牙人，成为这座城市的新主人。

---

① 骆昭东:《朝贡贸易与仗剑经商：全球经济视角下的明清外贸政策》，社会科学文献出版社2016年版，第62页。

满剌加当时是大明王朝的朝贡国,满剌加国王由明朝皇帝册封,按照天朝礼制,圣王之道在于"继绝嗣,兴灭国",明朝有义务出兵赶走入侵的葡萄牙殖民者,帮助自己的属国复国;然而明朝朝廷面对前来求援的满剌加使团,却借口北线九边防务吃紧,拒绝王师南下。满剌加国灭亡了,天朝在南洋地区的威信也就此破产。

葡萄牙人经由征服满剌加,就控制了马六甲海峡,掌握了进出东南亚海域的制海权,同时也确立了他在南洋群岛的海上霸权地位。现在,只要明朝不同意向葡萄牙人开放贸易,则葡萄牙人有能力阻止南洋地区任何国家继续入华朝贡;从此,原来朝贡体系内的南洋各国纷纷停止朝贡,转而承认葡萄牙的霸权①:"在占领满剌加的最初几年里,就有彭亨(Pahang)、监箅(Campar)和英德拉基里(Indragiri)成为葡萄牙的朝贡国,米南加保(Menangkabau)、阿鲁(Aru)、巴塞(Pase)和勃固(Pegu)成为友好的属国,暹罗成为友好的国家,还有马鲁古、爪哇的革儿昔(Grisee)、杜板(Tuban)、泗水(Surabaya)、巽他(Sunda)和渤泥(Brunei)都向葡萄牙人表示臣服。"朝贡秩序在南洋地区名存实亡②。

就在葡萄牙人征服马六甲之后的第二年,也就是在1512年,一位长期在印太地区活动的葡萄牙宫廷药剂师托梅·皮列士(Tome Paras),在收集到有关中国的情况后,给自己的国王写了一封信③,宣称中国是"一个伟大、富饶、豪华、庄严的国家……广州是印度支那到漳州沿海最大的商业中心……全国水陆两路的大量货物都卸在广州",然而"中

---

① 廖大珂:《满剌加的陷落与中葡交涉》,《南洋问题研究》2003年第3期,第77—86页。
② 参见陈奉林:《从东方外交史的角度看马六甲王国沦陷的影响》,《太平洋学报》2018年第11期,第70—80页。
③ 骆昭东:《朝贡贸易与仗剑经商:全球经济视角下的明清外贸政策》,社会科学文献出版社2016年版,第63页。

国人非常懦弱，易于被制服，马六甲政府不用多大兵力就能把中国置于我们统治之下，只消用马六甲总督的十只船，就能从海岸攻击全中国。"

1513 年（正德八年），葡萄牙航海家欧华利（Jorge Álvares）率船队行经珠江口，要求登陆、通商，但被广东地方官府拒绝，然而明朝走私海商却接纳了他，在海面上与其直接交易。欧华利在珠江口找到了一座适宜停泊驻屯的岛屿，竖起了一块刻有葡萄牙国王徽章的石柱，象征着屯门岛归葡萄牙所有，这座岛屿当地人称为"屯门岛"。接着，以屯门岛为基地，葡萄牙人开始考察对华贸易的形势与潜力，并向葡王做出报告[①]：中国出产的丝织品、瓷器、麝香、珍珠等运到马六甲，再转运至欧洲市场，"可获利三十倍"，中国"无所不有"，商机无处不在。

皮列士与欧华利的报告深深打动了葡萄牙国王。1517 年（正德十二年），努曼埃尔一世委派托梅·皮列士为葡萄牙王国特命全权代表，正式出使中国；马六甲总督派出费尔南·佩雷兹·德·安德拉德（Fernão Pires de Andrade）率领 8 艘舰船，护卫皮列士前往中国，他们的目的是"尝试接触中国的权力中心，建立与葡萄牙人之间和平、互利关系的基础"[②]。皮列士使团也是近代欧洲向中国派出的第一个正式外交使团。

这注定是一个无法完成的任务。洪武三十年（1397 年），明太祖朱元璋皇帝将海禁政策落实为法律[③]："凡泛海客商舶船到岸，即将货物尽实报官抽分，若停塌沿港土商牙侩之家不报者，杖一百。虽供报而不尽者，罪亦如之，货物并入官……凡沿海去处，下海船只，除有号票文引，许令出海外，若奸豪势要，及军民人等，擅造二桅以上违式大船，

[①] 张天泽：《中葡早期通商史》，姚楠、钱江译，中华书局香港分局 1988 年版，第 41 页。
[②] 骆昭东：《朝贡贸易与仗剑经商：全球经济视角下的明清外贸政策》，社会科学文献出版社 2016 年版，第 64 页。
[③] 王涛：《明清海盗（海商）的兴衰：基于全球经济发展的视角》，社会科学文献出版社 2016 年版，第 60 页。

将带违禁货物下海前往番国买卖，潜通海贼，同谋结聚，及为向导，劫掠良民者，正犯比照谋叛已行律处斩，仍枭首示众，全家发边卫衙充军。"民间海外贸易自此全盘非法，造二桅海船即为重罪，要杀头。

同时明朝朝廷也确立了海外诸国定期朝贡的制度，试图以此来达到由朝廷垄断海外贸易的目的。

为落实海禁与朝贡，明成祖还委派郑和率舰队下西洋，与后世西方航海家、探险家截然相反，郑和下西洋，不是为了开辟新航线、发现新市场、建立殖民地、拓展本国海外贸易，而是为了扫荡原有的华夏民间海外贸易网络，郑和愈是下西洋，海禁便愈是收紧，民间海外贸易网络便愈是凋零①。

郑和下西洋的另一个目的则是宣扬朝廷皇威及于四海，迫使南洋、西洋各国加入朝贡贸易体系。

根据朝贡制度规定，日本由浙江宁波入贡，琉球国由福建福州入贡，其余各国统一由广州入贡；朝廷并在上述朝贡口岸设置市舶司管理各国朝贡事宜；市舶司又设置驿站，接待各国贡使，中国官吏则在这里检查各国货物，进行抽税和收购交易，并张榜公布朝廷各项规定；而外国使团也可以在这里通过官府认可的本地中间商，即所谓"官办牙行（官牙）"，将中国官府收购后剩下的货物就地售出，并采购中国产品运回。这里的驿站，其实也就是官办歇家，其职能与民间歇家一般无二，只不过，民间歇家是大明国内商品市场的做市商，而这朝贡贸易口岸的官办歇家，自然就是明朝国家垄断海外贸易的做市商。其中，宁波口岸的驿站叫安远驿，福州口岸的驿站叫柔远驿，广州口岸的驿站叫作怀远

---

① 参见庄国土：《论郑和下西洋对中国海外开拓事业的破坏——兼论朝贡制度的虚假性》，《厦门大学学报（哲学社会科学版）》2005年第3期，第70—77页。

驿①。而葡萄牙等欧洲国家，不在朝贡国之列。

葡萄牙人对此一无所知。

正德十二年八月十五日，皮列士使团来到珠江口外屯门岛，经过补给后继续北上，却遭遇明朝水师海巡船队，葡萄牙人依仗船坚炮利，强行闯入珠江口，沿珠江水道一路北上，于当年九月底直达广州怀远驿前码头，按照西方礼仪，升起葡萄牙国旗，同时鸣炮"致敬"。《广东通志》记载了当时的情形②：正德十二年，（葡萄牙人）驾大舶突至广州，铳声如雷，以进贡请封为名。最先出面接洽的广东按察司佥事兼海道顾应祥如此记载这中西间的第一次碰撞："蓦有番舶三只至省城下，放铳三个，城中尽惊。"随后三堂总镇太监宁诚、总兵武定侯郭勋前去视察葡萄牙使团情况，发现"其头目远迎，俱不跪拜"③，只是口称自己为佛朗机（Feringis）使团，要朝见中国皇帝，两位上官从未见过如此不讲天朝礼制的外国使团，不由得面面相觑，束手无策。两广总督陈金得知后，遍查《大明会典》，独不见朝贡国名单中有个什么"佛朗机"，只得先将他们安顿在驿馆，并往光孝寺学习中国礼仪，同时将此事上奏朝廷。

内阁很快给出意见④："传闻（葡萄牙）本国自恃强盛，经过满剌加国（即马六甲）及苏门答剌国（今印尼苏门答腊岛），皆行剽劫。若将来既受朝廷封命，给与勘合文书，不无愈肆奸计。且使海外诸国闻之，不得以自尽其敬顺之诚，其于事体，诚有未宜"，显然东厂也不是吃干

---

① 全汉昇：《明季中国与菲律宾间的贸易》，《中国文化研究所学报》1968年第9期，第27—44页。
② 骆昭东：《朝贡贸易与仗剑经商：全球经济视角下的明清外贸政策》，社会科学文献出版社2016年版，第65页。
③ 万明：《中葡早期关系史》，社会科学文献出版社2001年版，第30页。
④ 《明清时期澳门问题档案文献汇编》（文献卷），人民出版社1999年版，第260页。

饭的,对外情报网还是在工作的,朝廷对于葡萄牙殖民者在印度洋和南洋的劣行多少有所了解,葡萄牙人劣行斑斑、臭名昭著,则内阁担心一旦允其封贡,就会更加有恃无恐,变本加厉,进而影响朝贡秩序稳定。明武宗皇帝采纳内阁揭帖,于正德十三年正月初二(1518年2月11日)正式下诏,谕令葡萄牙使臣返其国,"其方物给与之",回绝了葡萄牙方面的封贡请求[①]。

但皮列士并未打道回府,而是留在广州伺机而动,安德拉德则率领舰队退出广州,计划夺占南山半岛,也就是今天的深圳市南山区蛇口作为驻屯地,但当地明军严阵以待,葡萄牙殖民者不敢造次,只得退到珠江口外的屯门岛,安营扎寨,建设军事工事。此后,葡萄牙殖民者又以屯门岛为据点,在今天香港青衣岛、葵涌一带侦测勘察,立石柱以宣示其王权,并制造兵器,同时拓展民间贸易,尝试用印度和南洋群岛出产的香料、棉花和本国制造的手工业制成品来交换中国的丝绸、瓷器以及食物等生活必需品。

同时,滞留广州的皮列士开始上下打点,四处活动,贿赂广东地方官吏和镇守太监,通过太监的门路又搭上了明武宗宠臣、锦衣卫指挥使江彬。终于葡萄牙人的银弹攻势奏效,正德十四年(公元1519年)年底,明武宗下诏葡萄牙使团入京陛见。正德十六年(公元1521年)1月,皮列士抵达北京。皮列士到京后,又到处拉关系、行贿,建立关系网,并让自己的翻译火者亚三勾结武宗心腹江彬,火者亚三得以接近明武宗,以教明武宗学习葡萄牙语取乐博得君王垂青,而在广东的葡萄牙人也因皮列士进京获得皇帝宠幸而更加肆无忌惮[②]。

---

① 黄庆华:《对明代中葡关系研究中几个问题的考察》,《故宫博物院院刊》2005年第6期,第59—74页。

② 朱亚非:《明代中葡关系与澳门之地位》,《史学集刊》1995年第4期,第47—53页。

第二章 海陆相克

然而这一年（正德十六年，公元1521年）四月份明武宗暴毙，江彬当日即被处死，火者亚三也下狱，后瘐死狱中。此时，已亡国的马六甲使臣来华告状，请求天朝主持公道，派王师驱逐鞑虏，助其复国。

继位的嘉靖皇帝将此事交兵部议处，随后兵部给出意见：敕责佛朗机（葡萄牙），令还满剌加（马六甲）之地，谕暹罗（泰国）诸夷以救患恤邻之义①②。监察御史丘道隆也上奏朝廷③："满剌加（马六甲）乃敕封之国，而佛朗机（葡萄牙）敢并之，且睃我以利，邀求封贡，决不可许。宜却其使臣，明示顺逆，令还满剌加疆土，方许朝贡，倘执迷不悛，必檄告诸蕃，声罪致讨。"

嘉靖皇帝采纳了兵部和御史丘道隆的意见，下诏将皮列士使团着即拿问下狱，其余滞留广东之葡萄牙人一并驱逐回国，并敕令暹罗（泰国）等东南亚朝贡国发兵讨伐盘踞马六甲的葡萄牙殖民者。然而明朝自己未能兴王师以讨贼，又如何能让暹罗等国火中取栗呢？尊王攘夷之策实际胎死腹中，兴灭继绝无以为继。《明史》载："后佛朗机（葡萄牙）强，举兵侵夺其地，王苏端妈末出奔，遣使告难。时世宗（嘉靖帝）嗣位，敕责佛朗机，令还其故土。谕暹罗诸国救灾恤邻之义，迄无应者，满剌加（马六甲）竟为所灭。"现代明史大家吴晗先生对此曾评论道④："明人不自强，不造浮海大舶，与佛朗机（葡萄牙）、荷兰等国争锋于海上，而独欲一纸敕谕令佛朗机还满剌加（马六甲）地，令暹罗出兵，明人谬甚。"斯言诚哉。

皮列士使团既已下狱，安德拉德舰队却继续盘踞在珠江口外屯门

---

① 戴裔煊：《〈明史·佛朗机传〉笺正》，中国社会科学出版社1984年版，第15页。
② 周伟民、唐玲玲：《中国和马来西亚文化交流史》，海南出版社2002年版，第184页。
③ 张天泽：《中葡通商研究》，华文出版社2000年版，第43页。
④ 张西平：《满剌加：东西方利益的交汇点》，《文化杂志》中文版2016年第99期，第18—30页。

岛上，明廷自然不肯善罢甘休，正德十六年（公元1521年）八月下旬，广东海道副使汪鋐受命武力驱逐葡萄牙殖民者。汪鋐率领50余艘舰船、4000多水师官兵讨伐屯门岛。中西方之间第一场冲突就此爆发。葡萄牙近代海军船坚炮利，明朝广东水师在正面对抗中如何能敌？汪鋐后来在给皇帝的奏疏中记录道："适有强番佛朗机（葡萄牙）驾船在海为患。其船用夹板，长十丈阔三丈，两旁驾橹四十余支，周围置铳（火炮）三十余管。船低尖而面平，不畏风浪。人立之处，用板捍蔽，不畏矢石。每船二百人撑驾，橹多而人众，虽无风可以疾走。各铳举发落如雨，所向无敌。"明人对葡萄牙人的火炮威力尤其印象深刻，明代史籍记载：① "（葡萄牙人）其铳（火炮）管用钢铸造，大者一千余斤，中者五百余斤，小者一百五十斤。其火药制法与中国异。其铳举放，远可去百余丈，木石犯之皆碎。"②

汪鋐眼看贼寇势大，不可力敌，只可智取，于是果断调整战术，派出水鬼蛙人潜入敌舰水下，凿穿船底；又派火船乘着南风火攻敌舰。又是凿船，又是火攻，汪鋐大人可谓将华夏传统水战艺能发扬光大，葡萄牙人何曾见过如此战法？于是在一片火光冲天中，葡萄牙人大败亏输，只是借着风向突变，才勉强逃出明军包围圈，狼狈逃回马六甲。

这是西方人在入侵东方之后，所遭受的第一个失败。

葡萄牙人不甘心失败。到了屯门海战后的第二年，也就是1522年（嘉靖元年），葡萄牙国王又派遣哥丁霍（Martim Afonso de Melo Coutinho）率领一支由五艘军舰组成的舰队再次来到中国。

葡萄牙舰队行至广东省新会县西草湾，也就是今天的香港大屿山西

---

① 傅林祥：《交流与交通》，中华书局（香港）有限公司2014年版，第145页。
② 谭玉华：《汪鋐〈奏陈愚见以弭边患事〉疏蜈蚣船辨》，《海交史研究》2019年第1期，第28—37页。

草湾，明朝广东备倭指挥柯荣、百户王应恩率军来战[①]。此前，明军在屯门海战中缴获了二十多门葡萄牙火炮，并大量仿制；明军还按照葡萄牙战船的样式对自己的战舰进行了改进。在西草湾海战中，明军大量装备了仿制的葡萄牙式火炮和军舰，双方在技术装备上的代差获得了一定程度的弥补，且明军士气旺盛，奋勇争先，阵斩葡军三十五人，生擒自哥丁霍本人以下共四十二人，并俘获葡海军两艘军舰。随后葡海军剩余军舰发动反攻，焚毁明军所俘战舰。最终明军获胜，葡萄牙海军残部逃走。1523年9月23日，自哥丁霍以下共四十二名夷寇俘虏，全部被枭首示众，明正典刑，得到了侵略者应得的下场[②]。

横行东方的葡萄牙海军来到大明后，两战两败，反映出当时中西方力量的客观对比。然则，海战就发生在珠江口外，而不是发生在葡萄牙海岸，且中西方在技术装备上已经出现巨大代差，预示着华夏即将进入历史的漫漫长夜，而两场海战的胜利，也不过是曾经天朝上国的落日余晖。

倭寇的故事

无论如何，正德、嘉靖年间这两场海战是打胜了，从此直到1541年，葡萄牙殖民者不敢再踏足广东海域。但他们并没有退出中国海域，而是转而北上福建、浙江沿海探索，试图寻找新的通商口岸。

葡萄牙人并不是盲目地探索，他们自有其当地的盟友。自洪武三十

[①] 张海鹏主编：《中葡关系史资料集》（第1卷），四川人民出版社1999年版，第208页。
[②] 参见骆昭东：《朝贡贸易与仗剑经商：全球经济视角下的明清外贸政策》，社会科学文献出版社2016年版，第67页。

年朝廷海禁立法后，很多从事海外贸易的中国人为了能把生意继续维持下去，不得不移居到南洋群岛各地，其中就包括葡萄牙人所占据的马六甲。葡萄牙方面记载，在1511年葡军围攻马六甲城的时候，就发现马六甲港中停靠着五艘中国商船①，并且对葡萄牙人的行动提供了相当的支援。葡萄牙人要进入南洋贸易网络，实际上也离不开当地华商的合作。比如跟随皮列士使团访华的五名翻译，包括那位在史书中留下名字的"火者亚三"，其实都是早期流落南洋谋生，定居在马六甲城的华商②。这些南洋华商主要的经营活动就是组织国内货源贩卖南洋，或者从南洋采购洋货贩回国内，实际上与明朝内地保持着密切的联系，或者说他们就是大明民间商贸网络在南洋的自然延伸。

前文讲过，整个大明商品市场的做市商是各地的歇家、牙行，那么对于海外违禁走私贸易来说，就更是如此。而对于这些勾连内外市场、居中聚散商品、暗中组织下海走私的沿海歇家、牙行，当时的明朝人有一个形象的称呼：窝主。这些沿海地区的歇家窝主为来往内地办货的海商提供住宿、食物的同时，还提供货物贮存、中介交易等服务，甚至还帮海商打点各路关系、护送通关下海。诚如嘉靖时期浙直总督胡宗宪所言："凡通番之家，则不相犯，人竞趋之。杭城歇客之家，贪其厚利，任其堆货，且为之打点护送……倭奴（实为海商）拥众而来，动以千万计，非能自至也，由内地奸人（系指歇家窝主）接济之也。济以米水，

---

① 金国平、吴志良：《1511年满剌加沦陷对中华帝国的冲击——兼论中国近代史的起始》，《学术研究》2000年第7期，第73—80页，第95页。
② 黄谷：《明代"葡使"火者亚三之谜》，《紫禁城》1991年第1期，第44—45页。

然后敢久延；济以货物，然后敢贸易；济以向导，然后敢深入。"①② 可以说，在朝廷严格海禁的宏观形势下，如果没有沿海这些歇家窝主充当做市商，并为海商保驾护航，就不可能存在民间海外贸易。

由此再往深层次去琢磨，就不禁令人细思极恐了：这些歇家窝主到底是些什么人，竟能如此神通广大，能够顶着朝廷海禁法令，让沿海地方官府和守备海防官兵为走私贸易大开绿灯？当然只有那些势要权豪能做到了。

如果说将大明的权力旋转门格局比喻为一张太极图，那么皇帝与各级官僚就是阳，而皇亲国戚、勋贵、官僚家族、有功名在身的士大夫集团等等就是阴，阴与阳既互相矛盾，又互相转化，他们所拥有的政治权力、文化资本、土地资源和商业资本也随之流通、交易、互相转化。

这沿海各处的歇家窝主，正是大明权力旋转门格局中，"阴"面势力将自己的权力资源兑现为商业资本的代理人和抓手。这些人在地方上一手遮天，与官场早已形成利益共同体，在朝里也不乏保护伞，走私海商的高额利润自然都是要在这个利益共同体里分肥的，毕竟权力是皇上给的，走私贸易利润分红却是自己的。明朝的官僚士大夫们在分析沿海违禁走私贸易时，也并不避讳这一点，天启朝内阁首辅朱国祯便总结说："倭寇（海商）之起，缘边海之民，与海贼（海商）通，而势家又为之窝主。"③ 嘉靖朝御史林润则认为海上走私贸易之所以成势，皆因"土豪巨室，以为之窝主"④；嘉靖朝刑科右给事中严从简则说："时海禁久

---

① 王涛：《明清海盗（海商）的兴衰：基于全球经济发展的视角》，社会科学文献出版社2016年版，第115页。
② 林仁川：《明清私人海上贸易的特点》，《中国社会经济史研究》1987年第3期，第10—17页。
③ 朱国祯：《涌幢小品》第2卷，文化艺术出版社1998年版，第722页。
④ 《皇明嘉隆疏抄嘉隆新例附万历》第6卷，上海古籍出版社1995年版，第467页。

弛，缘海所在，悉皆通蕃……势豪则为之窝主。"①由此可见，权豪势要充当歇家窝主，掩护海外走私贸易打开局面，这一点已经成为当时天下人的共识。

这些刚刚被明朝水师官兵赶走的葡萄牙人，正是在海外华商的引导之下，来到了明朝沿海歇家窝主们所营造的一个海外贸易中心：浙江宁波舟山群岛中的双屿岛，从此便一头扎进了这张由明朝有势力之歇家窝主所营造的海外走私贸易网络中，风风火火在远东干起了海上贸易②③④⑤。

这些引导葡萄牙人来到双屿岛贸易的明朝海商，还进一步引导葡萄牙人进入到中日贸易的旋涡当中。本来由于嘉靖二年（公元1523年）的宁波争贡事件，两波日本朝贡使团互别苗头，在宁波互相凶杀，酿成严重外交事端，明朝朝廷已将日本逐出朝贡贸易秩序，连宁波市舶司都一并裁撤了，然而劳动分工与交换的自然法则却是任何人间法律所无法完全隔绝的，官方市场中断，则私人民间市场必然野蛮生长，根据《明实录》记载，嘉靖二十五年（公元1546年）朝鲜一次送回因自然灾害而漂流至朝鲜半岛的明朝走私海商613人，嘉靖二十六年（公元1547年）又一次送回341人。两年间，单单是被逆风吹往朝鲜的对日走私商人即达千人之众，那么顺利到达日本贸易的明朝海商又该有多少呢？

---

① 赵轶峰：《论明代中国的有限开放性》，《四川大学学报（哲学社会科学版）》2014年第4期，第18—35页。
② 樊树志：《重写晚明史：晚明大变局》，中华书局2020年版，第33、89页。
③ 张继军：《双屿港与十六世纪全球贸易圈的关系研究》，《浙江学刊》2012年第4期，第34—39页。
④ 廖大珂：《朱纨事件与东亚海上贸易体系的形成》，《文史哲》2009年第2期，第87—96页。
⑤ 石晶晶：《明代双屿港与十六世纪东亚海上贸易网络的形成》，硕士学位论文，上海师范大学，2021年。

第二章 海陆相克

为何中日民间走私贸易如此繁盛？这是因为中国有日本最需要的东西：丝绸、瓷器、茶叶、中药、铜钱，等等；而日本也有中国最需要的东西：硫黄、铜、漆器，以及最重要的白银。明代社会经济逐渐发展为银本位，而中国白银产量每年不过 30 万两，历代所积累之白银留存给明朝的也只有一亿两，如此造成通货紧缩的巨大压力使得明代社会经济急切需要从外部获取大量白银供给。然则明朝的社会政治、经济、文化逻辑使得明朝人不可能通过殖民掠夺获得海外白银供给，而只能通过贸易顺差的方式来获得海外白银。恰逢此刻，几乎就在西方殖民者征服美洲、疯狂榨取新大陆贵金属资源的同一个历史时期，日本先后于 1526 年（嘉靖五年）和 1542 年（嘉靖二十一年）发现了石见银山和生野银山，仅石见银山的年产量在高峰期即达到 60000—90000 公斤（约合 1560000—2340000 两），从此直到 1600 年前后，全日本白银年出产量最多可达 200 余吨（530 万两），几乎达到整个美洲新大陆白银出产量的三分之一[①]。日本所出产的白银，在美洲新大陆的白银供给进入东亚之前，成为东亚区域国际贸易的主要计价和支付货币。

对日本来说，幸运的是，明朝选择用贸易顺差，而不是西方入侵美洲新大陆的方式，来获取日本巨额的贵金属资源。从此直到 1633 年（崇祯六年，日本宽永十年），日本幕府宣布锁国令，禁止白银出口，在大约 100 年的时间里，估计明朝总共从日本获得贸易顺差约白银 2 亿两，几乎约等于中日甲午战争后，清朝对日战争赔款的总额。

日本人甲午战胜后，定了赔款数字 2 亿两，大约不是比照过去对明朝贸易逆差流失的银两数制定出来的，实际上日本对明贸易逆差的具体金额是现代历史学家搜集无数史料和海关资料才估算出来的，1895 年

---

① ［德］贡德·弗兰克：《白银资本：重视经济全球化中的东方》，刘北成译，中央编译出版社 2001 年版，第 205、206 页。

的日本人应该是无从得知，因此，这大概率只是个巧合。然则偶然当中有必然，这也并不完全只是巧合，而是老天爷跟中国人开的一个玩世不恭而又残酷的玩笑，更是一个警醒，一个寓言：中国人辛辛苦苦干了几百年，付出无数社会必要劳动时间，创造无数使用价值，所交换来的贵金属财富，结果被一场战争，一把清盘。可见，靠辛苦劳动赚的银子，早晚还要凭实力被坑掉；如果这个世界真有什么"普世价值"的话，强取胜于苦耕，应该算作其中一条。凡事过犹不及，过分地热爱和平，迷信"公理正义"，并不总是一种美德。

把葡萄牙人拉进这个中日贸易旋涡的，是一个叫作王直的徽州小伙子。正是这个安徽小伙子，后来成为所谓"倭寇"的最高领袖。明人史书上是这样描述王直的："王直者，歙（今安徽歙县）人也。少落魄，有任侠气，及壮多智略，善施与，以故人宗信之。一时恶少，若叶宗满、徐惟学、谢和、方廷助等，皆乐与之游。间尝试、相与谋曰：'中国法度森严，动辄触禁，孰与海外逍遥哉？'……遂起邪谋。嘉靖十九年（1540年），时海禁尚弛。直与叶宗满等之广东，造巨舰，将带丝绵、硝黄等违禁物，抵日本、暹罗，往来互市者五六年，致富不赀。"①

显然，王直出身于徽商集团，作为徽商的一分子，王直凭借参与朝廷"食盐换粮食"的开中贸易，因盐而致富，后贪图海外违禁走私贸易的巨额利润，从 1540 年起，前往广东等沿海省份成为海商，自然融入了以双屿岛为中心的东亚海上贸易网络当中，并率领手下人马加盟了当时实际控制双屿岛的徽商许栋兄弟集团，成为许栋集团的"管库"，后

---

① 王涛：《明清海盗（海商）的兴衰：基于全球经济发展的视角》，社会科学文献出版社 2016 年版，第 103 页。

又升为"管哨",负责管理许栋集团的对日贸易[1][2][3]。在此过程中,王直与双屿岛上的葡萄牙人成为生意伙伴,当葡萄牙人从王直口中得知日本盛产白银的消息,便急切地希望能够跟日本建立直接的贸易联系,因为从阿拉伯到日本,整个东方贸易都可以说是白银贸易圈,谁能掌握白银供给,谁就能诱使别人为自己生产劳动,谁就能主宰贸易秩序。

1543年(嘉靖二十二年,日本天文十二年),王直带着葡萄牙人首次来到日本九州种子岛。日本史书《铁炮记》记载了这次事件[4][5]:

> 我西村小浦有一大船,不知自何国来,船客百余人,其形不类,其语不通,见者以为奇怪矣。其中有大明儒生一人,名五峰者,今不详其姓氏。时西村主宰有织部丞者,颇解文字,偶遇五峰,以杖书于沙上云:"船中之客,不知何国人也。何其形之异哉?"五峰即书云:"此是西南蛮种之贾胡也。"

日本史书所记载的"五峰",便是王直。从此,葡萄牙建立起与日本之间的直接贸易联系,并且将制造火枪的技术传授给了种子岛居民,并传播到整个日本。王直在日本从事贸易活动整整两年,直到1545年才从日本返回,并且带来日本福冈博多津的助才门等三名日本商人来到双屿岛贸易,从此中日两国商人往来不断。日本商界在被逐出明朝朝贡

---

① 郑广南:《中国海盗史》,华东理工大学出版社1998年版,第186页。
② 陈尚胜:《"怀夷"与"抑商":明代海洋力量兴衰研究》,山东人民出版社1997年版,第116页。
③ 李金明:《明代海外贸易史》,中国社会科学出版社1990年版,第92页。
④ 童杰:《"嘉靖大倭寇"成因新探》,《中国社会历史评论》2011年第12期,第298—313页。
⑤ 王涛:《明清海盗(海商)的兴衰:基于全球经济发展的视角》,社会科学文献出版社2016年版,第91页。

贸易圈二十多年之后，通过双屿岛这个明朝民间海外贸易的通道，再次与明朝建立起直接贸易联系，双屿岛也成为中日贸易的中心。1548年，日本九州西南萨摩商人稽天、新四郎、芝涧等5人与中国商人林观应等上百人，乘船前来双屿港贸易，被执行海禁政策的明朝水师抓获，在审讯过程中，稽天等日商供述称，由于林观应等人介绍，才知道双屿岛是一个海上国际贸易大港，更是区域国际贸易的中心，市场广阔，生意好做，因此"至今船船俱各带有本国之人前来贩番，尚有数百倭人在后来船内未到"①②③。由此可见双屿岛在当时发展之迅速。日本商人带着他们的商品和白银到来，完成了双屿岛国际贸易体系的最后一块拼图。

对于在这个贸易体系中如鱼得水的葡萄牙人来说，他们是用商贸的力量，战胜了明王朝的海禁与武力，初步融入了明朝民间海外走私贸易网络之中，而这个贸易网络，远比明朝官方垄断的朝贡贸易更有活力，也更有生命力。葡萄牙人可以说是失之东隅而收之桑榆。葡萄牙人到东方来，到处摆出一副殖民者的姿态，而他们的军事科技和武备实力也确实支撑他们在十年的时间里成就了一个印度洋殖民帝国，但葡萄牙人来到东亚之后，却只能老老实实、平等参与区域商业贸易，而葡萄牙人将西方和印度的贸易产品带入明朝海商的地下贸易世界，也将明朝和日本的贸易产品带回西方，这就大大拓展了东西方的经济贸易交流，扩大了世界市场的深度和广度，历史也因此给了葡萄牙人丰厚的回报。

据亲自来过双屿岛的葡萄牙冒险家费尔南德斯·平托所写的《远游记》记载，双屿岛上的国际走私贸易之兴旺，到了港口常常为进出港船

---

① 《明清时期澳门问题档案文献汇编（文献卷）》，人民出版社1999年版，第267页。
② 郭万平、张捷：《舟山普陀与东亚海域文化交流》，浙江大学出版社2009年版，第41页。
③ 王涛：《明清海盗（海商）的兴衰：基于全球经济发展的视角》，社会科学文献出版社2016年版，第92页。

舶所堵塞的程度；岛上的常住居民达 3000 余人，以各国的基督徒居众，其中葡萄牙人就有 1200 人之多；从 1524 年到 1547 年，葡萄牙人在双屿岛上建造了千余座房屋，甚至设立了市政厅、教堂、医院、法院，等等；葡萄牙人每年在双屿岛的贸易额达到 300 万葡元以上[①]，绝大部分交易用日本银锭作为支付手段，交易的商品主要是明朝出产的丝绸、瓷器、棉布、粮食，以及从印度、东南亚运来的胡椒、香料等土特产。因此之故，双屿岛一时号称葡萄牙东方殖民地中最富庶的商埠。这种说法未免言过其实，因为双屿岛根本谈不上是葡萄牙的殖民地，实际控制双屿岛的一直是明朝海商集团，葡萄牙人虽众，在双屿岛国际贸易网络中也不失为重要参与方，然则终究只是"客商"，明朝的陆海商帮才是主人。

然而好景不长，随着海上贸易的急剧扩张，明朝内陆商人，即沿海歇家窝主，与海商之间的关系，反而持续紧绷，双方就利润的分配展开激烈博弈，而形势看起来对海商颇为不利：从法律上讲，由于朝廷的海禁法令，所有的海商都具有某种原罪，大明非但不保护自己的海外商人，反而要抓起来治罪；从政治上讲，歇家窝主都是权豪势要将其权力变现为商业资本的代理人，甚至就是权豪势要本身，而海商往往都是些草莽英雄，在海上纵横四海是英雄，回到大明的国土上就是小民，甚至是罪犯，身家性命尚且需要窝主保护，又如何能与之竞争？从商业上说，歇家窝主手里掌握着货源和销售渠道，海商从内地办货，再把洋货贩回内地，都需要歇家窝主提供货源、中介交易，否则寸步难行。而陆地上的这些歇家窝主，权豪势要，为了从海外贸易中争夺更大比例的利润分成，也时常利用自己掌握的优势资源，狠狠拿捏海商：比如通过赊

---

① 廖大珂:《朱纨事件与东亚海上贸易体系的形成》,《文史哲》2009 年第 2 期，第 87—96 页。

账的方式无偿拿到海商从海外返回的洋货,却迟迟不付账,甚至赖账不还,反正海商也是非法的,不可能去官府告状;即便海商去告状,官府里也都是我的门生故吏、知交故旧,又能拿我如何呢?大明的法律本来就不保护海商,海外贸易本身在大明就是一种犯罪,海商当然不能通过法律途径讨回公道,那就只能用自己掌握的武装来挽回损失。于是海商武装火并沿海歇家窝主的事件也层出不穷。而类似这种海商武装火并沿海歇家窝主的事件,往往就被地方官府和权豪势要涂抹成了"倭寇入侵"。

根据《明实录》的记载,"内地奸商王直、徐海等常阑出中国财物与番客市易,皆主于余姚谢氏。久之,谢氏颇抑勒其值,诸奸索之急。谢氏度负多,不能偿,则以言恐之曰,'吾将首汝于官'。诸奸既恨且惧,乃纠合徒党番客,夜劫谢氏,火其居,杀男女数人,大掠而去。县官仓皇申闻上司,云倭贼入寇。"双屿岛上的海商王直、徐海等人从事海外贸易,而他们的内地"窝主"乃是余姚谢氏,谢氏从王直、徐海等海商手中赊购赊销大量货物,又不能支付偿还,海商们催债日急,谢氏竟然出言恐吓,要去官府告发这些走私商人。海商们又怕又恨,干脆一不做二不休,纠结党羽,趁夜抢劫了谢氏家宅,杀人放火,"大掠而去"。而当地县令不知所措,为撇清责任,只能以所谓"倭寇入侵"上报上司。

在那个时期的东南沿海,类似这样的"倭寇入侵"不知凡几,而海商们组织的武装当中,不乏日本落魄武士、浪人;当时中日民间贸易往来频繁,在明朝海禁的情况下,日本的诸侯大名、富商巨贾需要明朝走私海商帮助他们进入中国市场,而明朝海商们也需要日本的诸侯大名、富商巨贾为他们提供一定程度的安全保护和生意便利,于是,日本九州地区的诸侯大名、富商巨贾,与有实力的明朝海商合伙经商已属常态,那么在明朝海商武装与明朝歇家窝主、势要权豪，甚至是与明朝官府的对抗中，明朝海商们的日本合伙人，为海商武装提供某些便利，提供军事物资，甚至让旗本武士配合明朝海商武装行动，至少是默许明朝海商在自己的地盘上招兵买马，招募一堆浪人武士去助拳打架，也就是不难想象的了。

于是，假作真时真亦假，这所谓"倭寇入侵"，到底几分真、几分假，真是很难说，但有一点可以确定，所谓的"倭寇入侵"，所谓的明朝"抗倭战争"，其实很难说是一场侵略与反侵略的民族战争，而更像是一场商业战争、贸易战争，战争的一方是以明朝武装走私海商集团为主体的东亚国际贸易既得利益集团，这个集团里当然有日本政经势力参股，但并不起主导作用，某些日本政经力量即便参与这场战争，也是为了贸易利益，为了争取明朝朝廷放开海禁，而不是为了发起一场侵华战争；而战争的另一方则是与海商集团互别苗头的明朝沿海歇家窝主，其实也就是东南沿海势要权豪集团，以及执行海禁政策的明朝朝廷。

在这盘错综复杂的大棋局当中，起到最关键作用的一方力量，从某种意义上来说，还不是海商集团，甚至也不是朝廷官方，而是东南沿海势要权豪；对这些人来说，在分割海外贸易利润这一点上，他们与海商集团存在直接矛盾，他们需要借助朝廷官府的力量压迫海商就范；而在要不要存续海外贸易这一点来说，他们又与朝廷存在根本矛盾，可以说，所谓的"倭寇入侵""抗倭战争"，是因他们而起；而朝廷被迫放松海禁，甚至最终放弃海禁，又符合这些人的利益，他们同样需要借助海商武装力量来敲打朝廷，达成自己的目标。而最终，历史是按照东南沿海势要权豪集团的意志来发展的。

巡抚与海盗

最先跳出来破局的是海商集团。双屿岛的海商集团由于债务纠纷洗劫了窝主余姚谢氏一门，就像捅了马蜂窝。余姚谢氏本是江南头等名门望族，相传为东晋宰相谢安之后，有明一代余姚谢氏更是出了三位内阁辅臣，其中包括弘治、正德两朝兵部尚书兼东阁大学士谢迁这类名动朝野的实权人物。余姚谢氏就是典型的势要权豪，扎根于东南沿海，在朝、在地方都有强大影响力[1]。双屿岛跨国海商集团竟然血洗了这样有名望的地方豪门，震动朝野。走私海商盘踞近海，官宦家门、势要权豪勾结内外海商势力，又遭海商武装上岸复仇劫杀，这一系列离经叛道的异举超出了士大夫们的想象，也突破了明王朝的底线。嘉靖皇帝委派朱纨为浙江巡抚、提督闽浙海道军务，令其剿灭双屿跨国海商集团。

朱纨是苏州人，正德十六年进士，历任南京刑部员外郎、四川兵备副使、广东左布政使、右副都御史等要职，为人刚直不阿、清正廉洁，《明史》说他"清强峭直，勇于任事"，明末清初史学家谈迁在其《国榷》一书中也说："朱纨十年中丞（封疆大吏），田不亩辟，家徒壁立"，正是儒家经典中所要着力塑造的经典君子人格，可谓是明朝官场泥石流中的一股清流。嘉靖皇帝真是知人善任，正是要用朱纨的纯阳刚直，来破解权豪势要与海商集团之间的和光同尘。

朱纨也不负圣眷，出色地完成了任务[2][3]：朱纨一到任，就整顿吏

---

[1] 蒋宏达：《望族的形成：明清时期余姚泗门谢氏的宗族建设》，《史林》2018年第2期，第69—78页。

[2] 童杰：《"嘉靖大倭寇"成因新探》，《中国社会历史评论》2011年第12期，第298—313页。

[3] 廖大珂：《朱纨事件与东亚海上贸易体系的形成》，《文史哲》2009年第2期，第87—96页。

治,巡视海防,编练水师,封锁海上交通,厉行保甲,鼓励百姓检举揭发私人出海贸易行为;经过近一年的准备,到了1548年,朱纨避开浙江地方官府,调动福建水师远征浙江舟山群岛,神不知鬼不觉把国际贸易商人们堵在了双屿岛上,都指挥卢镗率兵围攻双屿港,岛上中、日、葡等国海商仓促应战,势不能敌,终被攻破,岛上主事的徽商许栋兄弟集团灰飞烟灭,许栋本人不知所踪,许氏兄弟中的许六、大窝主顾良玉、祝良贵、刘奇十四等人被俘,其余海商被杀被俘溺毙者不计其数,岛上所有建筑被明军付之一炬。朱纨本欲派军常驻双屿,怎奈福建水师官兵不愿久居浙江,于是干脆下令用沉船、沙石彻底填塞了双屿港。此后一个月内,各国不知情的商船依然络绎不绝前来双屿岛,总数竟达一千二百九十艘之多,由此看见双屿岛跨国贸易体系之繁盛;然而双屿岛的区域国际贸易中心地位已被明军绞杀,不复见天日。

朱纨对于侥幸逃脱的海商也绝不放过,誓要斩草除根。明军一直追杀到福建诏安走马溪,又大破之,俘虏中外海商九十六名,竟然未交刑部审判、皇帝勾决,即行开刀问斩,鲜血尽染走马溪。

朱纨此举直接触犯到了嘉靖帝的禁忌,更加触犯了沿海势要豪门的利益底线。势要权豪与海商集团是海外贸易事业的合伙人和利益攸关方,虽然在分割海外贸易利润上,双方矛盾重重;然而在维护海外贸易生存、发展的大方向上,双方利益又高度一致。朱纨剿灭了许栋海商集团,替余姚谢氏报了仇,威慑海商不得造次,做到这一步,对于沿海势要权豪而言,这就足够了;可是朱纨竟然要将全部海商集团赶尽杀绝,将海外贸易网络一网打尽,这就断了这些沿海势要豪门的财路,也断了沿海百姓的生路;天知道朱纨围剿双屿岛时,烧掉的海商财货中,有多少是属于这些势要权豪的,而这些势要权豪又能从双屿岛国际贸易中分得多少利润!东南沿海的势要豪门势力定要将朱纨除之而后快。

血洗走马溪事件直接给势要权豪手中递上了一把除掉朱纨的刀子，他们开始发动在朝力量，围攻、弹劾朱纨①②③④。比如双屿岛之战中被杀死的走私商人张珠，是署府事推官张德熹的叔叔，御史周亮又是张德熹的乡友，走马溪事件后，周亮即弹劾朱纨曰："（朱）纨原系浙江巡抚，所兼辖者止于福建海防，今每事遥制，诸司往来奔命，大为民扰。请改巡抚为巡视，以杀其权。其党在朝者左右之，竟入其请。"兵部尚书翁万建、兵部侍郎詹荣、巡按福建御史陈九德等皆弹劾朱纨擅杀："九十六人者未必尽皆夷寇也，同中国姓名者，非沿海居民乎？又恐未必尽皆谋叛者也"，而朱纨却"举措乖方，专杀启衅"，朱纨因而被革职拿问，押赴京城审讯。朱纨自感忠而被谤、信而见疑，终不复能对刀笔吏，愤而自杀，死前感叹道："去外夷之盗易，去中国之盗难。去中国之盗易，去中国衣冠之盗难……吾贫且病，又负气，不任对簿。纵天子不欲死我，闽、浙人必杀我。吾死，自决之，不须人也。"⑤

朱纨实为古典时代之忠臣贤良，不畏强权，刚正不阿，《明史》说他"清强峭直，勇于任事"是恰如其分的，然而他强力推行海禁政策，却是逆历史潮流而动；明末重臣徐光启就说他"冤则冤矣，海上实情实事果未得其要领，当时处置果未尽合事宜也"；相反，东南沿海的势要权豪，为求私利，勾连包庇违禁走私商人下海通番，其中资本原始积累之"每个毛孔都滴着血和肮脏的东西"，较之大航海时代的西方同行们，

---

① 廖大珂：《朱纨事件与东亚海上贸易体系的形成》，《文史哲》2009 年第 2 期，第 87—96 页。
② 王涛：《明清海盗（海商）的兴衰：基于全球经济发展的视角》，社会科学文献出版社 2016 年版，第 101 页。
③ 范中义、仝晰纲：《明代倭寇史略》，中华书局 2004 年版，第 238 页。
④ 汪向荣：《〈明史·日本传〉笺证》，巴蜀书社 1988 年版，第 94 页。
⑤ 张海鹏主编：《中葡关系史资料集》（第 1 卷），四川人民出版社 1999 年版，第 214 页。

可以说不遑多让，朱纨死前痛斥他们，"去外夷之盗易，去中国之盗难；去中国之盗易，去中国衣冠之盗难"，从道德批判的角度去看，同样是恰如其分的；然而，恰恰是这"衣冠之盗"，比"清强峭直"，更加代表历史发展的潮流，亦商亦盗、发展海外贸易的"中国之盗"恰恰是符合历史发展规律的，也是推动社会进步的重要力量。

由此可知，道德绝对主义有其荒谬之处：道德观念，仅仅适用于私人人际关系领域，超出这一领域，即为谬误；庄子曾言，"圣人不死，大盗不止"[①]，掷地有声。朱纨，就是儒家礼教及其必然延伸出的海禁政策之牺牲品。朱纨之死，既是他个人的悲剧，也是历史的悲剧，华夏民族的悲剧。

朱纨将中国海商称为"中国之盗"，明朝的官僚士大夫往往将海商称为海盗、"贼寇"，甚至"倭寇"，也并非毫无道理。在大航海时代，海外贸易混沌初开，对包括西方国家在内的世界各国来讲，海外贸易都是一块王法难以有效贯彻的法外之地，是一片缺乏有效秩序、弱肉强食的丛林世界，一方面是丰厚的贸易利润，另一方面是巨大的自然和安全风险，跑海的海商们为求自保，也为求争夺更大的利益，逐渐结成海上武装势力，根据客观形势的变化，在"海盗"和"商人"这两重身份中来回切换，在海上遇到比自己弱的，就化身海盗捞一票；回到港口，又成了商人，老实贸易交税。在丛林法则的优胜劣汰机制作用下，久而久之，就会有最强者从海商武装中脱颖而出，凭借最强的实力，为其他海商提供保护，并换取保护费的收入，攫取贸易利润的最大头；用后世学者的学术语言来说，就是提供安全和秩序这样一种基本的公共产品，而谁能提供安全与秩序，谁就是统治者。

[①] 《庄子》，中华书局 2010 年版，第 150 页。

明朝的海商世界也要遵循此项自然法则。起初，海上私人贸易自由发展，野蛮生长，明朝海商们自由买卖，承揽货物，和平发展，然而，"海上强弱相凌，互相劫夺，因各结踪，依附一雄强以为'船头'，或五十只，或一百只，结成群党，分泊各港"，形成各种武装化的海上贸易集团，他们不但雇用本地的舵工、水手，又"哄带"日本列岛贫穷的落魄武士、水手等，"借其强悍，以为护翼"，有的还与西方殖民者及有势力的日本诸侯大名或者富商合伙做买卖，行迹遍布日本、暹罗、南洋等地，又兼在沿海伺机劫掠，以致"俱成大寇"①②。这些海商"大寇"，以籍贯划分，基本可分为浙直海商集团（"直"即明代南直隶省，辖江苏、徽州等地）、广东海商集团和福建海商集团，其中的佼佼者，正是明中期的徽商王直海商集团和明晚期的福建郑氏海商集团。

而这些海商武装集团与歇家窝主这些海外贸易做市商的关系，也经历了从海商集团附属于势要歇家、被势要歇家支配，到海商集团支配、驾驭，甚至统属歇家窝主的历史过程。比如明中期的王直海商集团，就需要从余姚谢氏窝主采购内地各种货物，从海外进口的外国货物也需要经由谢氏窝主的分销渠道才能售出盈利；而到了明晚期的福建郑氏海商集团，尤其是在延平王郑成功的治理下，郑氏集团设置所谓"五商"贸易系统，如辐辏般支撑起郑氏集团乃至明郑政权的经济基础。所谓"五商"，指的是以金、木、水、火、土这五行命名的"山五商"，以及按照仁、义、礼、智、信这五常命名的"海五商"；"山五商"其实就是郑氏于中国大陆开办的五家批发商行，他们以杭州为基地，收购丝绸、瓷器、生丝、药材等，再发给"海五商"，贩卖海外；"海五商"其实就是

---

① 汤纲、南炳文：《明史》（第1卷），上海人民出版社1985年版，第460页。
② 王涛：《明清海盗（海商）的兴衰：基于全球经济发展的视角》，社会科学文献出版社2016年版，第93页。

郑氏旗下的五大船运公司，他们以厦门为基地，穿行于中国大陆、日本、朝鲜、琉球、中国台湾、菲律宾、中南半岛诸国，南至巴达维亚（雅加达）等南洋群岛各地，从事销售国货、采购洋货、令旗出租、收税、人力中介、客运等业务[1][2]。显然，到了郑成功时期，海商集团已经不再依赖内地窝主组织货源并代为销货，而是自己掌握了内地的货源与销售渠道。

大明海商集团针对封建朝廷的海禁政策展开了不屈不挠的武装斗争。双屿岛之战后，王直海商集团崛起，与明王朝冲突不断，所谓"嘉靖大倭寇"，实为明朝海商武装集团与朝廷之间围绕"海禁"与"开禁"所展开的商业战争，一直延续到1565年（嘉靖四十四年）；那一年，在广东汕头南澳岛，广东海商吴平率领的"倭寇"（实为中国海商武装）与戚继光的军队打了"抗倭战争"的最后一战，尽管"倭寇"们已经明白大势已去，孤岛难守，但是他们仍然进行了殊死搏斗，很多人战斗到最后一刻都不肯投降。此战过后，明朝的"倭患"基本平息。

然而海商集团的坚决武装斗争却驱使历史的齿轮加速转动；东南沿海权豪势要集团，以海商集团的武装斗争为杠杆，终于撬动了明王朝解放其海禁政策。1565年，海商集团的武装斗争基本被镇压；1566年，嘉靖帝驾崩；1567年，隆庆帝继位。福建巡抚、都御史涂泽民上书"请开市舶，易私贩为公贩"；所谓"私贩"指走私商人，"公贩"指合法商人，"开市舶，易私贩为公贩"，意思就是要解除海禁，将海外贸易合法化。此时隆庆帝已然明白自由贸易乃是大势所趋，于是顺水推舟，宣布

---

[1] 苏文菁：《海洋与人类文明的生产》，社会科学文献出版社2016年版，第182页。
[2] 骆昭东：《朝贡贸易与仗剑经商：全球经济视角下的明清外贸政策》，社会科学文献出版社2016年版，第101页。

解除海禁，允许民间商人远贩东西二洋，史称"隆庆开关"①②。

嘉靖三十七年（公元 1558 年），在"嘉靖大倭寇"的高潮期，海商集团首领王直被浙直总督胡宗宪以和谈为名诱捕；在狱中，王直写下《自明疏》陈奏嘉靖帝③④："窃臣（王）直觅利商海，卖货浙（江）、福（建），与人同利，为国捍边，绝无勾引党贼侵扰事……如皇上仁慈恩宥，赦臣之罪，得效犬马微劳驰驱，浙江定海外长涂等港，仍如广中事例⑤，通关纳税，又使不失贡期，其主各为禁例，倭奴不得复为跋扈，所谓不战而屈人之兵者也。"也就是说，只要朝廷取消海禁，允许浙江沿海开放通商口岸，设立海关收取关税，那么，东南沿海的所谓"倭患"自然就可以消弭于无形。朝廷拒绝了王直，下令处决了王直。

十年之后，到了 1567 年，隆庆开关，王直的诉求终于实现。又距此 273 年之后，在 1840 年，另外一伙来自英国的海上武装，同样是通过战争的方式，表达了同样的诉求：朝廷解除海禁，开放通商口岸。不论古今中外，不论何种文明、何种民族，只要是采取军事−商业双循环的生产和生活方式，其行事逻辑，总是出奇的一致。

马尼拉大帆船

隆庆开关恰逢西班牙殖民者来到远东，在菲律宾建立起殖民地。就

---

① 陈尚胜：《闭关与开放：中国封建晚期对外关系研究》，山东人民出版社 1993 年版，第 170 页。
② 张海鹏主编：《中葡关系史资料集》（第 1 卷），四川人民出版社 1999 年版，第 292 页。
③ 苏文菁：《海上看中国》，社会科学文献出版社 2016 年版，第 211 页。
④ 苏文菁：《海洋与人类文明的生产》，社会科学文献出版社 2016 年版，第 79 页。
⑤ 所谓"广中事例"，乃是明代中期广东地方官府实行的一种地区性外贸管理制度，详见李庆新：《明代海外贸易制度》，社会科学文献出版社 2007 年版，第 249—267 页。

在明朝朝廷肃清"倭患"的同一年，1565 年（嘉靖四十四年），西班牙海军将领米格尔·洛佩斯·德·黎牙实比（Miguel Lopez de Legaspi）率五艘军舰组成的舰队自墨西哥阿卡普尔科港出发，横渡太平洋远征菲律宾，征服了菲律宾群岛中央的宿务岛①②③。这时西班牙人在发展方向上面临两个选择，要么南下攻略南洋群岛，要么北上征服中国；如果南下，就要征服棉兰老岛，并以该岛作为新殖民地的首府；如果北上，就要征服吕宋岛，并以该岛作为新殖民地的统治中心。正如 1570 年黎牙实比给墨西哥总督的信中所言："……如果目的在于征服中国，那就应该把矛头指向吕宋，取得吕宋作为征服中国的前进基地。"④⑤最后西班牙人选择了北上。1571 年，西班牙人征服了吕宋岛，建立起马尼拉殖民地，归新西班牙总督区（今墨西哥、中美洲加勒比地区）遥领。

到了 1576 年，时任菲律宾总督制订了一份入侵中国的详细计划，并呈报给西班牙国王腓力二世："这项远征需要 4000 到 6000 人，配备矛、枪、船、炮和所需要的弹药……便足以占领所要占领的省份，而那里的港口和舰队，组成海上最大的强国，这是十分容易的，征服一省之后，便足以征服全国。"⑥1586 年 4 月，马尼拉殖民地的西班牙人代表会

---

① 骆昭东：《朝贡贸易与仗剑经商：全球经济视角下的明清外贸政策》，社会科学文献出版社 2016 年版，第 75 页。
② 樊树志：《重写晚明史：晚明大变局》，中华书局 2020 年版，第 115—116 页。
③ 李庆新：《海上丝绸之路》，五洲传播出版社 2006 年版，第 105 页。
④ 严中平：《老殖民主义史话选》，北京出版社 1984 年版，第 307 页。
⑤ 中国社会科学院近代研究所：《近代史研究第 1—4 期》，中国社会科学出版社 1984 年版，第 129 页。
⑥ 石丁汇编：《往事千年：历史长河中的精彩瞬间》，世界知识出版社 2005 年版，第 103 页。

议甚至制订了一份长达十章的详细侵华计划①②③，并向国王提出了"请愿书"，请求国王派出一支由 10000 到 12000 名西班牙士兵组成的远洋舰队，远征中国，目的是攫取殖民地和商业利益，并传播基督教。紧跟着马尼拉殖民地派出代表远赴西班牙国内，向他们的国王递交请愿书。然而历史不打算在 1587 年就让西班牙人代表西方列强前往中国扣关，历史的计划是在 1840 年由英国人实施打开中国大门的任务；历史让西班牙无敌舰队在 1588 年与英国海军的格瑞福兰海战中葬身海底，西班牙人的世界海上霸权一去不返，从此再也没有机会入侵中国，但马尼拉殖民地的西班牙殖民者还是在中国的卧榻之旁虎视眈眈，耐心等待着他们的机会。

明朝朝廷对此浑然不觉。只有一个出自广东潮州的武装海商集团打算拔掉西班牙的马尼拉殖民地，这支海商武装的首领名叫林凤。万历二年（公元 1574 年）11 月 29 日，林凤率领一支由 62 艘战舰、2000 名水手和 2000 名士兵组成的舰队远征马尼拉。与一般作战行动不同的是，林凤舰队还载有 1500 名妇女和大量牲畜、农具、粮食种子等；显然，与西班牙殖民者相同，这也是一支中国人的殖民武装，他们要赶走西班牙殖民者，在吕宋岛上扎下根来。然而，与西班牙殖民者不同的是，西班牙殖民者背后有国家的支持，西班牙又是当时的世界海上霸权，有广阔的美洲新大陆的西班牙殖民地提供人力、物力支持，西班牙殖民者背后是一套完整的体系支撑；而林凤的海外殖民武装背后是朝廷大军的追杀和围剿，孤立无援，一击不成，便再无回旋余地。果然，林凤所部无

---

① 邹云保：《西班牙征服中国计划书的出笼及其破产》，《南洋问题研究》2001 年第 3 期，第 53—61 页。
② 张铠：《中国与西班牙关系史》，大象出版社 2003 年版，第 76、188—189 页。
③ 沈定平：《明清之际中西文化交流史——明代：调适与会通》，商务印书馆 2001 年版，第 81—82、492 页。

从攻破西班牙人先进的近代棱堡防御体系,前现代的武装力量无法与近代火器相抗衡,最终功败垂成,在明朝水师与西班牙殖民者的联合绞杀下,飘零在了历史的尘埃当中①②③④⑤,但华夏先民的海外殖民开拓精神却是值得后人纪念的。

另一方面,对西班牙殖民者来说,当追剿林凤所部的明朝水师扬帆来到马尼拉港外的时候,他们几乎吓破了胆,绝望的西班牙殖民者误以为这些明朝军舰是来帮助明朝自己的海外殖民武装的,而当明朝官员向西班牙人表明真实意图的时候,西班牙人自然是大喜过望。双方联合作战,剿灭了林凤武装;此后,西班牙的马尼拉殖民当局与明朝广东、福建地方当局建立了相当友好的关系。然而通过这次事件,西班牙殖民者也认识到,近在咫尺的中国始终有能力消灭他们这块小小的殖民地,因此他们也把动员其母国入侵中国作为事关其生死存亡的头等大事,如前所述,马尼拉殖民当局先后于1576年和1586年两次计划入侵中国,只是由于历史条件不成熟而无力贯彻实施,但马尼拉殖民当局对于中国的防备之心却是一刻不敢放松。

起初,菲律宾群岛社会经济发展水平低下,本地物产甚至难以维持西班牙殖民社会生存,黎牙实比给墨西哥总督的报告不无失望地称马尼

---

① 李庆:《明万历初年中国与西属菲律宾首次交往考述》,《历史研究》2021年第3期,第205—219页。
② 樊树志:《重写晚明史:晚明大变局》,中华书局2020年版,第116—117页。
③ 侯国隆、侯月祥:《广东省志·人物志》(第1卷),广东人民出版社2002年版,第65页。
④ 骆昭东:《朝贡贸易与仗剑经商:全球经济视角下的明清外贸政策》,社会科学文献出版社2016年版,第187页。
⑤ 王涛:《明清海盗(海商)的兴衰:基于全球经济发展的视角》,社会科学文献出版社2016年版,第119页。

拉殖民当局能从当地所得者"唯有肉桂而已"①②。西班牙殖民者生存所需的粮食、食盐、肉类、布匹等都要靠明朝海商贩运，而中国所产丝绸、瓷器等手工业品物美价廉，在西方消费者当中享有盛誉，马尼拉殖民当局为求资本原始积累之利，唯有从事对华转口贸易一途。林凤入侵事件后的第二年，即1575年，马尼拉殖民当局便派遣两名传教士和两名军官前往漳州，希望与中国缔结商约。因此，在西班牙人在菲律宾立足未稳的历史时期，为了鼓励明朝海商前往马尼拉贸易，马尼拉殖民当局对明朝商人十分优待，仅需华商每船缴纳25—50比索的系船税即可入港交易③④。西班牙运气不错，他们来到远东的时候正好避开了明朝漫长的海禁岁月，此时距隆庆开关已过去七八年，海外贸易已经合法化，进入蓬勃发展的历史新时期。面对马尼拉殖民当局的招商引资，明朝海商蜂拥而至，经过短短不到二十年的发展，到了1590年之后，马尼拉殖民地的华商人数竟然不下20000人，而同期马尼拉城内的西班牙人最多也不超过2000人⑤。

而马尼拉的跨国转口贸易确实令明朝海商乃至整个明朝社会获利匪浅。1565年，西班牙修士航海家乌尔达内塔（Andres de Urdaneta）从菲律宾起航，利用太平洋西南季风和"黑潮"（即日本暖流）来加快航行速度，开辟了一条西起马尼拉、东至墨西哥太平洋港口阿卡普尔科的

---

① 何芳川汇编：《太平洋贸易网500年》，河南人民出版社1998年版，第88页。
② 梅新育：《略论明代对外贸易与银本位、货币财政制度》，《学术研究》1992年第2期，第53—60页。
③ 中国社会科学院经济研究所：《经济研究所集刊》第3卷，中国社会科学出版社1981年版，第186页。
④ 李庆：《晚明中国与西属菲律宾的贸易规模及历史走向——基于"货物税"(almojarifazgo)文献的数据分析》，《中国经济史研究》2018年第3期，第173—183页。
⑤ 曾少聪：《明清海洋移民菲律宾的变迁》，《中国社会经济史研究》1997年第2期，第70—77页。

全新航道①②。随后马尼拉殖民当局雇用明朝工匠在马尼拉建造号称当时最先进的大帆船，一般载重量达到几百吨到一两千吨，称为"马尼拉大帆船"，并投入这条太平洋新航道的运营。史载，1573年（万历元年），第一艘满载美洲白银的马尼拉大帆船从墨西哥的阿卡普尔科港到达马尼拉，用以换取明朝的丝绸、棉布、瓷器等手工制品。到了1574年（万历二年），两艘马尼拉大帆船满载中国丝绸、棉布、瓷器等货物驶向墨西哥阿卡普尔科，著名的马尼拉大商帆贸易正式投入营运。马尼拉-阿卡普尔科贸易线活跃于1574—1815年，历时241年之久③。

在美洲白银的诱惑下，一艘艘满载着生丝、丝绸、棉布、瓷器的大帆船从隆庆开关后明朝主要外贸港口漳州月港启航驶向马尼拉④，在那里与欧洲商人、美洲商人，甚至日本商人直接贸易，再转口通过马尼拉大帆船航线越过太平洋至拉美，一部分流通美洲本地市场，其余继续转口抵达欧洲。这是一条全新的"太平洋海上丝绸之路"。

在这条"太平洋海上丝绸之路"上，明朝商品因其物美价廉而占据了压倒性的优势⑤⑥。墨西哥市场上中国丝织品价格是西班牙同类产品的1/3，在秘鲁是1/9，在东南亚是荷兰同类产品的1/3，在欧洲是欧洲产品的1/4—1/3，西班牙美洲殖民地的丝织业在明朝丝织品的价格战冲击下就此趋于衰落。明朝产的生丝也远较欧洲生丝便宜。1621年荷兰东

---

① 沙丁、杨典求、焦震衡、孙桂荣：《中国和拉丁美洲关系简史》，河南人民出版社1986年版，第47页。
② 吴志远：《海上丝路百科》，中华书局香港分局2022年版，第87页。
③ 全汉昇：《明季中国与菲律宾间的贸易》，《中国文化研究所学报》1968年第9期，第27—44页。
④ 樊树志：《重写晚明史：晚明大变局》，中华书局2020年版，第116—117页。
⑤ 陈昆、汪祖杰：《国际竞争力、海上贸易与套汇：明朝中后期白银流入的考察》，《经济理论与经济管理》2011年第6期，第85—93页。
⑥ 李隆生：《明后期海外贸易的探讨》，博士学位论文，复旦大学，2004年。

印度公司以每磅4盾的价格采购一批台湾生丝,运到欧洲市场后售价为每磅16.8盾,利润率达320%;1637年,墨西哥一家以中国生丝为原料的丝织厂雇用工人甚至达到14000人[①],中国生丝销售数量之大由此可见一斑。就铜、铁制品而言,菲律宾市场上明朝铁钉价格仅为西班牙铁钉的1/4,西班牙的秘鲁殖民地总督于1590年专门派船赴菲律宾购买明朝铜、铁制品,还有西班牙人建议干脆在菲律宾购买廉价的中国铜,就地铸炮,然后运往美洲新大陆[②]。

可以说,在欧洲近代工业革命之前,中国的手工业制成品曾经在国际市场上长期处于优势领先地位,明朝也借此赚取了大量贸易顺差。从1565年到1815年的两个半世纪中,西班牙美洲殖民地当局每年都派遣1—4艘大帆船,来往于阿卡普尔科与马尼拉之间,每年运往马尼拉的白银在100万—400万比索,共计约4亿比索,用以购买中国的丝绸、瓷器、棉布等商品,其中1/4—1/2流入了中国[③]。仅1631年,由菲律宾马尼拉殖民地输入澳门的白银就达14000000两,以明朝平均年产白银30万两计算,此金额即大致相当于明朝50年白银产量之和,亦是万历年间明朝国库岁入的3.8倍。由于美洲白银通过马尼拉殖民地大量流入中国,16世纪晚期一些西班牙人竟建议放弃菲律宾殖民地。西班牙国王没有放弃菲律宾殖民地,但于1593年1月1日、1595年7月和9月三度颁发敕令,规定每年从墨西哥运抵菲律宾的白银以500000比索为

---

① 樊树志:《"全球化"视野下的晚明》,《复旦学报(社会科学版)》2003年第1期,第67—75页。
② 全汉昇:《近代早期西班牙人对中菲美贸易的争论》,《中国文化研究所学报》1976年第1期,第71—83页。
③ 全汉昇:《明清间美洲白银的输入中国》,载《中国经济史论丛》第1卷,香港中文大学新亚书院1972年版,第438—439页。

限①,企图遏止美洲白银流入中国。国王的一纸禁令照例难以改变国际分工造成的自然贸易流向,白银从美洲、欧洲持续不断流向中国,到了1597年,菲律宾总督在给腓力二世的信中不无忧虑地说道:"所有的银币都流到中国去了,年复一年留在那里,而且事实上长期留在那里。"

明代中国享有巨额贸易顺差,来源于中国手工业制成品巨大的比较优势,而这种比较优势的来源,除了明代中国在丝织业、棉纺业、制瓷业等主要手工业生产部门所享有的高技术和高生产率优势之外,另一大根源乃是中西方之间的汇率水平差异造成商品国际市场价格的背离。明代中晚期,新大陆金银贵金属大量涌入欧美,西方处于所谓"价格革命"的长期通胀时期,商品价格水涨船高;而中国受限于元末明初以来的超级通货紧缩,明代白银购买力甚至相当于宋、元时期的两倍,反过来商品价格就要长期徘徊于低位,由此导致中国商品以白银表示的相对价格极为低廉,在国际市场上具有强大的价格优势。另一方面,玉米、土豆等经济作物通过马尼拉大帆船贸易从美洲新大陆传入中国,导致明朝中后期人口剧增,普遍估计明晚期中国人口在1亿左右②;在马尔萨斯陷阱的约束下,明朝出现大量剩余劳动力,这不但抑制了劳动者工资水平提升,也进一步抑制了商品价格水平的上涨趋势,中国出口商品从而得以长期维持价格竞争力。

那么究竟有多少白银流入中国了呢?按照西方学者的估算,明清之际,世界白银产量的1/3—1/2都流入了中国。中国学者的估算则普遍保守些,一般认为的数字是,明代中后期,通过外贸顺差流入中国的白

---

① 梅新育:《明季以降白银内流及其对中国经济制度之影响:兼论澳门在其中的作用》,《文化杂志》中文版1999年第39期,第3—23页。
② [美]何炳棣:《1368—1953中国人口研究》,葛剑雄译,上海古籍出版社1989年版,第262页。

银大约是 3 亿两[1][2]。

如此巨额的白银流入，促使明代中国的商品经济空前繁荣，万历初期内阁首辅张居正推行赋税白银化的一条鞭法改革也取得极大成功；实行一条鞭法后，因赋税与土地挂钩并以白银支付，权豪势要为减轻税负而减少购置耕地，放松土地兼并，转而将资源转投入工商业扩大再生产，以至于一条鞭法流行的地区，出现了"条鞭法行，富商大贾，不置土田"的现象。这样，土地兼并得到缓解，工商业发展得到了进一步的促进，更间接扩大了白银的使用范围。

经济繁荣了，朝廷的税基也增加了，过去因土地兼并而造成的财政危机也得到有效缓解，国库积银达六七百万两之多，储备的粮食多达1300 多万石，足够支用十年[3][4][5]。比起嘉靖年间国库入不敷出、存粮往往不够一年用的情况，自然是一个很大的进步。以巨额贸易顺差和张居正改革所重新积累起来的雄厚国力，明朝取得了万历朝鲜战争的辉煌胜利，显示出明朝国力中兴的强劲势头。

大失败

然而，在张居正改革成功形成的煌煌盛世景象背后，也潜藏着巨大的危机。

---

[1] 梅新育：《略论明代对外贸易与银本位、货币财政制度》，《学术研究》1992 年第 2 期，第 53—60 页。
[2] 樊树志：《重写晚明史：晚明大变局》，中华书局 2020 年版，第 132—143 页。
[3] 孙翊刚汇编：《中国财政史》，中国社会科学出版社 2003 年版，第 278 页。
[4] 于秋华：《明清时期的原始工业化》，东北财经大学出版社 2009 年版，第 202 页。
[5] 孙翊刚：《简明中国财政史》，中国财政经济出版社 1988 年版，第 157 页。

首先，以儒家思想所主导的科举考试为主轴，文化资本、权力资本、土地资本以及商业资本互相通约转化的权力旋转门机制始终是大明天下的实际主宰者，张居正改革没有，也不可能撼动这个真正主宰大明的权力旋转门体制。张居正改革只能在局部调整商业资本在这个权力旋转门格局中的权重，让更多的经济资源投入商贸领域，然而不管商业资本实现何种规模的资本积累，最终还是需要由文化资本所转化而来的权力资本去保护其产权安全。

在明朝，商业资本只有依赖于权力资源才能生存，而权力资源却扎根在生长庄稼粮食的土地上，扎根在儒家经典之中，商业资本和商品经济只是封建农业自然经济必要而有益的补充，甚至于商品经济本身的做市商：歇家牙行，往往都是势要权豪们的家族产业，而天下商帮的坐贾行商们往往是投献在势要权豪门下，为主家经商牟利的家奴；即便是身份独立的商人，也需要地主、官僚、士大夫们消费他们的商品、保护他们的产权、提升他们的社会地位，而商人们的终极归宿是让自己的商业资本转化为土地、文化和权力，让自己也成为地主、士大夫、官僚；由此，商人们就不可能建立起独立的阶级自觉和阶级认同，他们所拥有的资本规模无论如何广大，也不能说是资产阶级，而只能说是封建商人，顶多是带有某些资本主义因素的封建商人。如果说明代中国果真存在某种"资本主义萌芽"的话，那么也是一种没有资产阶级的"资本主义"。这种没有资产阶级的资本主义萌芽，绝无可能真正发展壮大为比较成熟的资本主义，因而也就不可能带领中国走出前现代的泥沼，不可能让明清中国在殖民主义、帝国主义列强环伺的黑暗森林中杀开一条血路，走出一条生路。

如果说明代中国果真存在某种"资本主义萌芽"，并且存在某种"资产阶级"的话，那么从大明的武装海商集团身上倒是可以窥得一些端倪。从王直到郑成功，他们的作为，其实就是依托海外跨国贸易和商业资本，建立自己的商团武装，以武装建设政权——王直在海外列岛开府建制，号称"徽王"，郑成功更是建立了以台湾、金厦为基本盘的明郑政权——再以政权贯彻法权，保护商业资本产权，然后再以商业扩张所得利润进一步投资武装建设和政权运作，形成军事武力与商贸利润的双向互动正反馈循环。

就政权武装力量保护商业资本产权、扩大商业利润而言，以郑成功武装海商集团为例，永历七年（公元1653年），郑成功对在澳门南部海域抢劫中国商船的荷兰东印度公司提出索赔，收回船货；永历九年（公元1655年），为抗议菲律宾的西班牙殖民者强夺船货，郑成功下令禁止与马尼拉通商。盘踞我国台湾的荷兰人阳奉阴违，郑成功遂于第二年（永历十年，公元1656年）刻示传令："各港澳并东西夷国州府，不准到台湾通商。"[①]台湾海峡为之断航，1657年荷兰派代表到厦门谈判求和，才得以复航。西班牙殖民者曾对马尼拉的华商进行过反复屠杀，明清两朝朝廷完全不闻不问，只有郑成功海商集团为海外华商出头：1661年，郑成功收复台湾后，立刻对西班牙殖民者虐待、屠杀马尼拉华人的行径表示强烈谴责，并且要求马尼拉殖民当局臣服于明郑政权，否则就要吊民伐罪，出兵征服马尼拉；只是由于郑成功突然去世，明郑政权讨伐西班牙殖民者的计划才被迫搁置，而西班牙殖民者也不得不收敛其欺压华商的嚣张气焰。郑氏海商集团还实行牌饷制度，发放旗、票，派员在各港口出租旗牌、征收船饷，强化对东亚南洋海洋商业和航运的控制，包括清军占领区和西班牙、荷兰殖民者在内，区域贸易的各个参与方，一度都需要持有郑氏海商集团的征税收据（国姓票）和船旗，才可下海贸易："海舶不得郑氏令旗，

---

① 杨英：《先王实录》，福建人民出版社1981年版，第63页。

不能往来。每舶例入两千金,岁入以千万计,以此富敌国。"①②

西班牙、荷兰殖民者会向郑成功屈服,乖乖听话,当然不是因为儒家伦理感化了这些西方殖民强盗,而是因为郑成功海商集团的船坚炮利、赫赫武功。郑成功海商集团在东亚海域拥有足够的实力,所以能够实施海上封锁,控制马尼拉和台湾,经济制裁西班牙殖民地和荷兰东印度公司,并且使得南洋群岛(现称马来群岛)东北的大洋成为中国的内湖,由此郑氏海商集团才能够主宰东亚跨国贸易秩序;从另一个角度看,正是由于郑氏海商集团主宰了东亚跨国贸易秩序,才使其拥有足够的贸易利润,得以经营其明郑政权,整合零散的海上华人社会群体,使得明清中国海洋社会权力延伸到分别被清朝与荷兰占领的台湾海峡两岸沿海地区乃至整个南洋区域,最后中国海权力量光复了台湾岛,形成对抗清朝、挑战外洋的合力。历史的想象是在德不在险,历史的真相是在险不在德。

然而彼时稚嫩的、零散的中国沿海海权力量还不足以获取足够的资源去对抗大陆儒家地主士绅阶级权力旋转门,更不足以对付挟其全球性体系力量而来的西方殖民势力。明朝朝廷最后扑灭了王直海商集团的武装斗争,及明郑海权力量北上攻略南京失败,都清楚表明了王直、明郑等中国沿海海权力量并不具备两百年后英国海权势力来到中国后所具有的火力优势。清朝的海禁政策,与西方列强的联合绞杀,最后摧毁了明郑政权生存与发展的根基。1662 年(永历十六年,清康熙元年),郑成功病逝;1683 年,明郑政权最终向清朝投降,剃发易服。至此,明代中国沿海商业社会和海上华人社会所孕育出的"野生"资本主义萌芽被完全消灭。

由此引出晚明盛世危机的另外一个源头。那就是明朝在彼时以海权

---

① 郑以灵:《浅论郑芝龙的海上商业活动》,《史学集刊》1996 年第 1 期,第 29—33 页。
② 林开明汇编:《福建航运史:古、近代部分》,人民交通出版社 1994 年版,第 196 页。

争霸为主轴的国际地缘政治斗争格局中完全丧失了存在感,进而导致明朝既没有意识,更没有能力实施重商主义的战略性经济国策,从而无法保护明朝手工业在国际市场价值链中的领先地位,更加无法保护明朝商业资本的海外利益,即明朝无法以地缘政治博弈和重商主义的战略性经济国策来塑造有利于明朝的国际价值空间分布。

是的,地缘政治和国家战略性重商主义经济政策对于价值在国际的空间分布具有决定性的规训作用。如前所述,根据原教旨主义的自由贸易和比较优势理论,明代中国既然丝织业、棉纺业、制瓷业具有比较优势,那么在国际贸易中,中国就应当专注于手工业制成品的生产制造,而其他国家则应当为中国手工制造业提供原材料,比如生丝、棉花等。可是这样做的结果,必然是中国占据国际分工价值链的顶端,获取最大份额的利润,而这一点是西方列强所不愿意看到的。西方列强只有在自由贸易、比较优势理论对自己有利的时候才强调自由贸易,鼓吹按照比较优势来配置产业;而当自由贸易、比较优势对它们不利的时候,它们就会采取关税壁垒等战略贸易政策来打击竞争对手的制造业而扶持自己的制造业,甚至采用战争和屠杀的方式来打击竞争对手,获取有利于自己的专属产品销售市场、原料来源地和投资场所。而对大宗商品的远距离贸易来说,利润主要来源于产地与销地的利润差价。一旦西方国家通过惩罚性关税剥夺外国商人的利润,或者用军事力量垄断商路与销售市场,则竞争国商人很容易在国际市场上失去竞争力。一旦西方列强用这一手段来打击中国的制造业和海外贸易,而明清朝廷对此竟一无所知,则中国的制造业就要从国际分工的价值链上跌落尘埃,海外贸易也就要跟着失去攫取主要利润的能力[①]。

---

① 王涛:《明清海盗(海商)的兴衰:基于全球经济发展的视角》,社会科学文献出版社2016年版,第215—236、259—265页。

明朝既没有动力，也没有能力保护本国商业资本的海外利益，西方殖民者只要在亚洲占据几个主要贸易中转口岸，然后垄断海上贸易商路，等着中国商人将产品卖给他们，这样哪怕中国商人在商品上具有绝对竞争优势，也不得不在海外跨国贸易中处处受制于西方商人。

以所谓"马尼拉大帆船贸易"为例，由于得不到明朝朝廷的支持，反而处处掣肘，中国商人空有商品竞争力优势，却始终被局限在中国与马尼拉之间，依附于西方资本所主导的西欧—东亚—西属美洲三角贸易大循环体系当中，在这个体系中，马尼拉只不过是一个转口港，这就使中国商人仅仅取得整体贸易利润中的一小部分；与此同时，中国廉价商品畅销欧美，却可以使经营马尼拉大帆船贸易的西班牙殖民者获得高额利润。中国商人把丝绸从漳州月港贩卖到马尼拉，盈利不过一两倍，而西班牙人从丝绸贸易中获得的利润有10倍之多。经马尼拉殖民当局调查，1620—1621年，马尼拉生丝价格约为每担200比索（1比索约合0.72两白银），广州缎子每匹5比索，织锦每匹4比索，而在秘鲁殖民地首府利马，生丝价格约为每担1950比索、广州缎子每匹50比索、织锦每匹40比索①；同样的商品，在利马的售价比马尼拉高10倍②。而这部分暴利，不掌握太平洋制海权、不统治美洲殖民地的中国商人是肯定赚不到的。

而就是这一点点利润空间，马尼拉的西班牙殖民当局也不愿意让华商吃得太多。马尼拉殖民当局对中国商人及其商船征收的税率在不断上升。1581年，中国商船入港所需缴纳的所谓"系船税"改为按照吨位征收，每吨征收12比索，税额大幅度提高。同年还开征了所谓"三分

---

① 王涛：《明清海盗（海商）的兴衰：基于全球经济发展的视角》，社会科学文献出版社2016年版，第221页。
② E. H. Blair and J. A. Robertson, *The Philippine Island 1493-1898*, Vol. 19, 1904, pp. 304–306.

税",即对中国进口货物按照货值征收 3% 的关税。1606 年,税率进一步提升至 6%①。此外,马尼拉的西班牙殖民当局还于 1589 年组织了一个西班牙商人的贸易辛迪加,以集体谈判、统购统销的方式来收购中国货物。这种垄断贸易制度使得西班牙殖民商人进一步攫取了马尼拉商品市场上的定价权,可以任意压低中国商品价格,对中国商人予取予求。如果遭到这种欺凌的是英国商人,他们会组成商团武装奋起反抗,甚至鼓动英国政府派出皇家海军为他们扫清障碍,争夺殖民地的统治权;可是中国商人背后没有议会,没有"皇家海军",甚至明朝的儒家清流们还要将其诬为"海盗",必欲绞杀之而后快。

明代中国不参加海权争霸的地缘政治,也就放弃了对于国际价值链和贸易的控制权,导致了中国在出口商品时只能被动适应西方的需求,结果便是"大明制造"在国际分工产业链中的地位逐渐下降,中国出口的商品由丝织品和瓷器等手工业制成品,退化成了茶叶和生丝等原物料,也就是从资本、技术密集型产业退化为土地、劳动密集型产业,明代中国也从一个制造业发达的世界体系中心国家逐渐衰落为提供原材料的体系边缘国家。

而作为一个世界体系的边缘国家,经济、政治和社会结构都是异常脆弱的,极易受到来自体系中心和其他地区剧变的影响,且往往承受最大的痛苦,付出最大的代价。1618 年,欧洲三十年战争爆发,天主教世界与基督教新教文明之间的战争一直持续到 1648 年,其间欧洲本土遭受巨大破坏,欧洲与美洲新大陆之间的大西洋贸易几乎停摆,连带美洲与东亚之间的马尼拉大帆船贸易也出现停滞,欧洲白银暂停流向中国;同一年,努尔哈赤发布"七大恨"告天起兵反明;1633 年,

---

① 全汉昇:《明季中国与菲律宾间的贸易》,《中国文化研究所学报》1968 年第 9 期,第 27—44 页。

日本幕府发布锁国令，禁止白银出口，从此日本白银也不再流向中国；1639年，华商在马尼拉遭受屠杀，马尼拉大帆船贸易遭受沉重打击；1641年，新教荷兰殖民者打败天主教葡萄牙殖民者，征服了马六甲，切断了中国澳门与印度洋之间的交通，中国输入白银的澳门通道被关闭。已经白银化的中国经济突然再度陷入通货紧缩的可怕泥沼①②③。据艾维四教授（William S. Atwell）《论白银、外贸和明末经济》一文提供的资料，正常年景松江市场棉花价格为3—4两白银一担，但1642—1644年每担棉花的价格只有0.5—0.6两白银，等于正常年景的1/8左右④。没有白银，明朝财政濒临崩溃。

更加糟糕的是，明朝朝廷也无法冲破势要权豪、官绅士人所结成的权力旋转门体系，这些人把持朝政，操控地方权力机构，甚至垄断了话语权，他们手里集中了天下的土地，垄断了海外贸易的几乎全部利润，还享有免税特权，而朝廷要向他们征税那是万万不可能的；朝廷一旦征税，他们就宣称朝廷是在"与民争利"，祖宗之法不可变，"天子与士人共天下"。一旦西方白银停止流向中国，百业萧条，朝廷征税能力就大幅下降，而边患与日俱增，即将国将不国，天启帝只得任用魏忠贤以特务政治的黑社会手段从势要权豪、官宦士绅手中榨取经济剩余，尽力支撑国用；然而特务政治、勒索财政如何能够持久？魏忠贤派东厂番子去苏州收商税，还要被东南势要权豪暴力抗税围攻；不仅暴力抗税，东南

---

① William S. Atwell, "Some Observations on the Seventeenth-Century Crisis in China and Japan", *The Journal of Asian Studies*, 1986, 45(2), pp. 223–244.
② William S. Atwell, "Another Look at Silver Imports into China, ca. 1635-1644", *Journal of World History*, 2005, 16(4), pp. 467–489.
③ L. Sun et al, "Global circulation of silver between Ming - Qing China and the Americas: Combining historical texts and scientific analyses", *Archaeometry*, 2021, 63(3), pp. 627–640.
④ William S. Atwell, "Notes on Silver, Foreign Trade and the Late Ming Economy", *Late Imperial China*, 1977, 3(8), pp. 1–33.

士绅还写了个《五人墓碑记》，传颂至今，杀人诛心。到了崇祯登基后，只得诛杀魏忠贤，铲除阉党，重用东林清流。这下倒是众正盈朝了，可是为国库搞钱的脏活儿累活儿就更加没人干了。此时，九边明军再也拿不到饷银了，而关外后金政权正虎视眈眈。

其实明朝的财政困局也不是绝对无解，势要权豪、官宦士绅尾大不掉，向他们征税是征不到的，可是向他们借钱，许之以利息，还是可以借到钱的。本来明朝还用"盐引"这种特殊国家公债，还有盐引二级交易市场，只要加以引导，发展为国家战争公债市场，用债务融资解决财政危机，也不是全无可能；怎奈，万历四十五年（公元1617年），朝廷废除了盐引制度，改用纲盐法①，其实也就是朝廷指定固定的盐商家族垄断食盐运销，盐引没有了，盐引二级交易市场也自然消亡了；而在当时的历史条件下，也很难想象明朝朝廷会跑去荷兰阿姆斯特丹资本市场发行"大明抵抗后金特别战争公债"；于是，明朝唯一的金融杠杆融资渠道就此也被关上了。

明朝既不掌握海外殖民地，不控制贵金属的直接供应，也不能以重商主义的战略性经济国策扩大本国的贸易利润，还不能用金融工具和资本市场撬动本国资源，更不能通过政治改革，从势要权豪、官宦士绅手里征税，则其落入财政危机的陷阱不能自拔，乃至在内忧外患的打击下灭亡，实在是可以预见的。

1644年，清兵入关，剃发易服，神州陆沉。只留下顾诚先生一部《南明史》，汗青之上飘荡着那些苦难、挣扎、牺牲、屠杀、殉国、殉道，令人不忍卒读。最后附录梁启超先生《中国殖民八大伟人传》②，是为纪。

---

① 陈昆：《从扶助之手到掠夺之手：盐引与明代金融市场》，《制度经济学研究》2015年第4期，第41—66页。
② 《梁启超全集》，北京出版社1999年版，第1366—1368页。

拓展阅读：中国殖民八大伟人传

梁启超

（清光绪三十一年）

一民族所崇拜之人物，各有其类，观其类而其民族之精神可见也。吾友观云尝著一论，题曰《几多古人之复活》。吾睊睊思焉，我先民之畸行雄略，受压于畴昔奄奄龊龊之时代精神以下枉死者何限。拨潜阐幽，非后起者之责而谁责也？作《中国殖民八大伟人传》。

一、三佛齐国王梁道明。王，广东南海人也，三佛齐在苏门答剌岛之南端，与爪哇岛西端相接，今为荷兰属地。自梁天监、唐天祐、宋太平兴国间，屡通中国。洪武中叶，爪哇来侵，旧王朝亡，国大乱。时闽粤人旅于佛者已千数。王乃号召部勒之，保国之北境，与爪哇相距，爪哇终不能有也。不十年，闽粤军民泛海从之者数万人。永乐三年，明成祖以行人谭胜受与王同邑，命偕千户杨信等赍敕招之。王乃与其臣郑伯可入朝，贡方物。有陈祖义者，亦粤人，本海盗，王抚之，使为旧港头目。而祖义盗行未改，郑和从好望角回航归国，祖义谋要之，事泄被戮，自此与上国绝。（据《明史》）

二、三佛齐国王张琏。王，广东饶平人也。本剧盗，明嘉靖末作乱，蹂躏广东、江西、福建三省，势极猖獗。合三省会剿，调兵二十余万，凡三年乃平之。官军报捷，谓已获渠魁就戮。万历五年，有商人诣旧港者，问其王，则琏也。盖败后潜逃，复以力据有此国云。旧港即三佛齐，爪哇灭佛时，更此名。故外至者两称之，自梁王距张王凡百余年，张氏果取诸梁氏欤？抑梁张之间，更有他姓欤？不可考也。（据《明史》及《明通鉴》）

三、婆罗国王某。王，福建人，佚其姓名。明万历间，始王此地，即今之婆罗洲也。或言郑和使婆罗，有闽人从之，因留居焉，后嗣遂据有其国。有金印一，篆文上作兽形，言永乐朝所赐。民间嫁娶，必请此印印背上以为荣。后佛朗机举兵来击，王率国人走入山谷中，放药水流出，毒杀其人无算。王得返国，佛朗机遂犯吕宋。（据《明史》。按：此所谓佛朗机者实西班牙，《明史》误也）

四、爪哇顺塔国王某。王，广东人，佚其姓名。国于爪哇岛北端之海滨，有地方三百余里，最饶富，中华及诸蕃商舶辐辏焉。永乐九年，自遣使贡方物。（据《明史》）

五、暹罗国王郑昭。王，广东潮州人也。随父流寓暹罗，仕焉，位至宰相。暹罗与缅甸密迩，世为仇雠。前明永历中，李定国尝遣部将江国泰约暹攻缅，共分其地，会吴三桂弑永历，事乃寝。以是缅人益憾暹。乾隆三十六年，缅王孟驳遂攻暹，灭之，前王遗族悉歼焉。王时已罢相，居南部，年五十余矣。国变后，乃卧薪尝胆，阴结国人图光复。乾隆四十三年，遂起义，与缅人三战，三破之，尽复故地，暹民戴为王。明年，复大举征缅，破之。时缅方与中国交兵，前此一切饷源，半取诸暹，至是益窘蹙。乾隆征缅之役，所以卒获奏凯者，王犄角之功最高云。乾隆五十年薨，传位于其婿华策格里。华氏者，暹罗土人，王早年之养子，而复以女妻之者也。以骁勇著，建国时战功第一，王无子，故袭位焉。五十一年，遣使北京告丧，表文称郑华，即华策格里。以子婿袭先王姓，而以本名之首字译音为名也。于是册封华为暹罗国王，传至今未替焉。中国伦理，重父系不重母亲。《春秋》书莒人灭鄫，谓以甥继舅也。故近人皆称现今暹罗王统为非郑氏后（人多知暹今王为华策格里之后，因其不复姓郑，故谓郑氏已斩，不知华策格里即郑华也。吾以西史参合中史校其年代及事实乃知之）。虽然，今英皇爱华德第七，非前皇维廉第四之子也。而史家犹谓之为亨诺华朝王统，不曰易姓。然则谓暹罗今日非郑氏王统，安可得也（郑华之后昭昭甚明，郑华为郑昭子则见于官书也）。呜呼！孰知我黄帝子孙在祖国，虽无复寸土，而犹有作蛮夷大长于海外，传百余岁而未艾者耶。太史公作《越世家》，称禹之明德远矣。吾观于郑王，吾不知悲喜之何从也。（据魏源著《圣武记》，日本北村三郎著《暹罗史》，久保得二著《东洋历史大辞典》）

六、戴燕国王吴元盛。王，广东嘉应人也。戴燕在婆罗洲，乾隆末，王与土蛮战，破之，王焉。事迹无考。（据口碑）

七、昆甸国王罗大。王，广东嘉应人也。昆甸亦在婆罗洲。乾嘉间，王与土蛮战，破之，王焉。事迹无考。（据口碑）

八、英属海峡殖民地开辟者叶来。叶君，广东嘉应人也。初，嘉庆二十四年，英人始以资购新加坡一港于柔佛，是为英国在南洋海峡初得势力之始。然仅列廛海岸，未敢深入也。时我华人以采锡之利，相率营矿业于今新加坡槟榔屿一带，麇聚者日众，与土蛮时有冲突。嘉庆末，柔佛王下令逐华人。时叶君之族在柔佛者三百人，乃议与之抗战，推君为统帅。初战胜之，知其必将报复也，乃更遣子弟归嘉应，购军械，募义勇。叶氏举族万余人，皆渡海助战，而邻近村落应之者亦多。他邑之流寓其地者皆从，凡血战八年，卒定柔佛全境。已而槟榔屿复与土蛮冲突，乞援于君，君复提师助之。三年，遂定槟榔。凡所得者皆蛮王地，与英人通商口岸，不相属也。而英势骎骎东渐，旭日方升，怵我军威，如鲠在喉，以威相恫喝，以利相诱胁。彼有强大之政府以盾其后，而我方严海禁，出疆者以海贼论，安望其一为援手也。君知不可敌，不得已乃以领土主权归诸英，而仅自保其土地所有权，纳租税于英政府。至今叶氏犹为彼中望族云。其后同治末叶，粤人有至沙剌我国属之吉陇镇采矿者，沙王阻焉。光绪元年，粤人与战，大胜之。俘其王，主动者姓名不可考，盖亦籍嘉应云。沙剌我本自主部落，至是英人乘华人之胜，遽置吏于吉陇，尽夺故王地，以法部勒我华人，华人亦安焉。（据口碑）

〔附〕菲律宾寓侠潘和五。和五，闽人也。闽邻菲律宾，元明之交，吾民负贩其地者已数万，置田园长子孙焉。西班牙既据菲，虑华人众为变，多逐之归，留者悉被侵辱。永乐二十一年，班酋，即雷氏侵满剌加，役华人助战，和五为其哨官。班人日酣卧，令华人操舟，稍怠辄鞭挞，有至死者。和五曰："叛死，箠死，等死耳。否亦战死，曷若刺杀此酋以救死。胜则扬帆归，不胜，死未晚也。"众然之，乃夜刺杀即雷，持其首大呼。诸蛮惊乱，不知所为，悉被刃，或落水死，乃尽收其金宝甲仗，驾舟归。（据《明史》。原文西班牙作佛朗机，菲律宾作吕宋，满剌加作美洛居。今为更正）

第二章 海陆相克

新史氏曰：我国有不世出之英雄郑延平，凭借无置锥之地，而能夺四万方里之台湾于当时炙手可热的荷兰人之手，传子孙三世，延将斩之明祀四十余年。而卒后迄今数世纪，称道者绝希焉。直至最近数年间，其人物之价值，始渐发见。然则梁道明等八人，不见称于后世，又何怪焉。日本有一山田长政，不过曾为暹罗相耳，而日人尸祝之歌舞之，记其行谊，绘其战迹，被以诗歌，演以说部，不可胜述。谓得一人足以光国史也。以之比我郑昭何如？以之比我梁道明、叶来何如？呜呼！以吾所述八君子者，以泰西史上人物校之，非摩西则哥伦布、立温斯敦也，否则亦克雷武、维廉·滨也。而试问四万万国民中，能言八君子之事业者几人？岂惟事业，即姓氏亦莫或闻知也。吾偶读《明史·外国传》，见三佛齐、婆罗、爪哇之四王，吾惊喜欷歔，不知所云。始叹吾国有此伟大之人物，乃葬埋诸沉沉蠹简之中，而其间二人者，乃至并不得以姓氏表见于后世也。吾滋愤，吾滋惧，吾滋惭，乃急益以所闻最近百年间四君子之事著是篇焉。虽然，吾传八人而寥寥不及二千言，吾不敢于所有资料之外，铺张焉以诬先民。而前史之成文与故老之口碑，乃于此区区者之外而莫余畀，使我对于前贤满胸膜拜之诚。竟不克自献也，是乃深可悲也（叶氏之事，去今未远，乡人当尚有能言之者，若赐邮教岂胜大愿）。"郁郁涧底松，离离山上苗。以彼径寸茎，荫此百尺条。世胄蹑高位，英俊沉下僚。地势使之然，由来非一朝。"岂惟利达，即名誉其亦如是也。夫名誉何足以为古人轻重，然国民失其崇拜英雄之性，而国遂不可问；国民误其崇拜英雄之途，而国遂更不可问。八君子之见摈于中国历史，其毋乃即中国民族见摈于今日生存竞争界之表征也。吾述此，吾有余痛焉耳。潘和五不足语于殖民事业，抑其义侠智勇，有足多者焉，冀附于八君子后传之。

新史氏又曰：吾草此传已，吾于时代精神一感情之外，更有三种感情萦于吾脑。一曰海事思想与国民元气之关系也。九人之中（并潘和五），粤人七而闽人二也，自今以往，吾国若犹有能扩张其帝国主义以对外之一日，则彼两省人，其犹可用也。而其他沿海诸省乃至腹地诸省，亦何遽多让，在养之而已。以今日美国海权之发达，其所用者又岂专在两洋岸也。二曰殖民事业与政府奖励之关系也。列强殖民，莫不以政府之力直接间接奖励之，我国则如秦越人之相视肥瘠，甚或极诸其所往焉。夫是以虽有健者，终以援绝而败也。近数十年，美、澳、非洲诸华侨之惨状，其恶因皆坐是也。三曰政治能力与国际竞争之关系也。我先民前此不借政府之力，尚能于辟诸国，或传诸子孙，及一旦与文明强有力之国相遇，遂不得不贴服于其统治之下。叶氏之不王，以其所遇之敌，异于昔所云也。匪曰天命，人事为之也。呜呼！海以南百数十国，其民口之大部分，皆黄帝子孙，以地势论，以历史论，实天然我族之殖民地也。而今也托居彼宇者，仅得自比于牛马。呜呼！谁之罪欤，谁之罪欤？虽然，黄帝手定之山河，今且魇魇不自保，而海以南更何论哉！

第三章
鸦片战争

鸦片战争是两种文明、两个时代的直接碰撞,因为其在人类历史上所具有的标志性作用和深远历史影响,而一直为史家所津津乐道。本章通过深入解析英国及其殖民地所形成的鸦片特殊利益集团对英国外交政策的强大塑造能力,来探究鸦片战争的起源、过程和历史意义,进而指出怡和洋行、汇丰银行这样的外资工商企业和存款性金融机构在西方资本主义入侵东方的过程中所发挥的急先锋作用,揭示外资工商企业和存款性金融机构在华活动的基本运行规律和根本目的,以及近代中国民族资本、封建官僚集团中的维新派与普罗大众以各种方式对西方资本主义入侵所作的反抗,民族资本试图通过商战来抵制西方资产阶级的入侵,官僚集团中的进步派则厉行洋务运动,普罗大众则开始以更加直接的方式奋起反抗,先有太平天国,后有义和团,都沉重打击了西方列强的在华利益和势力,但由于落后生产力水平所决定的落后思想意识和理论指导,所有这些反抗都毫无例外地失败了。在甲午战争失败后,一蹶不振的清王朝也只能坐视日本踩着自己的脊梁,一跃而成为世界列强。

东印度公司与天朝的崩溃

1832年4月2日,大清帝国南部海防重镇厦门。

守卫在海湾炮台上的清军水师官兵远远地望到一艘奇怪的大帆船正缓缓地向港湾驶来,飘扬在桅杆上白底红十字的圣乔治旗隐约可见。接到报告的海防军官立刻判断这是一艘未经许可擅自闯入的夷船,于是派出水师战船进行拦截;战船上的水师官兵们在逐渐接近这艘夷船时才震惊地发现,他们的战船跟这艘夷船比,简直就是小舢板,根本无法阻止其驶入港口，只得登船晓谕夷人不得登陆，不得与本地人民交流、贸易。然而夷人对这个禁令视若无睹，照样登陆，每天分为若干小队，到城内及附近乡镇四处查视，清朝海防军官除了到处派兵跟随以外毫无办法。

这艘间谍船，属于英国东印度公司，名叫"阿美士德号"，是一艘500吨级巡洋舰。此前，位于伦敦利德贺街的东印度公司董事会做出决议，由东印度公司驻广州商馆派员从澳门出发，沿中国海岸线一路北上做间谍侦察①②。

"阿美士德号"的船长名叫礼士，船上共有70多人，其中有两个重要人物是休·汉密尔顿·林赛（Hugh Hamilton Lindsay）和郭士立：林赛是东印度公司董事会前主席休·林赛之子、广州商馆管理委员会的高级大班③，对这次行动负责；郭士立是德籍传教士兼怡和洋行代理人，在中国潜伏多年，中文讲得很流利，能以中国的方式与中国人打交道，充当阿美士德号的翻译兼医生④。

1832年2月26日，"阿美士德号"从澳门出发，途经厦门、福州、宁波、上海、威海，然后折往朝鲜，经过琉球，于同年9月5日回到澳门，完成侦察中国沿海重要口岸的任务。林赛、礼士、郭士立，从船离开澳门的时候起，就积极行动起来，他们之间的分工是这样的：礼士船长专门测量河道、河流入海口和海湾，并绘制航海图；郭士力在沿海港口一面传教，一面为人治病，以此来收买人心，诱致中国人信教并与英

---

① 张后铨：《航运史话》，社会科学文献出版社2011年版，第9—10页。
② 王垂芳：《洋商史——上海：1843—1956》，上海社会科学出版社2007年版，第153页。
③ 鸦片战争前，外国商船中的管货和处理商务的货长，依照其职务高低，分别称为大班、二班、三班，以后逐渐推广开来，成为对洋行经理的称呼。
④ 马士：《东印度公司对华贸易编年史（1635—1834年）》（第4卷），区宗华译，广东人民出版社2016年版，第372—373页。

国人合作；林赛则主持侦察活动①。

"阿美士德号"在中国沿海的间谍航行，在东印度公司的大班们看来，是完完全全成功的。在中国的海上和陆上，他们到处横冲直撞，肆无忌惮，没有受到应得的惩罚。在航行的过程中，他们不但完成了厦门、福州、宁波、上海水道的探测工作，而且对清朝统治的腐败，清军军备的废弛和落后，以及各地的经济状况，都有了十分深刻的认识。

在返回伦敦后，林赛成了英国"院外游说集团"的领军人物之一，写了一系列小册子鼓吹对华战争，其中最有名的一本小册子即冠以"发动一场对华战争是正义的吗？"之名②。林赛代表英国的对华贸易利益集团，发出了时代呼声：清朝朝廷厉行海禁极大限制了英国在远东的贸易利益；清朝朝廷还总把英国看作低人一等的蛮夷，极大损害了英国的政治利益；清朝朝廷还经常以违禁之名任意罚没英商的货物，甚至未经任何司法抗辩就抓人、关人、刑囚、杀人，给英国商人的生命和财产安全都造成了莫大的损失……这些不确定性，都给英国对华贸易的前景蒙上了厚重的阴影。

英国对华贸易利益集团认为，要解决上述问题，只需要出动皇家海军，派出一艘战列舰、两艘大型护卫舰、六艘轻型巡洋舰、三四艘武装蒸汽船，六百名水手，就能解决。除了动用这样一支远洋舰队封锁中国的海岸线之外，远征军还应该带上一架"石板印刷机"，用以印刷各种宣传手册，向中国公众广为宣传，争取中国的市民社会支持英国为争取自由贸易而发动的对华战争。

---

① 姚薇元：《论鸦片战争的直接原因——驳斥西方资产阶级反动学者的谬说》，《武汉大学学报（人文科学）》1963年第4期，第104—115页。

② 王垂芳：《洋商史——上海：1843—1956》，上海社会科学出版社2007年版，第349页。

第三章　鸦片战争

从 1715 年，英国东印度公司正式在广州设立常驻商馆①，到 1832 年"阿美士德"号事件，英国按照清廷依前明"广中事例"②创制的所谓"公行制度"与中国进行正常贸易已历时 117 年，终于开始尝试用炮舰来轰开中国市场的大门了。

由伦敦金融城银行家合股建立、英国王室参股的东印度公司本身就是一个"帝国"。根据英国议会的授权，东印度公司垄断了从好望角到麦哲伦海峡之间大半个地球的贸易，并有权在如此广大的区域之内招募军队、占有领土，在占领区域内征税、发行货币、进行立法和司法审判、宣战和缔结和约。自 1757—1763 年英国—普鲁士与法国—奥地利七年战争中打败法国东印度公司独霸印度半岛以来，英国东印度公司逐渐在包括今天巴基斯坦、孟加拉国、缅甸在内的英属印度建立起一套完备的治理和掠夺机制，1757 年以后的 58 年间，公司从英属印度一共榨取了超过 10 亿英镑③，这还不包括垄断印度贸易带来的巨额国际贸易收益。这些收益源源不断地注入伦敦金融城银行家们和英国王室的资产负债表。

然而经过一个世纪的制造业发展停滞，英国王室发现国库白银储备几乎外流殆尽，因为中国只接受用白银来结算丝茶及其他商品出口贸易。白银大量外流严重动摇了英国财政的基石。为了扭转劣势，1738 年登基的英王乔治三世授权东印度公司从英国王室的孟加拉殖民地组织大量鸦片出口到中国④。自从 1773 年，英国第一任印度总督哈斯丁（W.

---

① ［美］马士：《东印度公司对华贸易编年史（1635—1834 年）》第 1 卷，区宗华译，广东人民出版社 2016 年版，第 163 页。
② 李庆新：《明代海外贸易制度》，社会科学文献出版社 2007 年版，第 249—267 页。
③ 艾周昌、程纯：《早期殖民主义侵略史》，人民出版社 1982 年版，第 169 页。
④ 徐中约：《中国近代史（上卷）》，计秋枫、朱庆葆译，香港中文大学出版社 2001 年版，第 166 页。

Hasting）任职起，就授予东印度公司以鸦片专卖权，到美国独立战争前夕（公元1775年），官方统计的东印度公司运到中国的鸦片数量增长了20倍[①]。到1797年，英属印度殖民当局又授予东印度公司制造鸦片的特权，公司强迫印度农民种烟，在加尔各答设厂制造鸦片，并以高于成本9倍的价格公开拍卖给港脚散商[②]；然后由他们用东印度公司特许注册的港脚船，将鸦片走私进中国，转手之间获利高至两三倍，而其利润的1/3归英印殖民政府所有，再加上所谓鸦片过境税等，英印殖民当局从对华鸦片贸易中获利共占其在印度总税收的1/7[③]。

在高额利润的诱使下，唯利是图的英国鸦片资本集团千方百计地向中国倾销鸦片，售额逐年增加，到19世纪30年代，鸦片已成为英国对华贸易中的主要"商品"。以1832年为例，英国散商输入广州的货价总值为1825万元，其中鸦片占1218.5万元之多，几达总值2/3[④]。

鸦片贸易对英国具有攸关生死的极高战略价值：使英国对中国的经年累月的巨额贸易赤字变成巨额盈余，其数额足以支付英国从中国进口的茶叶和生丝、从美国和印度进口棉花、向印度出口的英国工业制成品和英国殖民统治印度的大部分行政费用[⑤]。

在整个19世纪，鸦片在国际贸易中的战略地位可与今天的石油相

[①] 庄国土：《茶叶、白银和鸦片：1750—1840年中西贸易结构》，《中国经济史研究》1995年，第64—76页。
[②] 指从事印度与中国的贸易、而不隶属于东印度公司的印度或欧洲商人；"港脚"是Country的音译。见寇茨（W. H. Coates）：《旧港脚贸易》序言。
[③] 姚薇元：《论鸦片战争的直接原因——驳斥西方资产阶级反动学者的谬说》，《武汉大学学报（人文科学）》1963年第4期，第104—115页。
[④] ［美］马士：《东印度公司对华贸易编年史（1635—1834年）》第4卷，区宗华译，广东人民出版社2016年版，第380页。
[⑤] 徐中约：《中国近代史》（第1卷），计秋枫、朱庆葆译，香港中文大学出版社2001年，第170页。

媲美，鸦片贸易是"英国在东方商业的中心枢纽"[1]。英国包括东印度公司的基本国策是，将鸦片贸易链条的一切环节——生产、销售、仓储、运输、营销渠道都牢牢地掌握在自己手中，并时刻准备以炮舰来捍卫上述链条的正常运转。

但是英国王室和伦敦金融城的鸦片政策却意想不到地在遥远的美洲新大陆激荡起了一场风暴。英国东印度公司依其贸易垄断权，从印度统购鸦片运往中国销售，再用出售鸦片所得从中国购买茶叶销往本土及海外殖民地，从中牟取暴利；英国政府更于1773年通过《救济东印度公司条例》[2]，给予东印度公司到北美殖民地销售积压茶叶的专利权，免缴高额的进口关税，只征收轻微的茶税，并明令禁止殖民地贩卖"私茶"，东印度公司因此垄断了北美殖民地的茶叶运销，激起了北美殖民地人民的强烈不满，从而引发美国独立战争；而英国当局转手就用对华鸦片贸易所得的资金来雇佣德意志黑森地区的雇佣兵，并将其派遣到北美来镇压美国人民起义。如果没有中国的鸦片红利，英国是无论如何也无力将这场跨洋战争进行8年之久的。

1783年美国独立战争结束后，为了弥补战争对英帝国财政造成的巨大漏洞，英国人暴风雨般地扩大对华鸦片出口。英国官方统计数字显示，从1801年到1820年，对华鸦片出口达到平均每年5000箱。1830—1831年间，鸦片贸易的数字增长了近3倍，达到18956箱，到1836年更达到惊人的30000箱。根据中英两国的政府档案，1829—1840年，流入中国的银元有700万元，而流出中国的银元达到空前的

---

[1] ［美］威廉·恩道尔：《金融海啸：一场新鸦片战争》，顾秀林、陈建明译，知识产权出版社2009年版，第6页。
[2] 黄绍湘：《美国通史简编》，人民出版社1979年版，第50页。

5600万元①；从1567年明穆宗隆庆元年宣布开放"银禁"与"海禁"，实际上废除在元代以来的信用纸币制度，通过海外贸易最终把朝廷"印钞机"从北京的户部衙门实际转移到拉丁美洲的矿山，转而实行银本位以来，中国的货币体系第一次遭到西方国际资本有预谋、有组织的纵深打击，濒临财政崩溃。

而每年从中国外流的天量白银则极大地助推了英国工业革命蓬勃发展。英国工业革命的起点是纺织业，纺织业是英国的核心战略产业，纺织业所需的基本原料是棉花，当时英国工业用棉主要从美国南方各州进口，英国对当地奴隶制种植园的棉花种植业大力提供融资支持，而鸦片贸易是英国棉花需求链条的关键一环。英国公司将购买来的棉花运往利物浦，然后再从那里分销到英格兰北部的各个纺织厂，制成品则远销印度，印度则将鸦片出口到中国换取白银支付从英国进口的纺织品②。

正如当时一名英国鸦片贩子在其撰写的一本小册子《鸦片》中所言："多年以来，东印度公司从鸦片贸易上获得巨额收入，这种收入使英国政府和国家在政治上和财政上获得无法计算的好处：英国和中国之间的贸易差额情况有利于英国，使印度对英国制造品的消费量增加了十倍；这直接支持了英国在东方的巨大统治机构，支应英王陛下在印度的机关超费；用茶叶作为汇划资金和交流物资的手段，又使大量的收入流入英国国库，而且用不着使印度贫困就给英国每年带来六百万镑。因此，东印度公司就尽其力之所能来推广鸦片贸易。②"

简而言之，没有中国对于鸦片的需求，英国全球贸易的基础架构就

---

① 蒋廷黻:《中国近代史》，商务印书馆2013年版，第10页。
② 马士:《中华帝国对外关系史》（第一卷），张汇文等译，上海书店出版社2006年版，第91—92页。
② ［英］格林堡:《鸦片战争前中英通商史》，康成译，商务印书馆1964年版，第97页。

会塌陷；不唯如此，整个英国在东方殖民统治的根基都会发生动摇。东印度公司的对华鸦片贸易实在是英国生存发展的生命线。

东印度公司的鸦片贸易遵循着一套严密的体系[①]：首先东印度公司确立在英属印度殖民地的鸦片垄断权，对印度和孟加拉的鸦片实行统购统销，但是严禁公司旗下商船参与鸦片贸易，只开放加尔各答一口集中进行鸦片拍卖，并授权与公司有关系的所谓"自由商人"（Free Merchant，或称"散商"）进行鸦片贸易[②][③]，同时公司在广州开设常驻管理委员会，管理委员会成员称"大班"（Supercargo），对所有对华贸易进行统一管理。这个管理委员会同时又充当全部对华贸易的"中央银行"，一切对华贸易款项汇兑均必须由它经手，并对散商提供信贷支持，后期甚至也对他们的生意伙伴——广州十三行进行信贷支持；散商的对华贸易所得，包括出售鸦片所得款项必须全部存到该委员会下设的银库，并由该委员会签发相应的伦敦汇票和印度、孟加拉票据[④][⑤]；公司再用库存白银在中国套购丝、茶等大宗商品外销，中国丝茶的专卖权也在东印度公司手中。

1832年（道光十二年），东印度公司的对华贸易垄断权被英国国会取消以后[⑥]，伦敦金融城背书的所谓"散商"（即东印度公司系统之外的

[①] ［英］格林堡：《鸦片战争前中英通商史》，康成译，商务印书馆1964年版，第18—37页。
[②] 潘毅、刘芳：《散商与英国东印度公司及其大班委员会的关系——以广州口岸为视角》，《凯里学院学报》2018年第4期，第33—36页。
[③] ［英］格林堡：《鸦片战争前中英通商史》，康成译，商务印书馆1964年版，第10、13页。
[④] ［美］马士：《东印度公司对华贸易编年史（1635—1834年）》（第3卷），区宗华译，广东人民出版社2016年版，第376页。
[⑤] ［英］格林堡：《鸦片战争前中英通商史》，康成译，商务印书馆1964年版，第11页。
[⑥] 徐中约：《中国近代史》（第1卷），计秋枫、朱庆葆译，香港中文大学出版社2001年版，第170页。

自由商人）体系迅速填补真空。在后东印度公司时代最初的 20 年里，鸦片贸易的佼佼者是怡和洋行、宝顺洋行和旗昌洋行。

分布式鸦片帝国

怡和洋行由两位苏格兰散商渣甸（Jardine）和马地臣（Matheson）合伙建立于 1832 年 7 月，专事鸦片贸易[①]，而早在当年 2 月，号称欧洲"第六强权"[②]的巴林兄弟银行即向这二人融资 5 万美元助其成事；两年之后，即东印度公司结束对华贸易垄断权的 1834 年，怡和洋行又成为罗斯柴尔德家族在远东鸦片贸易的代理人。这是伦敦金融城最强大的两支力量，有了它们的融资支持，怡和洋行迅速成为远东的"洋行之王"，在东印度公司对华贸易垄断被废除后的 20 年间，成为最大的鸦片贸易商。

最能说明怡和洋行在整个对华鸦片贸易中的至尊地位的，是 1839 年的虎门销烟。当时在华鸦片商贩一共上缴鸦片 19187 箱又 2119 袋，总重量 2376254 斤，其中怡和洋行一家就上缴了 7000 箱，占总量的 1/3[③]。到 1841 年，怡和洋行有 19 艘洲际快速帆船，其主要竞争对手宝顺洋行则有 13 艘。两家洋行几乎垄断了从印度到中国的主要航线[④]。怡和洋行还拥有数百艘小船、帆船和走私小艇，从事沿海和上游走私，其

[①] 冯邦彦：《香港英资财团（1841—2019）》，香港三联书店 2019 年版，第 11 页。
[②] 凭借曾经强大的融资和社会活动能力，金融业务遍及全球的巴林家族曾被法国首相誉为欧洲的第六强权。
[③] 牟安世：《鸦片战争》，上海人民出版社 1982 年版，第 124 页。
[④] ［法］勒费窝：《怡和洋行：1842—1895 年在华活动概述》，陈曾年、乐嘉书译，上海社会科学院出版社 1986 年版，第 8—9 页。

贸易范围包括从印度走私鸦片到中国；从菲律宾进口香料和糖；将中国的茶叶和丝绸贩卖到英国，处理货物包装和货物保险，出租船坞和仓库，办理货运票据和保险，提供进出口信贷，以及经营众多商业贸易航线。

宝顺洋行当家人正是臭名昭著的大鸦片贩子颠地，中国人应该都对这个名字恨入骨髓，然而这家洋行的历史却鲜为人知：宝顺洋行的创建者，正是巴林银行家族的开创者、老弗朗西斯·巴林在东印度公司的代表——其爱子乔治·巴林。早在1811年，乔治·巴林就奉父命来华建立对华直接贸易通道，于是就有了建立于广州的巴林洋行（Baring & Co.）[1]，后来因为直接从事鸦片生意有损巴林家族金融城头号银行家族的"名誉"，乔治·巴林只得退居幕后，由颠地全面代理在华业务，而颠地也"不辱使命"，将巴林家的鸦片生意做得有声有色，成为仅次于怡和洋行的第二大鸦片贩子。

旗昌洋行则是19世纪东亚地区最著名的美资公司，1818年由塞缪尔·罗素创办于广州，从事广州至波士顿的跨国贸易，早期主要的经营项目是茶叶、生丝和鸦片，主要贸易伙伴是广州十三行的旗舰行——怡和行的老板伍秉鉴[2]。旗昌洋行与巴林兄弟银行渊源颇深[3]：洋行大班罗素·斯特吉斯后来成为伦敦巴林兄弟公司的高级合伙人；高级合伙人约翰·默里·福布斯，是2004年美国总统候选人约翰·福布斯·克里的外曾祖父，他一直充当巴林兄弟公司在美国的代理人；洋行业务主任小沃伦·德拉诺是富兰克林·罗斯福总统的外祖父；洋行老板塞缪尔·罗

---

[1] 冯邦彦：《香港英资财团（1841—2019）》，香港三联书店2019年版，第12页。
[2] 冯邦彦：《香港英资财团（1841—2019）》，香港三联书店2019年版，第13页。
[3] 聂宝璋：《中国近代航运史资料》，上海人民出版社1983年版，第28页。

素的堂弟威廉·亨廷顿·罗素在耶鲁大学创建了秘密精英结社骷髅会[1]。此外波士顿的几大银行家族也都投资入股旗昌洋行的飞剪船鸦片贸易，旗昌洋行的一些合伙人也通过鸦片贸易跻身波士顿大家族之列。中国的鸦片贸易所带来的丰厚红利滋养着这些波士顿东海岸银行家族，帮助日后波士顿财团和罗斯福家族政治时代最终形成，塑造了此后几代美国人的经济和政治生活。

三大洋行合在一起，在中国鸦片贸易额中占据一半的份额，且都与伦敦金融城大银行家族关系密切，是后者在中国鸦片贸易的爪牙，英国金融资本正是通过这些爪牙，在鸦片战争前后20年里，几乎控制了整个对华鸦片贸易——因而也就控制了英帝国生死攸关的金融命脉。

伦敦金融城通过东印度公司和英国在华散商贸易体系在清朝也建立了一套不为人所知却卓有成效的地下营销体系，这个体系由四部分组成：传教士、天地会（三合会）、行商、清朝官僚，这套体系日后影响了近代中国发展的历史进程。西方侵略东方，一贯遵循先用《圣经》，再用商品，最后用大炮的标准程序，在中国更是玩得炉火纯青。

传教士在中国一方面通过传教进行精神侵略，麻痹中国人民的精神；另一方面结交权贵和三教九流，刺探中国社会、经济、军事等各方面情报，进行鸦片走私。可以说传教士走到哪里，东印度公司的情报网络和鸦片经销渠道就铺到哪里，曾参加"阿美士德号"间谍行动的普鲁士籍传教士郭士立就是他们的代表人物。在怡和洋行开办的第二年，也就是1833年，怡和洋行大班渣甸就指使郭士立乘船北上京津、辽东，售卖鸦片价值53000英镑[2]。教会后续发展，以建立近代教会学校、医院、

---

[1] Alexandra Robbins, *Secrets of the Tomb: Skull and Bones, the Ivy League, and the Hidden Paths of Power*, Boston: Little, Brown, 2002, p. 82.

[2] 邵雍：《中国近代贩毒史》，上海社会科学院出版社2017年版，第10页。

媒体为主，逐渐成为控制中国人民精神生活、塑造亲西方中国社会精英阶层的重要力量。

三合会本是以"反清复明"为宗旨的中国民间秘密结社，然而在19世纪初西风初渐的两广地区，会党中人一旦遇到更先进的西方宗教意识形态，即被耶稣会和英格兰教会传教士所精神俘获，而且两广地区天地会的反清革命行动，需要大规模融资支持，于是会党兄弟经教会中介，纷纷加入东印度公司和英国散商的对华鸦片贸易，成为广东沿海鸦片走私的主力①。

美籍华裔历史学家徐中约在他的《中国近代史1600—2000：中国的奋斗》中指出，清朝国内地方势力"从事鸦片交易的机构称之为'窑口'，通常拥有二万到一百万不等的资金。他们与行商在外国商馆中付清购买鸦片的货款，然后驾驶航速极快的小型'走私艇'，到停泊在伶仃岛的外国'趸船'上提货，这些走私艇也被叫作'快蟹'和'扒笼'（即'快蟹'，是全副武装的四十桨船，船上是一伙凶恶的疍家水手）。这些船艇全副武装，由六七十个水手划桨，每边有二十来支橹桨，其航速令人吃惊。1831年时，有一二百艘这种走私艇穿梭于广州周围水域。鸦片从广州向西运往广西和贵州，向东运往福建，向北运往江西、安徽、河南甚至远达陕西。鸦片贩子经常与黑道，即秘密会社及土匪结交，也与山西钱商们保持联系，以便转拆资金"②。

由此，到了道光时期，以广东为根据地的鸦片走私，已逐渐形成了由洋商鸦片趸船、华商快蟹、窑口，以及以会党骨干分子充当的内地鸦

---

① 邵雍：《中国近代贩毒史》，上海社会科学院出版社2017年版，第21页。
② ［美］徐中约：《中国近代史》（第一卷），计秋枫、朱庆葆译，香港中文大学出版社2001年版，第166页。

片商人等共同构成的庞大复杂的地下网络体系①。

费正清也在《剑桥晚清中国史》中写道:"数十个中国批发商(窑口)在广州从港脚行号(英国散商)办事员处买得执照,然后在设防的趸船上用执照换鸦片,再用'扒笼'把鸦片运走。这些船只或夺路而行,或行贿买路进入内河,驶抵由匪徒和三合会经管的陆路批发站。"②

三合会接手后,"或代为护送船只,或代为之送各地销售,通同分肥"③。原广西天地会首领之一,后任太平军镇江主帅的罗大纲早年也与广州奥立芬洋行的股东"景公"(C. W. King)合作贩卖过鸦片④。领导1853年上海小刀会起义的上海小刀会首领、广东人刘丽川曾在上海小东门经营烟片馆⑤,小刀会其他头领如"闽人陈阿林、林阿福、陈阿六、李仙云等,粤人则李少卿、李爽轩,平素皆卖烟聚赌,刁悍不法,广结党羽,无籍游民多附之"⑥,依附小刀会的游民们则往往"兴贩鸦片,遇事生风"⑦,甚至"以护送鸦片烟土为业,嗜利好争,动辄纠众,械斗拒捕,瞀不畏死"⑧。

以反清为宗旨的三合会、天地会、小刀会等,通过参与鸦片贸易网

---

① 陈国灿、潘世达:《"窑口"与清道光前期的鸦片走私》,《浙江师范大学学报(社会科学版)》2019年第4期,第100—106页。
② 费正清:《剑桥中国晚清史》,中国社会科学出版社1985年版,第186页。
③ 中国第一历史档案馆馆藏清代军机处录副奏折:御史周春祺奏折(道光十八年十一月十四日)。转引自邵雍:《中国近代贩毒史》,上海社会科学院出版社2017年版,第23页。
④ 参见茅家琦:《太平天国对外关系史》,人民出版社1984年版,第46页。
⑤ 参见上海社会科学院历史研究所:《上海小刀会起义史料汇编》,上海人民出版社1980年版,第165页。
⑥ 上海社会科学院历史研究所:《上海小刀会起义史料汇编》,上海人民出版社1980年版,第985页。
⑦ 中国第一历史档案馆,上海师范大学历史系中国近代史研究室:《福建·上海小刀会档案史料选编》,福建人民出版社1993年版,第330页。
⑧ 中国第一历史档案馆,上海师范大学历史系中国近代史研究室:《福建·上海小刀会档案史料选编》,福建人民出版社1993年版,第1022页。

络,间接得到英国金融商业资本的财政补贴,专事破坏清朝政府的管制能力,消耗清帝国财政。

英国在华鸦片营销网络的第三根支柱是所谓"行商",即广州十三行。行商本来是朝廷授权负责对外贸易的专营机构,与外商直接打交道,既是贸易公司,又承担外交功能,同时又必须为自己的国外商业伙伴作保。在鸦片战争后,行商多转为洋行买办,是中国近代买办阶级兴起的源头。

鸦片战争前,十三行的领袖是怡和行的伍秉鉴[①];鸦片战争期间,他通过旗昌洋行的股东约翰·默里·福布斯和罗伯特·福布斯投资美国的密歇根中央铁路、柏林敦和密苏里河铁路。默里·福布斯进一步使用伍家的基金建立美国股票投资公司,包括但不限于在波士顿矿业公司的投资。19世纪初,伍秉鉴就通过曾在广州营商的印度商人尝试在印度建立其商业网络,到了19世纪30年代初,他已在印度建立了独立的贸易网络,在印度和英国经销中国的生丝和肉桂,并经常把在伦敦经销丝货所得的款项归入加尔各答的东印度公司账目中,可见伍家与东印度公司间的复杂关系。伍家还通过巴林兄弟银行在美国铁路和其他项目的投资中,收到定期的固定收益,在1858—1879年,这笔红利估计有125万美元之多。伍秉鉴在1834年约拥有2600万两银币(折约5600万美元)的财富,被认为是当时世界上最大的商业资本。鸦片战争后,公行制度被废除,伍家干脆转为怡和洋行的买办,成为中国近代买办阶层的开山鼻祖[②]。

[①] 叶显恩:《世界商业扩张时代的广州贸易(1750—1840年)》,《广东社会科学》2005年第2期,第105—112页。

[②] 参见章文钦:《从封建官商到买办商人——清代广东行商伍怡和家族剖析》(上),《近代史研究》1984年第3期,第167—197页;章文钦:《从封建官商到买办商人——清代广东行商伍怡和家族剖析》(下),《近代史研究》1984年第3期,第231—253页。

东印度公司还通过贿赂和毒瘾控制一部分清朝官僚,从中国的上层建筑着手保护和开拓鸦片贸易。东印度公司通过以天津为中心的北方鸦片贸易,对北京朝廷渗透,到鸦片战争前,已经控制了一大批清朝高官为其所用[12],包括大学士穆彰阿、直隶总督琦善、盛京将军、宗人府主事耆英,等等。马克思对此有过一段精辟论述:"英人收买中国当局,收买海关官吏和一般的官员,这就是中国人在法律上抵制鸦片的最近结果。贿赂行为和停驻黄埔的英国商船偷运来华的鸦片烟箱一同侵入了'天朝'官僚界之肺腑,并破坏了宗法制度底柱石。"[3]这一派构成后来所谓"同光中兴"时期清政府内洋务派。洋务派的曾国藩就是鸦片战争时期大学士穆彰阿的弟子,如果不是这一层关系,曾国藩是难以取得洋人信任的。

鸦片贸易不但无声地侵蚀着天朝"宗法制度的柱石",朝廷首当其冲感受到的就是社会解体和财政崩溃的危机,正如林则徐在奏疏中所言,"此祸不除,十年之后,不唯无可筹之饷,且无可用之兵",为此前景所震慑的道光皇帝终于下决心禁烟,于1839年派遣林则徐前往广东厉行禁烟。这位伟大的民族英雄,面对的是一个组织严密、财力雄厚、武装强大、意志坚定、里应外合的鸦片帝国。林则徐甫一上任,就严厉镇压地下走私贩毒网络,勒令外商上缴鸦片,要虎门销烟。但林则徐万万不会想到他面对的对手有多强大——他是在挑战整个大英帝国和伦敦金融城生死攸关的战略利益。

据清人笔记记载,就在林则徐奉旨前往广东禁烟之初,甫一离开京城,朝廷中所谓"弛烟派"首领、时任直隶总督琦善就对林则徐威逼利

---

① 贺晓东、方明:《中国禁毒大视角》,北京大学出版社1998年版,第7页。
② 范文澜:《中国近代史》(上编第一分册),上海三联书店出版社1949年版,第14页。
③ 范文澜:《中国近代史》(上册),人民出版社1947年版,第11页。

诱:"……文忠(林则徐,谥号文忠)道出直隶,遇直隶琦善,嘱文忠无启边衅。盖文忠任江臬(江苏臬司,即刑按察使司,主管一省司法)时,琦(善)为总督(两江总督),曾荐文忠,今忌文忠故言此,论似公而意则私也。文忠漫应之。"①

1839年3月10日(道光十九年正月二十五),林则徐正式抵达广州。林则徐首先参观广州越华书院,并题对联,上联:"海纳百川,有容乃大",下联:"壁立千仞,无欲则刚",随后晓谕广东华洋商人:"若鸦片一日未绝,本大臣一日不回,誓与此事相始终,断无中止之理。"②

外交官与两广总督

这个时候,英国方面对于其在华贸易关系的管理制度已经发生了重大变化。1832年之前,东印度公司合法垄断远东贸易时期,英国全部在华贸易由东印度公司驻广州商馆及其大班委员会管理③;而在1832年东印度公司的贸易领导权被国会取消之后,英国政府即任命具有外交官性质的商务监督,或者说领事常驻广州,管理在华贸易。1833年12月10日,英国国王(实际是英国内阁,具体而言是外相帕麦斯顿子爵)任命上院议员、海军军官律劳卑(William J. Napier)为驻华商务监督(Chief Superintendent of British Trade in China),另设左右副监督各一人,分别由部楼东(H. C. Plowden)和东印度公司货头委员会最后一任主席德庇

---

① 来新夏:《林则徐年谱》,上海人民出版社1985年版,第199页。
② 来新夏:《林则徐年谱新编》,南开大学出版社1997年版,第300页;中国第一历史档案馆:《鸦片战争档案史料》,上海人民出版社1987年版,第514页。
③ 黄国盛:《鸦片战争前粤海关当局与"大班"的关系及其演变》,《福建论坛(人文社会科学版)》1998年第1期,第67—72页。

时（John Francis Davis）担任①，后因部楼东未到任，德庇时便升任左副监督（第二监督），而由另一位东印度公司职员罗宾生（Sir George Best Robinson）任右副监督（第三监督）②；义律（Charles Eiliott）被任命为船务总管，掌管"与虎门口内所有英国船舶及水手相关的事务"③。义律在鸦片战争前夕已升任英国驻华商务总监督，在鸦片战争战时担任英军副统帅，实际负责前敌总指挥，战后更出任港英当局的第一任香港总督。

英国政府设立驻华常设官方机构和"在华商务监督"职位，并派出高级别贵族外交官担任此一要职，标志着中英关系的性质已发生了根本性变化。如果说东印度公司时期的中英关系还属于民间交往性质的话，那么英国政府单方面派驻高级别外交官常驻中国总领其事，实际就是要以近代主权国家之间的平等外交关系替代此前的非官方关系④。这就意味着从此中英两国贸易关系和在华英国商人获得了英国政府的官方背书和支持，意味着英国政府打算以自由贸易的原则来否定、取代清朝朝廷规定的广州十三行垄断贸易体制，更意味着英国政府决意以根植于西方文化的国际法和主权国家制度的威斯特伐利亚体系来否定进而取代东亚朝贡体系。然而清朝方面对此却浑然不觉。

1834年7月15日（道光十四年六月九日），律劳卑乘坐英国皇家海军护卫舰"安德罗曼什"号（HMS Andromanche）抵达澳门⑤，并于

---

① 参见郭廷以：《近代中国史纲》，香港中文大学出版社1979年版，第44页。
② 胡滨编译：《英国档案有关鸦片战争资料选译》（上册），中华书局1993年版，第21页。
③ ［美］徐中约：《中国近代史》（第1卷），计秋枫、朱庆葆译，香港中文大学出版社2001年版，第179页。
④ 参见［美］徐中约：《中国近代史》（第1卷），计秋枫、朱庆葆译，香港中文大学出版社2001年版，第171页。
⑤ Colin N. Crisswell, *The Taipans: Hong Kong's Merchant Princes,* Oxford: Oxford University Press, 1991, p. 45.

10日后在未征得清政府同意的情况下即行潜入广州①。

来到广州后的第二天律劳卑就派自己的副官阿斯迭（J.H.Astell）前往总督府，呈上致两广总督信函中文译本，告知清政府自己的身份和来华目的，并企图约见两广总督卢坤。律劳卑在信中说："我荣幸地通知阁下我已抵达广州。英国王室任命我为英国驻华商务总监督，被任命的还有德庇时和罗宾生，目的在于授权我们保护和促进英国在华贸易。东印度公司的贸易垄断权已中止。……我请求阁下亲自会见我和我的同事，届时我将进一步向您解释这一变化的性质。"②

本来按照明清两朝的外贸管理制度，西洋商人在华贸易必须通过广州十三行的中国行商中介和担保，中国官府也仅仅通过十三行中介的方式与洋商打交道，绝不直接与洋商往来，甚至对洋商征税也由行商代劳。然而这次律劳卑绕过广州十三行，直接派员与中国官府沟通，显然违背了天朝体制，其意图无非是突破清朝的行商外贸管理制度（上承明代"广中事例"③），追求建立平等主权国家之前的官方外交关系并推行自由贸易。

然而律劳卑不知道，自己的对手时任两广总督卢坤，乃是公元1799年（嘉庆四年）殿试第三甲第一百四十名的进士，翰林院庶吉士出身，历任兵部主事、员外郎、郎中，外放广东惠潮嘉道、山东兖沂曹济道，升湖北按察使、甘肃布政使、广西巡抚、陕西巡抚，右迁湖广总督、两广总督……

卢部堂是科举鼎甲出身，天子门生，翰林院庶吉士，号称"储相"，

---

① 参见张丽：《律劳卑事件与鸦片战争》，《清史研究》1990年第2期，第19—24页。
② Great Britain, Foreign Office, *China:A Collection of Correspondence and Papers Relating to Chinese Affairs,Volume Correspndence,* London: J. Harrison & Son, 1840, pp. 10–11.
③ 李庆新：《明代海外贸易制度》，社会科学文献出版社2007年版，第249—267页。

《三坟》、《五典》、百宋千元、道德文章自是一流，天朝礼制更加烂熟于胸，而且在朝廷、在地方的历练都很充分，国防事务、地方主官、一省司法和民政直到封疆大吏，可谓封建朝廷中不可多得的能臣干吏。卢坤去世后，朝廷追谥"敏肃"。所谓"敏肃"者，应事有功、英断如神、明达不滞曰"敏"，身正人服、法度修明、刚德克就、执心决断曰"肃"；盖棺论定，可见一斑。

于是，这位尊贵的英国议会贵族院议员、皇家海军军官、驻华商务监督律劳卑，就迎头撞上了天朝宗法封建制度在中国大地上最顽固的一柱擎天。这是两种文明、两个时代的正面碰撞。

两广总督卢坤绝非尸位素餐之辈。在获知律劳卑一行到澳门后，卢部堂立刻警觉起来，一方面严令虎门口内各处海防、炮台加强防范，另一方面于7月21日照例颁札谕给行商伍敦元①（即十三行中怡和行浩官伍秉鉴），饬令其立即前往澳门，问明律劳卑来华目的是否因为东印度公司贸易垄断权撤销拟请改变贸易方式、另订贸易章程；同时，令行商晓谕"该夷目"须格遵中国律例，并且除大班和其他外商等人外，在未奏准以前，一律不得擅自前往广州②。

当卢坤得知律劳卑已至广州后，又多次札饬行商，转谕律劳卑禀遵。总督认为，英国人在广州通商，已历百余年，向来恪守定章，章程均经奉旨批准，因此已成为帝国法律，只有遵守法度方能安稳贸易。旧例英人只准在澳门居住，如欲来省贸易，则非特有粤海关红牌不可。今律劳卑不在澳门静候总督传谕，不领红牌，擅自来省，实属目无法纪③。

---

① 参见张丽：《律劳卑事件与鸦片战争》，《清史研究》1990年第2期，第19—24页。
② 参见陈双燕：《从鸦片战争前对英使的接待看晚清的外交原则》，《厦门大学学报（哲学社会科学版）》1997年第4期，第18—23页。
③ ［美］马士、宓亨利：《远东国际关系史》（上册），商务印书馆1975年版，第79页。

然而律劳卑勋爵非但没有搭理卢部堂大人派来接洽的行商，拒不按照部堂大人的谕令行事，反而擅自进入省城，绕过十三行体系，直接派人持信前往总督衙门寻求正式会晤，完全违反了中英通商百余年所形成的定制，自然是难偿所愿。替律劳卑送信的阿斯迭在广州内城城门外等候了三个多小时，竟没能进入，各级清朝官员均拒绝代为呈送信函。

对此，两广总督卢坤认为，"天朝大吏，不得与外夷书信往来，如该夷目投递私函，本总督绝不接受查看"①，而"贸易事件，应由商人转禀报，不准投递书函"②，要求英国人通过中国行商以禀帖形式进呈。

于是，中国行商们前赴英国商馆，建议律劳卑在信上标明"禀"字，同时，对总督的称呼也稍加修改，再由他们代为呈送。但律劳卑却向中国行商们明确表示，他要以适合于英国国王代表身份的方式，直接与中国总督来往，并声称"他有保护与促进英国贸易之权，并得依情形之需要，行使政治与司法权"③，要求根据主权平等的西方国际法原则来重新设置中英外交关系④。卢坤则认为，律劳卑的这封信"封面系平行款式，且混写大英国等字样。当查中外之防，首重体制，该夷目律劳卑有无官职，无从查其底里，即使实系该国官员，亦不能与天朝疆吏书信平行，事关国体，未便稍涉迁就，致令轻视"⑤，总之律劳卑的言行简直狂悖无道，拒绝接受其信函和直接会面⑥，反呼吁律劳卑遵守旧制，并要求

---

① 胡滨编译：《英国档案有关鸦片战争资料选译》，中华书局 1993 年版，第 37 页。
② 中国史学会主编：《鸦片战争》第一册，新知识出版社 1955 年版，第 119 页。
③ ［美］马士：《中华帝国对外关系史》，张汇文等译，生活·读书·新知三联书店 1957 年版，第 160 页。
④ 参见郭成康等：《元明清史初讲》，台湾五南图书出版公司 2002 年版，第 531 页。
⑤ 齐思和等：《第二次鸦片战争》，上海人民出版社 1978 年版，第 119 页。
⑥ W. T. Hanes, F. Sanello, *Opium Wars: The Addiction of One Empire and the Corruption of Another,* Chicago: Sourcebooks, 2004, p. 27.

他立即返回澳门①。

然而律劳卑拒不服从,坚持要求平等待遇②,也拒绝再通过中国行商与中国官府交往。1839年8月9日,律劳卑致信外相帕麦斯顿,声称:"我的宏大目标是建立与保持同总督的直接联系……只要形势许可,我将坚持同总督直接往来的权利。"③

尽管如此,两广总督卢坤还是于8月23日派广州知府潘尚楫、广州协副将韩肇庆等三名官员到英国商馆问明情况④,然而双方为了座位席次排序问题又生争端⑤;非但如此,律劳卑竟然拒绝通过中方带去的翻译传话,而直接由英方中有粗通中文者与潘尚楫等中方官员对话;更过分的是,律劳卑坚持要三位清朝官员代为转呈英方的所谓"照会",而如前所述,根据百余年来中英两国贸易关系形成的定制,清朝官府只通过行商间接与英方打交道,自然不能代为转呈律劳卑的信函⑥。于是,双方龃龉不断,会谈只能不欢而散。

眼看清朝方面严词拒绝,到了8月25日,律劳卑向十三行行商发布所谓"中英关系现状"公告,宣称"由于(两广)总督拒收信件,靠欧洲人贸易谋生的无数中国人,将因其政府的刚愎自用而陷于破产和困顿……为在互利原则上把贸易扩大到全中国,他将进行不懈努力。(两

---

① 参见郭成康等:《元明清史初版》,台湾五南图书出版公司2002年版,第531页。
② 参见郭廷以:《近代中国史纲》,香港中文大学出版社1979年版,第45页。
③ Great Britain, Foreign Office, *China:A Collection of Correspondence and Papers Relating to Chinese Affairs, Volume Correspndence,* London: J. Harrison & Son, 1840, p. 10.
④ 参见郑永福:《律劳卑来华与鸦片战争》,《史学月刊》1986年第5期,第38—44页。
⑤ 参见[美]马士:《中华帝国对外关系史》(第一卷),张汇文等译,上海书店出版社2006年版,第147—148页。
⑥ J. B. Eames, *The English in China: Being an account of the intercourse and relations between England and China from the year 1600 to the year 1843 and a summary of later developments,* New York: Barnes & Noble Books, 1974, p. 203.

广）总督将会发现，要阻止这些努力，就如同切断珠江一般困难。"① 这几乎就等同于向清朝广东地方当局下达了最后通牒。

为了答复英国人的最后通牒，清朝广东地方当局也公开张榜布告：

不法的外国奴才律劳卑已发布一项通知。我等不知道像你这样一个外国狗夷竟胆敢擅自称为监督。你既然是一个未开化外国人的监督，而且又担任公职，应当对礼节和法律稍有一点了解。为了谋生，你走了一万英里以上的路程，前来我天朝进行贸易并管理各项事务，你怎么能够不谨遵帝国的法令？你竟胆敢闯过设有障碍的各关口，任意进出！此乃对规章和禁令的严重侵犯！根据国家的法律，应恭请圣旨将你斩首示众，以警效尤。②

双方矛盾激化到如此程度，一场冲突已经无可避免。

病夫当国

律劳卑事件后，卢坤曾向道光帝奏报此事："伏查英夷贸易，向由洋商与大班人等经理，从无夷目干预，今忽欲设官监督，已与旧制不符。且该国即有此议，亦应将如何监督办理何事之处，先行禀明，奏请谕旨……该夷目律劳卑既不禀明，突然来至省外夷馆居住，辄欲与中华官吏文移书信往来，殊出情理之外。叠经商人传谕，委员查询，不为不委曲详明，亦非强以所难，该夷目总不将办理何事，说明原委，必欲与

---

① 胡滨编译：《英国档案有关鸦片战争资料选译》，中华书局1993年版，第31页。
② 胡滨编译：《英国档案有关鸦片战争资料选译》，中华书局1993年版，第31页。

内地官员通达文移书信，且擅出告白，令各散商不必以断绝贸易为虑。是其居心抗衡，不遵法度，若不重加惩抑，何以肃国体而慑诸夷？"显而易见，此时两广总督卢坤已经对律劳卑忍无可忍，以至于"……唯有照例封舱，将英吉利买卖暂行停止"。①

1834年9月2日（道光十四年七月三十日），两广总督卢坤与广东巡抚祁贡会衔晓谕"兹本部堂、院会同酌议，……将英吉利国买卖一概停止"②，并令英国三板船只只许出口，不许进口；夷馆的买办、通事及雇役人等，一概撤出③，否则当汉奸论处；本地人民及其他外国人一律不准将食物售给英国人，违者处以死刑④。到了9月4日（道光十四年八月初二），两广总督进一步升级惩罚措施，提高对英方的压力：派兵直接包围、封锁了英国商馆⑤。

然而，此时律劳卑靠着鸦片贩子们的地下情报网络，以其敏锐的政治和战略洞察力，已经看清了清朝内部蕴含的深刻社会矛盾和民族矛盾，亦看破了清政府的虚有其表、腐败无能与色厉内荏。

在给首相格雷（Earl Grey）和外相帕麦斯顿的信中，律劳卑不乏真知灼见地指出：

在广州这个唯一的口岸……我们的贸易有了惊人的增长，……是由于中国人民非常渴望获得我们的制造品并分享贸易的普遍利益……在

---

① 参见张丽：《律劳卑事件与鸦片战争》，《清史研究》1990年第2期，第19—24页。
② ［日］佐佐木正哉编：《鸦片战争前中英交涉文书》，文海出版社1977年版，第8—9页。
③ 参见郑永福：《律劳卑来华与鸦片战争》，《史学月刊》1986年第5期，第38—44页。
④ 参见陈双燕：《从鸦片战争前对英使的接待看晚清的外交原则》，《厦门大学学报（哲学社会科学版）》1997年第4期，第18—23页。
⑤ 参见章开沅：《清通鉴》卷三，岳麓书社2000年版，第588页；余新忠：《道光事典》，远流出版社2006年版，第122页；杨金森、范中义：《中国海防史》（上册），海洋出版社2005年版，第538页。

（广州）的郊区，每个中国人的房屋都是一家某种类型的商店。所有的人都经常在工作，看不见任何人游荡和无所事事，事实上每个人都是商人；然而，在那些（清朝官府的）谕令中，有一件竟谈到"贸易事小"，好像在该帝国（指中国）中贸易是一件无关紧要的事情！①

在这里，律劳卑勋爵敏锐捕捉到了清王朝封建专制及其反动的抑商国策与中国市民社会不可遏制的商业精神之间的深刻矛盾。

律劳卑进一步指出：

从长城到帝国的最南端，中国人民都非常渴望和我们进行贸易，只有鞑靼（原文如此，此为英国侵略者对我国满族同胞的蔑称）政府是反对贸易的……中国人非常渴望与我们进行贸易，鞑靼总督们不能够理解此事……②

显然，除了揭示封建专制及其反动抑商排外政策与一般市民社会商业精神之间的深刻矛盾之外，律劳卑还看透了清朝内部深刻的民族矛盾，并指出了利用这两大矛盾以遂行英国对华战略目标的具体政治策略：

首先，如果鞑靼皇帝拒绝我们的要求，便应提醒他说：他只不过是一个入侵者（原文如此），通过满足他的人民的愿望（即中国人民与外

---

① 胡滨编译：《英国档案有关鸦片战争资料选译》，中华书局1993年版，第13—14页。
② 胡滨编译：《英国档案有关鸦片战争资料选译》，中华书局1993年版，第15、23、25页。

界通商的愿望）以保住他的皇位，将是他的较好策略。①

在这里，英国侵略者试图以清朝内部民族矛盾为杠杆，以英国强大的经济、军事和政治能力为后盾，撬动清廷开放自由贸易的战略图谋已经昭然若揭。

其次，中国人都读书识字，并渴望获得知识；把您（指英国外相帕麦斯顿）的意图（即您对该国政府和他们自己的意图）在他们中间发表，并广泛传播；否认具有征服或超出一定时间之外占有部分领土的一切意图；不干扰他们（指中国人民）的船只航行和城市的安宁；仅破坏（中国）沿海和沿江的堡垒及炮台，而对（中国）人民不加干涉。②

显然英国殖民者在向东方扩张的过程中，绝不单纯迷信暴力（尽管英国人所掌握的军事能力对东方民族形成代差优势），也不片面依靠经济渗透（尽管英国在金融、保险、海运、工业、殖民地等方面具有压倒性优势），反而非常重视文化宣传和政治统战工作，在具体斗争策略上非常注重有"理"、有利、有节，极力争取目标国家市民社会对英国资本主义进入自己国家持配合亲善态度。

基于此，律劳卑进一步向格雷首相建议，如果一定要采取对华军事行动的话，则要：

在派遣军队之前给我派来一名信差……在北京和整个（中国）沿海一带就我们即将提出的要求立即发布通告，从而（英国）军队的突然出

---

① 胡滨编译：《英国档案有关鸦片战争资料选译》，中华书局1993年版，第16页。
② 胡滨编译：《英国档案有关鸦片战争资料选译》，中华书局1993年版，第16页。

现不致恐吓百姓，而是百姓把这样一支军队的到达视为使他们从最专制的压迫制度下解放出来的可喜工具。①

至于英国政府要不要以武力强迫清政府改行自由贸易的问题，律劳卑进一步分析道：

鞑靼政府（原文如此，指清政府）在思想上极为愚蠢而且在道德上极为堕落，梦想他们自己是世界上唯一的民族，完全不了解国际法的原理和实践，所以该政府不能够由文明国家按照它们中间所公认的和实行的那些规则加以处理或对待……与这样一个政府进行谈判时，迫切需要在手中同时握有强制手段；通过其他方式与他们谈判，将是白白浪费时间。②

而偏偏这样一个政府，尽管控制着一个庞大的帝国，但却是虚有其表、极端腐败无能的。在律劳卑写给首相格雷伯爵的信中指出：

您（指格雷首相）获悉有一支一百万人以上的常备军（指清军）防守这个帝国（指清朝），那是一件荒谬的事情。去年（1833年），他们在这座城市（指广州）中只能够集合几百名可怜的人，派去对付一次叛乱③；其中有一半人是完全不能够打仗的。李总督（指时任两广总督李鸿宾）及他所率领的部队被打败；于是他当然被目前的卢总督所取代，卢总督向叛乱者支付了一笔巨大的贿金，这样才恢复了秩序……（如果清

---

① 胡滨编译：《英国档案有关鸦片战争资料选译》，中华书局1993年版，第24—25页。
② 胡滨编译：《英国档案有关鸦片战争资料选译》，中华书局1993年版，第23—24页。
③ 道光十二年（公元1832年）广东连州瑶民起义。

军连乌合之众的地方叛乱武装都无法战胜,那么)一支使用弓、箭、矛、盾的军队怎么能够对付少数经验丰富的英国士兵?我确信,他们一刻也绝不敢显示出对抗的态度。虎门炮台是不足挂齿的,那些炮台内看不见一名士兵(著者按:清朝海防松弛于此可见一斑,但为何律劳卑准确知道虎门炮台内平时实际无士兵驻守?)。毫无疑问,他们有一份很长的军人名册,但总督抽走了饷银(即吃空饷);如果总督需要有一支部队驻守在那些炮台内,便计划从周围的农村把农民驱赶进炮台去(意指临时拉壮丁驻守炮台)①。

律劳卑更从自己的亲身经历出发,看透了清政府的盲目自大和极端失能:

清朝当局装着蔑视我们……谕令说:"英国有其法度,天朝法度更光辉灿烂,比闪电雷鸣尤令人敬畏!"(然而)虽然他们(指清政府)对我没有护照,或未经允许登岸一事发布了四道谕令,虽然有四万名(清军)士兵经常驻守在广州,但,他们只是命令我离去、并恳求我启程;尽管发布了所有这些谕令,而且有四万名士兵、"法律光辉灿烂",以及"雷电般地令人敬畏",但他们却没有行动起来捉拿我、并把我押送出珠江。假定有一名中国人或任何其他的人在类似情况下来到白厅(代指英国内阁),阁下(指格雷首相)将不会允许他'闲游',就像他们(指清朝官兵)曾经允许我那样。②

---

① 胡滨编译:《英国档案有关鸦片战争资料选译》,中华书局1993年版,第25页。
② 胡滨编译:《英国档案有关鸦片战争资料选译》,中华书局1993年版,第14页。

第三章　鸦片战争

另据怡和洋行大班渣甸写给外相帕麦斯顿子爵的密函中披露①，两广总督卢坤唯恐律劳卑未获批准擅入省城一事被道光帝得知后会迁怒于己，按照清朝官场惯例，竟然会同广州官场的同僚们串通起来对朝廷隐瞒不报；要做到这一点，就必须将朝廷派驻广州城的监察御史也拉下水，这自然少不得打点银子，金额还极其巨大，导致当这位御史离开广州时不得不将受贿得来的白银兑换成黄金才能带走，以至于"他（指御史）派去购买黄金的那些人提高了金价一百先令左右，即每两提高了四分之三元，或从每盎司二十三点五元提高到二十四又四分之一元，然后他们才获得他们所需要的全部黄金——提高了百分之三又四分之三。"渣甸行文至此还特别强调："这个消息来自最可靠的方面。"英国外交部据此估计，要达到渣甸所说的广州金融市场上黄金价格的波动幅度，这位御史大人必须至少要向市场投放价值 10 万英镑以上的白银才有可能，而 1800 年英镑价值至少是今天的 25 倍。②

非但如此，律劳卑愤而指出：

我将不失时机地向北京的清朝皇帝陛下送去这份真实的说明，而且我还将把总督卢坤和现任广州知府的欺诈和背信弃义行为诉诸皇帝陛下的正义和义愤，他们曾拷打那些（中国）通事，并把一名值得尊敬的保证商人（即十三行行商）宋钦（Sun-ching，音译）残酷地监禁起来，因为这些人没有同意（配合清朝广州官员共谋）一个卑鄙的谎言，说我是乘坐一艘商船抵达珠江的，而他们都知道，我乘坐一艘目前停泊在珠江的军舰航行并到达此地（指广州城）。（清朝）皇帝陛下不会允许自我

---

① 胡滨编译：《英国档案有关鸦片战争资料选译》，中华书局 1993 年版，第 32 页。
② N.Ferguson, *The House of Rothschild: Money's Prophets 1798-1848,* New York: Viking Press, 1998, p. 481.

抵达此地以来他们（指清朝地方官员）所干的这种愚蠢、罪恶和残酷行为而不受惩罚……①

纵观英国驻华商务监督律劳卑勋爵与其首相格雷和外相帕麦斯顿的往来信函，一方面表现出对于清政府的极端蔑视，但同时对于中国人民却抱持尊敬之情和极大好感，甚至对中国商人、市民受到清朝封建专制当局的残酷压迫表现出极大同情与义愤，而这一切微妙的情感又毫无冲突地并存于英国人为了商业利益而入侵中国、并向中国人民兜售毒品鸦片的坚定决心与厚颜无耻之中，人性之复杂由此可见一斑，历史之多维亦复可见一斑；而清朝官僚的腐败、无能、贪婪、凶残、卑鄙、愚蠢、欺上瞒下、文过饰非、尸位素餐等种种情况，也已经到了令人发指而啼笑皆非的程度。

更加值得注意的是，清朝上下对英国人而言几无秘密可言，渣甸这样的大鸦片贩子对于清朝封疆大吏写给皇帝奏章的具体内容知道得一清二楚，英国方面甚至连清朝官场内部如何决策、如何以收受贿赂为工具润滑决策和落实执行乃至行贿的具体金额等"高度机密"的事情都完全知晓；不但知晓，甚至还进行了认真的分析研判。

基于上述分析，律劳卑在给首相格雷和外相帕麦斯顿的信函中提出了自己的对华政策建议：

我们过去通过谈判，或者是……低声下气，究竟获得了什么利益或达到了什么目的？记录表明，除了后来的羞耻和屈辱之外，一无所获。另一方面，我们通过采取迅速的和强有力的行动，对于那些正当的和合

---

① 胡滨编译：《英国档案有关鸦片战争资料选译》，中华书局1993年版，第35—36页。

理的利益或目的究竟丧失了什么？记录又使我们确信，伴随这些措施而来的是全面的胜利。

……

我相信，只要采取威严的态度而且有力量执行所提出的威胁，就是我们为逼签一项条约所需要的全部手段，该条约将给中国和欧洲带来相互的利益……

一支使用弓、箭、矛、盾的军队怎么能够对付少数经验丰富的英国士兵？……有三、四艘巡洋舰和双桅船以及少数可靠的英国军队（不是印度兵），将在难以想象的短暂时间内解决这件事情……此举成功之容易，甚至超过了对西印度群岛中之一无名小岛的占领。

……

如果阁下（指格雷首相）收到此信后，派遣一名信差经陆路前往加尔各答，命令一支英国军队率领一些小艇在（中国）沿海一带活动，那末，我们很快便将使事情告一结束。前往加尔各答的一名信差可以在那里与印度总督联系，并在任何季风的时节乘坐一艘快速帆船或快速航行的商船前来此地。他于5月间抵达加尔各答后，将有充裕的时间准备一小支军队，随着西南季风的开始进入中国海域；它到达后应占领珠江东部入口的香港岛，该岛非常适合于达到一切目的。[①]

于是，霸占香港为其基地，遂行其侵略中国的战略目标，作为一项政策动议，便第一次出现在了英国政府的官方文件档案中[②]。这与律

---

① 胡滨编译：《英国档案有关鸦片战争资料选译》，中华书局1993年版，第16、17、18、24、25页。

② E. J., Eitel, *Europe in China: The History of Hongkong from the Beginning to the Year 1882*, London: Luzac & Company, 1895, p. 56.

劳卑此前提出的"否认具有征服或超出一定时间之外占有部分领土的一切意图"①当然是自相矛盾的，充分暴露了英帝国主义者的虚伪和凶恶本质。

虎门之战

既然律劳卑本人持对华政策鹰派立场，那么面对两广总督卢坤封舱闭馆中止贸易并派兵包围威慑的强硬政策，他自然不甘退让示弱。

就在卢坤派兵包围英商馆的第二天，1834年9月5日，律劳卑勋爵写信给停泊在虎门炮台以东外海穿鼻洋的英国皇家海军军舰"伊莫金"号舰长布莱克伍德（Baron Price Blackwood），要求他率领他指挥下的两艘巡洋舰"伊莫金"号、"安德罗曼什"号和一艘三桅帆船"路易莎"号（the Cutter Louisa）编组舰队驶入珠江口，溯江西进至广州黄埔港占据一个停泊地作为前出基地，再派遣陆战队登陆前出至英国商馆解围，以"有效地保护英国臣民和他们的财产"②。

在珠江口上，清政府设置有虎门要塞，兼具海防、海关、港口管理、缉拿走私等多重职能；根据清政府规定，外国商船进入广州口岸贸易之前，要先在澳门申请牌照，并由专职"引水"（即领航员）引带，通过虎门炮台查验无误才可进入珠江口，而且必须由虎门炮台守军押送至广州黄埔港；外国商船离开广州时，要先去粤海关申领红牌，然后在通过虎门炮台时由炮台守军验明印凭才可放行③。自1757年乾隆帝关闭宁波、

---

① 胡滨编译：《英国档案有关鸦片战争资料选译》，中华书局1993年版，第16页。
② 胡滨编译：《英国档案有关鸦片战争资料选译》，中华书局1993年版，第33页。
③ 黄利平：《清朝虎门炮台的主要职能》，《广东史志》2012年第3期，第69—70页。

福州等通商口岸，仅保留广州一口通商后①，虎门要塞的地位更显重要；自清初起直到鸦片战争前，经过持续不断的建设，先后建成南山、横档、三门、沙角、新涌、蕉门、镇远、大虎、大角、威远、永安、巩固、靖远等十余座炮台，这十余座炮台分布成三道防线，由广东水师提标中营、右营驻守，广东水师提督衙门就设置在虎门寨中，共同组成了虎门要塞海防体系②。(见图3-1)然而就是这样看似严密的防御体系，在真正面对英国人的船坚炮利时，竟是不堪一击。

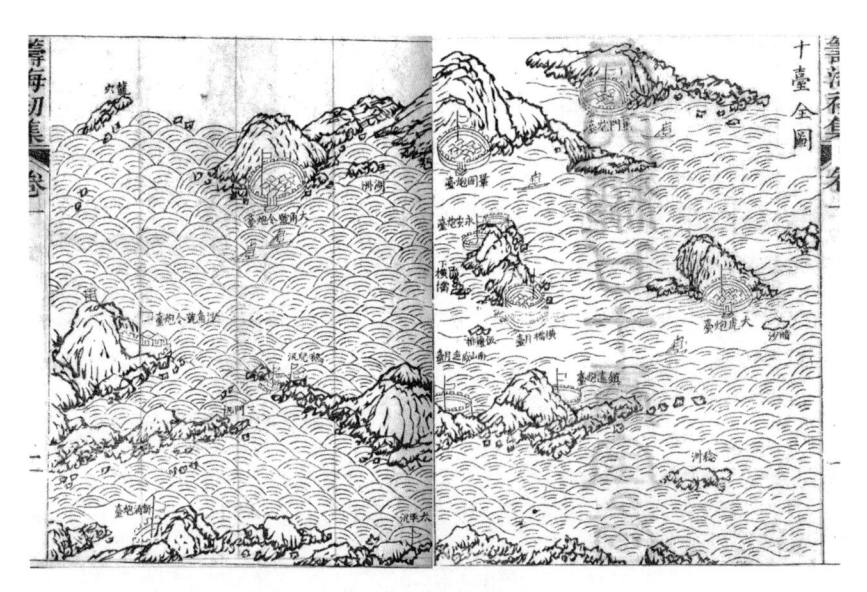

图 3-1 虎门要塞十炮台全图
资料来源：关天培《筹海初集》，见 https://zh.wikipedia.org/zh-hk/%E8%99%8E%E9%97%A8%E7%82%AE%E5%8F%B0。

---

① 《清实录·高宗纯皇帝实录》卷之五百五十《乾隆二十二年十一月上·十日》，谕军机大臣等：……而明岁赴浙之船。必当严行禁绝……洋船聚集之所将来只许在广东收泊交易不得再赴宁波如或再来必令原船返棹至广。不准入浙江海口。豫令粤关传谕该商等知悉……令行文该国番商、遍谕番商。嗣后口岸定于广东。不得再赴浙省。
② 黄利平：《一口通商时期的虎门炮台》，《岭南文史》2016年第2期，第26—29页。

1834年9月7日，英军舰队闯入珠江口；中午12时25分，虎门炮台中的晏臣湾炮台及附近清军水师船只鸣空炮对英舰予以警告；英舰不予理会，继续行动。12时56分，大角炮台向英舰发射炮弹一枚，晏臣湾炮台发射炮弹两枚，13时16分，横档炮台发射炮弹三枚①。清军在虎门炮台群中部署着上百门大炮，但却都固定在炮位上，而不是装在轮式炮架上，这样在技术上根本无法瞄准运动中的目标，清军发射出去的这些炮弹从英舰上方划过，就像节日的烟花，根本无法伤害英舰分毫；英舰"路易莎"号舰长义律轻松惬意地坐到椅子上，在甲板上晒着太阳，饶有兴致地看着这场烟火秀；舰队司令布莱克伍德男爵则下令各舰开炮还击②。此后因风力太小，英舰在珠江口中大虎山下就地抛锚。

　　9月9日下午2时11分，英舰起锚，中英双方展开激烈炮战③，英方战死2人，伤7人④。清军方面则损失惨重，英舰三十二磅重炮密集命中虎门炮台，许多炮弹甚至精确击中炮台上的炮眼，炮台上多处胸墙被击碎，靖远炮台所有60门大炮均被摧毁；要塞里面的玉虚古庙被轰成一堆瓦砾；虎门要塞防御体系仅仅被两艘英国皇家海军28炮轻型巡洋舰轻易突破。1834年9月11日下午7时15分，英舰编队抵达广州黄埔港抛锚⑤。（见图3-2）

---

① 郑永福：《律劳卑来华与鸦片战争》，《史学月刊》1986年第5期，第38—44页。
② ［美］特拉维斯·黑尼斯三世、［美］弗兰克·萨奈罗：《鸦片战争：一个帝国的沉迷和另一个帝国的堕落》，周辉荣译，生活·读书·新知三联书店2005年版，第33页。
③ 郑永福：《律劳卑来华与鸦片战争》，《史学月刊》1986年第5期，第38—44页。
④ W. Clowes, *The Royal Navy, A History From the Earliest Times to 1900*, Newbury: Chatham Publishing, Vol. 5, 2003, pp. 273 - 274.
⑤ 郑永福：《律劳卑来华与鸦片战争》，《史学月刊》1986年第5期，第38—44页。

图 3-2　英舰"伊莫金"号(左)、"安德罗曼什"号(右)及三桅帆船"路易莎"号(中)与虎门炮台清军交火

资料来源：见 https://en.wikipedia.org/wiki/HMS_Imogene_(1831)#cite_ref-Clowes_4-0。

此前，英舰队司令布莱克伍德男爵已派出"安德罗曼什"号海军上尉里德率领两名海军准尉、一名军士和十二名海军陆战队士兵于 9 月 6 日早晨 8 时在广州黄埔港登陆①，以保卫黄埔港附近英国商馆的安全。

此战失利后，广东水师提督李增阶被革职，改授苏松镇总兵、署理江南提督关天培为广东水师提督。

英国皇家海军军舰的到来和胜利，极大地鼓舞了律劳卑。英国舰队侵入珠江口的第二天，即 1834 年 9 月 8 日，律劳卑致信给中国行商及两广总督卢坤，狂妄嚣张，但不乏实事求是地指出："现在有两艘（英国）巡洋舰泊于珠江内，载有口径很大的大炮，显然是为了保护英国贸易……如对英国船舰开火或用其他方式侮辱英国国旗，那将是一项非常

---

① 胡滨编译：《英国档案有关鸦片战争资料选译》，中华书局 1993 年版，第 33 页。

严重的犯罪行为……总督和巡抚应对整个事情负责……总督卢坤在（9月）2日的谕令中以及在以前的一些场合下，曾经狂妄地宣称：我国（指英国）国王'迄今恭顺'。现在，我必须要向他宣布：英国国王是一位伟大的、强有力的君主；他统治着全世界各个地区的广大领土，比整个中华帝国的面积更大，财富更多得不可胜数；他指挥由勇敢凶猛的士兵组成的军队，这些军队征服了他们所到的一切地方；他拥有一些大型的军舰，所载大炮甚至多达一百二十门（著者按：此处律劳卑所言绝非虚声喝问，而是事实如此；而此次入侵珠江的英国军舰仅为两艘载炮28门的轻型军舰即突破虎门要塞海防体系），它们平静地在沿海行驶。那里的中国人迄今不敢露面。因此，总督（指卢坤）应做出判断，这样一位君主是否会对任何人'恭顺'。"①

然而两广总督卢坤会同广东巡抚祁贡并没有被律劳卑的恫吓与英方的凌厉攻势所吓倒，而是采用了软硬两手策略与英国侵略者斗争。

在虎门之战失利后，广东巡抚祁贡指挥部署十几艘石头驳船于珠江口沉入江底，还在江面上拉了一条钢链，切断了虎门出口航道；同时命几百条满载火药的木筏子集结在旁，并由清军战船守卫，只等英军舰船返航时，就要包围火攻。当时的英国战舰还是木结构的，且同样满载火药，一旦中方点燃这上百艘木筏子围攻上来，的确会对英舰"伊莫金"号和"安德罗曼什"号造成很大威胁②。

从葡萄牙人在明朝正德年间第一次来到珠江口，一直到鸦片战争前夕律劳卑事件时，整整过去300多年，而1834年的清英虎门战役却与1521年（明正德十六年）明葡屯门海战一样，中国只有使用祖传的火攻

---

① 胡滨编译：《英国档案有关鸦片战争资料选译》，中华书局1993年版，第35—36页。
② ［美］特拉维斯·黑尼斯三世、［美］弗兰克·萨奈罗：《鸦片战争：一个帝国的沉迷和另一个帝国的堕落》，周辉荣译，生活·读书·新知三联书店2005年版，第33页。

技能才能对西方船坚炮利形成实质威胁。一旦西方造船术继续进化，以钢结构蒸汽船替代木结构风帆战舰，则旧中国的"祖宗之法"就再也没有御敌之策了。1859 年 11 月，法国海军下水全球第一艘主力铁甲战舰"光荣"号；同年英国皇家海军开始建造两艘铁甲巡防舰，并于 1861 年决议朝全装甲舰队发展；到了美国内战时，铁甲蒸汽战舰已经主宰了海洋[①]。然而不管怎么说，1834 年入侵珠江口的英国舰队在一路轻易摧毁清朝海防工事，顺利抵达广州黄埔港后，却赫然发现，自己返航大海的通道被清军以一条拦江铁链、十几艘石头驳船和上百艘火攻船给严密封锁起来了，此时他们与在广州的英国驻华商务监督、商人和侨民一样，都被牢牢困住了，进退两难。

同时，两广总督卢坤也不失时机开始在外交上分化离间英国阵营。1834 年 9 月 2 日，就在卢坤与祁𡾰会衔下令封舱闭馆中止对英贸易的同一天，卢坤也派行商怡和行浩官伍绍荣、广利行茂官卢继光、卢棣荣秘访在华英商领袖、怡和洋行大班渣甸，表示近期双方纠纷的罪魁祸首是律劳卑个人，只要律劳卑能离开广州返回澳门，中方就会重新开放两国贸易[②]；这一离间计果然奏效，惠特曼（Whiteman）、颠地、布莱特曼（Brightman）等一帮英国商人私下请求粤海关监督重开贸易[③]。

到了 9 月 11 日，即英舰抵达广州黄埔港的同一天，怡和行浩官伍绍荣、广利行茂官卢继光与同孚行启官潘正炜又找到渣甸，代表广东抚院和粤海关保证，只要律劳卑让英舰离开广州，回到珠江口外外海，就可以恢复两国贸易。眼看危机和中断贸易造成巨大经济损失，而广州贸

---

① L. Sondhaus, *Naval Warfare 1815–1914,* London: Routledge, 2001, pp. 73–74, p.86.
② 胡滨编译：《英国档案有关鸦片战争资料选译》，中华书局 1993 年版，第 61—62 页。
③ ［美］徐中约：《中国近代史》（第 1 卷），计秋枫、朱庆葆译，香港中文大学出版社 2001 年版，第 180—181 页。

易季又即将过去,为商业利益所诱,渣甸即刻去找到律劳卑施加压力。

内外交困之下,律劳卑被迫同意中方要求。9月12日,渣甸带着律劳卑给他的回函找到中国行商,在信函中,律劳卑表示,只要中方解除对英国商馆的制裁和围困,恢复正常贸易,"我将把现在驻扎在商馆内由海军陆战队士兵组成的卫队调回军舰。然后,我将要求那两艘巡洋舰的舰长返回穿鼻(虎门外海);商人们将请求总督开舱贸易;贸易开放后,我将立即要求一位舰长返回驻印度的舰队司令官那里,以阻止正在派出的援军。"①(著者按:所谓援军一事,系子虚乌有,此为律劳卑虚声恫吓)

此后,根据英国外交部1840年2月备忘录记载,"为了开舱贸易而不附有律劳卑勋函必须离开广州这项条件所进行的一切谈判均已遭到失败……而且继续停止贸易将使英国商人的利益遭受重大损害。在这些情况下,勋爵阁下(指律劳卑)认为他有义务遵从总督(指卢坤)提出的条款,即他应撤往澳门,这样做便允许开舱贸易。因此,他(律劳卑)决定于9月14日将代表团暂时迁往澳门。"②随后,经过与广东地方当局谈判,双方就英方撤军和律劳卑返回澳门一事的具体安排达成协议,律劳卑遂于1834年9月21日写信命令英舰队司令布莱克伍德率领英舰退至珠江口外伶仃洋,律劳卑本人及随员乘坐中方安排的两艘小艇,在清军的"护送"下离开广州,于9月26日返回澳门。中方于9月29日解除对英贸易制裁,双边贸易恢复正常③。

律劳卑遭此大败,内外交困,羞愤交加,又染上疟疾高烧不止,于

---

① 胡滨编译:《英国档案有关鸦片战争资料选译》,中华书局1993年版,第63页。
② 参见胡滨编译:《英国档案有关鸦片战争资料选译》,中华书局1993年版,第40页。
③ 参见胡滨编译:《英国档案有关鸦片战争资料选译》,中华书局1993年版,第43页。

1834年10月11日晚10时病逝于澳门,时年47岁①。

一年后,公元1835年(道光十五年)8月4日,两广总督卢坤病逝于广州任所,享年64岁。清廷追赠太子太师、兵部尚书,谥敏肃②。

山雨欲来

律劳卑之败,在于清朝广东地方当局采用了正确的斗争策略,也在于英国商人迫于经济压力最终"背叛",更在于英国政府还没有最终决策使用武力叩开中国大门,因而对于律劳卑的激进行动没有给予必要的支援。尽管当时中英两国文明发展程度不同,实力悬殊,然而律劳卑妄图以区区两艘巡洋舰就叩开中国大门,还是过于托大了。

此后,为了维护其贸易利益,相继出任驻华商务监督的德庇时(John F. Davis)和罗宾生都采取消极的对华"静默"政策③:"本代表团应尽的职责,是最小心谨慎地不采取任何可能使目前继续存在的那些商业交易发生不必要中断的措施,因为这种重要利益是与那些商业交易有关的。……在中国人方面没有任何友好表示的时候,我们这方面保持绝对沉寂和静止状态似乎是最合适的办法,直到接奉本国进一步的指示为止。与此同时,这个行动方针不危及任何事情,而且航运生意继续进行,它可能使广东当局对于将来感到捉摸不定和焦虑不安,预计从他们那里得到一些友好表示,我们可以对此加以利用……在(英国)散商的商业贸易获得进展以及等待英国进一步指示的期间,本代表团所采取的

---

① 参见胡滨编译:《英国档案有关鸦片战争资料选译》,中华书局1993年版,第41页。
② 参见王章涛:《阮元年谱》,黄山书社2003年版,第918页。
③ 参见郭小东:《鸦片战争前夕英方对华"沉默政策"析》,《中山大学学报(社会科学版)》1999年第2期,第87—94页。

办法只有保持绝对沉默。"①

这里必须指出,德庇时和罗宾生之所以执行所谓对华静默政策,只不过是在英国政府没有最后决定以何种方式打开中国大门之前,为了保护和扩大英国在华贸易利益,而采取的一种权宜之计;他们只是表面上假装服从清政府的外贸管理制度,而实际上,在不惜采取侵略手段扩大在华利益这一点上他们与律劳卑勋爵并无任何本质区别。在写给外相帕麦斯顿的信中,罗宾生直言不讳地讲道:

摧毁一两座炮台,而且占领这个附近地区内就各方面而言在性质上异常适合于商务目的某个岛屿,我确信将对这个野蛮的民族(他们的狂妄自大是与他们的愚昧无知相称的)②迅速产生我们能够希望的一切结果,并且把我们同该帝国(指清朝)的贸易和政治关系一劳永逸地置于一个体面的、安全的和合适的基础之上。③

然而德庇时与罗宾生的对华静默政策却引起了在华英国商人的极大不满。以渣甸、颠地等大鸦片贩子为首的广州英商集团,在律劳卑事件中倒戈,只不过是迫于中方贸易制裁的压力,再加上每年10月是广州的贸易季④,一旦错过就要血本无归,这才急于平息事端;而在内心深处,广州英商集团是非常支持律劳卑的对华强硬政策的。

毋宁说,律劳卑所主张的对华强硬政策正是渣甸等广州英商灌输的:在得知英国政府要派律劳卑来华后,渣甸写信给在伦敦的英国驻

---

① 胡滨编译:《英国档案有关鸦片战争资料选译》,中华书局1993年版,第44、46页。
② 作者按:指中华民族,原文如此,非常遗憾,敌人当时对我们的评价并非毫无道理。
③ 胡滨编译:《英国档案有关鸦片战争资料选译》,中华书局1993年版,第101—102页。
④ 参见[英]格林堡:《鸦片战争前中英通商史》,康成译,商务印书馆1964年版,第176页。

印度海军舰队司令汤姆士·威亭（T. Weeding）说："我希望你尽力使他（指律劳卑）认清，在他和中国方面的交往上，尊严、坚定和独立的举止是必要的。他所要作的这桩事情是异常艰难的。"①而律劳卑自进入广州城后，就一直住在渣甸的家里②。清政府因律劳卑的激进对抗策略而封锁广州英国贸易时，渣甸又亲自给英国对华贸易利益集团写信，安抚其不安情绪，并积极支持律劳卑的政策；而在律劳卑失败后，英国外交部对他"左倾盲动主义"的冒险政策非常不满，被外相帕麦斯顿斥为"愚蠢的胡闹"③，渣甸却写信极力为律劳卑辩护；而怡和洋行的另一位大班、渣甸的亲密合伙人马地臣则认为，虽然律劳卑没有为在华英商争取到具体的利益，但"他的处置非常允当……中国方面已得到了一个永不会忘的教训。"④甚至，广州的英国商人还按照律劳卑的建议组织了自己的商会⑤，宗旨有两条：第一，反对清政府的广州一口通商政策以及行商垄断外贸制度；第二，反对以东印度公司广州大班管理委员会所代表的对华绥靖路线⑥。

1834年12月9日，由怡和洋行大班渣甸和马地臣领衔，64名广州英商联名上书英国国王，除为已逝的律劳卑鸣不平，抨击德庇时与罗宾生的静默政策，并谴责清政府闭关锁国的排外政策外，请求国王和国会

---

① 参见［英］格林堡：《鸦片战争前中英通商史》，康成译，商务印书馆1964年版，第176页。
② 同上。
③ 吴义雄：《权力与体制：义律与1834—1839年的中英关系》，《历史研究》2007年第1期，第63—72页。
④ ［英］格林堡：《鸦片战争前中英通商史》，康成译，商务印书馆1964年版，第176页。
⑤ 参见［美］马士：《中华帝国对外关系史》（第一卷），张汇文等译，上海书店出版社2006年版，第149页。
⑥ 参见［英］格林堡：《鸦片战争前中英通商史》，康成译，商务印书馆1964年版，第176页。

派遣全权代表，率领一支由两艘巡洋舰、三四艘轻型军舰外加一艘蒸汽战舰组成海军舰队前来中国沿海，以炮舰武力封锁清朝的大部分国内外贸易，包括切断南北漕运，迫使清廷派出钦差大臣进行外交谈判，要求撤惩两广总督卢坤，赔偿英方各项损失，结束广州十三行的对外贸易垄断权，加开通商口岸，尤其是中国北方口岸①，因为广州地处亚热带，不利于英国纺织品在华倾销②。

1834年12月10日，怡和洋行大班马地臣亲自护送律劳卑的遗孀和两个大女儿登上了查尔斯·格兰特号邮船，带上在华英商向英王的请愿信，从澳门启航回到英国③。马地臣此时离华返英，目的有二：一则护送律劳卑妻小回国，并为律劳卑立碑树功，二来则是要向国会呈上这份请愿书，组织、动员英国国内各界力量准备发动对华战争。

在广州英商集团和英国国内对华贸易利益集团的强力反对下，德庇时与罗宾生两人相继黯然下台，到了1836年，英国内阁改组，对华强硬派帕麦斯顿重新上台出任外相，随即任命查理·义律为驻华商务监督，取代不受在华英商欢迎的罗宾生。

义律的父亲曾担任英印殖民地的马德拉斯总督，出身于英国殖民地贵族世家的义律，有着一个殖民地贵族精英所应该拥有的、典型的职业发展路径，义律年仅14岁时就加入了皇家海军，服役经历遍及地中海、加勒比海、非洲西部和东南亚，1828年27岁时晋升海军上尉，退伍后进入英国外交部工作，恰逢英国国内废奴主义运动高涨，1808年英国

---

① 参见胡滨编译：《英国档案有关鸦片战争资料选译》，中华书局1993年版，第57—61页。
② ［美］徐中约：《中国近代史》（第1卷），计秋枫、朱庆葆译，香港中文大学出版社2001年版，第137—138页。
③ 参见郭小东：《鸦片战争前夕英方对华"沉默政策"析》，《中山大学学报（社会科学版）》1999年第2期，第87—94页。

国会通过《奴隶贸易法》，禁止国际奴隶贸易，英国皇家海军还在非洲西海岸编组分舰队，扫荡、镇压跨大西洋奴隶贸易，义律就曾在这支西非分舰队中服役。于是，在1830年进入外交部工作后，义律就被派到南美洲的圭亚那殖民地，担任所谓的"圭亚那奴隶保护者"，这是英国外交部门的一个正式官衔，厉行废奴政策，直到1833年英国国会通过《废除奴隶制法案》，正式废除了奴隶制。同一年，义律被派驻中国，出任律劳卑手下的在华英国商船船务总管①，主要职责是代表英国政府在珠江口外的伶仃洋上向英国商船收税。1834年虎门之战时，义律以在华英国商船船务总管的身份担任"路易莎"号三桅帆船的舰长，引领两艘英军巡洋舰侵入珠江口，溯江直上广州黄埔港。

由于对殖民地事务非常熟悉，又相对了解中国国情，义律对自己顶头上司的激进对华政策颇有微词，但是对于后继两任上司的对华静默政策以致无所作为更加不满，他主张以更加积极的姿态与清朝广东地方当局打交道，争取英国驻华商务监督委员会能够常驻省城广州，以扩大在华贸易的实际利益，而不要纠结在不必要的外交礼仪争执上②；这就激怒了罗宾生，路线斗争之余，作为首席商务监督的罗宾生甚至撇下自己的第二商务监督义律，把整个驻华商务监督委员会搬到了伶仃洋上，安顿在了一艘排水量仅74吨的三桅帆船"路易莎"号上③，而把义律丢在了澳门④，讽刺的是，在1834年清英虎门之战时，这艘三桅小帆船曾加

---

① Hoe, Susanna, Roebuck, Derek, *The Taking of Hong Kong: Charles and Clara Elliot in China Waters,* Richmond, Surrey: Curzon Press, 1999, p.1.
② 参见吴义雄：《权力与体制：义律与1834—1839年的中英关系》，《历史研究》2007年第1期，第63—72页。
③ 参见胡滨编译：《英国档案有关鸦片战争资料选译》，中华书局1993年版，第103页。
④ 参见吴义雄：《权力与体制：义律与1834—1839年的中英关系》，《历史研究》2007年第1期，第63—72页。

入英海军舰队侵入珠江口,而义律当时正是这艘小帆船"路易莎"号的船长。

最后,外相帕麦斯顿干脆取消了英国驻华首席商务监督这个职位①,任命义律为驻华商务正监督②。

义律接任后,立刻摒弃前任的"静默政策",开始积极主动地与清朝广东地方当局建立联系,试图达到其将英国驻华商务监督委员会从澳门转移到广州并常驻的目的。

义律在走马上任的同一天,1836年12月14日,就按照清朝的制度,通过广州中国行商浩官伍绍荣,采取禀帖的形式,以英国驻华商务监督委员会的名义,给两广总督发去照会,表明自己的身份和诉求,希望能够定期常驻省城广州,以更好履行其监管在华英商的职责,并表示愿意按照以往清英贸易规则的常例,在澳门等候清朝皇帝陛下的旨意,然后再进驻广州③。

尽管此前外相帕麦斯顿曾经训令义律:"……除了与中国政府的官员们联系外,不适于与其他任何人进行联系……如果行商们试图就公事与您进行联系……您不能随意接受任何此类信件,除非是直接来自总督或通过中国政府的某个负责官员送来……英王陛下政府认为,您在同中国政府进行书面联系时,最好不用'禀帖'的名义。"④但义律认为,"尽可能迅速地扩大对华贸易关系,它可能符合维护目前的贸易不

---

① 参见胡滨编译:《英国档案有关鸦片战争资料选译》,中华书局1993年版,第100页。
② 参见吴义雄:《权力与体制:义律与1834—1839年的中英关系》,《历史研究》2007年第1期,第63—72页。
③ 参见胡滨编译:《英国档案有关鸦片战争资料选译》,中华书局1993年版,第132—133页。
④ 胡滨编译:《英国档案有关鸦片战争资料选译》,中华书局1993年版,第116页。

受干扰"①,获取实际利益,压倒一切繁文缛节;而且,写在公文封面上的"禀"字,虽通常被英译为petition(请愿),实际上在中文当中只有表示尊敬之意,并无英文petition一词中所含的卑屈意味②;因此义律决定还是坚持按照自己的方式处理对华关系问题。

尽管如此,义律还是玩了一个花招,发给清朝官府的"禀帖"封口密封,中国行商无法看到信件内容,实际沦为信使③。而义律的方式也确实奏效,看过"禀帖"后,两广总督邓廷桢对义律印象颇佳,在给中国行商的回信中,邓廷桢认为,"该洋人禀帖中的措辞和主题均属恭顺,看来他很懂事,因此毫无疑问,他将在所有事情上绝对顺从……"④。在给道光皇帝汇报这件事的奏折中,邓廷桢也表示,据查义律来华后"人极安静","近年夷商回国船牌签字,系义律住澳管理,尚称安分",并强调广州贸易需要有人来约束英商及水手,建议"今该夷既领有该国公书文凭,派令经营商梢事务,虽核与向派(东印度公司之)大班不符,但名异实同。总之,以夷驭夷,似可量为变通,查照从前大班来粤章程,准其至省(广州)照料"⑤。

然而英国政府委派的"驻华商务监督委员会"是一级政府派出机构,性质上完全不同于东印度公司派驻广州的大班委员会,义律这个驻华商务监督委员会"正监督",是年薪3000英镑的英国外交官,完全不是仅具民间商业代表身份的东印度公司驻广州大班所能比拟的。邓廷桢

---

① 胡滨编译:《英国档案有关鸦片战争资料选译》,中华书局1993年版,第213页。
② 参见胡滨编译:《英国档案有关鸦片战争资料选译》,中华书局1993年版,第140页。
③ 参见吴义雄:《权力与体制:义律与1834—1839年的中英关系》,《历史研究》2007年第1期,第63—72页。
④ 胡滨编译:《英国档案有关鸦片战争资料选译》,中华书局1993年版,第136页。
⑤ 中国第一历史档案馆:《鸦片战争档案史料》(第1册),上海人民出版社1987年版,第222—223页。

对于英国体制几乎一无所知。

但是道光帝不仅被邓廷桢的奏章打动了,也感到的确有必要有个"蛮夷头目"代为管理在华英商,遂于1837年2月22日颁旨:"著准其依照从前(东印度公司)大班来粤章程,至省照料,并饬令粤海关监督给领红牌进省(广州)",但仍应严加防范,"以后住澳(门)住省(广州),一切循照旧章,不准逾期逗留,致开盘踞之渐",同时要"认真防察",若其"越分妄为",则"立即驱逐回国"。①

在获悉道光帝批准他进驻省城广州的同一天,义律以故作冷静克制的笔触激动地向外相帕麦斯顿报告了这一重大外交突破:"皇帝已经宽厚地欣然承认我的官员身份……在我们对华交往的历史上,第一次最正式地承认这项原则,即外国君主的一位官员(他的职责纯粹是公务)应居住在这个帝国(指清朝)的一座城市内。英王陛下政府可以依靠我作经常的、谨慎的和认真的努力,以改善这个状况。"②于是,义律就实现了作为外国官员常驻广州的历史性突破。

更大的突破还在后面。义律于1837年4月12日进入广州城之后,又耍了一个花招,在4月22日写给两广总督邓廷桢的禀帖中,义律自称"英吉利国领事",由于当时欧洲各国在华领事都由欧洲在华商人兼差,而清朝当局又对现代国际法一无所知,完全不理解"领事"一词所内含的平等主权国家间互派外交使节的实际意义,竟然默许了义律的用词,此后的清朝官府正式文书中都采用"领事"一词来称呼义律③。

东印度公司垄断对华贸易期间,按照惯例,驻广州大班在贸易淡

---

① 参见中国第一历史档案馆:《鸦片战争档案史料》(第1册),上海人民出版社1987年版,第226页。
② 胡滨编译:《英国档案有关鸦片战争资料选译》,中华书局1993年版,第192、199页。
③ 参见吴义雄:《权力与体制:义律与1834—1839年的中英关系》,《历史研究》2007年第1期,第63—72页。

季，也就是每年夏季，会返回澳门，以示自己不会盘踞广州不走。义律为了麻痹清朝官府，假意表示，他决定遵守这一惯例①，但又以此"善意让步"为筹码，请求广东地方当局准许他在居留澳门期间，在广州英商遇有紧急事件时，可以不申请粤海关红牌，也就是护照，而直接进入省城广州。邓廷桢批准了义律的请求，但要求义律每次来广州前必须首先禀明澳门同知，转禀粤海关监督和他本人即可②。就这样，义律又为他争取到了更大的行动自由和活动空间，更为自己争取到了一项以往东印度公司大班及各国商人所没有的权利。

义律采取以退为进的办法，取得如此史无前例的外交突破，获得这样史无前例的行动自由和活动空间，当然不仅仅是为了向英国外交部证明"驻华商务监督委员会"以及"商务监督"的价值，更不仅仅是急于做出业绩来向国会证明他们把"驻华商务监督委员会"的预算从每年 22900 英镑砍到 11600 英镑是一个巨大的错误③，而是为了切实维护和扩大英国在华商业利益。就在义律正式常驻广州的这一年，英国对华出口总值为 5637052 英镑，自中国进口总值为 3147481 英镑，英国实现贸易顺差 2489571 英镑。但是，如果除去英国对华出口中的鸦片货值 3376157 英镑，英国实际将逆差 886586 英镑④，到了 1838—1839 年，也就是鸦片战争爆发的前一年，英国对华输出鸦片达到创纪录的 40200 箱，价值 2500 万元，而就在 1830 年左右，英国对华输出鸦片还只有

---

① 参见胡滨编译：《英国档案有关鸦片战争资料选译》，中华书局 1993 年版，第 215 页。
② 参见吴义雄：《权力与体制：义律与 1834—1839 年的中英关系》，《历史研究》2007 年第 1 期，第 63—72 页。
③ 参见吴义雄：《权力与体制：义律与 1834—1839 年的中英关系》，《历史研究》2007 年第 1 期，第 63—72 页。
④ 姚薇元：《论鸦片战争的直接原因——驳斥西方资产阶级反动学者的谬说》，《武汉大学学报（人文科学）》1963 年第 4 期，第 104—115 页。

20000箱①；十年间翻了一番。能有如此"业绩"，英国驻华商务正监督义律"功"不可没。后来的历史证明，义律正是林则徐在广东执行禁烟政策的头号对手，也是英国发动鸦片战争的最大幕后推手之一。凭借这样的"功勋"，义律成为香港开埠后第一任港英总督。

但此时清朝朝廷关于鸦片问题的政策辩论已经告一段落，弛禁派失利，道光皇帝决议禁烟。1838年12月31日，林则徐被任命为钦差大臣，受命前往广东禁绝鸦片。1839年1月8日，林则徐从北京出发，于3月10日抵达广州②。

抵达广州后，林则徐曾经给英国维多利亚女王写过两封信，其中一封信这样写道：

弼教明刑，古今通义，别国人到英国贸易，尚须遵守法度，况天朝乎？今定华民之例，卖鸦片者死，食者亦死。试思夷人无鸦片带来，则华人何由转卖？何由吸食？是奸夷实陷人于死，岂能独予以生？彼害人一命，尚须以命抵之，况鸦片之害人，岂止一命已乎？……众夷良莠不齐，遂有夹带鸦片、诱惑华民，以致流毒各省者……以中国之利利于夷……岂有反以毒物害华民之理？……试问天良何在？闻该国禁食鸦片甚严……何忍更以害人之物恣无厌之求？设使别国有人贩鸦片至英国诱人买食，当亦贵国王所深恶而痛绝之也……贵国王自不肯以己所不欲施之于人……王其诘奸除匿，以保乂尔有邦，益昭恭顺之忱，共享太平

---

① 姚薇元：《论鸦片战争的直接原因——驳斥西方资产阶级反动学者的谬说》，《武汉大学学报（人文科学）》1963年第4期，第104—115页。

② 参见［美］徐中约：《中国近代史》（第1卷），计秋枫、朱庆葆译，香港中文大学出版社2001年版，第184—185页。

第三章　鸦片战争

之福。①

这封信于 1840 年 1 月由英国商船"担麻士葛"号（Thomas Coutts）船主弯唎（Warner）带到伦敦，但英国外交部拒绝接受。

1839 年（道光十九年）3 月 18 日，林则徐正式向在华外商发出收缴鸦片的命令，派兵包围英国商馆，限三日内将所有鸦片全部交出，到期不缴则封舱封港。3 月 24 日，林则徐进一步下令断绝通商，封锁商馆，断水断粮。3 月 25 日，林则徐向英国驻华商务正监督义律发出最后通牒，即《示谕外商速交鸦片烟土四条稿》，痛斥义律。义律最终于 3 月 27 日早晨复函林则徐，表示服从命令；同日，义律以英国政府的名义发布了一条布告，要求所有英商必须于当日下午 6 时前将鸦片交给他转缴林则徐，然后他再以英国政府的名义向清政府上交鸦片 20283 箱，但宣布英国政府会照价赔偿他们的损失②。

这其实是义律要的又一个花招，如此一来，鸦片的所有权就易手了，从英国走私商人的私有财产变成英国政府的公有财产，这就为日后英国对华发动战争埋下了伏笔。

此外，义律此举实际上也为深陷鸦片市场崩盘困境之中的英国鸦片贩子们解了套。由于清廷决议禁烟，时任两广总督邓廷桢坚决落实朝廷决策，会同广东水师提督关天培严厉打击鸦片走私贸易和地下分销网络，查封各处窑口、烟馆，严厉镇压毒贩、窑口主，甚至吸毒者，造成市面上鸦片滞销和行情暴跌，1838 年 2 月，一箱"公班土"烟土只值

---

① S. Y. Teng and John K. Fairbank, *China's Response to the West: A Documentary Survey, 1839-1923,* Cambridge, MA: Harvard University Press, 1954, pp. 24–27.
② 参见胡滨编译：《英国档案有关鸦片战争资料选译》，中华书局 1993 年版，第 381—383 页。

450墨西哥银元，一箱"剌班"（印度贝拿勒斯产鸦片）和"白皮"只值400银元①。即便如此也是有价无市，穗洋商举办的报纸《广州行情快报》（Canton Press Price Current）在1839年1月报道："那里（指广州）绝对是无事可做，所以我们撤下了我们的报价表。"②怡和洋行大班马地臣在1839年3月22日记录道："最近5个月里在广州一箱鸦片都未售出"，估计有大约5万箱鸦片积压在广州英商手中无法脱手，还有更多的鸦片正在从加尔各答运来的路上③。

因此以怡和洋行马地臣为首的英国鸦片贩子对义律的处理方式均表示非常赞赏，他们借此可以照英国政府所担保的"公平价格"将印度鸦片全年产量的一半脱手④，从而免去了将全季存货积压在手里的麻烦。实际上义律将鸦片呈缴给林则徐之后，立即分别发函给英国外交部和孟买及孟加拉的英国殖民政府，恳请它们声明准照呈缴之数发还全部价款⑤；而且由于大量鸦片即将被林则徐销毁，反而会造成鸦片市场供不应求，进而推高鸦片价格，英商手里剩下的鸦片甚至还有可能再大赚一票。在这种情况下，马地臣认为，"倘使他们（指清政府）拒绝接受（义律代英商上缴的鸦片存货），却让我们（指在华英商）在这种把贩卖鸦片的外国人处以死刑的新法律之下（指清政府厉行禁烟、严厉镇压鸦片贸

---

① ［美］徐中约：《中国近代史》（第1卷），计秋枫、朱庆葆译，香港中文大学出版社2001年版，第183页。
② Hsin-pao Chang. Commissoner Lin and the Opium War, Cambridge: Harvard University Press, 1964, p.111.
③ ［美］徐中约：《中国近代史》（第1卷），计秋枫、朱庆葆译，香港中文大学出版社2001年版，第186页。
④ 参见［英］格林堡：《鸦片战争前中英通商史》，康成译，商务印书馆1964年版，第185页。
⑤ 参见［英］格林堡：《鸦片战争前中英通商史》，康成译，商务印书馆1964年版，第186页。

易的新政策），背负起如此沉重的一宗存货包袱，其结果就会极为不幸了。"①

义律玩弄政治手段，将林则徐销烟一事上升为两国政府之间的争端，为鸦片战争埋下伏笔，马地臣对此尤为赞赏。在1839年四五月间写给渣甸和怡和洋行另一位创始合伙人约翰·亚贝尔·史密斯（John Abel Smith）的信函中，马地臣认为义律应对林则徐逼缴鸦片的举措是"一个宽大的、有政治家风度的措施；中国人已经使他们自己落入直接对英王陛下负责的圈套中了……我想下一个步骤就将是对华战争。②"

在接受林则徐的最后通牒后，义律立刻派副手庄士敦前往珠江口外伶仃洋，晓谕英国走私商人务必于4月12日前上缴鸦片③。到了5月9日，义律照会林则徐和邓廷桢，他即将上缴鸦片20291箱④；至5月18日，义律实际已交出了鸦片21306箱⑤，其中，怡和洋行上缴鸦片7000箱，宝顺洋行上缴鸦片1700箱，旗昌洋行上缴鸦片1540箱⑥。

1839年（道光十九年）6月3日（阴历四月二十二日），林则徐对于收缴的所有鸦片，共2376250斤，总计价值240万英镑⑦，在虎门全部销毁。在虎门销烟期间，有一些没有参与过鸦片贸易的美国船长、商人、传教士也跑来现场参观，要知道这200多万斤鸦片可是价值连城，他们根本不相信有人面对这泼天的富贵竟然毫不动心、真舍得全部销毁，也不相信林则徐在技术上有办法把所有鸦片完全销毁；这些洋人来中国经

---

① ［英］格林堡：《鸦片战争前中英通商史》，康成译，商务印书馆1964年版，第186页。
② ［英］格林堡：《鸦片战争前中英通商史》，康成译，商务印书馆1964年版，第186页。
③ 参见郭廷以：《近代中国史纲》，香港中文大学出版社1979年版，第54页。
④ 参见胡滨编译：《英国档案有关鸦片战争资料选译》，中华书局1993年版，第417页。
⑤ 参见［美］徐中约：《中国近代史》（第1卷），计秋枫、朱庆葆译，香港中文大学出版社2001年版，第179页。
⑥ 牟安世：《鸦片战争》，上海人民出版社1982年版，第124页。
⑦ ［英］格林堡：《鸦片战争前中英通商史》，康成译，商务印书馆1964年版，第185页。

商、传教多年,就从来没见过哪个清朝官吏是不腐败的,他们认定所谓的"虎门销烟"不过是林则徐施的一个障眼法,实际上一定是把收缴来的鸦片运回北京跟皇帝分赃了。

洋人对中国的理解,永远是雾里看花,他们不能真正理解中华文明绵延上下五千年所蕴含的坚韧不拔,也不能理解中国从古以来,就有埋头苦干的人、有拼命硬干的人、有为民请命的人、有舍身求法的人,正是这些人,让中国这个古老的文明,一次又一次从危机和低谷中爬起来,涅槃重生。

在虎门销烟现场参观的外国商人、传教士是幸运的,他们亲眼见证了一位伟大的中国的民族英雄,为了自己国家和民族的命运,所付出的牺牲和该有的担当。林则徐下令,让围观的洋人全部进入现场,让这些外国观察员们就近查看销烟的全部流程,并派翻译通事沿途讲解。这些洋人在观看完全部过程、反复考察后,全都心悦诚服,向林则徐脱帽致敬。

事后,曾在虎门销烟现场参观过的美国传教士裨治文撰文回忆道:"我们已经反复检查销化过程的一部分,他们在整个工作进行时的细心和忠实的程度,远远超过我们的预料,我不能想象再有任何事情会比执行这项任务更加忠实的了。"[①]另外一位美国传教士、汉学家卫三畏则指出:"在世界历史中,一个非基督教的君主宁愿销毁损害他的臣民的东西,而不愿出售它来装满自己的腰包,这是唯一的一个实例。"[②]

鸦片贸易,是整个英国东方统治秩序的基石,也是英国资本全球循环的命脉。英国鸦片资本集团与工商业资本集团沆瀣一气,采用循环转贩的手法来完成其国际资本循环,即将纺织品等英国工业制成品贩卖到

---

① [美]裨治文:《镇口销化鸦片记》,《中国丛报》1839年6月。
② [美]卫三畏:《中国总论》(第2卷),上海古籍出版社2005年版,第504—505页。

印度,印度以对华出口鸦片所得来支付进口英国工业制成品,中国再以对英输出丝绸、茶叶和白银来支付进口印度鸦片的费用①。正如当时一本小册子《鸦片》所言:"多年以来,东印度公司从鸦片贸易上获得巨额收入,这种收入使英国政府和国家在政治上和财政上获得无法计算的好处;英国和中国之间的贸易差额情况有利于英国,使印度对英国制造品的消费量增加了十倍;这直接支持了英国在东方的巨大统治机构,支应英王陛下在印度的机关超费;用茶叶作为汇划资金和交流物资的手段,又使大量的收入流入英国国库,而且用不着使印度贫困就给英国每年带来六百万镑。因此,东印度公司就尽其力之所能来推广鸦片贸易。"②可以说,假设没有鸦片贸易这条大动脉,那么英帝国主义经营东方殖民体系基本就是一桩赔本买卖。

现在这条命脉被林则徐一刀斩断,一场战争已经不可避免。1839年6月4日,英印殖民地的孟买商会给英国女王递交了一份请愿书,要求英国政府兑现义律许下的诺言,赔偿林则徐广州禁烟所造成的损失,同时要求发动对华战争,以武力树立新的贸易秩序,以免日后再次发生此类事件③。1839年10月18日,外相帕麦斯顿在未经国会讨论决策的情况下通知义律,称英国内阁已决定派一支远征军封锁广州以及北京附近的白河河口④。实际上早在1839年8月,英国皇家海军驱逐舰"窝拉疑"号(HMS Volage)即已驶抵中国海面,据称"当晚即向三艘(清

---

① [美]马士:《中华帝国对外关系史》(第一卷),张汇文等译,上海书店出版社2006年版,第91页;另参见姚薇元:《论鸦片战争的直接原因——驳斥西方资产阶级反动学者的谬说》,《武汉大学学报(人文科学)》1963年第4期,第104—115页。
② [英]格林堡:《鸦片战争前中英通商史》,康成译,商务印书馆1964年版,第97页。
③ 参见[美]特拉维斯·黑尼斯三世、[美]弗兰克·萨奈罗:《鸦片战争:一个帝国的沉迷和另一个帝国的堕落》,周辉荣译,生活·读书·新知三联书店2005年版,第80页。
④ 参见[美]徐中约:《中国近代史》(第1卷),计秋枫、朱庆葆译,香港中文大学出版社2001年版,第188页。

朝）官船开火，将它们打得粉碎"①。而据义律给外相帕麦斯顿的信函记载，1839年11月3日，"窝拉疑"号（HMS Volage）驱逐舰与广东水师发生正面冲突，仅仅45分钟时间里，中方就有一艘帆船被击碎，三艘兵船被击沉；然而义律也高度评价了水师提督关天培在战斗中的表现："水师提督（关天培）的行为无愧于他的职务，这样说是公正对待一位勇敢的人。他的那艘帆船显然比其他的（清军）船只配备了更好的武器和人员；在他起锚之后……毫不气馁，以熟练的方式与女王陛下的军舰作战，表现了他的决心。由于他所作的努力是毫无希望的，从而增加了他的行动的荣誉。不过，在不到三刻钟的时间内，他和该中队（指参战的清军广东水师）的剩余船只很悲痛地撤回锚地。"②

这就是中国史书上记载的1839年第一次穿鼻海战，鸦片战争由此爆发。

伦敦金融城打赢的鸦片战争

1839年8月5日，林则徐虎门销烟禁烟的消息经东印度公司、怡和洋行、宝顺洋行的情报渠道传到伦敦③。一石激起千层浪，金融城一下子炸了锅。常年与中国打交道的英国鸦片贩子对于清朝官场上的伎俩早都熟悉了，中国皇帝颁布禁烟令已经100多年了，每次都是雷声大雨点小，与其说是"禁烟令"，不如说是敲诈信，清朝官员们无非是想多要点贿赂多讹点银子，从鸦片走私里分一杯羹而已，只要使银子，没有办

---

① ［英］格林堡：《鸦片战争前中英通商史》，康成译，商务印书馆1964年版，第187页。
② 胡滨编译：《英国档案有关鸦片战争资料选译》，中华书局1993年版，第474页。
③ 参见《英国外交部档案》，F.O.17/31。

不成的。林则徐被任命为禁烟钦差的消息甫一传出，大家还都摸不清路数，万没料到要动真格的。

8月7日，伦敦鸦片利益集团立刻动员起来，召开紧急会议。参加此次会议的有伦敦印度和中国协会（London East India and China Association，以下简称"协会"）主席、下议院议员拉本德（G. G. de H. Larpent），银行家、下议院议员、外交大臣帕麦斯顿勋爵和莱昂内尔·罗斯柴尔德的亲密伙伴、对华航运投资人约翰·阿拜·斯密斯（John Abel Smith），斯密斯的两个兄弟怡和洋行伦敦代理人奥斯瓦尔德·斯密斯（Oswald Smith）和汤玛斯·斯密斯（Thomas Smith），下院议员、对华贸易商人威廉·克劳复（William Crawford），巴林兄弟银行、对华利益关系公司的约书亚·贝兹（Joshua Bates），曼彻斯特商会主席麦克维卡（John MacVicar），宝顺洋行老板、大鸦片贩子颠地，怡和洋行鸦片走私船船长格兰特。会后，拉本德、麦克维卡等8人（贝兹急于将会议结果报告巴林，借故先行离开）都依约在帕麦斯顿的私人住宅会谈约一小时，初步商定对华开战①。

8月26日，巴林银行家族掌门人弗朗西斯·巴林跳上前台，出任英国战时内阁财政部长（1839年8月26日—1841年8月30日），开始着手为即将到来的对华战争进行融资准备。

巴林银行家族与对华鸦片贸易渊源极深。早在1793年，英国马戛尔尼使团访华时，马戛尔尼除了给中国皇帝带去一封英国国王的国书之外，还给两广总督带去了时任东印度公司董事会主席弗朗西斯·巴林

---

① *The Compilation Group for the History of Modern China Series*, *The Opium War*, Beijing: Foreign Languages Press, 1976, pp. 36–37. *Allen's Indian Mail, and Register of Intelligence for British and Foreign India, China, and All Parts of the East*, London: WM H. Allen and Co.,1870, pp.780–781.

的一封信，企图扩大对华贸易。未果，弗朗西斯·巴林又派遣其子乔治·巴林访华，于 1811 年在广州和苏格兰人达维森合伙开设一家鸦片走私公司，即巴林公司，也就是后来的宝顺洋行①。后来巴林兄弟银行的高级合伙人约书亚·贝茨也是在中国大做鸦片生意发了大财之后才被巴林家族延揽进入巴林兄弟公司董事会的，具体负责巴林家族的对华鸦片业务。约书亚·贝茨依约拥有巴林兄弟公司分红 1/4 的权利，由此可以推断，当时巴林银行家族每年赢利的大约 1/4 来自中国的鸦片贸易利润。

另外一股在伦敦积极鼓吹战争的势力，是以怡和洋行和宝顺洋行为代表的在华洋行利益集团。怡和洋行自 1832 年成立以来，仗着有伦敦金融城的支持，仅仅 7 年，就占据了对华鸦片贸易份额的 1/3。宝顺洋行有巴林银行家族的全力关照，紧跟怡和之后，位列第二。尽管生意越做越大，但清政府规定的仅开放广州一口通商的"十三行"外贸制度极大束缚了洋行在华利益，怡和洋行的渣甸、马地臣和宝顺洋行的颠地等人认为应该进一步打开中国市场的大门，如果鸦片的冲击力度还不够，那就用大炮。

早在 1827 年（道光七年），马地臣就在澳门创办《广州记事报》，公开鼓吹侵略中国②。1830 年，由怡和洋行大班马地臣起草，广州 47 名英商联名向英国国会致函，要求对中国采取强硬政策，并建议派兵占领中国沿海岛屿，以保护和扩大对华贸易③。前文所述"阿美士德"号事件负责人、撰写一系列鼓吹对华战争的小册子并大肆宣传的林赛，就是这股潮流中的弄潮儿。到了 1831 年，渣甸甚至亲自写信给英国驻印度海

---

① 庄建平：《近代史资料文库第 4 卷》，上海书店出版社 2009 年版，第 57 页。冯邦彦：《香港英资财团（1841—2019）》，香港三联书店 2019 年版，第 12 页。
② 参见《中国近代史》编写组：《中国近代史》，中华书局 1977 年版，第 3 页。
③ 冯邦彦：《香港英资财团（1841—2019）》，香港三联书店 2019 年版，第 14 页。

第三章 鸦片战争

军司令威亭,要求出兵威慑清朝水师和海防当局,并准备"开始一场对中国的战争"①。

随着广州的英商加紧串联,1834年贸易事务会馆成立,即广州英国商会,由马地臣出任商会首任主席,渣甸则躲在幕后遥控。同年12月,两艘英舰炮轰虎门炮台,怡和洋行控制下的广州英国商会借题发挥,向英国女王请愿,请求政府出动舰队,强迫清政府接受"自由贸易",结束广州十三行的贸易垄断,并开放中国沿海各省口岸②。

1835年,渣甸派马地臣返回伦敦,促成出兵中国一事。但是马地臣一开始并不顺利,当时的英国外相、滑铁卢一役击败拿破仑的"铁公爵"威灵顿公爵阿瑟·韦尔斯利相当蔑视他,老公爵从一位古典贵族的荣誉感出发,拒不接受一位哪怕是在伦敦也是臭名昭著的鸦片贩子的摆布。事后马地臣在给渣甸的信中悲痛地报告,他"被一个傲慢愚蠢的老家伙所侮辱"③,甚至抨击这位击败拿破仑的英雄是"一个(对鸦片贩子)冷血的家伙……一个(对华)恭顺和奴性的热烈倡导者"④。

转机很快出现,威灵顿公爵不久后告老还乡,接替他担任英国外相的,是与伦敦金融城关系密切的帕麦斯顿勋爵。这项内阁人事调整正中渣甸和马地臣下怀。原来怡和洋行的两位创始合伙人霍灵沃斯·马格尼亚克与约翰·阿拜·史密斯再度合伙在伦敦另开一个门面⑤,叫作马格尼

---

① 《怡和洋行私函稿》,威廉·渣甸1831年4月25日函,转引自格林堡:《鸦片战争前中英通商关系史》,康成译,商务印书馆1964年版,第179页。
② 参见[英]格林堡:《鸦片战争前中英通商关系史》,康成译,商务印书馆1964年版,第14页。
③ [英]罗伯·布雷克:《怡和洋行》,张青译,台北时报文化出版企业股份有限公司2001年版,第72页。
④ [英]格林堡:《鸦片战争前中英通商史》,康成译,商务印书馆1964年版,第177页。
⑤ [英]格林堡:《鸦片战争前中英通商史》,康成译,商务印书馆1964年版,第154页。

亚克·斯密斯公司①，是伦敦经营对外贸易与金融业最显赫的巨头之一。斯密斯家族也是伦敦金融城老牌的银行家族，在拿破仑战争时与当时号称欧洲"第六强权"的银行业世家巴林家族共同承销了一笔3000万英镑的战争国债②，之后阿拜·斯密斯又力挺莱昂内尔·罗斯柴尔德当选英国历史上第一位犹太裔下院议员③，与罗斯柴尔德家族关系又很暧昧。

伦敦的马格尼亚克·斯密斯公司与广州的怡和洋行不仅同出一源，而且互为代理人。从1835年起，怡和洋行的马地臣成为马格尼亚克·斯密斯公司的重要股东之一。同时马格尼亚克·斯密斯公司的另一位合伙人阿拜·斯密斯又是伦敦政治舞台上一个非常活跃的人物，不仅是下议院辉格党一个有力集团的首脑，并且还是外相帕麦斯顿勋爵的亲密朋友。

有了这条通道，东印度公司羽翼下成长起来的怡和洋行立刻开始了公关攻势④。在渣甸鼓励下，马地臣转而寻求"发动群众"。在英国的议会制的君主立宪制的英国政体下，只要动员起代表金融城和商会利益的下院议员们，几个托利党老式贵族基于"荣誉信条"的反对和自由派分子的无病呻吟都将被资本的力量无情地碾压粉碎。于是在1836年，马地臣于伦敦出版了臭名昭著的《英国对华贸易的现状和展望》(*Present*

---

① Carol Matheson Connell, *A Business in Risk: Jardine Matheson and the Hong Kong Trading Industry,* Westport:Greenwood Publishing Group, 2004, p.7, p.27.
② Peter E., Austin, *Baring Brothers and the Birth of Modern Finance,* Oxfordshire: Taylor & Francis, 2015, p.12.
③ Niall Ferguson, *The House of Rothschild: The world's banker,1849-1999*, Volume 2, New York City: Viking Press, 1998, p.322. Barrington Black. *The Jewish Contribution to English Law:Through 1858 to Modern Times,* Hook:Waterside Press, 2021, p.53. Sir Moses Montefiore, *Diaries of Sir Moses and Lady Montefiore, Comprising Their Life and Work as Recorded in Their Diaries from 1812 to 1883,* Chicago: Belford-Clarke Company, 1890, p.21.
④ B. Cassan, "William Jardine: Architect of the First Opium War", *Eastern Illinois University Department of History,* 2005, 14(1), pp.107–117.

Position and Future Prospects of Trade in China）一书①，竭力鼓吹英国应对华采取"前进政策"，建议占领香港，作为"英国和著名的苏格兰自由贸易者的代管领地"。一石激起千层浪，早被英中印三角贸易辉煌的现实利益和预计更为辉煌的未来所深深吸引的曼彻斯特商会、利物浦商会、格拉斯哥商会等都立刻动员起来，向英国外交部请愿，要求"加强保护对华贸易"②。

在这股反华浪潮的鼓舞下，就在1835年7月24日，曾主持"阿美士德"号行动的前东印度公司驻广州大班兼间谍、怡和洋行老板马地臣的侄子休·汉密尔顿·林赛致信帕麦斯顿，为侵略中国献计献策③："我们（的对华关系）不能让现在这样的反常状态继续下去了。……经过深思熟虑，我认为有两条路可走：第一，这是我建议采取的，就是直接用武力获得对过去损害的补偿，对将来取得保障；……照我的意见，采取恰当的策略，配以有力的行动，只要一支小小的海军舰队，就万事皆足了。我乐于看到从英国派出一位大使，去和（英属）印度舰队的海军司令联合行动，对于我们所受的损害索取补偿，并商订一份以自由原则为基础的通商条约。迫使（清政府）屈服的武装力量可以包括一艘主力舰、两艘大型护卫舰、六艘轻型巡洋舰、三四艘武装轮船，船舰载运陆

---

① J. Matheson. *The Present Position and Prospects of the British Trade with China*, Cornhill: Smith, Elder and Co. ,1836.

② Song-Chuan Chen. *Merchants of War and Peace:British Knowledge of China in the Making of the Opium War*, Hong Kong: Hong Kong University Press, 2017, p.186. Alain Le Pichon ed. *China Trade and Empire: Jardine, Matheson & Co. and the Origins of British Rule in Hong Kong, 1827-1843*, London: British, 2006, pp.553-569.

③ Robert Bickers. "The Challenger: Hugh Hamilton Lindsay and the Rise of British Asia, 1832-1865", the Royal Historical Society Sixth Series, 2012, 22, pp.141-169. Song-Chuan Chen. *Merchants of War and Peace:British Knowledge of China in the Making of the Opium War*, Hong Kong: Hong Kong University Press, 2017, p.111.

上部队约六百人，以炮兵队为主，以便进行必要的陆上动作，这就够了。这支武装力量的绝大部分，可以由驻印度皇家海军提供，花费很少就可以行动起来。这支武装足够达到我们所向往的一切目标，是毫无疑义的。"（表3-1）

表 3-1　林赛计划迫使清政府屈服的武装力量详情

部队征调地	武装力量	人数
	74尊炮主力舰1艘	500
	大型巡洋舰1艘	300
	小型巡洋舰2艘	320
印度海军提供	三等军舰2艘	300
	武装轮船2艘	200
加尔各答提供	武装轮船1艘	100
须从国内派遣	大型巡洋舰1艘	300
	小型巡洋舰2艘	320
	陆上部队	600
共计		2940

当然为了鸦片发动一场对华战争，的确是符合英国国家利益的。英国的"东方三角贸易体系"中，鸦片贸易是最重要的一环。到鸦片战争前期，英国和中国的贸易占其整个海外贸易的1/6，而鸦片占所有对华贸易的2/3[①]。

除了请愿，本着盎格鲁-萨克逊传统的公民自由结社原则，109家与印度或中国贸易有关的大公司，包括进出口贸易、航运、金融等行业的巨头，例如巴林兄弟银行和怡和洋行，于1836年成立了伦敦东印度

---

① 参见庄国土：《茶叶、白银和鸦片：1750—1840年中西贸易结构》，《中国经济史研究》1995年第3期，第64—76页。

与中国协会（London East India and China Association）[①]，辉格党下议院议员拉本德任主席，另一位下议院议员哈斯堤出任副主席，这两位都曾在东印度公司工作多年，是"公司的孩子"，后来又都作为伦敦金融城选区的代表当选国会议员。同时出席协会的各公司代表中，拥有下议院议员身份者也并不少见，因此，这个协会不仅在经济上拥有极其雄厚的势力，而且在政治上也有着极强的影响力。

伦敦东印度与中国协会自从成立那天起，就积极进行对印度和中国的侵略活动，经常和政府有关各部会，特别是与英国外交部保持联系，书面或口头地提供情报，提出意见，鞭策英国政府为自己的利益加紧侵略远东地区。当我们今天翻阅英国国会、英国外交部的历史档案时，不乏协会送交外交部的请愿信、备忘录和情报[②]，拉本德以个人名义写给帕麦斯顿的信件和要求会见的便条，更是屡见不鲜[③]。

拉本德在广州有一个关系公司，叫作拜尔公司，专门与怡和洋行进行鸦片交易；哈斯提则自己贩运鸦片，委托怡和洋行代为销售。利益攸关之下，协会竟向英国政府的印度事务部提出交涉要求降低鸦片税。

鸦片战争前夕，在幕后鼓动的另一个资本家集团是曼彻斯特商会[④]，主席是约翰·麦克维卡。在远东问题上，曼彻斯特商会在1814年和

[①] Ian Nish, "British Mercantile Cooperation in the India-China Trade from the End of the East India Company's Trading Monopoly", *Journal of Southeast Asian History*, 1962, 3(2), pp.74-91. Alain Le Pichon ed., *China Trade and Empire: Jardine, Matheson & Co.and the Origins of British Rule in Hong Kong, 1827-1843*, London: British, 2006, p. 42.《中国近代史》编写组：《中国近代史》，中华书局1977年版，第4页。

[②] John Henry Barrow, *The Mirror of Parliament,Volume 3,* London: Longman, Brown, Green & Longmans, 1840, pp.2540-2541.

[③] Alain Le Pichon ed., *China Trade and Empire: Jardine, Matheson & Co. and the Origins of British Rule in Hong Kong, 1827-1843*, London: British, 2006, p.43, 390, 392, 599.

[④] 参见北京师范大学历史系中国近代史组：《中国近代史资料选编》，中华书局1977年版，第15—16页。

1834年为了打破东印度公司对印度和中国贸易的垄断权而大肆叫嚷过一阵。在东印度公司废止对华贸易专利和第一次鸦片战争以后，他们多次为侵略中国而向英国政府提交备忘录、请愿书①，麦克维卡也在1839年和1840年年初就对华战争一事几次上书，并面见帕麦斯顿②。

当然麦克维卡也与怡和洋行有关。"怡和洋行内设有一个布匹部，专门运销其国内纺织品，其在曼彻斯特的机密代理人正是麦克维卡。此外，麦克维卡经营茶叶进口的生意，也常用委托怡和洋行为他代销鸦片的办法筹集贩茶资金"③。1835年7月，麦克维卡就运送50箱土耳其鸦片给怡和洋行，估计可卖得2.5万英镑④。

以上只是对华鸦片贸易利益集团的冰山一角。这些英国对华利益集团的头面人物，不管是外交大臣、议员、银行家还是工厂主，都是国际银行家们远东贸易的"利益攸关方"，都是金融城和东印度公司的"圈内人"。

一切都在紧锣密鼓地策划着。1839年10月1日，英国内阁正式开会讨论是否要对华开战⑤。英国外交大臣帕麦斯顿本来就是帝国主义炮舰政策的狂热鼓吹者，怡和洋行为了鼓动他对华开战也没少做工作，将公司的暗股、干股赠予帕麦斯顿，怡和洋行上缴给林则徐的7000箱鸦片中有不少就是属于帕麦斯顿的，林则徐的虎门销烟销毁的就是这位英帝

---

① Great Britain, Foreign Office. China:A Collection of Correspondence and Papers Relating to Chinese Affairs,Volume Correspndence, London:J. HARRISON & SON, 1840, pp.397-398, pp.418-420, pp.452-453.
② Alain Le Pichon ed., China Trade and Empire: Jardine, Matheson & Co. and the Origins of British Rule in Hong Kong, 1827-1843, London: British, 2006, p.30, p.43.
③ 陈宁生、张学仁：《香港与怡和洋行》，武汉大学出版社1986年版，第7页。
④ 严中平、经君健编：《严中平文集》，中国社会科学出版社1996年版，第213页；汪敬虞：《近代中外经济关系史论集》，方志出版社2006年版，第166页。
⑤ 《中国近代史》编写组：《中国近代史》，中华书局1977年版，第3页。

国外交大臣的私人财产，于公于私，帕麦斯顿都极力主张对华开战。

英国财政大臣弗朗西斯·桑希尔·巴林来自老牌金融家族巴林兄弟银行，巴林兄弟银行持有怡和、宝顺、旗昌三家洋行不少股份，而这三家洋行一共向中国政府上缴了10000多箱鸦片，价值150万英镑[①]，吃亏着实不小，以至于肉痛之余，他一直在会上追问战争胜利后谁来赔偿英国商人的损失？有内阁成员建议由国会拨款赔付，或者由东印度公司出面补偿，一下子会议就炸了锅，陆军大臣、著名历史学家托马斯·巴宾顿·麦考雷认为当然要由中国来赔[②]，最后国防和殖民大臣约翰·罗素一锤定音：根据他的经验，"难道还有比我们的海军舰长更好的外交家么？"于是英国内阁会议终于决定对华开战[③]。

之后就是议会斗争。1840年4月7日至4月9日，英国议会就是否对华开战展开最终辩论。渣甸带着有数百名经营远东贸易的英国商人签名的请愿书，走进了议会大厅。渣甸在对议员演讲的过程中，开创了今天声名狼藉的"炮舰外交"的先例："中国地大人稠，只要全面通商，我们有多少（鸦片）就可以卖多少。面对这样一个几艘炮舰停在岸边开几炮就可以制服的政权（清政府），我们不能允许大英帝国的贸易受制于他们的反复无常之下。一场同中国的战争能够带来硕果累累，我毫不怀疑。"

最终，议会下议院以271票对262票的9票微弱优势，通过了支持

[①] William Armstrong Fairburn, *Merchant Sail,Volume 4*, Waterville:Fairburn Marine Educational Foundation Inc, 1945, p.2592.
[②] 参见［美］特拉维斯·黑尼斯三世、［美］弗兰克·萨奈罗：《鸦片战争：一个帝国的沉迷和另一个帝国的堕落》，周辉荣译，生活·读书·新知三联书店2005年版，第84页。
[③] 参见姚薇元：《论鸦片战争的直接原因——驳斥西方资产阶级反动学者的谬说》，《武汉大学学报（人文科学）》1963年第4期，第104—115页。

派兵侵略中国的政府对华政策决议案①。到了1840年7月27日，英国议会下院最终通过支付军费案，为远征中国的军事行动拨款173442英镑②。对于不体面的鸦片贩子们来说，"民主"真是个好东西。

1840年6月9日，英国远征军的先头部队终于出现在了中国海面上，包括15艘运兵船、4艘蒸汽炮舰和25艘小船③。其余从四面八方赶来的英国舰队还包括14艘护卫舰、8艘驱逐舰、3艘战列舰，辅助军舰则拥有5艘运兵船、3艘双桅船、2艘蒸汽轮船、1艘测量船和1艘医疗船。这些军舰运载着一支由19000余人组成的庞大远征军，其中包括英国本土动员的陆军5000人、英属印度殖民地的陆军5000人、锡兰（今斯里兰卡）的轻步兵2000人、皇家海军陆战队7069人。英国人为了集结海上力量，甚至调动了非洲西海岸扫荡奴隶贸易的分舰队，导致跨大西洋奴隶市场死灰复燃；其他一些分舰队在途经地中海东部的时候，又遭遇敌对的法国海军和埃及独裁者阿里·帕夏的舰队，损失了一部分水兵；当远征中国的舰队终于来到东方，途经印度并与参加此次远征的英印殖民地海军以及东印度公司海上武装会合的时候，又有一些鸦片贩子的商船满载一万箱鸦片加入了远征舰队当中④。商人跟在远征军队后面大发战争财，这也算是西方文明的传统了。

应当说，无论东印度公司的间谍或者各种洋行的鸦片贩子们如何蔑视清朝、贬低清军的作战能力，英国的决策者们还是动员起来了一支庞

---

① Jack Beeching, *The Chinese Opium Wars,* London: Hutchinson, 1975, p.111.
② 《英国国会会议记录》，1840年5月12日及7月27日，见 https://api.parliament.uk/historic-hansard/commons/1840/jul/27/supply-china。
③ Spence, D. Jonathan, *The Search for Modern China (second ed.),* New York: W.W.Norton & Company, 1999, p.130.
④ ［美］特拉维斯·黑尼斯三世，［美］弗兰克·萨奈罗：《鸦片战争：一个帝国的沉迷和另一个帝国的堕落》，周辉荣译，生活·读书·新知三联书店2005年版，第98页。

大的远征军，认真准备着与清朝交战，这从侧面折射出了英国对这个古老文明的某种尊重。

然而清朝当局无论如何不能匹配英国表现出的这种"尊重"。彼时清朝几无近代海军可言，也绝谈不上对于海权战略有任何有价值的认识和理解，自然无法通过控制海权来遏制敌人的侵略，只能通过国土防卫来御敌，然而面对英国的海权机动性优势，落后于时代的清军纵使规模再庞大，也无法做到在中国漫长的海岸线上到处坚固设防，聊胜于无的基础设施建设，稀松的训练、战备水平，一言难尽的后勤能力，到处限制着清军在本国的国土上进行有效机动、积极防御，只能固守一点，祈祷让敌人的战舰不要出现在己方炮台面对的海平线上。清军海防炮台上所配备的火炮，在技术上比英国整整落后了200年，且低劣的火炮铸造和火药制造技术，使得这些火炮在战时对己方操作士兵的威胁甚至大于对敌人的威胁。

在整场战争中，只有魏源显示出了深刻的战略洞察力。魏源是湖南邵阳人，晚清思想家，林则徐的好友，也是近代中国知识分子中"睁眼看世界"的第一人，著有《圣武记》和《海国图志》等传世名著，探究中国周边之地缘政治机理，并首倡新思想，标榜"师夷长技以制夷"。

魏源道光二年（公元1822年）中举，后入赀内阁为中书舍人，内阁藏书丰富，乃博览史馆秘阁官书及士大夫私家著述。1840年鸦片战争爆发后，投军至两江总督裕谦幕府，直接参与抗英战争，并在前线亲自审讯俘虏，依照英国战俘口供编成《英吉利小志》。1841年7月，林则徐遭贬流放新疆，途经镇江时，魏源亲往拜会，两人围炉夜话，纵谈时局对策，林则徐并将其在广州期间组织翻译整理的《四洲志》（记载世界五十余国之地理、历史）全部资料托付给魏源；魏源也不负林则徐所托，于1843年刻印出版了中国人睁眼看世界的第一本书《海国图志》，系统地介绍了西方各国的地理、历史、气候、物产、交通贸易、政治状况和许多先进科学技术。魏源在《海国图志原叙》中这样谈到自己的创作初衷："是书何以作？曰为以夷攻夷而作，为以夷款夷而作，为师夷长技以制夷而作。"① 并指出"善师四夷者，能制四夷，不善师外夷者，外夷制之"②，主张师夷长技者有三：一是战舰，二是火器，三是养兵练兵之法。为达此目的，须建立造船厂和兵工厂，聘请外国专家技师学习西方造船铸炮术，并传授驾船操炮之法，把先进的技战术学到手。

然而魏源的《海国图志》出版后却遭到世人冷遇。显然，1840年鸦片战争中英国跨海而来的坚船利炮，还不足以惊醒中国这个拥有绵延数千年文明中心地位的古老文明，沉溺于四书五经与科举考试不可自拔的儒家精英们还没有意识到这不是一次寻常的"外夷入寇"，而是一场千年未有之大变局。他们还没有做好准备，还不打算做任何改变。1862年，日本幕府曾派考察团访问清朝，长州藩藩士，后来的倒幕派早期领袖高杉晋作也随团来到上海，他遍寻上海书店，想买一本《海国图志》竟不可得。高杉晋作遂在日记里写下："清人的思想同中华的正道相差太远，清朝知识分子陶醉空言，不尚实学。"③《海国图志》自1851年传到日本后，受到武士、公家、华族，甚至皇族的一致追捧，洛阳纸贵，一书难求。在日本，1851年时《海国图志》的售价只要130日元，1854年已达180日元，1859年更是涨至436日元④。鸦片战争没有打醒沉睡的中国人，却让日本惊出一身冷汗，从此奋发图强。早期的明治维新志士，无一不受魏源的思想影响，若干年后，也是他们让中国付出了最惨

---

① 魏源:《海国图志》，岳麓书社1998年版，第1页。
② 魏源:《魏源全集》（第六卷），岳麓书社2004年版，第1078页。
③ 郑焱:《近代湖湘文化概论》，湖南师范大学出版社2008年版，第31页。
④ 参见刘燕:《〈海国图志〉在中日两国的传播及影响之比较》，《邵阳学院学报（社会科学版）》2017年第5期，第24—29页。

痛的代价。

1842年8月,中英《南京条约》签订,魏源的《圣武记》及其检讨鸦片战争的附录《夷艘寇海记》刻印出版。在仔细分析中国周边地缘政治客观规律的基础上,魏源提出了针对西方入侵者的战略[①]。

首先,中国的基本地缘政治格局是非常有利的,清朝的一个重大历史贡献,就是使得东北、内蒙古、西藏、新疆、云贵高原等边疆地带成为中国版图不可分割的一部分,这些战略资产使得我国获得西进欧亚大陆心脏地带,以及南下印度洋的战略通道。

其次,英国的优势是海权和英属印度殖民地,英国的战略就是发挥其海权优势,依托其英属印度殖民地,包围、封锁、控制沿海的大陆国家。而对中国而言,仅仅依靠在东南沿海被动防御是远远不够的,要破解英国的海权优势,就必须实行攻势防御,发挥陆权力量,从云贵、西藏甚至新疆出发,以云贵为主攻方向,通过缅甸通道直扑英属印度殖民地。

魏源的战略极其大胆且深具战略理性。从物质能力而言,当时的清朝也未必不能完成,毕竟乾隆皇帝就曾数次远征缅甸,而面对英国东印度公司的强大压力,缅甸东吁王朝为了救亡图存,也曾试图发动先发制人的预防性战争,突袭英属印度殖民地,远征加尔各答。

可惜,在鸦片战争打响的时点上,魏源孤木难支。

而英国则对海权战略有着透彻的了解,对中国情况的了解甚至要超过清朝朝廷,更不用说英国对于社会规律和自然规律的认识、理解和把握能力都远远超过了清朝。

英国充分发挥自己的海权机动性优势、火力优势,以及军队组织、

---

① 李婷婷:《论〈海国图志·筹海篇〉中魏源的民族主义思想》,《品位经典》2020年第6期,第27—28、31页。

训练、战术上的巨大优势，对清朝的防御力量展开了一场降维打击。在长达两年的战争中，英国军舰摧毁了许多海防炮台，用密集的炮火轰击一个又一个城市，甚至直接威胁紫禁城。不论防守的清军英勇抵抗抑或是望风而逃，英国总是可以轻易拿下任何一个设防的城市。在战争中最重要的战役——镇江保卫战中，英国甚至在中国的土地上拥有兵力优势，参加这场战役的英军人数高达6905人①，而防守的清军只有3000—4000人，结果清军在付出上千人伤亡的代价后丢失了镇江，而英军也遭受了开战以来最大的损失，共39人战死、130人受伤、3人失踪②。

镇江丢了，战争的结局也就注定了。为何镇江在战略上如此重要？因为镇江是南北漕运的节点。英国本来就牢牢控制着中国近海的制海权，一旦攻下镇江，则清朝南北漕运就被立刻切断，清朝统治中枢就无法再从富饶的南方省份获取粮食、食盐和白银供给③，很快就会遭遇财政危机的致命打击，清朝的统治就会濒临瓦解。道光皇帝深知战争已无法再维持下去，准备重组朝政，对英议和。

同时东印度公司在华培植多年的地下网络也全部动员起来，为英国侵略军服务。

曾经充当东印度公司间谍、参与"阿美士德"号行动的波美拉尼亚传教士郭士立直接为侵略军充当向导、翻译和谈判人员，并协助侵略军在占领区建立地方施政机构。此外，清朝行商、怡和洋行买办伍秉鉴和伍绍荣父子积极为侵略军和洋行通风报信，暗中为英军补充给养，并充

---

① 参见茅海建：《天朝的崩溃：鸦片战争再研究》，生活·读书·新知三联书店1995年版，第441页。
② 参见茅海建：《天朝的崩溃：鸦片战争再研究》，生活·读书·新知三联书店1995年版，第443页。
③ J. Makeham, *China: The World's Oldest Living Civilization Revealed,* London: Thames & Hudson, 2008, p.331.

当侵略者与清政府内投降派的沟通桥梁。

清政府内投降派,包括大学士穆彰阿、直隶总督琦善、盛京将军耆英等都动员起来,与阻断自己财路的林则徐等禁烟派积极斗争。穆彰阿参倒了林则徐,琦善接任钦差大臣,耆英则最后在丧权辱国的《南京条约》上签字。琦善在与英人谈判的过程中绝不许其他官员在场,每次只带怡和洋行买办鲍鹏随侍左右。更可笑的是,在南京与英国侵略者谈判的耆英还公然向璞鼎查讨好,要认璞鼎查的儿子为义子,璞鼎查也欣然接受,将自己儿子改名为耆英·璞鼎查(Qiying Pottinger)……

在大英帝国里应外合的全面打击下,清政府被迫屈服,接受英国的要求。

1842年,中英双方代表签订了《南京条约》。条约规定开放广州、厦门、福州、宁波和上海五口通商,给予在华外侨治外法权,赔偿损失的鸦片货值300万英镑(1200万银元),并正式割让香港岛(这座岛屿已于1841年1月26日被英国占领,作为英属东亚殖民地的主要贸易和军事基地)。

英国派到香港的总督,在职级上与印度总督平级,但是印度总督的辖区几乎包括整个环印度洋地区,香港总督则仅仅管辖香港岛。

由此可见香港在英国的地位,也由此可以窥见英国的大战略思维。

英属印度殖民地是大英帝国全球霸权的基石,也是大英帝国版图内的正式成员——有19世纪的世界地图为证。香港,则像一个节拍器、控制器、传感器,管理着大英帝国体系中看不见的东亚非正式殖民帝国。在英国的大战略思维中,看不见的非正式殖民帝国,同世界版图上清晰可见的、正式的大英帝国一样重要——如果不是说更重要的话。直到今天,英国那看得见的帝国早已烟消云散,而几乎所有的主要离岸金融中心,尤其是在亚太地区的离岸金融中心,无一例外,都曾被英国殖民统治。

无论如何,鸦片战争结束了一个旧时代,开创了一个新历史阶段。只是谁也料想不到,这个新历史阶段所蕴含的,竟然是此后100年不间断的血腥杀戮、战争、革命、改革、近代化,以及西方跨国资本在华利益格局的大洗牌。

东方的罗斯柴尔德:沙逊家族崛起

英国鸦片利益集团当然是鸦片战争的最大赢家。在鸦片战争结束之后的3年间,印度输华鸦片从1839年的35000箱增长到1855年的78000箱,翻了一番,货值超过1000万英镑。如此庞大的鸦片贸易基本被操纵在怡和、宝顺、旗昌三大洋行手中,早在鸦片战争之前三大洋行就控制了全部鸦片贸易的一半,到了战时,仅怡和一家就控制了全部印度输华鸦片的2/3,战争结束后这个优势进一步巩固。

鸦片战争的另一个大赢家则非怡和洋行莫属。1841年,渣甸在"众望所归"下,当选为英国国会议员。怡和洋行的股东们则在战争的血雨腥风中,"20年分享了300万英镑的红利……其中大部分都是在最近10年(1837—1847年)里积累的"[1],成为东方首屈一指的"洋行之王"。

首先,怡和和宝顺两家洋行垄断了从中国到印度的航线,不管谁经营的鸦片生意都得从这条航线运送,运费由怡和洋行来定,并由怡和洋行经营的孟加拉保险公司进行承保;其次,怡和洋行还可以在孟买市场和加尔各答的鸦片拍卖中以卢比对银元的有利比价预付款项,而在中

---

[1] Robert Montgomery Martin, *China, Political, Commercial and Social, an Official Report*, (Volume 2), London: Brewster & West, 1847, p.258.

国以销售所得用银元收回垫款；再次，从 19 世纪 50 年代起，大部分从印度出口的鸦片是以伦敦承付的票据购进的，而怡和洋行则是用其联号——伦敦马地臣公司承付的票据进行支付的。这种汇兑业务规模庞大，以至于早在 1845 年即进入中国的老牌英资银行丽如银行的全部汇兑生意"还没有怡和洋行一个柜台处理的款项多"，到 1863 年，怡和洋行干脆在上海成立怡和钱庄，直接向中国商人和其他洋行放贷及办理汇兑业务。

鸦片贸易的产业链条上的生产、运输、保险、销售、融资、汇兑，除了深入印度腹地的罂粟种植园无法控制外，其他环节几乎全部掌握在怡和洋行的手中。

这一漏洞被一个来自巴格达的犹太家族牢牢地抓住，敏锐地加以利用，仅 30 年就彻底打垮了怡和洋行在对华鸦片贸易中的垄断地位，成为新的鸦片贸易之王。这就是后来被称为"东方罗斯柴尔德"的沙逊家族。

沙逊家族与罗斯柴尔德家族同属于塞法迪犹太人，自古就生活在阿拉伯伍麦叶王朝（白衣大食）统治下的伊比利亚半岛上（今西班牙），从事金匠和钱币兑换的生意，并经常作为意大利热那亚银行家族的代理人从事信用调查、收放贷款等业务，在这个过程中逐渐建立起自己的商业信用和金融网络。

直到 15 世纪 90 年代，随着西班牙基督徒将阿拉伯人的政权赶回北非，塞法迪犹太人亦被逐出西班牙（1492 年）及葡萄牙（1497 年）。此后，罗斯柴尔德家族流亡德意志依旧从事老本行，后来成为德意志王室的"宫廷银行家"。还有一部分犹太金融家族逃往荷兰、比利时，很快就凭借多年积累下来的信用和金融渠道东山再起，并参与了阿姆斯特丹银行、荷兰银行和荷兰东印度公司的建立。

当时伊斯兰文明远比基督教文明更为开放、包容，于是沙逊家族继续留在伊斯兰文明中谋求发展。他们一路向东搬迁至中东波斯湾地区的商贸中心，即阿拉伯阿拔斯王朝的首都巴格达。沙逊家族凭借犹太人独有的金融触觉和经验，为中东地区商贸往来中实际存在的大量融资和汇兑需求提供相应服务，很快就成为中东波斯湾地区首屈一指的金融家族，并长期担任巴格达的首席财政官，为巴格达的每任统治者提供融资服务——先是阿拉伯人，后来是蒙古人，再后来是奥斯曼土耳其人……统治者们则把沙逊家族称为"纳西"，意即"犹太人之王"①，实际上是巴格达地区整个犹太社区的族长。

但是好景不长，到了18世纪末19世纪初，巴格达地区的反犹情绪高涨，奥斯曼土耳其帝国派驻巴格达的地方官开始大规模迫害犹太人，作为"犹太人之王"的沙逊家族首当其冲，不得不在1826年逃往波斯湾港口城市巴士拉②。这座城市当时是英国东印度公司在整个波斯湾地区的活动中心。沙逊家族在巴士拉生活了6年后，又于1832年举家迁往英属印度的孟买③。不久后族长大卫·沙逊加入英国国籍，并创建了沙逊洋行④，开展金融和贸易业务，开始了一段新的传奇。

沙逊家族采取和罗斯柴尔德家族一样的商业组织模式：

大卫·沙逊坐镇孟买总部，将大儿子阿尔伯特派往巴格达，主管家族在西亚波斯湾地区的生意；将二儿子伊利亚斯派往上海，主管家族在香港、广州、上海、横滨、长崎等地开设的分支机构；将另一子沙逊·大卫·沙逊派往伦敦，掌管家族的对英棉花贸易⑤；小儿子亚瑟则被派往香

---

① 张仲礼、陈曾年：《沙逊集团在旧中国》，人民出版社1985年版，第2页。
② C. Roth, *The Sassoon Dynasty,* London: Robert Hale, 1941, p.33.
③ 张仲礼、陈曾年：《沙逊集团在旧中国》，人民出版社1985年版，第3页。
④ 张仲礼、陈曾年：《沙逊集团在旧中国》，人民出版社1985年版，第4页。
⑤ 张仲礼、陈曾年：《沙逊集团在旧中国》，人民出版社1985年版，第5—6页。

港担任汇丰银行董事会的家族代表[1]。

于是，从西欧到中东，再经印度到中国，沙逊家族编织了一张绵密的贸易和金融网络。依靠这张网络，沙逊洋行很快发展成为波斯湾地区最大的贸易机构和全印度首富，到1864年大卫·沙逊逝世时，沙逊洋行拥有的资本金已经超400万英镑[2]。而沙逊洋行正是依靠其遍布全球、深入印度全国的金融和贸易网络，并且控制了印度鸦片原产地的生产和销售网络，打败了怡和洋行，成为鸦片贸易以及建立在鸦片贸易基础之上的远东金融网络的新霸主。

自工业革命以来，近代世界工业的核心是纺织业，特别是棉纺业，其在各主要工业国家都是战略产业，而沙逊洋行多年来专门从事向当时的世界工厂——英国出售印度和中东原棉。等到沙逊家族介入鸦片贸易后，即以长期原棉贸易积累下来的巨额财力贷款给印度各邦的鸦片种植者，用信贷控制的方式来经营鸦片产业，而以鸦片在孟买出售所得来收回本息。当时怡和的飞剪船队控制着中印两国的贸易航线，怡和洋行的舱单表明，沙逊洋行仅仅在其建立两年之后，即从1834年起就以自有资金将鸦片运往中国了。

鸦片战争的硝烟刚刚散去，大卫·沙逊就派次子伊利亚斯赴香港设立了一个专门经营鸦片的分支机构。由于沙逊洋行早已在加尔各答和新加坡建立分支机构，因此，除了无法打入中国沿海贸易运输系统外（由于怡和洋行商船队垄断海上航线），当时在印中鸦片贸易的链条中的每一个环节都有了沙逊洋行的分支机构。1850年大英轮船公司建立孟买一

---

[1] ［英］毛里斯·柯立斯：《汇丰——香港上海银行（汇丰银行百年史）》，中国人民银行总行金融研究所李周英等译，中华书局1979年版，第161页。

[2] 张仲礼、陈曾年：《沙逊集团在华两次发展高潮的资金来源》，《上海经济研究》1986年第2期，第48—54页。

加尔各答—香港—上海航线以后,沙逊洋行所欠缺的沿海贸易运输的这一环节也得以弥补。到1860年,沙逊洋行开始使用怡和洋行和宝顺洋行在19世纪三四十年代所采取的办法:大量囤积鸦片,以低价向中国市场倾销,并向中国商人提供贷款以及定期发货。这使沙逊大大拓展了在中国鸦片市场中的份额。

然而沙逊洋行真正的力量在于他们对那些愿意正常交货的英属印度商人给予高达成本3/4的预付货款①。在参与鸦片贸易之后,因为沙逊洋行的根据地就在孟买,所以它可以通过大量有经验的代理商前往生产地廉价收购尚未收割的罂粟,甚至采取惯用的高利贷手法,直接向产地农民收购罂粟"青苗",甚至沙逊洋行还可以通过广泛地对印度各地的罂粟种植园提供信贷从而直接控制鸦片生产规模。

怡和洋行在印度的合伙人曾试图采取同样的办法,但怡和洋行在鸦片贸易经营中有一个致命的弱点:不掌握印度鸦片的生产,只能依靠印度当地的代理商和中间商,它的预付货款是通过孟买和加尔各答的大型代理商号提供的,无法影响产区,怡和洋行进货的价格就完全被这些代理商所控制了。等到了1871年,局势已经很明朗了,沙逊洋行成为公认的印度和中国全部鸦片库存的主要持有者,是各类鸦片70%的拥有者和控制者②。

直接控制印度鸦片产地的沙逊洋行从鸦片贸易中攫取的利润是惊人的。1817年加尔各答每箱鸦片的拍卖价格与中国的卖价相差400银元,到1839年,怡和洋行大班渣甸在给代理商的信中披露:"在最好的年头,

---

① 参见[法]勒费窝:《怡和洋行——1842—1895年在华活动概述》,陈曾年、乐嘉书译,上海社会科学院出版社1986年版,第17页。
② Edward Le Fevour, *Western Enterprise in Late Ch'ing China-A Selective of Jardine, Matheson & Company's Operations, 1842-1895,* Cambdrige: Harvard University Press, 1970, pp.27–29.

鸦片的利润可高达每箱1000银元。"[①]为了两万箱鸦片英国就不惜与中国一战——直到 1911 年，每箱鸦片的利润仍高达 1000 两白银，平均利润率为每箱售价的 30%。居于鸦片贸易霸主地位的沙逊洋行，在 1840—1914 年的 74 年间，一共获利高达 1.4 亿两白银，平均每年获纯利 200 万两[②]，这不啻是一个天文数字。

就在沙逊洋行加冕鸦片帝国王冠的第二年，即 1872 年，继承了大卫·沙逊事业的阿尔伯特获得英国国王授予的爵士称号。阿尔伯特和他的弟弟汇丰银行董事亚瑟与英国王室关系极为密切，是英王爱德华七世和乔治五世的密友。阿尔伯特的次子爱德华·阿尔伯特·沙逊于 1887 年迎娶古斯塔夫·罗斯柴尔德的女儿艾琳·卡洛琳·罗斯柴尔德。两家联姻之后，此前若隐若现的联盟关系得到犹太人传统的宗法关系的巩固和维护，沙逊家族的声势更显高涨，这无疑进一步加强了其在远东的经济和政治地位。

深知大势已去的怡和洋行不得不淡出鸦片贸易，将业务重心放在了仓储、运输、保险、汇兑、放贷等服务于贸易的产业。

此时渣甸早已去世，渣甸的外甥威廉·凯斯威克接管了渣甸家族在怡和的股份，从此开始了怡和洋行的凯斯威克时代，直到今天。

马地臣则黯然淡出怡和洋行在中国的业务，专心经营伦敦马地臣公司，后来成为英格兰银行行长和英国第二大土地所有者（仅次于王室）。马地臣家族的继承人休·马地臣则在 1873 年用家族鸦片贸易所得在西班牙西南部城市维尔瓦收购了一处矿山，成立了一家矿业公司，将其命

---

① 孙庆、沙辰:《中英关系史话》，社会科学文献出版社 2000 年版，第 14 页。
② 张仲礼、陈曾年:《鸦片起家的沙逊集团——沙逊集团研究之二》，《上海经济研究》1984 年第 2 期，第 38—41 页。

名为"Rio Tinto",即力拓集团①。

然而鸦片贸易只是沙逊家族获得财富的一种手段,作为传统犹太银行家族,金融的血液流淌在每个沙逊人的血管里,他们深知,真正大道无形的财富榨取和控制手段,是金融。对中国,他们最终的目的,是要控制中国的金融命脉;他们的战略,是在没有中央银行体系的清代中国建立起听命于自己的"中央银行";他们的武器,是以汇丰银行为首的外资银行体系;他们要进攻的突破口,是清代中国金融体系中最强大也是最脆弱的部分:中国本土的钱庄、票号体系。

汇丰银行:一个金融帝国的诞生

沙逊王朝的开创者大卫·沙逊于1864年11月7日病逝于英属印度波纳的寓所。在死之前,大卫·沙逊做出的最后一项重大战略决策是参与创建汇丰银行。

鸦片战争以后,洋行经营的国际贸易对金融服务有着大量的需求。在诸如国际汇兑、放贷、贴现、结算等环节,商人们都需要金融机构的协助。直到第二次鸦片战争结束,远东地区对华贸易的金融业务一般由怡和洋行和旗昌洋行来兼营。另外,一些总部在英国和印度的银行也在香港做一些金融业务,比如丽如银行、渣打银行、有利银行等。但这些银行的经营重心并不在中国,因此,它们所提供的金融服务并不能因地制宜而又适时地满足对华贸易的需要。到了19世纪60年代,这种金融服务的欠缺状况已经越来越明显。大卫·沙逊敏锐地捕捉到

---

① Kutney, Gerald, *Sulfur: history, technology, applications & industry*, Toronto: ChemTec Publishing, 2007, p.22.

了这个解决中国金融问题的机会,决定择机进军中国当时几乎还不存在的银行业。

有两份关于在中国成立银行的商业计划书摆在了沙逊的办公桌上:一份是孟买本地英国商人开始筹建面向中国市场的"中国皇家银行";另一份是一位年轻的苏格兰航运商人送来要成立"香港和上海银行"的计划书,最终那位毫无银行业经验的年轻人的计划打动了沙逊。这个苏格兰小伙子名叫托马斯·苏石兰,时年只有30岁,却已经是著名的大英轮船公司驻香港业务总监和1861年才刚成立的香港黄埔船坞公司(即今天的和记黄埔有限公司)主席。

1864年年初,苏石兰搭乘大英轮船公司的"马尼拉"号小火轮,从香港驶往汕头、厦门和福州,沿途进行商务考察。船上放着好多本《布莱克伍德杂志》。被船上近乎静止的时间折磨得无聊透顶的苏石兰专心阅读这些杂志,其中碰巧有一些关于银行业务的文章,简直入了迷。后来苏石兰回忆道,"我平生从未开过银行账户,只在买办那里有一个账户,而且是经常透支的。但是我认为,如果机会合适,世界上最简单的事情之一,就是根据苏格兰原则在中国开设一家银行"。

于是,当天晚上,苏石兰写出了现在还存放在汇丰银行档案内的那份商业计划书,计划募集资本金500万港元。次日,苏石兰把计划书拿给"香港最优秀的律师"波拉德,注意到有一万港元的手续费可得,他就拿着这份计划书走遍了香港所有大商行,驻在香港的伊利亚斯·沙逊几乎第一时间就拿到了这份计划书,立刻就呈送给了远在孟买的大卫·沙逊。

大卫·沙逊一下子就喜欢上了这个主意。这是因为作为一家总部设在香港和上海的银行,与那些仅仅在香港和上海设立分行的银行相比,联系更加便利,这一点在交通通信还不发达的19世纪显得尤为重要。

市场机会转瞬即逝,那些需要向远隔重洋的总行请示汇报的银行在与汇丰银行的竞争中只能居于下风。

而且,根据伊利亚斯·沙逊发来的情报证实,被后人称为"香港通货之父"的香港总督罗便臣把促进香港金融业发展,作为其任内的施政重心。罗便臣认为虽然香港已经有多家总行设在伦敦和孟买的银行进驻,但如果有一家本地银行,则不仅可以适应急剧扩大的贸易发展需要,还可以照顾到香港殖民政府关于港口码头、公用事业建设的需求,为港英当局出力。草拟中的"香港及上海银行"正好满足罗便臣的要求,会被港英当局视为"我们自己"的银行,在承办港英当局的官方业务方面将占据明显的优势,这样就极有可能取得发钞行地位,并接手港英当局的往来账户。

大卫·沙逊立刻就批准了这个项目,远在香港的伊利亚斯·沙逊马上在苏石兰的项目计划书上签字。1864年8月6日,汇丰银行召开了由14家发起洋行参加的临时委员会第一次会议,亚瑟·沙逊代表沙逊洋行出席了这次会议。1865年年初,汇丰银行完成筹备工作。3月3日,汇丰银行正式开业,总部就设在今天香港汇丰银行的所在地。

除了沙逊洋行之外,还有一家历史悠久、实力雄厚的英资大洋行——宝顺洋行参与创建了汇丰银行。另外一家老牌美资大洋行旗昌洋行也于1866年加入汇丰董事会。(见表3-2)

除汇丰银行之外,沙逊家族在银行业的野心也遭到远东"洋行之王"怡和洋行的坚决抵制。这种抵制,既基于伦敦金融城盎撒系与犹太系势力版图划分的区隔,更源自实实在在的利益之争。

表 3-2　汇丰银行临时委员会构成名单

国籍	机构名称	人员名字
英国	宝顺洋行 Messrs Dent & Co.	孔莱·乔姆利 Francis Chomley
美国	琼记洋行 Augustine Heard & Co.	阿尔伯特·赫德 Albert F. Heard
英国	大英轮船公司 Peninsular and Oriental Steam Navigation Co.	苏石兰 Thomas Sutherland
英国	蕴吔洋行 Messrs. Lyall, Still & Co.	麦克莱恩 G. F. Maclean
德国	得忌利士洋行 Douglas Lapraik & Co.	得忌利士 Douglas Lapraik
德国	禅臣洋行 Siemssen & Co.	尼逊 Woldemar Nissen
英国	太平洋行 Gilman & Co.	莱曼 H. B. Lemann
英国	费礼查洋行 Fletcher & Co.	希密特 W. Schmidt
英国	沙逊洋行 David Sasson & Co.	阿瑟·沙逊 Arthur Sasson
英国	公易洋行 Smith Kennedy & Co.	布兰德 Robert Brand
英属印度	广南洋行 Messrs. P. & A. Camajee & Co.	佛兰吉 Pallanjee Framjee
英国	搬鸟洋行 Borneo Co. Ltd.	亚当森 Wm. Adamson
英属印度	顺章洋行 Messre. P. F. Cama & Co.	丹吉韶 Rustomjee Dhunjeeshaw
丹麦	毕记洋行 John Burd & Co.	海兰德 George J. Helland
英国	法律顾问	波拉德 Pollard

资料来源：刘诗平：《金融帝国——汇丰》，香港三联书店 2007 年版，第 9 页。

早在鸦片战争爆发之前，盘撒系巴林银行家族羽翼下的怡和洋行就以鸦片贸易中获得的大量现金开展汇兑和贷款业务。鸦片战争之后，怡和洋行的银行部门实际上包揽了上海大部分的国际汇兑业务，不仅包括一般的商业汇款，连英国政府的汇款也由它经手。各国领事汇到香港的公款，直到 1855 年还在用怡和洋行的汇票。鸦片战争后，一批在伦敦注册的以印度为基地的英国银行，虽然先后将业务扩展到香港和上海，侵蚀着老牌洋行的业务领域,但国际汇兑业务仍然把持在有实力的怡和、旗昌和宝顺等大洋行手中。1863年,怡和洋行还创办了"怡和钱庄",积极贷款给中国的钱庄和地方政府,与上海70多家钱庄保持着密切联系,在上海滩钱业公会里声名显赫。现在汇丰银行要抢怡和洋行利润优厚的国际汇兑和贷款业务,怡和洋行自然要誓死抗争。

然而,一场席卷全球的经济危机爆发了,近代中国第一次经受了资产泡沫危机的洗礼。两起看似毫不相关的地缘政治事件共同导致了这起改变历史走向的经济危机:第一件事是美国南北战争结束,美国重新统一;第二件事是曾国藩的湘军攻克南京,太平天国运动宣告失败。

美国南方各州的奴隶制种植园和英属印度本来是国际市场上最主要的两大棉花供应者,而在以纺织业为支柱产业的早期工业化社会里,棉花作为一种基础原材料的价值和意义,几乎要超过现在石油、天然气、铁矿石等原材料对于人类社会的价值和意义。可以说,在两次鸦片战争时期,整个世界工业上层建筑的基础就是印度和美国南方各州的棉花种植园。

可是美国南北战争爆发后,掌握制海权的北方即对南方实施海上封锁,南方对世界市场的原棉供应立刻中断。英国棉纺织业转而趋向使用印度棉花,印棉价格随即暴涨,截至美国内战结束前的1865年,印度棉花价格已经由每磅两便士猛升到七便士[①],刺激资本市场掀起了一个炒作棉花的狂潮,孟买和加尔各答的棉花市场,一时成为英国和东亚大小资本家投机的对象。西方资本中的对华贸易圈子自然不能自外于这股棉花热潮之外,在华经营的各大洋行纷纷在棉花生意上下了重注,据史料记载,仅仅在1863年的下半年,从上海输出的棉花就达360000担,价

---

① 张国辉:《晚清钱庄和票号研究》,中华书局1989年版,第125页。

值在 200 万英镑以上①。据当年参与治花交易的当事人所记:"是年（即 1863 年），南北花旗（指美国）开仗，种花固属不多，又值歉收，以致印、英西两国无处购棉接济机厂，乃至中华贩运。初时，上海市价花衣每担银九两八钱，一二天后涨至十二三两……不及十日，涨至十七八两……前后不过半月之久，原包净货竟涨至二十五六两。"②投机狂潮一直延续到 1865 年，就在 1865 年这一年之内，仅从上海载运棉花到英国去的船只，就多达 250 艘③。

棉花泡沫催生了更大的金融泡沫。

在英国本土，1860—1865 年，包括银行、贴现公司、金融信托公司在内的各种金融企业的数目和资本直线上升，英国殖民地银行也急速膨胀，1862—1865 年的四年间，先后诞生了 19 家银行。仅 1864 年登记的殖民地银行就多达 7 家；在香港和上海，新设的英资银行同样如雨后春笋，它们打着一两百万英镑资本的招牌，金库中却空空如也，但是它们的股价却节节上扬：汇隆银行的股票升水 40%、丽如银行的股票升水 70%、渣打银行（麦加利银行）的股票升水 100%、新成立的利华银行刚一开张股价立刻升水 150%、有利银行的股票升水近 200%……④

此时，"噩耗"传来，美国内战结束了，震撼全球金融业的棉花危机开始了。

伦敦金融城首当其冲，1866 年，一连倒闭了 17 家银行。

伦敦金融地震的冲击波迅速冲向东亚，1866 年，香港、上海出现开埠 20 多年来的首次金融大恐慌，一系列外资银行和本土钱庄倒闭……

---

① 参见《北华捷报》1864 年 1 月 9 日，第 6 页。
② 徐润:《徐愚斋自叙年谱》，江西人民出版社 2012 年版，第 11—12 页。
③ 参见汪敬虞:《外国资本在近代中国的金融活动》，人民出版社 1999 年版，第 41 页。
④ 参见刘诗平:《金融帝国——汇丰》，香港三联书店 2007 年版，第 16 页。

当金融海啸的大浪退去，沙滩上还屹立不倒的，只剩下老牌的丽如银行、有利银行、渣打银行（麦加利银行），以及有国家背景的法兰西银行和汇丰银行①。

上海的棉花多头们也纷纷爆仓，这其中就包括"阿美士德"号事件主要负责人林赛。林赛在鸦片战争后，自己也创办了一家洋行投身对华贸易，一度身家直追怡和、宝顺等头部英资洋行，他自然也不会放过在棉花狂潮中分一杯羹。结果美国内战结束，棉花价格崩盘。资本主义就像一架无情的机器，将自己入侵古老东方社会的急先锋也碾压得粉碎。

如果仅仅是棉花市场崩溃，或许还不至于将林赛等一众在华洋行大班逼入绝境，中国的太平天国运动也遭清廷镇压。原本为了躲避战火而逃到上海租界的中国东南省份的地主士绅纷纷离开上海回到原籍，一同离开的还有他们的钱，于是，上海的房地产价格立刻崩盘，资产泡沫破裂②。在双重打击下，林赛终于破产。20年后，林赛在一贫如洗中死于伦敦。

汇丰银行的发起行之一宝顺洋行也没能逃过这一波大宗商品和房地产价格泡沫双重破裂的残酷打击，于1866年破产。汇丰银行的一根支柱、老牌的宝顺洋行竟然被击垮，这时的巴林家族，在危机打击下已经自身难保，无力顾及东亚，只能眼睁睁地看着宝顺洋行被世界棉花危机和上海房地产泡沫崩盘拖下水。

讽刺的是，不论是前东印度公司间谍林赛，还是大鸦片贩子宝顺洋行，都是西方资本主义、殖民主义入侵中国的马前卒，都在鸦片战争的酝酿、爆发的过程中扮演了极其不光彩的角色，也都在鸦片战争中赚得

---

① 刘诗平：《金融帝国——汇丰》，香港三联书店2007年版，第6页。
② 参见［英］班思德：《最近百年中国对外贸易史》，海关总税务司署统计科译印1931年版，第81—84页。

盆满钵满,在大英帝国炮舰的威慑下,不管是林则徐、清廷,抑或是饱受鸦片毒害的中国人都拿他们无可奈何,没有实力为后盾的正义无从伸张,然而,这些西方资本入侵中国的马前卒、急先锋,却被资本运动本身吃干抹净。

宝顺洋行倒闭,紧接着旗昌洋行也在危机的打击下于19世纪70年代初淡出中国市场。两大台柱的倒下,对羽翼尚未丰满的汇丰银行而言,不啻一场地震。

此时依旧坚持着的是进行鸦片贸易的沙逊洋行。从1866年起,沙逊家族所有在华鸦片贸易所得利润全部通过汇丰银行进行汇兑。在世界金融海啸的背景下,唯一还有超额利润的生意,就是鸦片。这个维持伦敦金融城和英国生命线的定海神针,再一次稳定了东亚的局势,并成为国际银行家们完成东亚利益格局洗牌的武器。被怡和洋行阻挠而迟迟不能颁发的银行经营许可证也终于得以下发,汇丰银行立即主动出击,开始在银行同业中重新洗牌。

当时在华最具实力的外资银行,是最先进入香港和中国内地的丽如银行。它当时在远东的地位,正如当时报纸载文所说:"差不多像英格兰银行在英国的地位。"[①]

为了应对1866年全球性金融危机,在华外资银行领袖丽如银行打算在一种当时国际贸易中最流行的信用支付工具上做文章,这个信用支付工具就是汇票。

汇票是出票人签发的,委托付款人在见票时或者在指定日期无条件支付确定金额给收款人或者持票人的票据。

假设有一笔国际交易,A是买方,住在深圳;B是卖方,住在洛杉

---

① 刘诗平:《金融帝国——汇丰》,香港三联书店2007年版,第20页。

矶；A需要向B支付货款，如何支付？A不会背着一箱现金乘飞机去洛杉矶给B，而是会写信给另一个住在洛杉矶的客户C，C有可能曾经向A赊过账、借过钱；也有可能是家银行，A在这家银行有储蓄存款，总之C欠着A一笔钱，那么A就写信给C，命令C把欠自己的钱支付给B。在这里，写这封命令书的A就是出票人（买主），命令支付的对象C就是付款人（买主的债务人），拿着这封命令信去找C要钱的B就是收款人或者执票人（卖方）。

然后，B拿着A的付款命令，找到C。如果这封命令书上写道：命令C见到这封信之后，立马给收款人B支付货款，不得延误，那么就是即期汇票；如果命令书中没有要求C立刻给钱，而是命令C在未来某个规定的时间，比如三个月或者六个月之后，把钱付给B，那么就是远期汇票。

然而B拿着远期汇票不放心啊，万一几个月后C不讲信用拒绝付款怎么办？C为了让B放心，提笔在支付命令书上写了一句话："我（C），一定在某某日给你（B）支付多少多少钱。"签了字，画了押，表明A的命令书我认了，这债务我来承担，这就是承诺兑付，简称承兑；这种命令书就是远期承兑汇票。如果C是普通商业公司，那么这纸支付命令书就是商业承兑汇票；如果C是银行，那就是银行承兑汇票。

现在B拿着承兑汇票还是不放心，或者急用钱等不及在规定的日期去找C兑付，那么B为了早点拿到现金、落袋为安，会把这张承兑汇票转手卖给其他商人D，这就是汇票贴现。这种汇票的转让交易一般售价会比票面金额低一点，这个差额就是B把C的违约风险，或者资金的时间成本，转卖给D所必须支付的价格。比如票面载明的到期支付款项是100元，而D购买这张汇票实际支付的价格是95元，汇票到期时D会找C按照票面金额兑付，那么这个差额5元钱就相当于D的风险收益。

汇票是起源于早期国际贸易的一种结算方式。早在公元8世纪，阿拉伯商人就开始使用类似票据支付货款。13世纪，意大利北部的商业城邦开始在国际贸易中广泛使用这种票据，并产生承兑汇票。

汇票是国际贸易中最主要的一种信用支付工具，很大程度上缓解了金本位下货币供应不足的问题，甚至可以说没有汇票就没有国际贸易本身。

丽如银行就是以汇票为武器，应对1866年全球金融危机。1866年6月，在在华外资银行业龙头——丽如银行的倡议下，包括渣打银行（麦加利银行）、有利银行和法兰西银行在内的几家银行达成协议，把过去一贯采用的6个月到期的汇票，缩短为4个月到期。从1867年1月起，各银行在中国的分支机构，不再买卖超过4个月到期的汇票，原因是造船业与航海技术的改进，以及苏伊士运河开通使得欧洲与中国的海上运输航程大为缩短，继续使用6个月到期的汇票，有可能让使用承兑汇票的商号利用货款到手而汇票尚未到期的空隙时间，以到手的货款进行其他商业活动，从而造成潜在的违约风险。用缩短汇票付款期限的办法，银行就可以指望商人在货物尚未脱手时、根据其存货所开具的汇票即已到期，因而必须依靠本次交易以外的资金偿付货款。因此，只有资金比较雄厚的商号才能进行这种交易，而银行和它们打交道，承担损失的风险也就小得多。

这个银行同业间的协议，遭到了汇丰银行的抵制。当其他银行拒绝购买6个月到期的汇票时，汇丰银行逆向操作、大量吃进。

不仅如此，汇丰还进一步利用其他银行只做4个月到期汇票的机会，一方面以低价购进商人们急需脱手的6个月到期汇票（即贴现）；另一方面高价抛出大量4个月到期的本行汇票，卖给竞争对手丽如银行等。一买一卖之间,赚取了大量利润。仅半年,汇丰的汇兑业务便由920万两库平银迅速上升到1300万两[①]。不到10个月,其他几家银行便不得不重新经营6个月到期的汇票。

在这场"期票大战"中,汇丰银行旗开得胜,"中国的英格兰银行"这一头衔易主,汇丰银行自此成为中国外资银行界的领袖。在汇兑、存款、印钞、放贷等业务方面,汇丰银行也同样在加速运转,蒸蒸日上。

汇兑业务是这个时期所有在华外资银行的主要业务,汇丰银行也不例外。在汇丰银行刚成立的十年中,包括汇付、贴现和承兑在内的汇兑业务迅速增长,从1865年成立时的1442.9万港元开始,在1866年因为全球金融海啸的影响,汇丰就掌握了从香港、上海到孟买、加尔各答的全部汇兑渠道,此后汇兑业务逐年上升,至1872年达到7450.7万港元[②]。

汇丰银行的另一项独门暗器,是大量吸收中国储户存款。汇丰银行成立后,一改过去外资银行只重国际汇兑而忽视存款的商业习惯,将吸取存款作为当务之急。不仅从多方面吸收存款,而且金额大小不拘——大宗款项固然欢迎,小额存款也不嫌弃。

然而真正使汇丰银行得以打开中国银行业存款市场的关键性"生产要素",是汇丰等西方银行在中国享有的政治特权。

中国人在汇丰银行存款,汇丰银行就能依靠英帝国的势力,拒绝清政府调查任何中国储户的账户。因为有了这个特权,汇丰银行的营业柜台简直成了清朝境内的"离岸金融中心"——在一个历史上产权一直无法得到明晰有效保护的传统社会里,忽然破天荒地出现一个封建王朝管辖不到的财富避风港,这就吸引了无数中国民间财富进入汇丰银行的资

---

① 参见汪敬虞:《外国资本在近代中国的金融活动》,人民出版社1999年版,第70页。
② 参见刘诗平:《金融帝国——汇丰》,香港三联书店2007年版,第24页。

产负债表。据统计，汇丰银行在1865年的存款余额仅为300余万港元，但到了1913年，存款余额达到2.9亿港元以上。

由于汇丰银行被港英当局视为"我们的银行"，因此备受优待和庇护，享有港币发钞权。1872年，港英当局准许汇丰银行发行票面为1元的小额钞票。随后，汇丰银行的小额钞票大量出笼，并迅速流通于华南各地。1874年3月，上海《字林西报》刊登2月四大英资发钞银行——丽如、渣打（麦加利）、有利和汇丰的钞票发行额，在实发的350万元钞票中，汇丰发行的钞票占到了51%以上[①]。汇丰通过发行纸币，所掠夺到的财富是十分巨大的。1893年洋务派知识分子郑观应在他的《盛世危言》中曾指出："若今之洋商所用的银票（纸币），并不由中外官吏验瞧虚实，不论多少，为所欲为。闻英商汇丰银行在粤通用之票百余万，该行已获利二百万之谱。"[②]此后汇丰银行发行的港币在中国大量流通。特别是在华南几乎代替了中国货币的地位，成为计价流通的工具。

通过吸收存款和发行纸币，汇丰银行掌握了巨额流动资金，从而在办理商业抵押贷款和商业票据贴现等业务之外，还有能力办理对清政府出于军事、政治需要的贷款。不管是左宗棠平定新疆阿古柏叛乱，还是洋务派建设各种近代化工矿企业和近代海军，都曾从汇丰银行取得巨额融资。

此时的汇丰银行已经成为香港最大的发钞行、港英当局的出纳行、所有在华同业的结算行，成为名副其实的"中国的英格兰银行"。

这时已经完成转型（从鸦片贸易到贸易服务业）的怡和洋行变得更为现实，面对汇丰银行的强势，怡和洋行新领导者凯斯威克家族不得不更积极地去考虑两家的关系。整个远东金融格局为之一变。

---

① 参见刘诗平：《金融帝国——汇丰》，香港三联书店2007年版，第25页。
② 郑观应：《盛世危言》第四卷，内蒙古人民出版社1996年版，第402页。

然而汇丰银行的期许，并不仅仅是充当管理在华外资银行的银行，而是要成为管理整个中国金融体系的银行，成为真正的中国的中央银行。在金本位时代，要做到这一点最好的办法就是成为清政府的债主。而让一个政府欠债最好的办法有两个，一是战争，二是政府投资的大规模基础设施建设。于是就有了从 1851 年太平天国起义开始一直到 1874 年西北回民起义被平定，20 余年不间断的战争，整个中国被打成一片焦土，政府财政被彻底摧毁，不得不向金融机构融资。在 20 余年的战争结束之后，紧接着就是 20 年兴办西式企业的洋务运动，同样需要大笔融资。

此时的清政府还有另外一个选择可以获得融资，那就是中国的金融系统——钱庄票号体系，钱庄票号同时还为中国的对外贸易进行大量融资，控制着中国经济的富源。为了彻底控制中国的财政金融，就必须控制中国的钱庄票号体系，只有控制了中国的钱庄票号体系，才能真正实现国际金融资本对于旧中国经济命脉的纵深控制。此时，中国也有一位银行家站出来对抗国际银行家，这个人就是胡雪岩。

生丝大战：胡雪岩的滑铁卢

1881 年 5 月胡雪岩开始不动声色地大量吃进江浙生丝，准备控制住生丝货源向洋行叫板，此刻他并不知道自己真正的敌人是谁。

银行家胡雪岩是通过一系列金融创新发家的。作为左宗棠的总军需官，胡雪岩运用自己阜康票号的信用和金融网络，于 1867 年首创以海关税为抵押向洋行和外资银行举债的策略为左宗棠的军事行动融资[1]。

---

[1] 吴景平：《晚清外债史研究》，复旦大学出版社 2005 年版，第 46 页。

此后 14 年间，胡雪岩住在上海，一方面替左宗棠收解各省协款，另一方面代向外国资本举借大批洋债，共计洋款 1600 万两白银①，作为回报，胡雪岩吃进这笔银子的大笔利息回扣，而且所有借款都从阜康银号走账，还可以上演一出空手套白狼的好戏——利用银子到账和官府提走银子之间的时间窗口把这些银子放贷出去吃利息。同时胡雪岩还首创了以战争公债的方式动员中国商业资本为国家战争融资的全新模式：1878 年胡雪岩在上海召集江浙一带商人创设乾泰公司募股认购债票，拟议以 5000 两白银为一股，向华商筹借巨款 350 万两②，其间胡雪岩作为债券的主承销商自然又大赚了一笔。

从 1851 年太平天国起义到 1878 年西北战事最终平定，中国整整打了 27 年的国内战争，到战争终于结束时，胡雪岩已经建成了一个金融帝国。1878 年，他拥有 6 家海关银号，多家票号、钱庄，26 家当铺以及大大小小的商号和上万亩土地，仅这个金融辛迪加③的旗舰银行——阜康票号的分支机构就达到 20 多处，资产在 2000 万两白银以上④，约合今天的 10 亿美元。当时全中国最优秀的商业和金融才俊最想求职的单位不是汇丰银行，也不是怡和洋行，而是胡雪岩的阜康银号。

对于银行家来说，仅仅把银子堆满银库是毫无意义的，要让这些银子变成资本生息生利，就必须把它们投入生产和贸易领域，让它们转起来。然而当时的中国，还处于小农经济，没有任何近代工业的生产因素，自然无法把银行资本投入生产率极高的近代工业之上；而把银子投

---

① 吴景平：《晚清外债史研究》，复旦大学出版社 2005 年版，第 42 页。
② 参见吴景平：《晚清外债史研究》，复旦大学出版社 2005 年版，第 49 页。
③ 原指企业中的工会，大都是同一生产部门的少数大企业通过签订统一销售商品和采购原料的协定而建立的组织。
④ 参见余少彬：《胡光墉的破产及其影响》，《汕头大学学报（人文科学版）》1992 年第 2 期，第 46—53 页。

到利润率极低、风险极大的农业和手工业上,既无吸引力也无必要——广大的中国农村,是高利贷者的天下,与银行家无缘。对于银行家来说,只有一个出路,那就是商业贸易,特别是大宗商品的海外贸易。

就海外贸易而言,我国自鸦片战争以来,丝茶贸易一直主宰着出口贸易,光绪一朝(1875—1908年),丝茶两项合计平均每年占到全部出口额的60%①,仅生丝一项在1883年即高达惊人的40%,全部生丝出口额高达3000万两白银,而在19世纪八九十年代,朝廷岁入不过7000万两。天朝富源之半数尽在生丝贸易中②。进入19世纪80年代,中国正式被纳入世界经济分工,外贸转向长期逆差,江浙生丝虽然向来是出口大宗,但生丝贸易的主动权,尤其是定价权却操纵在以怡和洋行为代表的外国商人手中③,对华商予取予求。不仅是生丝,茶叶出口的定价权也被外国资本势力所操纵,其结果就是,"二十年来以业茶起家者十仅一二,以业茶破家者十有八九……问其故,皆曰:利柄操于夷人"④。覆巢之下,安有完卵;茶叶如是,生丝亦复如是。上海第一份民族资本创办的近代中文报纸《汇报》就曾愤愤不平地指出:"外国悬价以待丝,中国悬丝以待价,以致卖客往往折阅"⑤,致使中国"自有之货不能定价,转听命于外人,每岁受亏,动款百万"⑥,"凡中国之贩丝茶者,几于十岁而九亏"⑦。

---

① 参见宁可:《中国经济发展史》第三卷,中国经济出版社1999年版,第1706页。
② C.F.Remer, *The Foreign Trade of China*, p.46。
③ 参见汪敬虞:《从中国生丝对外贸易的变迁看缫丝业中资本主义的产生和发展》,《中国经济史研究》2001年第2期,第23—38页。
④ 欧阳昱:《见闻琐录》第5卷,1925年版,第6页。
⑤ 《汇报》1874年7月14日。
⑥ 彭泽益:《中国近代手工业史资料》第二卷,生活·读书·新知三联书店1957年版,第298页。
⑦ 姚贤镐:《中国近代对外贸易史资料》第二卷,中华书局1962年版,第997页。

在外资洋行通过种种手段控制中国生丝定价权的整个 19 世纪 70 年代，胡雪岩一直隐而不发，像秃鹫一样盘旋在人们不易察觉之处，冷冷地寻找着洋行控制体系的破绽。

外资洋行，尤其是英资洋行控制了国际贸易的外销渠道、航运、保险、贸易融资等，其背后又有大英帝国的炮舰以及庞大生产和金融能力做后盾，似乎无坚不摧，不可战胜。然而胡雪岩还是敏锐地捕捉到了洋行的死穴——不控制生丝的生产。胡雪岩不认识大卫·沙逊，但共同的商业头脑和战略眼光让他们选择了同样一条道路——直接控制生产的源头。

为了验证自己的策略，胡雪岩在 1876 年便开始大量囤丝，结果生丝价格"今日三百数十两，明日即昂贵至四百余矣，又隔宵而五百余矣"[1]。这次囤丝大获成功，令胡雪岩更加坚信自己以金融力量行轻重之术，夺回生丝定价权的方针。

方针已定，胡雪岩所耐心等待的，只是时机。

机会终于在公元 1882 年（光绪八年）到来了。当年 5 月，丝季伊始，人们估计生丝收成可达 8 万包，然而实际只收成了 5.5 万包[2]。此前一年已经悄悄吃进生丝的胡雪岩立刻部署开始发动总攻。他动员起自己庞大金融辛迪加的每一个铜板，将 2000 万两白银全部投入商战，派人在江浙育蚕村镇四处采购，广发定金，控制货源，到 1883 年 5 月共囤积生丝 1.4 万—2 万包[3]，并邀丝业同行组成生丝价格卡特尔，坚持高价出售，倾尽全力与外资竞争。

---

[1] 许涤新：《旧民主主义革命时期的中国资本主义》第二卷，人民出版社 1990 年版，第 257 页。

[2] 孙翔：《清末三大金融危机的比较研究（1880—1915）》，硕士学位论文，湖南大学，2019 年，第 37 页。

[3] 参见《英国领事报告》，1883 年，第 230 页。

这一招果然奏效，在"1882年9月底，上等生丝在伦敦每包售价仅仅16先令6便士，但上海的丝价，由于胡的收购和操纵，折合英镑竟达17先令4便士"[1]。怡和洋行无奈之下，只得请大清海关总税务司、英国人赫德出面斡旋，以邀请胡雪岩合伙办丝厂为诱饵，以"市价以外，另送佣金"为条件企图说动胡雪岩售卖生丝[2]；此后不久，日本厂家也登门求购，开出的价格是，按照当前的市价，然后再加800万两白银，经谈判最后同意加到1000万两。此时只要胡雪岩同意，即可净赚1000万两白银。形势一片大好。然而胡雪岩拒绝了，他还想要更高的价格。

然而当时世界生丝市场上并非只有中国这一家供货商，欧洲的意大利、法国，东亚的近邻日本，都是主要的生丝出口国。在1881—1885年，意法两国共生产蚕丝339.7万公斤，与同一时期中国对外出口量的334.2万公斤相当，而同期日本蚕丝出口量也已达到中国出口量的40.7%。[3]

就在胡雪岩斥巨资囤积生丝的同时，"欧洲的蚕丝却见丰收，伦敦和欧洲大陆市场能够不顾中国的歉收（而低价购入生丝）"[4]。到1883年阴历年关时，丝价大跌，一半丝商推迟结算，金嘉记、朱永胜等大字号破产，累积亏蚀150万两，连累上海40家钱庄濒临倒闭[5]。胡雪岩再想邀集商人将当年的新丝再次收尽，以迫使洋商屈服，结果无人响应。

商战持续到1883年6月，好消息传来，中国丝又减产，估计只得

---

[1] 《英国国会文件》，1884年。转引自斯坦利：《胡光墉与晚清财政》，第74页。
[2] 参见史林：《洋场百年》第一卷，中国言实出版社1998年版，第50页。
[3] 参见孙翔：《清末三大金融危机的比较研究（1880-1915）》，硕士学位论文，湖南大学金融与统计学院，2019年5月，第35—36页。
[4] 《英国领事报告》，1883年，第230页。
[5] 张国辉：《晚清钱庄和票号研究》，中华书局1989年版，第149页。

3.5万包①。不幸的是，意大利丝再获丰收，上海市场生丝成交惨淡，买卖双方僵持了整整三个月。恰逢此时，一场金融风暴席卷国内资本市场，股市崩盘，轮船招商局和开平矿务局的股票分别从1882年10月的每股270两和每股230两，跌至1883年10月的每股90两和每股80两，12个月里股价狂泻2/3②。很快金融恐慌和流动性危机就波及了银行业，上海各大钱庄被迫抛售所持资产，包括上市公司股票以应对储户挤兑，造成股价进一步下跌和钱庄所持股票资产进一步贬值，更加资不抵债。到了1883年10月底，为求自保，原本为上海钱庄融资的山西票号和汇丰银行等外资银行停止向上海钱庄拆借资金，纷纷撤资③，上海本土钱庄业应声而倒。当时上海本埠大钱庄共有78家，到了1883年年底，仅剩10家④。

中国丝商之所以能够结成卡特尔，囤积生丝，统一定价，归根到底是因为有上海钱庄业在背后给予融资支持，此时由于金融风暴，上海的银根一天天收紧，招商局会办徐润声言，当时上海"举市所存现银不到百万，恐慌不堪言状"⑤。没有钱庄融资支持，大批丝商被迫斩仓出局，丝价直线下落。1883年9月初，上等四号辑里丝每包价格尚能维持在427两，10月间就跌为385两，11月5日更进一步下跌至375两⑥。此

---

① 参见孙翔：《清末三大金融危机的比较研究（1880—1915）》，硕士学位论文，湖南大学，2019年5月，第37页。
② 参见孙翔：《清末三大金融危机的比较研究（1880—1915）》，硕士学位论文，湖南大学，2019年5月，第39页。
③ 参见孙翔：《清末三大金融危机的比较研究（1880—1915）》，硕士学位论文，湖南大学，2019年5月，第40页。
④ 《英国领事报告》，1884年，上海，第232页。
⑤ 《徐愚斋自叙年谱》，转引自张国辉：《晚清钱庄和票号研究》，中华书局1989年版，第151页。
⑥ 参见《英国领事报告》，1883年，第230页；转引自张国辉：《晚清钱庄和票号研究》，中华书局1989年版，第150页。

时上海各洋行完全停止收购新丝，胡雪岩不支，"损失约在100万至125万两白银之间"①。

到11月9日，公众对阜康金融帝国银根问题的担忧终于爆发，阜康在杭州的分号泰来钱庄遭挤兑，随即挤兑风潮蔓延到上海阜康总部，恰逢此前胡雪岩出面为左宗棠办理的一笔汇丰银行400万两白银借款中的50万两白银付息的期限已到，而为这笔贷款作保的陕甘地方税收迟迟不能到位，另一个担保方苏松太道地方财政因为主管财政的藩台大人忽然"身体不适"也要推迟20天才能拨付，胡雪岩只好以阜康银行仅存的家底还债……

不堪重负的阜康金融帝国终于在1883年12月1日倒下②，胡雪岩所经营的"京城、上海、镇江、宁波、福州、湖南、湖北等地所开阜康各字号同时全行闲歇"③，再也无力支撑生丝霸盘生意的胡雪岩被迫割肉取现，以每包372.5两的低价将所囤积的生丝贱卖给了抄底的怡和洋行④。

胡雪岩组织的这场中国金融力量对国际银行家的反击，以完败告终。失败的一个重要原因是，胡雪岩根本就没有搞清楚自己的敌人是谁，他以为以怡和洋行为代表的外国在华工商企业是最大敌人，并以洋行的力量作为自己评估敌方力量的标准，似乎胜券在握。然而，超出胡雪岩认知范围的事实却是：他真正的敌人，是那些隐蔽在外资洋行身后的国际银行家。从1870年以后，作为金融资本化身的国际银行家就逐渐取代了商业资本的大洋行，控制了中国的金融和海外贸易，而这些国际银行家在中国的总代表，就是汇丰银行。

---

① 《北华捷报》，1883年12月5日。
② 参见《北华捷报》，1883年12月5日，第630页。
③ 《光绪十一年十一月十二日户部奏》，见《光绪政要·财政篇》（抄本），第2卷，《户部陕西司奏稿》，光绪十一年版，第8卷，第44—48页。
④ 张国辉：《晚清钱庄和票号研究》，中华书局1989年版，第150页。

在汇丰银行于1870年前后成为在华外资银行的"中央银行"以前，以怡和洋行为代表的大型洋行，可以以其巨额商业资本独立操盘中国的进出口贸易。然而，在19世纪70年代以前，中国对外贸易之所以需要巨额资本，主要因素不在于贸易额庞大，而在于贸易周转时间的缓滞。在中西海上运输单次航程需时6个月的条件下，一次贸易周转，即从货币到商品再到货币的流转过程，同时也是从本国货币到外国货币再到本国货币的转化过程，一般需要6—10个月，乃至12个月。也就是说，资本被扣在一次贸易上的时间，少则半年，多则一载。贸易上资本流转速度的迟缓，决定了必须垫付巨额资本。这是19世纪70年代以前怡和洋行等大洋行能够垄断的一个重要条件。

然而随着1869年苏伊士运河开通，垄断条件不存在了。苏伊士运河使东西方的航程缩短了一半，从而使贸易周转速度加快了一倍，同样贸易额所需要的垫付资本，现在只需要以前的一半。而且，中国和欧洲之间的电讯往来，也在1871年上海—伦敦海底电缆的铺设完成后正式建立，当电讯订货和电讯汇款普遍使用时，商人手中的资本流转速度即可百倍于前。在新的条件下，商人完全有可能在订货脱手之时甚至脱手之前就获得所需的货款，完全有可能在第一批货物到达对方之手以前，已经取得从事第二批贸易乃至多次贸易所需的资金。

与此同时，外资银行对"仅有小额资本的人"所提供的"改进资金融通的方式"，也是银行打破大洋行的有力武器。在这方面，银行的押汇贷款和票据贴现，起了决定性作用。此时，上海同伦敦一样，风行预约订货，只要订货合同一成立，洋行便可立刻从银行获得下一步周转所需要的交易资金。

到了1880年前后，大洋行依然存在，并且有所发展，但是中国贸易乃至整个经济局面的力量格局却大为改观。如果说，1880年以前中国贸易局面由在华外资大洋行控制，那么到了1880年之后，则是由殖民地银行资本实施统治。随着外国银行和洋行之间的地位和关系发生变化，外国银行和洋行与中国商人及其金融机构之间，在资金融通的关系上，也发生了相应的变化。

在外国银行立足于中国之前，中国进出口贸易的金融周转，基本上操纵在外资商业洋行的手里。不仅洋货进口，即使是土货出口，都需要洋行的资金周转。

从第一次鸦片战争后五口通商开始，洋行对中国丝茶就曾经采用派人带现款到产区直接收购的办法。19世纪50年代以后，演化为预订合同的预购制度，洋行"现在不是坐等产品上市，而是事先由中国雇员将大量货币送往乡村，预付货款，签订合同"。一直到19世纪70年代中期，这种贷款大体上仍由洋行独占。

中国钱庄所发行的"庄票"是中国商人向洋行周转信用的重要工具。庄票是中国钱庄很早就发明的一种便利商品交易的商业票据。"庄票者，钱庄因放款或商家之请求，而发出之无记名式，付款与持票人之票据也。"[①] 鸦片战争后，庄票在对外贸易中的地位日益上升。

由于五口通商，外商大量涌入中国，然而中外商人之间很难建立起信任关系，内地商人和洋商之间的交易都需要买办做中间人。而中间人因为大多只通外语，没有多少资金，所以外商对于这些没有经济保障的中间人也不敢信任。于是，钱庄就作为中间人的信用保证，出现在后鸦片战争时代的中外贸易之中。

钱庄为中间人提供信用担保，其方式是钱庄发行庄票，将之提供给中间人。庄票有即期付的本票，也有期票，一般自5天至20天不等，

---

① 杨荫溥：《上海金融组织概要》，商务印书馆1930年版，第46页。

一般最长不过10天。即期庄票见票即付,远期庄票未到期时可流通,与现金无异,还可向钱庄贴现。中间人向洋商办货时,用庄票支付,洋行等庄票到期后,再向钱庄取款,而购货者的钱在没汇到钱庄时,钱庄先为之垫付。这样,中间人对钱庄负责,钱庄对洋商负责,从而使中外贸易得以进行。

从总体上看,洋行自始至终是立于不败之地的受益者,从接受庄票和进行抵押放款所得的利息收入,始终占盈利的绝大部分。而这种融资的利息收入,月息都在2%—3%的水平上,至少不低于1.5%。因此,尽管有个别的失手,即使冒着失利的风险,在这块地盘上,洋行无不争先恐后,乐此不疲。

然而,这一笔丰盈的收入,在19世纪70年代以后,却几乎全部移到外资银行的柜台里来了。最后形成了这样的格局:在对外贸易中,中国商人将庄票交给外国商人后取得洋货,外国商人将庄票送到在中国的外资银行去收自己的账;而出售中国商品的商人在收到外国商人所出的支票后,也将这些支票送到外国银行去兑现。在华外资银行就建立了中国钱庄庄票和外国商人支票间进行轧账的票据交易所,使现金搬运得以避免,中外商人只清算双方在交易中的差额,从而大大便利了中外进出口贸易。

同时,外资银行也通过收取庄票,或对庄票进行贴现的方式对中国商人进行资金融通。庄票贴现在19世纪60年代就已经出现。19世纪70年代初期,外国银行对中国钱庄也开始发生直接拆放关系。这种拆放,通常两天一结。从外国银行看,这是"用最好的方式来利用这些头寸",而中国钱庄则得以"每天依照他们的需要",拆借所需的资金,使他们能够以有限的资金,"做庞大的生意"。这种资金融通的方式,中国的钱庄业者形象地将其称为"拆票"。

据1878年8月28日《申报》记载，到19世纪70年代，外商银行对上海钱庄的拆放额已达三百万两左右。到19世纪90年代，七八百万两的拆放额已习以为常。这使得钱庄在资金的周转上对外商银行的依赖性越来越严重。

为何外资银行只要掌握中国钱庄的银根松紧，就能掌握中国之货币发行权？因为中国的金融体系，实以钱庄票号为核心。

钱庄是玩"钱"的金融机构，起源于经营货币兑换的商铺，是经营特殊商品（货币）的商业企业，交易买卖不同种类货币。到鸦片战争结束后，钱庄的业务已经发展为货币兑换、吸取存款、发放贷款、办理划汇、签发庄票等信贷活动，满足商业活动日益繁盛所需要的融资需求。

而票号是玩"票"的金融机构，主要业务是通过"汇票"专营异地货币汇兑。其汇兑业务，分票汇和信汇两种，票汇即用汇票形式办理汇款，因为汇款双方交收汇款的唯一凭据是汇票，故称票汇。票汇也分两种，即票和期票，即票是见票兑付，期票则是约定付款期。持期票的客户，在兑付期未到之前急需用款的话，可以提前进行兑付，但要按月息支付利息给票号。票号将这种做法称为"认利预兑"，实际就是票据贴现。

当然票号的主营业务还是汇兑，它存贷款的对象也不是一般的商人，而是钱庄。票号在各地分号，一般都同两三家钱庄建立银两代理出纳的关系，票号的银两收付与保管都由钱庄打理。钱庄为票号开立银两或制钱往来账目，作为核算凭证。而票号则对钱庄庄票进行贴现，并对钱庄提供"拆票"支持。由于钱庄及其庄票在中外贸易中所发挥的创造信用的主导作用，票号对于钱庄的贴现和拆票支持就显得格外重要。

票号为道光初年山西商人创立，因此票号也一直被称为"山西票号"。票号与钱庄一直分业经营，各司其职，互相协助。然而胡雪岩却进行了另外一次伟大的金融创新,他的阜康银号除了南方钱庄的传统兑钱、存贷款、划汇、庄票等业务外,在全国设立了20多家分号,进行远程汇兑,开创了所谓"南帮票号"的伟大传统。

然而在太平天国起义被镇压以后,票号的主要资源转向为官府服务,包括汇兑各省饷银、税款和海关关税等,胡雪岩的阜康银号,其主要精力也转向为左宗棠的军事行动进行融资,而对于钱庄的融资支持的力度相应减小,钱庄则不得不向外资银行寻求"拆票"的融资支持,不知不觉间被汇丰等外资银行所控制。

汇丰银行对钱庄进行拆票支持,实际上是仿效英格兰银行,即资本主义发达国家中央银行对一般商业银行进行再贴现的办法,通过钱庄间接向中国商人提供贷款。并以之作为控制钱庄和金融市场的手段。

从外资银行拆借款项的钱庄不必另交抵押,只需出具庄票存于拆款银行作为担保即可获得所需款项,所以称为"拆票"。不久汇丰银行便达到"岁存庄家何止数百万"[①],形成钱庄流动资金大部分来自汇丰银行和其他英资银行的局面。一旦以汇丰银行为首的外资银行抽紧银根,钱庄就会周转失灵,甚至关门大吉。到了19世纪70年代后期,"上海钱庄用外国银行资本做生意,已经是众所周知的事实,近300万两的放款,竟为维持上海市面周转所必需的数量"[②]。一旦市面货币低于这个限额,银根就会立刻感到紧张。

到了这个时候,汇丰银行已经成为上海中国本土金融业的"中央银行",这个"中央银行"通过控制对钱庄的拆票控制了上海市面银根的松紧,因而也就掌握了清朝市场空间的货币发行权,而这,就是胡雪岩对洋商发动的生丝大战以失败告终的根本原因。

---

① 《答暨阳居士采访沪市公司情形书》,《申报》1884年1月12日。
② 《字林西报》1879年5月23日。

然而，控制中国的货币发行权只是汇丰银行代表国际银行家控制中国经济命脉的一场前哨战，灭掉胡雪岩也只是他们的牛刀小试，接下来他们企图控制中国经济命脉最根本的一环——财政权和税收权。为此，他们谋划、布局了半个世纪。

失落的天国：军阀崛起与洋务运动

1860 年 7 月，正率领太平军围攻上海的忠王李秀成惊愕地发现他的正面之敌忽然换成了一支由洋人指挥、全部由洋枪洋炮武装的奇怪军队。这支军队人数不多，但是火力强大、训练有素、斗志昂扬，与从前一触即溃的清朝军队截然不同，竟然将战无不胜的太平军顽强地阻击在了上海城下。很快潜伏在城里的内线发来情报，这支清军劲旅果然非同寻常，他们的指挥官来自英美，士兵由华人和马来西亚人混编，武器装备由上海城里的洋行买办、钱庄老板向洋行采购，军饷由控制在洋人手里的上海海关拨付，上海洋人租界当局对这支队伍进行政治控制，这支军队叫作"常胜军"。

李秀成百思不得其解，为什么信奉同一个上帝，一直跟太平天国眉来眼去的洋人，偏偏要在这个节骨眼上跳出来横插一杠？而当两年后，他再次率军攻打上海时，他面对的敌人，除了这支所谓的"常胜军"，还多了英国、法国的正规军队，以及由洋人供给枪炮弹药和军饷的湘军、淮军。

在危急时刻，上海洋人租界工部局董事会的董事们做出政治决策支援清政府，这些人还是汇丰银行的创建者，上海租界工部局的董事会与汇丰银行的董事会常常就是"一套班子挂两块牌子"。而为"常胜军"

和湘军、淮军提供军饷的上海海关①则演变出外籍税务司制度,即中国海关税务司只能由洋人来担任,而其主事者,都是租界工部局董事会的代理人;"常胜军"和湘军、淮军采购武器装备,都由组成这个董事会的各大洋行包揽。

洋人帮助清廷镇压太平军,当然不是为了"帮助合法政府平定内乱",而在很大程度上是为了鸦片、生丝和白银。原来,自1851年太平军兴起并迅速控制中国最富庶、海外贸易最活跃的长江中下游省份以来,太平军在其控制区内以宗教狂热的精神厉行禁烟,沉重打击了鸦片贸易,全国的鸦片进口量,从1853年的6.6万余箱跌落到1860年的5.8万余箱;而太平军的控制区又是中国生丝的主要产区,太平军的轻徭薄赋,使得生丝出口量大增,经上海出口的生丝从1851年的2万包飙升到1859年的8.9万包。②这样一来,竟然扭转了中国白银大量流向伦敦金融城的趋势,洋船又开始满载银锭来到中国换取丝茶。太平天国虽然与伦敦金融城信仰同一个上帝,但是谁动了金融城的奶酪,金融城的大佬们就一定要灭了谁。

为了对付太平军,洋人就要在中国寻找代理人,清廷当然要扶植,但是中国的中央政权既顽固,又实在不中用,还是要寻找更趁手、更好用的代理人,于是就盯上了曾国藩、左宗棠的湘军和李鸿章的淮军。曾国藩是鸦片战争时清政府投降派领袖、大学士穆彰阿的门生,左、李二人又都出自曾国藩的幕府,用起来一脉相承,驾轻就熟。

不过曾国藩、左宗棠、李鸿章这些人拿洋人的银子也是迫于无奈。太平军于1851年开始起义,两三年就席卷了清朝最富庶的省份,作为

---

① 参见范文澜:《中国近代史》(上编)第一分册,人民出版社1949年版,第541页。
② 参见范文澜:《中国近代史》(上编)第一分册,人民出版社1949年版,第150—151页。

财政支柱的淮河盐税、江南田赋、沿海关税几乎全部断绝，又连年用兵、屡战屡败，到了1853年7月17日（咸丰三年六月十二日），户部银库就只剩下22.7万余两白银了①。而当时，买一杆洋枪就得要10两银子，要想镇压太平军，必须找洋人风险投资。

镇压太平军、镇压捻军、镇压西北回民起义、收复新疆、中法战争、组建北洋水师，都需要银子才可以办成。仅镇压捻回起义、收复新疆，左宗棠就找怡和洋行、汇丰银行前后借款1600万两银子；在中法战争中，分属湘、淮系的两广、福建、闽浙督抚们又先后找汇丰银行借了1600万两银子；李鸿章为了办北洋水师，仅1887年一年就通过德国华泰银行贷款500万德国马克，约合1000万两银子，等等。②同时在漫长的战争生涯中，曾、左、李等人也深深地悟出了一个道理，要打仗就要花钱，就得有自己的地盘，有了自己的地盘才有稳定的财源，而且在这些地盘上还得建立自己的兵工厂、交通运输、工矿业，得"富国（自己的地盘）强兵（自己的私兵）"才能长久。朝廷是靠不住的，靠洋人只能仰人鼻息，归根到底，还得靠自己。

于是就催生洋务运动。在洋务运动初期，湘淮系的军阀们以"自强"为口号，引进大机器生产技术，在各自地盘建立起新的军事工业，极大加强了其军事力量。早在1861年曾国藩就在安徽安庆建立了安庆内军械所；李鸿章则在上海收购美资铁厂创办了江南制造总局，另外在南京设立金陵制造局；左宗棠先后创办了福州船政局、西安机器局、兰州制造局等近代军工企业。但由于生产管理方式还是衙门化的旧式管

---

① 参见中国人民银行总行参事室金融史料组：《中国近代货币史资料》（第一辑），中华书局1964年版，第176页，见张成权：《王茂荫与咸丰币制改革》，黄山书社2005年版，第54页。

② 参见中国人民银行总行参事室编著：《中国清代外债史资料（1853—1911）》（上册），中国金融出版社1991年版，第136—139页。

理，效率极其低下，江南制造总局造一条枪需要付出成本17两银子，而进口一条洋枪也不过耗银10两。

由于前期的军事工业耗费了大量饷银却没有明显成效，并且军事工业所需的原料也出现短缺，军阀们决定以"求富"为口号，再发展一批民用工业来筹集资金，于是从19世纪70年代起采取官办、官督商办和官商合办等方式，开办轮船招商局、开平矿务局、汉阳铁厂、天津电报局、唐山胥各庄铁路、上海机器织布局、兰州织呢局等民用企业。这批民用工业的产品很多是以市场为导向，具有一些近代资本主义大工业的味道。

与此同时，洋务派还开始筹划海防，在1884年初步建立起南洋（属左宗棠、张之洞之湘系军阀）、北洋（属李鸿章之淮系军阀）和福建、广东水师。在洋务派军阀控制了海军衙门以后，又进一步扩建北洋舰队，修建旅顺船坞和威海卫军港等。

此外还有修建铁路、修缮海塘、治理河道等大规模基础设施建设，在创造财富的同时，也像无底洞一样，吞噬着清朝的白银通货。为了把洋务运动推动下去，军阀们需要大笔的钱。然而朝廷自然是没钱的，华商们又被不靠谱的"官督商办"、与民争利吓跑了大半，这些民用厂矿的自我造血能力又需要一定时间才能展现出来，于是为了解决燃眉之急，只能向外国资本借债。

这正是国际银行家梦寐以求的。他们的目标，就是要通过贷款，以中国政府债权人的地位控制中国的工矿、铁路。控制了工矿，就控制了一个国家的造血干细胞；控制了铁路，则控制了这个国家的动脉。

从19世纪80年代中叶起，国际银行家开始利用政府借款掠夺中国的工矿、铁路等项权益，并且相互之间展开了竞争。1885年3月巴林系的怡和洋行为了同罗斯柴尔德－沙逊系的汇丰银行争夺各项借款特权，以兴修京西铁路、煤矿的名义向醇亲王奕譞的神机营贷款500万两，这笔款项名义上由怡和洋行联号——伦敦马地臣公司募集，实际上全部金额由巴林兄弟银行供给①。然而这笔贷款除支付船炮价款外，大部分被挪用于修建颐和园。1886年奕譞命令李鸿章向英、法、德诸国在天津的银行借款时，汇丰银行就通过粤海关监督向清政府贷放银100万两，充奉宸苑修缮南海工程费用。这些借款实际上等于国际银行家向中国军阀们变相行贿，以谋求染指铁路、航运、矿产等权益。此外中法战争期间，李鸿章与怡和洋行商定由巴林兄弟银行在伦敦筹集150万英镑（合600万两白银）战费借款②。

总之，巴林系的怡和洋行同罗斯柴尔德-沙逊系的汇丰银行为争夺向清朝政府贷款的权利而展开了激烈斗争。互相斗争的结果：从1883年到1888年的6年间，汇丰银行一家就放贷670万两左右，以此支持洋务运动的民用近代工业设施建设，约占同期同类贷款总额的84%；而怡和洋行只提供了100万两左右的贷款，仅占全部同类贷款额的12%左右。这个对比大致反映了当时伦敦金融城两大巨头罗斯柴尔德家族和巴林家族的实力对比。前者依靠雄厚的实力，逐步实现垄断对华政府借款的野心。

从1853—1893年，清朝一共举借了45项外债，共折合库平银4626万余两，担保品主要是关税，仅一小部分是厘金和其他收入。在清政府关税收入中，支付外债本利的款项平均约占15.8%，1892年最多占19.6%。这时国际银行家虽还不能利用借款来控制中国的财政经济命

---

① 参见［法］勒费窝：《怡和洋行——1842—1895年在华活动概述》，陈曾年、乐嘉书译，上海社会科学院出版社1986年版，第72页。
② 参见［法］勒费窝：《怡和洋行——1842—1895年在华活动概述》，陈曾年、乐嘉书译，上海社会科学院出版社1986年版，第65页。

脉,但已牢固地掌握了海关征税权及其行政管理特权。

然而中国毕竟是个有着强大底蕴的国家,拥有全世界最多的人口、广阔的消费市场和丰富的资源,一旦享受到短暂的和平和政治统一,就会迸发出强大的触底反弹的动能。上述外债到1894年中日甲午战争爆发前,除少数几项借款外,绝大部分都已清偿。

清偿债务,对于国际银行家来说,绝对是最大的噩梦。因为债务是他们控制世界的主要手段,中国清偿债务就意味国际银行家失去了控制中国财政税收和金融命脉最重要的一根绞索,而这是他们绝对不愿意看到的。他们需要展开一场足以彻底击垮中国财政的战争,战争的结果将给中国永远套上债务锁链不能自拔,把中国人每个毛孔里最后一滴血汗都榨干净。于是,就在中国即将彻底清偿债务的第二年,甲午战争爆发了。

第四章

日本崛起

随着西方资本主义入侵东方的步伐加快、程度加深、范围加大，对内改革、对外扩张，最终成功崛起、实现逆袭。这一章紧紧围绕三条主线展开：日本明治维新、日本崛起大战略，沙皇俄国冲向温暖海域出海口的大战略，以及英国拆解清朝朝贡体系、联日制俄大战略；其中的主要矛盾为日俄两国就争夺辽东半岛、朝鲜半岛和中国东北地区而展开的激烈博弈，博弈的结果就是沙皇俄国财政部部长、宰相维特伯爵建立的华俄道胜银行及其在中国东北金融扩张和金融掠夺所造就的卢布帝国基本完好无损，同时沙皇俄国还在义和团运动期间趁火打劫，直接出兵占领了我国东北。所有这一切又激起了列强联合制衡，英日同盟正式建立，矛头直指在东亚方向上扩张而来的沙皇俄国及俄法同盟。一场战争已经不可避免……

东北亚大棋局

不谋全局者不足谋一域。要透彻认识甲午战争的本质和历史意义，就不能仅仅把目光局限在中日两国关系的范畴，而应该首先放眼世界格局大势。如果我们不去计较一城一时的得失，而是以大战略的眼光去审视甲午战争前后国际斗争的主要矛盾，就会发现，日本的崛起及其先后发动甲午战争和日俄战争，并且在战争中获胜，很大程度上只是英语民族与沙俄争夺世界霸权这个大格局下，东北亚地缘政治板块演化的一种反映。

沙俄的实际开创者——彼得大帝，是具有世界性战略眼光的，他为沙俄制定的大战略，就是向周边的海洋全力冲刺，争夺进入世界大洋的出海口。这个战略的基本依据，就是现代西方文明乃至海洋商业文明；国家富强的要害，是进入海洋贸易网络；支配世界财富的要害，是争夺制海权。如果没有出海口，沙俄只不过是一个困守东欧北部内陆苦寒之地的三流国家；只有取得出海口，俄国才能富强。

在沙皇俄国争夺世界出海口的大战略当中，有四个传统的战略方向，这四个方向依次是俄国西部的波罗的海方向，南方的黑海方向，东南方的波斯湾、印度洋方向，以及东方的太平洋方向。

沙俄在前出大洋的战略方向上，最大的拦路虎是世界霸主英国。在英国看来，沙俄控制着从东欧平原到中亚草原的欧亚大陆心脏地带，具有称霸欧亚大陆的潜力，如果再让沙俄拿到这些出海口，顺利进入大洋，那就再没有人能制衡沙俄了。

更重要的是，近代英国世界霸权的根基在于它的印度殖民地，连接英国本土与其印度殖民地的海上交通线就是英帝国的生命线，如果让沙俄取得出海口，特别是在黑海、地中海方向和波斯湾、印度洋方向取得突破，那么沙俄就有能力随时切断英帝国的海上生命线，极大削弱英国的海上霸权，甚至攻略印度本土，彻底终结英帝国。这是英国绝对无法容忍的。

于是，为了束缚住沙俄，英国人竭尽全力，在沙俄向海洋扩张的几个战略方向上进行围堵，为此，哪怕发动战争也在所不惜。这当中最著名的战例，当然就是1853年到1856年的克里米亚战争，英法土耳其联军在黑海打败了咄咄逼人的沙俄陆海军，将沙俄牢牢封印在了黑海以北。

事实上，美国，也采取了同样的战略来对付苏联及后来的俄罗斯，从冷战时期一直到今天，美国对苏联及俄罗斯的战略基轴，就是把其牢牢封印在欧亚大陆北部内陆地区的苦寒之地。著名美国战略家布热津斯基在他的名著《大棋局：美国的首要地位及其地缘战略》当中，提出了所谓"地缘政治支轴国家（Geopolitical Pivots）"的概念，即那些"所处敏感地理位置，以及它们潜在的脆弱状态对地缘战略棋手行为造成的影响"①的国家，这些国家"位于以约束性关系（通过军事和经济协定以及文化的相似性相联系）和流动性关系（通过武器和商品贸易相联系）界定的大国势力范围的重叠地带……是大国用以争夺和控制'枢纽地带'的'支点'"②。

那么哪些国家是所谓的美国大战略的地缘政治支轴国家呢？从东欧到东亚，逆时针方向数过去，依次是乌克兰、土耳其、阿塞拜疆、伊朗和韩国，在地图上一看这些国家的位置就很清楚了，乌克兰的支轴作用在于阻止俄罗斯西进欧洲腹地；土耳其、阿塞拜疆的作用是阻止俄罗斯力量南下黑海、地中海；伊朗的作用就是封住俄罗斯进入波斯湾、印度洋的通道；韩国就是东北亚地区的一个瓶塞子，堵在俄罗斯力量东出太平洋的战略通道上。现代欧亚历史上发生的几场战争，20世纪50年代的朝鲜战争，1979年到1989年的阿富汗战争，以及正在进行的俄乌冲突等，从某种意义上讲都是1853年到1856年克里米亚战争的延续，都是手握世界霸权的英语民族围堵俄罗斯的地缘政治之战，其中的战略意涵，两百年来都是一以贯之的。只不过，在不同的历史时期，披上了不同的意识形态外衣。

事实上，以俄乌冲突为例，正是乌克兰在封堵俄罗斯大棋局中的地缘政治支轴作用，才使得西方在乌克兰下重注煽动颜色革命，用意识形

---

① ［美］兹比格纽·布热津斯基：《大棋局：美国的首要地位及其地缘战略》，中国国际问题研究所译，上海人民出版社1998年版，第55页。
② 刘宗义：《美国的全球战略枢纽建设及其影响》，《国际展望》2020年第4期，第1—23页。

态武器强行割裂了乌克兰与俄罗斯之间基于血缘和传统的合作关系，也割裂了乌克兰内部族群关系。正是克里米亚半岛对于俄罗斯海权的战略基石作用，在乌克兰发生亲西方颜色革命的情势下，俄罗斯政府才不得不于2014年，极富争议地从乌克兰手中夺回了克里米亚。由此所酿成的俄罗斯与乌克兰这两个兄弟民族之间的流血冲突，绵延至今，真是令亲者痛而仇者快。

回到19世纪下半叶的太平洋地区，沙俄通过中俄《瑷珲条约》和中俄《北京条约》，把自己的领土扩张到日本海沿岸，这就对日本构成了巨大的战略压力。我们平时都认为，中日两国隔海相望，一衣带水，但实际上，真正与中国隔海相望的，只是日本列岛中相对次要的九州岛。本州岛才是整个日本列岛的心腹地带，在1860年中俄《北京条约》清朝将乌苏里江以东的领土割让给沙俄后，沙皇俄国即与本州岛隔海相望。根据1860年的中俄《北京条约》，清朝把包括海参崴在内的大量领土割让给了沙皇俄国。海参崴是一个天然良港，从此沙皇俄国就在东北亚地区争取到了一个出海口，至今，俄罗斯太平洋舰队的基地还在海参崴。

但是沙俄取得海参崴，对于其海洋战略来讲，还只是一锅夹生饭。海参崴是东北亚大陆濒临日本海的出海口，日本海被阿留申群岛、千岛群岛、日本列岛和朝鲜半岛所构成的岛链严密包围，沙俄太平洋舰队到达西太平洋，只能通过日本九州对马岛与韩国釜山港之间的对马海峡。沙俄太平洋舰队其实与其黑海舰队一样，都面临非常窘迫的局面——被封锁在一片封闭的海域中，沙俄黑海舰队必须通过土耳其控制的黑海海峡才能进入地中海，太平洋舰队也必须通过日本控制的对马海峡才能进入富饶的西太平洋。

海参崴港口里的沙俄太平洋舰队的目标就是日本。就在吞下海参崴的第二年,即 1861 年,沙俄就急不可耐地出兵对马海峡,占领了日本的对马岛,如果沙俄控制了对马海峡,与海参崴基地首尾相连,它就可以彻底控制东北亚的制海权,日本将变成砧板上的鱼肉,任人宰割。

对马事件最后还是由英国出面解围。对于制海权和海权战略的认识,英国远比俄国深刻,英国对于沙俄太平洋舰队所面临的困境心知肚明,清楚沙俄占领日本对马岛的战略意图。出于围堵沙俄的战略考虑,当年 7 月,英国驻日本公使奥尔考克派两艘军舰迫使俄舰撤退①。

但是这件事情还是让英国大受刺激,沙俄在东北亚获得了一个深水良港,以这座深水良港为基地,沙俄太平洋舰队日益强大,压在英国东方的侧翼,让其寝食难安。

那么要如何遏制沙俄的扩张呢?英国把目光投向了东北亚地区的另一个地缘政治支轴国家——朝鲜。在 1885 年,英国海军部策划了一起冒险行动,妄图占据朝鲜的巨文岛,再以巨文岛为海军基地,堵住沙俄太平洋舰队南下的通道。对马海峡的日本一侧是对马岛,朝鲜一侧是巨文岛。巨文岛扼住对马海峡咽喉,全岛由西岛、东岛和古岛组成,三岛鼎足而立,中间形成一个可以停泊大型军舰的天然港湾,英国将这个港湾叫作汉密尔顿港。

1885 年 4 月 15 日,英国派出 8 艘海军舰船进驻巨文岛,企图霸占这座岛屿,实现常态化驻军。但英国惊险的一跃,却在东北亚的国际关系中掀起惊涛骇浪。英国霸占了朝鲜的国土,朝鲜自然非常愤怒。沙俄也坚决反对。日本也觉得在自家门口常驻一支强大的英国舰队,令其寝食难安,因此,日本政府也是坚决反对。对于清朝,一方面,朝鲜是清朝的藩属国,清朝对朝鲜有保护的责任和义务,自然不能坐视英国霸占

---

① 参见张文木:《全球视野中的中国国家安全战略》中卷,山东人民出版社 2010 年版,第 71 页。

巨文岛，清廷害怕一旦放任英国占领巨文岛，那么沙俄和日本出于力量均衡的考虑，霸占朝鲜的其他领土，会造成更大的麻烦；另一方面，这支强大的英国舰队固然是针对沙俄海参崴海军基地，若是掉头西进中国的黄海、渤海，对清朝京畿重地的国防安全，也会造成巨大的压力。于是，清朝也坚决反对英国霸占巨文岛。清朝除了派李鸿章、曾纪泽等人与英国交涉，还派出以定远舰为旗舰的北洋水师，前出巨文岛，以炮舰外交来威慑岛上的英国海军。

终于，到了1887年，在清朝、朝鲜、沙俄和日本的联合施压下，英国被迫从朝鲜南部的巨文岛撤军。从此英国清楚地认识到，东北亚处于英国海权力量的极限之外，不是可以轻易染指的。但英国也不甘心从此淡出东北亚的国际局势，不能坐视沙俄海军南下对马海峡。于是英国试图在远东地区扶植一个代理人，以此制衡沙皇俄国。

那么选择谁来做这个代理人呢？放眼东亚地区，只有清朝和日本两个区域大国具备遏制沙俄的潜力。在中日两国中，英国选择了日本。列宁曾经指出："英国一向做较弱的强国的朋友，是为了把较强的强国削弱到不足以危害英国的程度。……它同日本联络就是为了对付俄国人在东亚海上有威胁性的实力增长。"①

英国选择日本，只不过是因为日本足够大，大到足以牵制沙俄乃至清朝力量在本地区的扩张；日本又足够小，小到难以脱离英国为它划定的轨道。日本想要出轨，英国也有把握将其打回原点，正如半个世纪后太平洋战争所显示的那样。事实上直到今天，日本还是被牢牢把控在英美海权的轨道上，须臾挣脱不得。

英国要让日本尽快强大起来，尽快承担抗衡俄国的重任，就要首先

---

① 《列宁全集》第54卷，人民出版社2017年版，第766页。

把日本喂饱。为此，英国废除对日本的不平等条约，跟日本签署通商航海条约[①]，为日本的明治维新营造一个有利的国际环境，但是英国人是绝对不会把自己的利益让给日本的；英国只是看了与日本一衣带水的清朝一眼，日本立刻心领神会，耐心积蓄力量、等待时机，一旦它觉得时机成熟，就立刻扑上去狠狠咬了清朝一口，即挑起甲午战争。

明治维新与英国对华大战略

在沙俄的武力威慑下，日本武士的首要目标，就是明治维新。日本的明治维新是一套组合拳，内政、经济、对外战略三方面互为因果、互为手段、互相支撑的一个层层嵌套的整体。

日本明治维新的基本模式，就是建立牢固的中央集权，强化国家信用；以强大的国家信用为依托，发展资本市场，进而以资本市场的金融炼金术，为社会改革和富国强兵买单；用改革与富国强兵所形成的红利对外殖民扩张，对外战争，走帝国主义道路，进而用殖民红利、帝国红利反哺国内社会经济，形成国家发展的正反馈循环。

明治维新成功的原因就是废除封建制度，建立中央集权，形成强大的国家信用。从1869年7月开始，日本明治政府就接连推出"版籍奉还"和"废藩置县"两大政治体制改革措施，让日本的各个诸侯国，把自己名下的土地和管辖的人口，奉还中央政府；彻底废除从前的各诸侯国，改为中央直辖的郡县制等。这些改革措施使日本形成了强大的中央集权，土地和人口的统治权，从原来的各个诸侯国，转移到了中央政府，传统农业经济中最重要的两大财源——土地税和人头税的税收

---

① 参见叶昌纲:《中日甲午战争与英国》,《晋阳学刊》1987年第3期,第70—72页。

权，集中到了中央。这样，中央就可以用这些税收，形成中央财政，甚至以税收为抵押发行国债，形成资本市场，用财政工具和金融杠杆，形成大规模的固定资产投资，撬动日本现代制造业的飞速发展，实现富国强兵。

版籍奉还、废藩置县两项决定性的改革措施，牺牲的是日本统治阶级的利益。明治维新以前，日本社会的传统，就是诸侯封建制度，诸侯大名领有各自的土地和人口，再以土地和人口所形成的经济产出雇用武士，日本的封建诸侯和武士集团就成了日本的统治阶级，日本的封建社会结构具有强大的惯性，直到今天还能在日本社会中窥知一二。

诸侯大名因改革没了土地收入，也就没钱再给武士发俸禄。明治政府采取的应对措施，就是财政大包干，中央财政给武士发工资，像清朝的八旗子弟一样，国家负责把他们养起来，每年日本要为此花费2000万日元。当时日本政府全年的财政总收入才2000万日元，国家百废待兴，到处都是要用钱的地方，明治政府一年的财政支出足足有5000多万日元，别说是国家财政形成固定资产投资了，仅仅养活武士的开销就能使政府破产。

明治政府用资本市场的金融炼金术，不仅解决了这一问题，还以此为契机，使国家经济发展又上了一个台阶。

1876年8月1日，日本政府宣布废除俸禄制度，立即在全国范围内实行俸禄公债计划，把所有武士的俸禄全部置换成国债。具体实施办法是[①]：年俸超过1000日元的武士，一次发给6到7年俸禄总额的公债证书，利息为5分；年俸为100至1000日元的武士，一次发给7到10年俸禄总额的公债证书，利息6分；年俸20到100日元的武士，一次

---

① 参见汤重南：《日本帝国的兴亡》上册，世界知识出版社2005年版，第202页。

发给 10 至 13 年俸禄总额的公债证书，利息 7 分。公债的本金自发售后第 6 年开始抽签偿还，30 年内偿清。公债的发行总额达 17400 万日元，从此，日本政府一次性地把所有武士原来的俸禄都变成货币公债。

就在颁布俸禄公债计划的同一天，明治政府宣布大幅度修改《国立银行条例》，规定只要是政府发行的年息 4% 以上的公债，均可视为银行的抵押资本。[1]

这几乎是日本政府为这笔武士俸禄公债量身打造出的银行扩张计划，也是为上层武士集团转型成金融资本家，量身打造出的转型计划。此后，武士集团掌握的国债，大量投入银行业当中，形成银行资本。从 1876 年到 1878 年，日本新建立国立银行 121 家，资本金总额是 3508 万日元，其中武士集团俸禄国债投资额为 2912 万日元，占全国国立银行资本总额的 83%。[2]

到了 1890 年，以武士俸禄公债为主体的日本国立银行资本总额是大约 4900 万日元，而日本私人银行业资本总额只有 1900 万日元，显然，武士俸禄国债形成的银行金融资本，构成了日本资本主义发展的主体。

以武士俸禄国债所形成的银行金融资本，也驱动日本走上了不可遏制的帝国主义道路。上层武士的俸禄国债转化成了金融资本，但是广大下层武士却沦落社会底层，靠出卖苦力维持生计的下层武士比比皆是，这些武士的不满如岩浆般沸腾，只有对外殖民扩张，才能转嫁国内严峻的社会矛盾。依靠信用扩张而生的银行金融资本，必须靠投资产业资本形成实打实的利润，才能把信用扩张维持下去，因此，日本亟须打开海外市场，形成海外利润回流，以此完成经济体的自我生命循环。于是，

---

[1] 参见陈晓：《中央银行法律制度研究》，法律出版社 1997 年版，第 49—51 页。
[2] 参见湛贵成：《明治维新期财政研究》，北京大学出版社 2017 年版；万峰：《日本资本主义史研究》，湖南人民出版社 1984 年版。

日本把扩张的矛头，对准了朝鲜和中国。

但是，明治时期，日本国小力弱，即使甲午战争时期，如果单论国力，日本也未必比清朝强，日本凭什么贯彻帝国主义，选择走一条给欧美帝国主义列强当"酷吏"的道路。当时日本的实力，不足以支持它搞独立自主的帝国主义路线，但是在欧美帝国主义的战车冲向东方的历史过程中，日本努力跳到欧美帝国主义的战车上，一方面给欧美帝国主义做马前卒，做开路先锋，另一方面也是借着欧美帝国主义的战车，给自己的侵略扩张，碾压出一条道路来。

西方帝国主义列强入侵东方的历史大潮中，英国无疑是引领时代的弄潮儿。西方殖民东方，统治东方的基本架构，是英国用坚船利炮和廉价商品建构起来的。对于英国在印度建立起来的殖民帝国，最大最直接的威胁是沙俄，可以说，从1815年拿破仑战争结束一直到1991年苏联解体，国际政治的主要矛盾，就是英语民族与俄国争夺世界霸权的百年大博弈，世界各个地区，包括东亚地区的国际政治，都是服从和服务于这个主要矛盾的。所以，英国在东亚地区的一个政策主轴，就是遏制沙俄在这个地区的扩张，尤其不能让它突破对马海峡的封锁，南下印度洋。

英国在东亚地区的另外一个政策主轴，就是打破中国主导的传统朝贡贸易体系。英国要在东亚建立自己的殖民体系，建立自己的非正式帝国，推行所谓的自由贸易，最大的阻碍就是东亚地区实行了500年之久的东亚朝贡体系。

在清朝全盛时代，以中国为中心的东亚朝贡体系，从西向东，从中亚地区的几个汗国，到阿富汗、锡金、尼泊尔，再到缅甸、越南，经过南洋群岛的一些土著王国，再北上经琉球群岛一直到朝鲜半岛，从地图上看，这就等于中国把自己的势力范围向东、西、南三个方向整体向外推进了1000—2000公里，在中国的周边，编织起一张绵密广阔的战略纵深防御体系，在这个体系中，最重要的无疑是朝鲜、越南和缅甸这三个藩属国，朝鲜是中原王朝拱卫京畿最重要的屏障；越南和缅甸则是中原王朝保卫南部疆域最重要的屏障。

更重要的是，如果中原王朝谋求扩张，以朝鲜半岛为跳板，可以向东攻略日本列岛；越南胡志明市附近的金兰湾则是东南亚最好的深水良港，港口里可以停泊4万吨级的大型舰船上百艘，地理位置也非常重要，东南亚几乎所有的国家都向着金兰湾的方向亮出自己柔软的下腹部，最重要的是，金兰湾扼守沟通太平洋与印度洋的咽喉要道——马六甲海峡；缅甸面对印度洋，临近孟加拉湾，与印度近代最富庶的孟加拉地区相距较近，如果中国有心攻略印度和印度洋，争夺世界海上霸权，可以以缅甸为跳板。

清朝统治者既没有能力，也没有战略眼光去运作自己的朝贡贸易体系，争夺世界霸权，这些战略就是天方夜谭，但英国对中国主导下的这套东亚朝贡体系所蕴含的战略潜能看得很清楚。因此，英国在东亚的另外一大战略主轴，就是要肢解中国主导下的东亚朝贡贸易体系。

在中国主导的东亚朝贡体系中，缅甸与英属印度殖民地相距较近，也就是说，对英国威胁最大的就是缅甸，是一定要拔除的。于是英国于1823年和1852年先后两次发动入侵缅甸的战争，割占了缅甸的大片领土，形成了今天印度东北部的六个邦。之后，趁着1884年到1885年的中法战争，清朝无力干预缅甸局势，英国于1885年发动了第三次入侵缅甸的战争，彻底吞并了缅甸。

到了1886年1月1日，英国政府照会中国政府，宣布缅甸并入英属印度殖民地。同一年的7月24日，中、英两国在北京召开会议，清朝总理各国事务大臣奕劻与英国公使欧格纳签订《中英会议缅甸条款》，清朝被迫承认英国取得缅甸主权。从1823年到1886年，英国用了64年，拔掉了东亚朝贡贸易体系中缅甸这根柱石，封闭了中国在印度洋取得出海口，争夺印度洋制海权的任何可能性。

缅甸被英国并入印度，清朝主导下的东亚朝贡贸易体系，就剩下两根柱石——越南和朝鲜。丢了缅甸，中国就失去了向印度洋扩张的能力，但只要能保住越南和朝鲜，自保是没有问题的。但英国领导下的西方帝国主义，要打散中国的朝贡贸易体系，将东方彻底纳入西方殖民统治的轨道，是不会让越南和朝鲜继续存在于东亚朝贡体系当中的。紧跟着，1884年到1885年的中法战争从东亚朝贡贸易体系中剥离了越南；然后就是1894年到1895年的中日甲午战争，日本给以英国为首的西方列强做打手，从东亚朝贡贸易体系中剥离了朝鲜。

中国在主导东亚朝贡贸易体系时不思进取，反而在从1885年到1895年的10年里，连续失去了缅甸、越南、朝鲜这三个最重要的藩属国，从此屏障尽失，陷入空前的民族危机。中国人常说退一步海阔天空，但是在国际政治中，一个国家站在历史的十字路口上，往往是进一步海阔天空，退一步四大皆空。

通过上述分析，我们了解到东亚地区的大势，日本要做欧美列强的打手，需要做到两点，一是帮助英国遏制俄国；二是配合英国攻略中国主导下的东亚朝贡贸易体系。只有朝鲜离日本较近，不但是东亚朝贡体系中的核心成员国，而且也是封锁马六甲海峡，遏制俄国扩张最重要的国家。

如此一来，日本明治维新后，对外扩张的首要目标应该是朝鲜，可是，日本第一次对外侵略扩张，却南下冲向了我国的台湾岛。

西乡暴走与北洋亮剑

1874年5月,"维新三杰"之一的西乡隆盛的弟弟西乡从道,不顾列强以及明治当局的反对,率领3600人离开长崎港,启程入侵我国台湾。西乡的"暴走",从此拉开了日本帝国主义参加列强争雄的序幕。

台湾虽然已经于康熙二十二年(公元1683年)正式回归清朝的版图,但清朝还没有建立起海权思维,非常不重视经营台湾,对台湾的实际控制是非常薄弱的。但是在近代资本主义世界体系当中,台湾的价值却是十分重要,台湾樟脑球的产量世界第一,食糖的产量也非常可观,基隆还出产非常宝贵的无烟煤,当时海军军舰都是蒸汽动力,主要燃料是煤,如果烧一般的煤,就会产生大量的浓烟,非常容易暴露自己的位置和行踪,但是用无烟煤,就可以悄无声息地执行任务,某种意义上,可以将当时使用无烟煤的海军军舰与今天的隐形战斗机相提并论,它们所处的时代不同,科技内涵不同,但是战略意义是相似的。

台湾在地缘政治中所起到作用也是无与伦比的。台湾扼守着中国大陆的东南门户,台湾可以遥制大陆沿海七个省的海上交通线,从台湾向北是琉球群岛、日本列岛和朝鲜半岛,向南是东南亚群岛和马六甲海峡,向东就是浩瀚的太平洋。我国台湾是连接东北亚与东南亚、中国大陆与南洋群岛、东亚大陆与太平洋的交通枢纽,也是东亚大陆陆权与大洋海权之间力量翻转的枢纽。

西乡从道率军在台湾登陆之后,清政府也立刻派出6500人的淮军部队,前往台湾与日军对峙,并委派福建船政大臣沈葆桢为钦差,赴台湾与日军谈判。

本来,以当时中日两国两军的实力对比,清军的胜算远胜日军,但是1874年,中国刚刚从一系列的内战中摆脱出来,从1851年太平天国起义，一直到左宗棠平定阿古柏叛乱，大规模的内战从东南沿海一直打到西北边塞，国家亟须休养生息，因此在台湾方向上，朝廷竟然命令前线部队不得"衅自我开"。

日寇已侵入我国国土，我国军队却被命令坚决不准反抗，一切指望外交谈判解决危机。最后，在英国的调停下，中日签署合约，日军从台湾退兵，但是中国向日本赔款50万两白银，并且承认日军侵入台湾是所谓的"保民义举"。于是，西乡从道的军事冒险，就以体面撤军收场，还讹了中国50万两银子，并且在道义上逼中国承认，日本的侵略是所谓的"义举"。

清廷无原则的息事宁人外交，其实是失算了。在一个豺狼横行的世界里，花钱是买不来和平的，反而只会招来更多的豺狼虎豹。在事件平息之后，英国驻华公使在发给伦敦的电报中，吐槽："世界上有这样一个富强的大国，它宁可花钱，也不愿意为了捍卫自己的利益和尊严而战斗。"

清朝在1874年日本入侵我国台湾的事件中一味妥协退让，将在之后的短短20年内迅速发酵。就在日本犯台的第二年，终于把侵略扩张的矛头对准了朝鲜。

1875年5月，日本海军云扬号为旗舰的三艘军舰，入侵朝鲜的釜山港和仁川港，战事断断续续一直持续到9月，日本海军终于粉碎了仁川港江华岛朝鲜炮台的抵抗，随后，日本政府于1876年2月27日，逼迫朝鲜政府在江华岛签订了《日朝修好条规》，后世又称《江华条约》。

根据这项条约，朝鲜开放釜山、仁川和元山为通商口岸，与日本自由贸易，双边贸易使用日元结算，朝鲜对日本的进口商品免征关税，日本在朝鲜的通商口岸获得居留地，日本获得领事裁判权，等等。从此，日本商品如潮水般涌入朝鲜，而朝鲜赖以生存的基本生活用品以及各种矿产，比如粮食、煤矿、铁矿等，则源源不断地输往日本。朝鲜实际上沦为了日本的经济殖民地。

在政治上，日本用西方的国际法理念与主权国家思想来否定东亚朝贡体系，在《江华条约》的第一款就特别声明，"朝鲜国为自主之邦，保有与日本国平等之权"，实质上是日本明治政府借"自主"与"平等"之名否定清朝与朝鲜之间的宗藩关系，日后遇有任何纠纷，日本可据此拒绝清朝的介入与干预，目的是给中朝同盟设置障碍，把朝鲜从清朝的羽翼护佑下区隔开，然后进行宰割。1894 年，日本就以《江华条约》作为依据，以保障所谓朝鲜的独立自主为借口，发动甲午中日战争。

朝鲜地狭人稠，在封建小农经济条件下，本来百姓就生活困难，现在经济又被半殖民地化，更是雪上加霜，社会矛盾就立刻尖锐起来，日本的掠夺性贸易，造成了朝鲜近代史上多次骚动和民变、兵变。

1882 年 7 月 23 日，朝鲜汉城的五个营士兵，由于连续 13 个月没有领到军饷，爆发兵变。暴动士兵和市民攻入王宫，围攻日本公使馆，13 个日本人被杀，王室出逃到江华岛，汉城陷入一片混乱，史称壬午兵变。清朝派出 3000 人进入汉城镇压了兵变。但是日本趁乱派了 1500 人和 4 艘军舰，逼迫朝鲜政府签订了所谓《济物浦条约》，朝鲜政府向日本赔偿损失，并给予日本在朝鲜驻军的权利。但随后清朝与朝鲜在天津签订了《中朝商民水陆贸易章程》，清朝获得了在朝鲜的领事裁判权、海关监管权等一系列特权，并在朝鲜的仁川、元山、釜山等通商口岸设立了中国租界，从而使朝鲜成为清朝名副其实的附属国。总的来看，清朝占了上风，大大强化了与朝鲜之间的宗藩关系。①

日本对此非常不甘心，仅仅两年之后，即 1884 年，趁着清朝陷入

---

① 参见于恩鹏：《从近代条约体系视野探析中朝宗藩关系嬗变》，《兰台内外》2023 年第 5 期，第 67—69 页。

与法国的战争无力东顾，日本鼓动朝鲜统治集团中的亲日派，于12月4日，发动了甲申政变，夺取了朝鲜政权，建立了亲日派政府。

亲日派政府一上台，就宣布朝鲜"独立"，以后朝鲜国王可以自称"朕"，对朝鲜国王的尊称由"殿下"升为"陛下"，废除向清朝进贡，废除科举考试；改革内政、改革税制；发行内外公债；派遣留学生及断发易服，等等。亲日派夺权以后，还以国王谕旨的形式函告各国使节，日本、美国、英国、德国公使先后觐见朝鲜国王，向其表示祝贺。政变似乎大功告成。

1884年12月5日上午，驻扎在朝鲜的清军终于得到确切消息，亲日派在驻朝日军的支持下发动政变。1884年，正是中法战争的最高潮，为避免两线开战，朝廷三令五申，要求驻扎在朝鲜的部队，不得衅自我开。但是驻朝清军指挥官袁世凯，审时度势，当机立断，毅然率兵平叛。到了12月6日，袁世凯率领清军杀入朝鲜王宫，击败了王宫里的朝鲜亲日派和日本军队，击毙日军40名，清军也有10人阵亡，一举平定了叛乱。12月7日，朝鲜国王移居到袁世凯所部军营，召集大臣会议，商议善后，并召见各国使节，宣告政变平息。①

袁世凯平定了朝鲜亲日派政变后，清朝并没有怪罪袁世凯抗命，而是体恤他为国家立下的大功，封他为"驻扎朝鲜总理交涉通商事宜"。

就在袁世凯强势平定朝鲜"甲申政变"的第二年，在1885年发生了改变东北亚战略格局的巨文岛事件。英国为了遏制沙皇俄国，出兵占领了朝鲜的巨文岛，企图将巨文岛建设成英国的海军基地，这样就可以

---

① 《关于袁世凯在甲申政变中的作为》，参见马诗书、邵文翠：《论袁世凯在"壬午兵变"与"甲申政变"期间的作为》，《黑龙江史志》2008年第12期，第19—20页；路懿菡：《"甲申政变"中的袁氏叔侄》，《大连城市历史文化研究》2019年第1期，第133—136页；聂金凯：《袁世凯在朝鲜的活动与近代中朝日关系》，硕士学位论文，东北师范大学，2010年。

封锁对马海峡，把沙皇俄国太平洋舰队封堵在日本海里，甚至可以以巨文岛为基地直接进攻沙皇俄国太平洋舰队的基地海参崴。

巨文岛事件就像一根点着的火柴被扔进了火药桶，瞬间引爆了东北亚的紧张局势。沙皇俄国、日本、朝鲜纷纷提出抗议，谴责英国的军事冒险行为，沙皇俄国更是威胁英国，如果英国不退兵，那么俄国也要在朝鲜割占一个岛屿或者港口，以此制衡英国。

紧要关头，通过鸦片战争后几十年与洋人打交道的经验，清政府终于开始寻求以武力为后盾，管理、控制巨文岛危机。面对错综复杂的局势，清政府加速建设北洋水师。在巨文岛事件爆发两个月之后，即1885年6月，清政府令沿海省份的封疆大吏们加紧筹备海防，同年10月，正式成立总理海军事务衙门；到了1886年10月，海军衙门从德国采购的两艘7000吨级主力装甲战列舰定远号和镇远号，以及2000吨级的轻型巡洋舰济远号开始服役，再加上原有的超勇号和扬威号两艘轻巡洋舰，北洋水师初步成型。

有了武力后盾，清朝立刻开始炮舰外交，派出全副武装的北洋水师开往日本长崎港，进行所谓的"友好访问"，在穿越对马海峡的时候，李鸿章特别命令北洋水师提督丁汝昌率舰队前往巨文岛"探查"，其间炮衣全部褪下，警示英国不得轻举妄动[1]。在这样强大的压力下，英国不得不于1887年2月从巨文岛撤兵，一场危机消弭于无形。10年前"西乡暴走"入侵台湾的屈辱，此刻竟然因以其人之道还治其人之身，用炮舰外交对英国实行战略威慑并取得胜利而洗刷，但是北洋水师抵达日本长崎港之后，引起了日本方面的极大不安。在北洋水师到访的刺激下，

---

[1] 王家俭：《李鸿章与北洋舰队：近代中国创建海军的失败与教训》，生活·读书·新知三联书店2008年版，第439页。

日本政府立刻发行了1700万日元的海军建设公债①，进一步加强海军军备建设。

另一方面，清朝也有条不紊地执行着自己的海军建设计划。到了1888年5月，包括致远舰在内的4艘2000吨级巡洋舰，从英国和德国的造船厂开到了中国，编入北洋水师的战斗序列，同年10月，北洋水师正式成军，总吨位达到了27000吨，而同期日本海军的总吨位只有15000吨。

但在这样的力量对比之下，日本大本营还是做出战略决策，要发动一场侵华战争。

日本崛起的战略分析

从大战略的视角来看，日本在近代的强势崛起，只不过是英国在全球遏制沙俄扩张野心所造成的英俄百年大博弈在亚太地区的折射，也是大英帝国瓦解清朝朝贡体系，将东亚的地区完全纳入其全球殖民体系的一种政策工具。因此，要分析日本的崛起战略，就不能不着眼于当时国际政治的主要矛盾：英国全球霸权及其斗争。

英国全球霸权的基础结构是其遍布全球的殖民体系，而在亚太地区，英国的殖民从印度开始一路向东，经过缅甸、马来西亚，一直延伸到澳大利亚和新西兰。英国在东亚大陆上还是要发挥其海军优势，以上海公共租界为战略支撑点，沿着长江水路，将势力范围一直扩张到长江中上游的重庆、万县（今万州区）地区。至于长江以北，英国非常清楚，

---

① 谢昌旭:《中日甲午战争战争融资对比》，《世界经济情况》2012年第6期，第40—49页。

没有巨大水系做支撑，自己的海权优势根本无从发挥，因此不易染指。

1898年8月，英、俄两国就山海关外铁路问题举行谈判。经过8个多月的交涉，双方于1899年4月28日达成如下协定："除牛庄—山海关线外，英国不在长城以北筹建铁路或获得特权，俄国不在长江地区筹建铁路或寻找特权。山海关至牛庄铁路指挥仍由英国人担任，路权属中国，铁路不会让与任何别国。"[①] 此外沙俄保证不在长江流域沙俄臣民或其他国家人民谋取任何铁路让与权，并且不直接或间接阻碍该地区内英国政府支持的铁路事业；英国对于长城以北的铁路让与权也负有类似义务[②]。这份协定意味着英俄两国互相承认长江流域和长城以北地区分别为英国和沙俄的势力范围，完成了对半殖民地中国的瓜分。

大英帝国重点经营的区域，就是从印度殖民地出发，经过缅甸、马来西亚到澳大利亚、新西兰，沿着北回归线和南回归线之间的区域内，在广阔富饶的南洋群岛、半岛上所建立起来的南洋海上贸易帝国。连接南洋海上贸易帝国跟东亚大陆的贸易、金融和战略枢纽，就是中国香港和上海公共租界。

偏居东北亚一隅，物产贫瘠，孤悬寒冷水域的日本列岛本身，对英国并不具有实质的作用。除非，日本本身实力强大到足以威胁英国的海上霸权，或者俄国也来到这个地区，英国需要一个帮手去帮助他遏制俄国扩张。

如果说日本对英国的战略价值是因为俄国而存在，那么日本对美国的战略价值却是一以贯之的。在第二次世界大战以前，从大西洋到印度

---

① No.192, C. Sir, Scott to Count Mouravieff, St.Petersburgh, April 28, 1899. FO405/85, National Archives. 转引自赵欣：《国际视域下的中国东北首个约开口岸牛庄（营口）研究》，《历史教学（下半月刊）》2017年第10期，第24—32页。
② 葛夫平：《法国与门户开放政策》，《中国社会科学》2019年第4期，第183、203、208页。

洋，从非洲到大洋洲，都是欧洲列强的地盘，特别是英国的核心利益区，这就意味着，美国在大西洋、印度洋，只能采取韬光养晦的策略，将自己的霸权之翼暂时蛰伏起来的，通过所谓门户开放、利益均沾的自由主义外交政策，跟随在欧洲列强后面进入这些地区的市场分一杯羹。

直到今天，印度洋都是美国霸权最薄弱的环节。控制海权的关键是控制目标海域附近的陆上战略节点，要以陆制海，英国称霸全球的根基是印度洋制海权，英国得以控制印度洋制海权的基础是完全控制了印度次大陆，但是当今印度却是一个倡导不结盟的主权独立国家，而且拒绝任何外国军队驻扎，这就导致美国根本无法继承大英帝国在印度洋的制海权，只能靠着在印度洋的迪戈加西亚岛上建立海军基地来彰显自己在印度洋的存在——而这是远远不够的；甚至迪戈加西亚岛，还是英国的殖民地，是英国在"二战"后"租"给美国的。

这个格局实际也体现了大英帝国的战略智慧。在"二战"后大英帝国全面解体不可避免的不利局面下，英国用老谋深算的战略安排，给美国挖了一个深不可测的大坑，也保留自己日后东山再起的基本盘。英国世界霸权的要害是印度洋制海权，其在"二战"后不得不从印度撤退时，却一手导演了印巴分治。一方面将印度殖民地作为一个整体，以一个完整的地缘政治板块给予独立，一个完整的主权独立的印度共和国是有能力、有动机不让美国染指的，这就导致美国对于印度洋的实际控制能力是非常薄弱的；同时，英国又让巴基斯坦脱离印度独立，而且孟加拉国在20世纪70年代以前也是巴基斯坦的一部分，这就造成巴基斯坦从东西两个侧翼牵制印度的局面，印巴关系就使得印度无法有效整合印度次大陆，也就更谈不上建立起在印度洋的制海权了。英国还可以利用印巴矛盾，继续发挥自己作为前宗主国在此地区的实际影响力。

英国败而不乱，退而得其法，一步棋既顶住了美国，分裂了印度，又保留了影响力。但是，亚太地区却是大英帝国世界霸权最薄弱的环节，也是美国在崛起过程中最费心思的地区。美国选择避开大英帝国的霸权锋芒，以英国控制力最弱的太平洋为重点推进崛起大战略。1853年佩里舰队叩关日本，就是为自己跨越太平洋进入东亚地区设置一个跳板。正如"二战"前英国印度洋制海权的根基是印度次大陆，"二战"后美国太平洋制海权的根基是日本列岛。

从根本上讲，在"二战"以前，日本崛起其实是一个无解的死局。任何国家崛起，都必须有的基本盘，比如英国霸权的基本盘是印度，美国霸权的基本盘是美洲，德国崛起的基本盘是中东欧，法国崛起的基本盘是法语非洲，俄国的基本盘是亚欧大陆心脏地带，那么日本崛起的基本盘在哪里？日本是个岛国，先天的地理条件要求它走英国的海权扩张道路，可是日本结束闭关锁国后，富饶的东南亚地区早已被欧洲列强占满了，这些列强没有一个是日本惹得起的，因此，日本走海权扩张的道路成了死路一条。日本唯一还能争取的就剩下太平洋深处的群岛了，但世界上绝大多数的财富还是在陆地上创造出来的，争夺海权的目的是以海制陆，以海权控制贸易通道来瓜分陆地上的财富，而太平洋深处的群岛远离主要大陆，价值实在有限，只有夏威夷相对重要，但这个方向还被从东边扩张而来的美国给堵上了。1894年，美国企图兼并当时还保持独立地位的夏威夷王国，日本立刻派出联合舰队去夏威夷威慑美国，但是由于中日甲午战争即将爆发，日本不得不在夏威夷问题上对美让步，美国得以顺利兼并了夏威夷。

因此，对于日本来说，既然海路不通，就只好走大陆扩张的路线，集中国力打败清朝，跳上东亚大陆，吞并朝鲜，再以朝鲜为跳板侵略"满蒙"地区，进而虎视中原，以此为日本崛起的基本盘。

但是日本的这条大陆扩张战略路线，存在一个根本性的内在矛盾。

就其自然性质而言，日本是个海权国家，可是却被迫跳上东亚大陆，寻求大陆扩张。尽管由于当时中国国力孱弱，使得日本可以得计于一时，但是让日本背上了沉重的陆权包袱，背离国家自然性质的对外扩张，往往带来的是负债而非资产。吞并朝鲜和我国东北之后，日本就从纯粹的海权国家变成了海陆复合型国家，必须将本来就极其有限的资源挤出很大一部分投入陆权经营，而日本在东亚大陆上经营陆权所要面对的对手，是两个陆权强国俄国和中国，从长期来看，这就是一个无法完成的任务。

而日本作为海洋国家的天性，又使它无法放弃与英美争夺南洋的海权。中日甲午战争后，日本侵占了我国台湾，这就使得原本偏居东北亚海角一隅的日本，将一条腿迈进了南洋的大门口。中国台湾与菲律宾只隔了一条巴士海峡，到中国香港也仅有700余公里，从高雄的左营港出发，前出南海的太平岛只有1600余公里，到马六甲海峡大约3000公里。日本侵占我国台湾，已经表明，有朝一日要进入英语民族经营的南洋海上贸易帝国的野心。由此，在日本帝国内部，就不可避免地产生长期存在的海权与陆权之争，并且由日本海陆军之间固有的军种矛盾所折射。这在日本的战略选择上，反映为"二战"时期所谓北进派和南下派之间的矛盾，北进意味着要同时与中俄两大陆上强权为敌，南下意味着要与英美两大海上强权争霸。这种战略矛盾造成的巨大张力，迟早要把日本撕扯得粉碎。此后历史发展的轨迹，也完全印证了这一点。

然而不论是北上、西进还是南下，清朝都是日本前进道路上绕不过去的拦路虎。但日本又如何要去攻略一个远比自己实力雄厚得多的东亚大帝国呢？

清国征讨方略

日本在清朝洋务运动、国力触底反弹、北洋水师死死压制住它的不利局面下，还是断然决策，发动一场侵华战争，其目的是打垮中国崛起的势头，进而掠夺中国，踩着中国跃入列强的行列。

1887年，在山县有朋的主持下，日本参谋本部制订了所谓《清国征讨方略》，由日本陆军参谋本部第一局局长小川又次亲自执笔起草。小川又次曾多次潜入中国实地调研，对于清朝的国情是非常了解的。他在《清国征讨方略》中开宗明义道：

若维护我帝国独立，伸张国威，则不可不分割清国，使之成为数个小邦国。清国虽老衰腐朽，仍乃一世界大国。清人虽愚蠢不决，但受此屡战屡败刺激，对需培养实力已稍有感悟，近来陆海两军已渐有讲究改良之趋势。清国优柔，显然不能一举成为强国，但只要努力不懈，理应达到强国境界，以当前形势看，20年后可能完备。趁清国还幼稚，我们应断其四肢，伤其身体，使之不能动弹，我国才能保住安宁，亚洲大势才能为我掌握，由我国维持。[①]

紧接着，小川又次从财政、军备和社会文化等几个方面，仔细分析了中国的国情，盘算日本打败中国的可能性。

首先，小川又次算经济账。根据小川又次的计算，清朝每年财政总收入大约是12500万日元，其中，海关关税1891.49万元。日本自己每年财政收入大约是8000万日元，这样算下来，清朝虽然面积、人口都远

---

① 关捷、田久川、董志正：《日俄战争始末》，东北财经大学出版社2005年版，第16页。

超日本，但财政收入却不到日本的一倍。清朝财政之困顿，可想而知。

此外，北京朝廷能维持，全靠江南各省通过漕运北上运粮，每年合计运粮450余万石，本来，按照朝廷法度，北京、通县（今通州区）的米仓应储备三年的漕运粮食，总数是1200万—1300万石。但自从太平天国运动以来，内战消耗巨大，中央储备粮消耗过半，每年漕运北京粮食总数，又直接降到了不足120万石。由此，一旦漕运断绝，不出数月，北京的清政府就要不战自溃。因此，清朝是绝对无法支撑长期战争的。这是清朝的战略要害。在鸦片战争中，镇江沦陷之后，清朝即宣告战败，就是因为镇江是南北漕运的枢纽。

其次，小川又次又算军备账。小川又次指出，清朝陆军有八旗兵30万，绿营兵60万，蒙古兵10万，总计兵员100万，但早已腐败不堪，只能依靠招募的乡勇作战，即各省地方督抚招募的地方团练武装，比如曾国藩的湘军、李鸿章的淮军等。朝廷又仿照各省乡勇，从八旗绿营当中挑选士卒编练新军，称为练军。乡勇和练军合计兵员40万，这是清国真正的战斗力。但这40万大军，分属各省督抚节制，不能统一指挥调度，这样，清军的实际作战能力势必大打折扣。

又因为部队分属各省，军费由地方财政负担，因此各省部队在兵制、阵法、枪炮武器、作战思想等方面都不一样。甚至各省训练部队的方法也各不相同，有的地方督抚认为应当改良军事，于是聘外国教官，但是又不能完全学习西方，于是大都采取半洋半清式的战术，只能徒增烦琐，不能真正适应实战需求。更糟糕的是，清朝军队的军官团，大都是裙带关系，基本不懂军事，都是些精致的利己主义者，这些人从军，只是为了给自己捞好处。

这样一支腐败落后的军队，部署在面积几十倍于日本的中国国土上，且道路粗劣，交通不便，无法灵活调动兵员。因此清朝军队根本不足为惧。

再次，清朝军队不行，那么社会呢？小川又次毫不客气地指出，清朝人民，眼界知识只限于其国内，对外国的先进思想和技术完全不了解，因循守旧，而又盲目傲慢，疏于天下形势。而这些无知愚昧的人民，绝大多数根本就没有国家观念，不知爱国为何物。在小川又次眼里，清朝乃是缺乏爱国精神，财政极为困窘，弊端丛生的国家。

最后，小川又次总结道，虽然清朝大搞洋务运动，又努力扩张军备，但不过是虚张声势，只要清朝一天不能杜绝百弊渊源、不能铺设铁道、不能实施义务兵役法、不能真正实行军政一体，就绝不能成为真正的强国。

小川又次认为，对待如此国家，动辄以宽仁相让，实非日本之良策。况且今日乃豺狼世界，完全不能以道理、信义交往。德国和英国采取了进攻战略，所以成了强国，因此，对于日本来说，最紧要者，莫过于研究断然进取方略，谋求国运隆盛。[①]

此后，日本政府采纳小川又次大佐撰写的这份《清国征讨方略》，开始紧锣密鼓地备战，日本国会随即通过海军扩张计划，准备在1887年之后的5年内，投资5000万日元用于海军建设军费，主要通过发行海军建设公债融资。到了1890年，日本海军总排水量就急剧扩充到4.1万吨，到了甲午战争爆发的1894年，日本海军总排水量进一步扩张到6.37万吨，而北洋水师的总排水量只有3.67万吨。

非但如此，1888年之后，清朝遭遇财政困难，不得不中止了对海军的投资，竟然在甲午战争之前的6年间，没有添置一艘战舰。1894年5月，李鸿章上奏朝廷，自从公元1888年（光绪十四年）北洋水师正式

[①] 参见林庆元、杨齐福：《"大东亚共荣圈"源流》，社会科学文献出版社2006年版，第158页。

第四章 日本崛起

成军之后未添一船。而就在同一个时期，清廷竟然花了1300万两银子修建颐和园等皇家园林工程，相当于北洋水师军舰总价的三倍多。由此造成的另一个后果，就是北洋水师在技术上也全面落后于日本海军。到1894年两国开战前夕，日本海军军舰的最大马力是1.6万匹，而北洋水师军舰的最大马力只有0.75万匹；日本海军军舰的最大航速达到了22.5节，而北洋水师军舰的最大航速只有18节。邓世昌指挥的致远舰是1888年服役的，而击沉致远舰的日本吉野号是1893年下水服役的，在动力、火力上领先致远舰很多。

1890年12月6日，日本内阁首相山县有朋，在日本国会上发表施政演说时，毫不掩饰地表明了日本将向大陆扩张的政策：

> 盖国家独立自卫之道，本有二途。第一曰守护主权线，第二曰保卫利益线。其中，所谓主权线，国家之疆域也。所谓利益线，曰与主权线之安危密切有关之区域也……欲维持一国之独立，惟独守主权线决非充分，亦必然保护其利益线……我方利益线之焦点，在于朝鲜……主要敌手不是英国，不是法国，亦不是俄国，而是邻邦清国。[①]

此时，日本已经决意对华开战。

到了1894年5月，日本为了寻求英国支持对华战争，开始与英国谈判。到了6月中旬，英国终于表态支持日本侵略朝鲜，甚至表示愿意在伦敦金融城发行两亿日元日本战争公债[②]，支持日本发动战争。到7月

---

① 沙健孙：《中国共产党史稿（1921—1949）》，中央文献出版社2006年版，第9页。
② [日]雨宫敬次郎：《过去60年事迹》，东亚印刷株式会社1907年版，第245页。转引自崔金柱：《甲午战争期间日本的军费筹支》，《世界历史》2015年第2期，第69—77、159—160页。

16日，英日两国正式签约，英国同意取消在日本的租界，废除在日本的领事裁判权，提高日本关税税率。这是日本外交的重大胜利。7月22日，英国驻日临时代办巴柴特奉英国政府命令，向日本外务大臣陆奥宗光"交底"："上海为英国利益的中心，今后中日两国若发生战事，（英国政府）希望取得日本政府不在该地及其附近作战的保证"①，实际就是表态只要日本不威胁英国在华利益，则英国政府即不反对日本发动侵华战争。此时，日本政府已经获得了入侵中国的许可证，"使日本有从事战争的可能的第一个条件是它得到了英国的同意"②。日本对于英国的战略意图看得也是很透彻的，日本驻英国公使青木周藏向日本国内报告说："英国人的意思，就是让日清两国把力量置于朝鲜，而他自己坐山观虎斗，不费吹灰之力，就能防止俄国南侵。"③到了这个时候，战争已经如箭在弦上，不得不发了。

1894年7月25日，日本海军偷袭了清朝的运兵船高升号，8月1日光绪帝正式下诏对日宣战。战争一直打到1895年3月，清朝战败，同年4月17日，与日本签订了《马关条约》。

---

① ［日］陆奥宗光:《蹇蹇录》，载《中日战争》第7册，第153页。转引自高鸿志:《英国与中日甲午战争》，《安徽大学学报（哲学社会科学版）》1994年第4期，第9—13页。
② ［日］远山茂树等著:《日本史研究入门》，吕永清译，第289页。转引自叶昌纲:《中日甲午战争与英国》，《晋阳学刊》1987年第3期，第70—72页。
③ 王芸生:《六十年来中国与日本》第2卷，生活·读书·新知三联书店2005年版，第61页。

甲午大败局

今人往往把清朝战败的原因归结于清朝政治的腐败[1]，或者洋务运动的改革不彻底等[2]，也不能说没有道理，但是，日本就不腐败了吗？日本财阀与政客之间，权钱交易同样源远流长，与清朝比起来不遑多让，山县有朋是明治维新的领导者之一，日本近代陆军的奠基人，曾出任日本首相，他在日本政界的外号叫作"爱钱的山县有朋"，由此可见日本政治腐败之一斑；甲午战争期间，清朝的腐败官吏敢往炮弹里掺沙子，日本的奸商同样敢往军粮里掺锯末。

那么清朝战败是因为洋务运动的改革不如明治维新彻底吗？客观去看，洋务运动还是取得不小成效的，比较1840年的中国社会与1890年的中国社会，包括铁路、工厂、报纸、新式学校和军队，甚至是市民社会本身，各种近代化的因素不断涌现、积累，并处在质变的前夜；中国军队在1876年左宗棠收复新疆和1885年中法战争中接连获胜，用近代化的军事组织训练、近代化的军事装备、近代化的战术战法击败了新疆的阿古柏叛军和法国军队，并且在1885年的巨文岛事件中以炮舰外交威慑英国取得成功，显示出洋务运动的成效。但清朝还是在甲午战争中战败了。何以如此？日本究竟做对了什么？

中国老话讲，兵马未动粮草先行；拿破仑认为战争的胜负取决于谁拥有最后一枚金币；在"日本究竟做对了什么"这个问题上，答案其实就在于搞清楚日本发动甲午战争的钱到底从哪来。

---

[1] 参见李兵：《晚清腐败与中日甲午战争中清军战败的关系》，《重庆科技学院学报（社会科学版）》2014年版第11期，第125—128页。
[2] 参见贾根良：《甲午战争败于晚清领导集团的发展战略观——贾根良教授访谈录》，《管理学刊》2015年第2期，第1—16页。

日本在甲午战争中预算的总体军费开支是2.5亿日元，而战前日本的年度财政收入只有8000万日元左右①，也就是说，如果只靠财政拨款，日本要不吃不喝攒上三年家当才够打这场仗。这显然是不现实的。英国看准机会，提出要为日本提供2亿日元年利率4%的战争贷款②。要知道，在伦敦金融城的国债市场上，借债的行价一般是年利率5%，英国提议给予日本低于市场利率的贷款，替日本融资打这场战争，其扶持日本、蚕食中国、制衡俄国的战略意图已经昭然若揭；不仅如此，英国还可以用这笔巨额贷款所形成的债务枷锁来约束日本，正可谓是一箭双雕。

但日本政府在仔细庙算自己的财政动员能力之后，出于避免陷入债务陷阱的考虑，拒绝了英国的好意。日本政府认为，靠自己也能为战争融到足够的资金，具体而言，是五个渠道③，第一是正常国家预算中的准备金及财政结余，即国家财政拨款；第二是国民捐款；第三是所谓占领地及杂项收入；第四是发行国债；第五是所谓特别资金。其中，国家从财政上直接拨款2344万日元，占战争总支出的约10.4%；日本国民捐款一共是295万日元，只占战费支出的约1.3%，折合清朝库平银不到200万两。所谓占领地及杂项收入308万日元，其实也是战场上抢来的钱占到战费总支出的约1.4%；前三条融资渠道合计为日本的战争支出贡献了约13%，而在后两条融资渠道中，发行国债收入了11700万日元，占到甲午战争军费总开支的52%；所谓特别资金转入款达到7896万日

---

① 参见杨宗亮：《晚清史研究新视野》，浙江大学出版社2005年版，第141页。
② 参见［日］雨宫敬次郎：《过去60年事迹》，东亚印刷株式会社1907年版，第245页。转引自崔金柱：《甲午战争期间日本的军费筹支》，《世界历史》2015年第2期，第69—77、159—160页。
③ 崔金柱：《甲午战争期间日本的军费筹支》，《世界历史》2015年第2期，第69—77、159—160页。

元，占 35%，两项合计 87%。①

问题所谓"特别资金"，实际上是来自战后清朝的赔款，而这一收入是在日本结束在中国大陆作战后一段时间才实际入账的。因此，实际上，在战争期间，日本军费的主要来源，还是依靠发行国债。可是问题又来了，在整个对华作战期间，日本政府实际只发行了两笔总额 8000 万日元的战争公债，第一次为 1894 年 8 月，也就是战争爆发的第二个月发行了 3000 万日元，第二次为 1894 年 11 月发行了 5000 万日元②，那么怎么又说日本政府发行战争国债收入了 1.17 亿日元呢？

当时日本还是国小力弱，发行如此巨额的国债，势必要对日本的资本市场带来猛烈冲击，于是日本大藏省规定，要用分期付款的形式来出售公债，结果就是，军事公债虽在战争期间发行，但要等 1895 年 6 月出售国债所得资金才能全部到账，而那时对华作战已经结束两个月了。实际上，日本自发动战争至议和的 9 个月内，几乎每月军费支出都在 1000 万日元以上，但在战争最高潮的 1849 年 8 月至 12 月五个月间，每月实际军费收入分别只有 17.5 万日元、284.7 万日元、92 万日元、603.6 万日元及 759 万日元③。那么，实际军费收入与军费开支之间的差额到底由何而来？

这个底牌就是日本中央银行。在明治维新前，日本的金融业是高度市场化的，基本上，几个商人就能开办一家银行，而且任何民间资本银行，只要政府认可，都能发行纸币。作为明治维新中的核心改革措施之一，在日本财相松方正义主导下，比照英格兰银行，于 1882 年 10 月

---

① 谢昌旭：《战争债券与战争融资》，硕士学位论文，复旦大学，2012 年。
② 谢昌旭：《中日甲午战争战争融资对比》，《世界经济情况》2012 年第 6 期，第 40—49 页。
③ 日本大藏省理财局：《金融事项参考书》，大藏省 1912 年版，第 23 页。

10日成立了日本银行，发挥中央银行的职能。根据1882年颁布的《日本银行条例》及1884年颁布的《兑换银行券条例》，日本银行垄断了货币发行权，并有权管理国库。由此日本银行成为日本资本市场的参谋本部，日本银行发行的纸币，在日本国内具有极高的信用。

于是，在财政无力支出负担甲午战争军费，以及发行战争公债入不敷出的情况下，日本政府转而通过向日本银行短期借贷来填补军费收支的差额，即政府在央行挂账，央行直接印钞支持政府财政，其实质，等于在公开的国债市场之外，政府向央行单独发售了一笔无形的国债，央行以这笔无形战争国债为抵押发行货币，向甲午战争这个项目，定向注入流动性。在整个甲午战争期间，这笔定向增发的货币，单月最高纪录为1300余万日元，较少月份也超过300万日元。到战争结束的1895年4月，日本央行为甲午战争融资超过4100万日元[①]。

以上还只是央行定向宽松直接为战争提供的融资，除此之外，日本央行对于战争国债的顺利发售也起到了至关重要的作用。战争爆发之初，日本社会对于能否战胜中国是颇为疑虑的，毕竟历史上日本从未战胜过中国，中国洋务运动也搞得有声有色，北洋水师数次造访日本，船坚炮利的威慑下，日本人畏之如虎。为了消除民间银行在认购战争公债方面的顾虑，日本银行在1894年9月11日做出承诺，允许民间金融机构以认购的战争公债为抵押，从日本银行贷款，每100日元公债可贷款95日元，用刚性兑付来保证公债的信用和流动性。没有了后顾之忧的日本各界开始大量认购战争公债，在日本第一次发行战争公债时，政府核准的发行额为3000万日元，年利率5%，实际应募总额达7700万日元；日本第二次发行战争公债，原定金额为5000万日元，年利率同为

---

① 崔金柱：《甲午战争期间日本的军费筹支》，《世界历史》2015年第2期，第69—77、159—160页。

5%，最终应募总额达到9030万日元①。日本发行战争公债大获成功，最根本的原因来自日本央行承诺刚性兑付政府发行的国债，这样战争公债的信用和流动性就都获得了保障。时任日本银行支店长高桥是清对此回忆认为，"积极购买战争公债的各地国民，并非接受了为国家效力的教育，只不过是从银行借钱来购买国债"②。

不管是央行直接定向发钞为战争事业注资，还是通过刚性兑付来刺激国债市场，归根到底，都是利用债务杠杆来信用扩张。而这种信用扩张，除了成功为战争融资之外，另一重要功能是向其国内经济同时注入巨额资金，刺激经济繁荣。这是因为，日本军费支出的大部分都以军饷、军事物资采购款的形式回流到日本国内。这笔巨额资金的注入，令日本国内的资本市场规模扩大，资本总额迅速提高。

在战争结束后，根据《马关条约》，清朝向日本赔款2.3亿两白银，约合3.5亿日元，以英镑支付。其中的1.8亿两白银，也就是3000万英镑，被日本央行用来做金本位改革的准备金，日元发行改为直接以英镑为抵押，由于英镑实行金本位，所以日元发行也就间接与黄金相挂钩了，日本从东亚传统上的货币发行银本位进入到西方主导的货币发行金本位，日本经济加入英镑区，与英国主导的生产分工和交换体系建立起更紧密的关系。

在建立起金本位，加入西方俱乐部之后，在1897年，日本在伦敦金融城以年息4%的价格发行4300万英镑战争公债大获成功，这标志着日本的经济实力和战争能力获得了国际资本市场的认可。

那么，清朝又是如何为战争融资的呢？日本主要用发行战争公债来融资，但清朝根本就没有像样的资本市场，我国最早的证券交易市场

---

① 参见日本大藏省理财局编:《国债沿革略》第2卷下，第539、545页。
② ［日］上塚司编:《高桥是清自传》下卷，中央公论社1976年版，第51页。

是1891年由上海外商经纪人组织的"上海股份公所"和"上海众业公所",在这两个交易所买卖的主要是外国企业股票、公司债券以及清政府的金币公债和外国在华机构发行的债券等。中国人自己创办的第一家证券交易所要等到1918年了,一个时代已经飞逝而去。

日本解决战争融资问题的核心机制是中央银行,但清朝只有户部,没有央行;在封建贵族统治下,国库等于私库;由于没有证券市场,也用不了发行战争公债来融资这套资本炼金术。

清朝为甲午战争融资的办法,还是只能在财政手段上辗转腾挪①,就是想办法增加税收,同时削减政府开支,勒紧裤腰带筹措军饷。战争爆发后,大清户部提出的筹饷紧急措施,无外乎停止工程,核扣官吏俸禄,增加并提前缴纳盐税、糖税和茶叶税,呼吁各行各业捐款,甚至强行摊派以及卖官鬻爵。这些落后的财政措施,根本无法应付近代战争惊人的财政消耗,结果是,在大战即将爆发之际,李鸿章请求户部拨款二三百万两,以作战费,但清政府能拿得出来的只有白银18万两。

当日本发现了资本主义的秘密,用战争公债制度大踏步迈向富国强兵的道路,迅速崛起为世界列强时,清朝还在运行着老迈的封建财政制度。

甲午战争中,中国败就败在国家动员能力严重不足。并不是说清朝的物质生产能力不如日本,恰恰相反,清朝从1890年就开始搞汉阳铁厂、萍乡煤矿、大冶铁矿三位一体的现代化大型煤钢复合体了,日本的八幡制铁所是动用甲午战争赔款,1897年才开始动工修建,日本在重工业上还落后中国近十年。由于工业实力弱,当时,日本联合舰队的舰船也都是从英国进口的,非日本所造。

---

① 参见谢昌旭:《中日甲午战争战争融资对比》,《世界经济情况》2012年第6期,第40—49页。

第四章　日本崛起

甲午战争已经过去了120余年了，如果我们对于那场战争失败的认识，还停留在是因为清朝官场腐败、慈禧修颐和园挪用了军费、甲午海战时舰炮的炮弹里面掺沙子、日本有了议会宪政体制而清朝没有的阶段，那就太落后了。国家强大的关键在于财政部和中央银行的双寡头财政动员体系，运用金融资本、利用资本市场的债务融资能力，在时间上，把未来的资源穿越到当下来使用，在空间上，把别人的资源拿来给自己使用。

当今，各国投资美国的国债，同时美国再用国债融资所得进行伊拉克战争、阿富汗战争，还能给自己的企业减税去提升美国企业的市场竞争力，至于还钱那是以后的事情，这叫在时间上把未来的资源预支到当下来使用，反正未来是无限的；另外，美国靠着发行国债，用世界各国的钱先把自己的事解决，即在空间上将他国的资源为己所用。不管是在时间上预支资源，还是在空间上集中他国资源，都是金融资本的。

很多人把金融资本和实体经济切割开来，对立起来看，认为它们是矛盾的，认为金融资本市场发展太快，会损害实体经济。为什么金融资本会损害实体经济呢？其主要观点有两种：第一，虚拟资本市场会把流动性都吸走，造成实体经济的空心化；第二，虚拟资本市场会堆积过高的债务，最终压垮实体经济。那么这两种观点是不是成立呢？

首先，很多人认为虚拟资本市场投机来钱快，大家都进行投机行为，就没人搞实业了。这一条从表面上看言之有理，但是虚拟资本市场无比强大的新增资本创造能力却不容忽视，靠自己攒钱肯定是没有通过杠杆融资积累得快。

其次，所谓虚拟资本市场会导致国民经济负债过高。这一条看似有理，次贷危机、欧债危机都表明，债务堆积过高，确实会给实体经济带来很大压力。但是具体问题还要具体分析，我们提出要用资产负债表的思维去思考货币、金融问题。负债率高的另外一面，靠着债务杠杆融资，一定会形成与债务规模相对应的资产，只要资产能够形成持续的现金流收入，那么经济循环就是良性的，哪怕在经营资产的时候遭遇了经济危机，资产无法形成持续稳定的现金流收入，还可以通过债务重组来解决，比如用长期债务去置换短期债务，甚至用股权去置换债权，或者通过金融衍生品市场对冲，来为损失买单，说到底，还是通过在时间上透支未来，在空间上利用别人的资源去解决自己当下的问题，反正未来是无限的，人的欲望也是无限的。

从滑铁卢战役反法同盟战胜拿破仑帝国开始，英美称霸世界两百余年，归根结底就是因为世界的金融中心在伦敦和纽约，不管是拿破仑还是希特勒，不管是日本还是苏联，都曾挑战英美霸权，但最后，英美靠着垄断金融霸权，可以从未来、从地球的任何角落，都动员资源来支持作战，挑战英美霸权的国家还是要去伦敦、纽约的资本市场融资，英美只要禁止向其融资就能击溃对手，因此，如果想挑战英美霸权，就必须拥有自己的强大资本市场，并善于运用金融技术。

日本从1861年对马岛事件中的软弱无力，到1905年能与强大的沙皇俄国太平洋舰队、波罗的海舰队进行海上决战，还能战而胜之，拿下东亚制海权和东北亚霸权，前后不过44年。如果从1868年明治维新算起，到1894年中日甲午战争中击败清朝赢得亚洲第一强国的位置，仅仅用了26年。

帝国的谱系

日本在蓄谋已久挑起的甲午战争中击败了清朝。在《马关条约》

中，清朝被迫承认日本控制朝鲜；割让辽东半岛和台湾；赔款两亿两白银；增开沙市、重庆、苏州、杭州四个通商口岸，外资可以在这些通商口岸直接投资办厂等。

西方列强从《马关条约》中同样获利匪浅。援引中外不平等条约中所谓"利益均沾"的片面最惠国待遇条款，日本经过战争从中国敲诈而来的在华特权，列强都可以享受，它们都可以直接在中国投资办厂，利用中国的原料和廉价劳动力对中国的民族工业进行压迫。

实际上，允许外资在中国直接投资办厂，并不真正符合日本的利益，尤其对日本企业非常不利。当时，日本还处在资本主义发展的初级阶段，其产品竞争力远远不能与物美价廉的英国、德国、美国的货物相提并论，完全依靠着在地理上靠近中国的优势，通过低廉的物流成本，与欧美国家大打价格战，这样才能保证它在中国市场上占有一席之地。《马关条约》规定外资可以直接在中国投资办厂，日本财阀的仅存优势也没有了。日本之所以会订立这种损人不利己的条款，就是在自觉充当大英帝国的开路先锋，为了英国资本建立自由贸易的非正式帝国冲锋陷阵。

日本的统治精英非常清楚，英国要建立的所谓日不落帝国，与历史上所有其他的帝国都有本质的不同。历史上的帝国大都建立在农业经济基础上，农业经济时代最主要的经济资源就是土地，因此，那些帝国的目标就是尽可能多地吞并土地。随后，人类社会中的部分地区率先跃升到商业社会，中世纪晚期的意大利城邦最早发展出商业社会，随后商业的逻辑开始向西欧扩散，人类进入了商业帝国的时代，这时列强争夺的目标就不仅仅是土地了，而且是要争夺交易工具，比如金矿、银矿，以及高附加值的商品产地，比如香料、棉花、糖等，当然最重要的是争夺商品的销售市场。工业革命以后，人类社会步入工业社会，列强争夺的目标就自然变成了原料来源地、产品销售市场以及投资目的地。

当今时代，早已从工商业资本主义转为虚拟资本的金融资本主义，在虚拟金融资本主义社会里，最稀缺的资源、最重要的战略资源是国际流动资本，对于当今的"帝国"来讲，只要能控制资本流动，只要能用金融资本去支配物质财富，领土、人民都不重要，拥有土地和人民还得花钱去治理，支付管理的成本，是赔本买卖。在这样一个金融资本帝国的时代里，列强争夺的首要目标变成了国际流动资本及其对于本国资产市场的信心。为了这个目标，可以使用各种手段，比如制造颜色革命、恐怖袭击、重大社会危机等，以此来打击竞争对手的市场信心，将资本驱赶到本国市场。

这样，我们就得到了一个帝国的谱系，有了一个基本的分析框架，可以根据列强的不同特质去分析列强的行为模式。

英国率先进行工业革命，也是最早进入工业化时代的，它对于在被征服的土地上建立直接统治，其实是没有太大兴趣的，它的目标有且仅有一个，那就是赚钱。于是，它才去控制主要的原料产地，并在主要的销售市场建立英国商品的市场优势，以及寻找收益最大的投资目的地，这个投资目的地可以是美国的股市，可以是阿根廷的铁路项目，也可以是上海租界的房地产。英国建立帝国，取得大洋的制海权，控制主要的海上贸易通道，用炮舰轰击世界各国的贸易壁垒等行为，都是为了获取更廉价的原料、更优质的投资项目还有更广阔的市场。

英国帝国主义对外扩张时账算得非常精明，如果征服一块土地带来的收益小于付出的成本，是决不肯滥用哪怕一点资源的，如果能通过不平等的贸易条件建立英国商品和资本在一块土地上的市场优势，就决不愿意去直接征服和统治。因为直接地统治是有治理成本的，而间接地剥削，既能获取超额利润，又避免了支付治理成本，何乐而不为呢？所以，在鸦片战争之后，英国的对华政策一直就是这一套看不见的非正式帝国的思路。

在这种战略的支配下，只要日本的对华侵略能够帮助英国的商品和资本在中国市场建立更大的优势，那么英国就支持日本侵略中国。只要日本在自己的占领区内，实行门户开放、利益均沾的政策，向国际资本和商品敞开大门，不影响英国的经济利益，那么英国就至少不会反对日本侵略中国。甲午战争之后，日本在《马关条约》中，帮助英国商品和资本拿到了更有利的经营条件，英国自然就支持日本在中国的扩张。

但是日本在《马关条约》中要求割占辽东半岛的行动却动了另外一个大帝国的奶酪，即沙皇俄国。如果用之前提到的帝国的谱系去分析，沙皇俄国基本还处在以征服土地为主要目标的农业帝国时代，这与沙皇俄国的生产力发展水平是息息相关的。沙皇俄国在历史上是一个比较落后的帝国主义国家，工业化发展极其不充分，更不要说资本市场，甚至还保留了大量的封建农奴制残余。

沙皇俄国在1853年到1856年之间的克里米亚战争中惨败，沙皇尼古拉一世在塞瓦斯托波尔要塞即将陷落的时候去世。亚历山大二世继位称帝。亚历山大二世认识到，沙俄战败的根本原因就在于其经济社会的落后，英国早已跃升为商业帝国主义阶段，沙俄竟然还在实行封建农奴制，还停留在农业帝国的发展阶段。沙俄要想反败为胜，再次崛起，就必须要废除封建农奴制，发展市场经济。

亚历山大二世曾说："与其等农奴自下而上解放自己，不如自上而下地解放农奴。"于是，1861年3月3日，沙皇亚历山大二世正式签署法令废除封建农奴制。从此，原本被封建农奴制禁锢的土地和劳动力，被迅速地货币化、资本化、市场化，俄国的资本主义从此开始迅速发展。①

从 1860 年到 1890 年，沙俄生铁产量增长了 160%，由 33.6 万吨增至 92.8 万吨，居世界第 4 位；钢产量由 20.5 万吨增至 85.3 万吨；煤产量由 29.5 万吨增至 602 万吨，居世界第 7 位；石油开采量增长了 147.5%，居世界第 2 位②。1866 年沙俄的现代工厂不到 3000 家，到 1903 年日俄战争前夕，已发展到将近 9000 家了，其中百人以上企业的工人总数占全部工厂工人总数的比例，在 1879 年是 67%，1890 年为 71%，到 1913 年，产业工人人数增至 350 万人，其中 40% 在千人以上的大企业工作③。随着资本主义在工农业中的发展，国内市场扩大，铁路里程也迅速增长。1865—1895 年，沙俄的铁路已由 3600 公里增至 33847 公里；1893—1900 年间，沙俄每年修筑铁路达 2800 多公里④。除此之外，沙俄还利用它与法国的盟友关系，大量引入法国资本，在 1897 年建立了货币金本位制度⑤，同时在巴黎的资本市场大量发债融资⑥，全面刷新了沙俄的财政组织结构，再加上钢铁、石油、铁路等产业的"大跃进"，这就使得沙俄成为一个极有利而且可靠的投资市场。

可以说，亚历山大二世改革的成效是极其显著的，短短 20 年间，

---

① 参见俞美丽：《19 世纪末俄国"工业高涨"及其社会影响》，硕士学位论文，苏州科技大学，2007 年；邓沛勇：《19 世纪下半期至 20 世纪初俄国能源工业研究》，硕士学位论文，吉林大学，2016 年；梁红刚：《1861—1914 年俄国工商业政策研究》，博士学位论文，吉林大学，2015 年；邓沛勇、罗丹萍：《外国资本与俄国经济发展：规模和影响探究》，《俄罗斯学刊》2021 年第 5 期，第 97—118 页。
② 参见马蔚云：《俄国的远东政策与西伯利亚大铁路的修筑》，《俄罗斯学刊》2012 年第 1 期，第 73—82 页。
③ 参见周尚文、叶书宗、王斯德：《苏联兴亡史》，上海人民出版社 2002 年版，第 4 页。
④ 参见张广翔：《外国资本与俄国工业化》，《历史研究》1995 年第 6 期，第 144—157 页。
⑤ 参见张广翔：《外国资本与俄国工业化》，《历史研究》1995 年第 6 期，第 144—157 页。
⑥ 参见孔维琴：《亚历山大三世时期的俄法关系》，硕士学位论文，苏州科技大学，2021 年。

到19世纪80年代初,沙俄已基本完成工业革命,走上了西方列强殖民扩张的道路,成为继英、美、德、法四大列强之后的又一大工业强国。

但是,沙俄的经济发展在本质上又是依附于西方资本的,尤其依赖法国资本和比利时资本,所以这种单一依赖使得俄国的经济发展又有一定的脆弱性。当时任俄国财政大臣的维特后来回忆,在他主持沙俄财政期间,一共增发国债10亿卢布,主要用于修筑铁路,以及向中央银行偿还债务。当时,沙俄也有人反对走依赖外资的依附式发展道路,但维特对这种意见嗤之以鼻,当时沙俄中央银行的黄金储备只有五六千万卢布,如此少的钱根本无法支撑起偌大的沙皇俄国的工业化进程,所以必须依赖外资。事实上,从1801年至1913年的112年间,沙俄竟有82年出现预算赤字,其中,1802—1892年沙俄军事支出一直占国家预算的35%,1903—1913年沙俄军费占国家支出的29%,达90亿卢布,其中仅日俄战争就耗资25亿卢布,而1861—1914年外资对俄国生产性投资57.76亿卢布[①]。

可见,在沙皇专制制度下穷兵黩武的财政政策制约下,沙俄国内积累中大部分都投入军事等非生产性领域之中了,如果不靠引进外资,则沙俄根本无力进行其工业现代化计划。从1891年到1903年,西方资本对沙俄工业的投资累计达到30亿卢布,其中仅1900年,沙俄工业的外资投入就达到9.11亿卢布[②]。沙俄工业投资总额中的1/3是由外国资本构成的,其中外国资本控制了沙俄50%的煤和石油的产量,60%的铜和铁产量,以及80%的焦炭产量[③]。俄国修铁路、建企业、整理国家财政,

---

① 参见张广翔:《外国资本与俄国工业化》,《历史研究》1995年第6期,第144—157页。
② 同上。
③ 参见陈景彦、朱海燕:《国际资本对日俄战争的影响》,《东北亚论坛》2007年第4期,第117—121页。

基本靠在巴黎的资本市场发债融资。

但是，沙俄这种发展模式，有一个根本性问题，即靠着债务融资，建设了如此多铁路、工厂等固定资本投资，但归根结底得在市场上把这些工厂生产出来的产品卖出去，形成真实的利润回流，才能还本付息，形成盈利，形成经济发展的正循环。但是沙俄国内市场发育得还很不成熟，沙俄的百姓太穷了，根本消费不了如此多新增产能，最后只能依靠政府采购、铁路建设、扩军备战来维持生产订单。

这样一来，一旦国际资本市场遭遇金融危机，沙俄无法继续融入足够的资金，沙俄工业化的现金流就会立刻断裂。1901年纽约证交所发生股灾，结果俄国立刻爆发危机，全俄钢铁厂中一半的炼钢炉熄火，45%的石油钻井停工，损失惨重，以至于"所有这些情况，再加上沙皇向英法两国借的几十亿债款，使沙皇政府紧紧依附于英法帝国主义，把沙俄变成了这些国家的纳贡国，变成了它们的半殖民地"[①]。

但沙俄毕竟和西方发达资本主义国家的半殖民地不一样。沙俄统治集团自有其与西方列强一较短长的大战略。制定战略最基本的原则是扬长避短，一定要掂量清楚自己的资源、强项，然后扬长避短。俄国金融比不过英美，工业比不过德国，欺骗比不过法国，但是其军事实力强，所以要想办法把军事实力转化成金融和工业实力，从而开始争夺世界大洋的出海口，争夺世界的制海权，争夺原料产地和产品销售市场，取得市场垄断权，用地缘政治的办法，重新调整财富的空间分布，使其变得对俄国有利。

这就是沙俄不厌其烦，屡败屡战，穷也不改其志，一定要争夺世界大洋出海口的根本原因。那么在沙俄争夺出海口大战略的远东方向上，

---

① 联共（布）中央特设委员会编著：《联共（布）党史简明教程》，人民出版社1953年版，第180页。

沙俄一直寻求突破对马海峡的封锁，拿下朝鲜半岛或者辽东半岛的深水不冻港，真正进入浩瀚的太平洋。结果，日本虎口夺食，击败清朝，硬是要拿下朝鲜，割占辽东半岛，一下子把沙俄封锁在了外东北和日本海的冰天雪地中。于是，就在1895年4月23日，即中日《马关条约》签订的6天之后，沙俄采取了行动。

欧亚折叠

沙俄在1861年农奴制改革之后，用债务杠杆撬动俄国迅速地工业化，在短短20年时间里，沙俄就从一个落后的封建农业国，发展成一个工业化的资本主义强国。但是，为了解决沙俄依赖外资、债务杠杆的发展模式所带来的致命问题，沙俄的战略决策者，选择了一条帝国主义侵略扩张的道路，试图通过争夺大洋的出海口，进而夺取世界的制海权，在国际市场上建立起沙俄商品的排他性竞争优势，为自己的庞大生产能力，寻找一个市场出口，真正形成俄国国民经济的自我造血循环。

沙俄在东亚方面的目标，就是要突破对马海峡的封锁，拿下朝鲜半岛或者辽东半岛上的深水良港，真正进入浩瀚的太平洋。但是，这条路线在朝鲜和辽东半岛却被日本截断。日本仗着英国撑腰，一战击败了清朝，不但迫使清朝承认朝鲜由日本控制，还被迫割让辽东半岛给日本。这是沙俄所绝对无法容忍的。

早在1887年，在巨文岛事件的刺激下，沙皇就下诏要修一条西伯利亚铁路，连接莫斯科与远东港口海参崴[①]。沙俄修这条铁路的目的有两

[①] 参见陈秋杰：《西伯利亚大铁路对俄国东部地区开发的意义》，《西伯利亚研究》2011年第2期，第69—75页。

个：第一个目标，就是强化俄国在远东地区的力量投送能力。俄罗斯帝国的远东地区与其欧洲腹地之间隔了一个辽阔的西伯利亚，如果从莫斯科派部队或者运送物资到海参崴，需要在冰天雪地中艰难跋涉18个月；如果修成了西伯利亚铁路，那么只需要两个星期，沙俄的军队、物资就能通过铁路送入东亚地区。这样，通过大规模基础设施建设，俄国就能重组欧洲到东亚地区的时空关系，使得沙俄欧洲的力量威慑空前靠近东亚各国。

第二个目标，就是改变东西方商贸物流的传统路线，把东西方之间的商业贸易往来线路，重新拉回沙俄的控制范围中。西伯利亚铁路修建之前东西方贸易都是走海路，西方列强拥有制海权，也就实际控制了东西方贸易的主要利益。西伯利亚铁路建成后，从陆上联通了欧洲与东亚，东西方的贸易完全可以通过沙俄境内的铁路线来完成交易。商业通道的转变，背后是财富在地理空间上的重新分配。当时沙俄的财政大臣维特，在1892年11月18日呈给沙皇的一道奏章当中，就明确指出，"印度和阿萨姆的茶叶生产已经破坏了中国的茶叶贸易，中国人，早晚要在世界市场的茶叶贸易竞争中垮台。但西伯利亚铁路建成后，从欧洲到上海的路程将缩短到十八至二十天，中国茶叶可以迅速地运往欧洲，这样，中国就可以得到输出茶叶的新的机会，同时又可使俄国在向中国销售棉花、羊毛和金属品方面能同英国竞争"[①]。

1887年沙皇决定修建西伯利亚铁路，俄国开始在巴黎和柏林的资本市场上发行铁路建设公债，到1891年，第一轮融资计划完成，资金到位，西伯利亚大铁路正式动工修建。1891年的3月31日，沙皇亚历山大三世派皇太子尼古莱到海参崴，主持了西伯利亚铁路的开工典礼，

---

① 李康华、夏秀瑞、顾若增：《中国对外贸易史简论》，对外贸易出版社1981年版，第440页。

为这条关系到俄国国运的铁路奠基。这条铁路保持着每年600公里的修建速度。到了1895年，铁路就已经修到了贝加尔湖北岸的上乌丁斯克。

日本对于逐渐逼近的西伯利亚铁路感到非常紧张。因为，这条铁路一旦贯通，对日本造成的战略压力将是空前巨大的。甲午战争前后，日本首相山县有朋就指出，"西伯利亚铁路修成之时，即是朝鲜多事之秋，而朝鲜多事之时，即是东洋发生一大变动之机，而朝鲜独立之维持，有何等保障？岂非正是对我利益线最有激烈之冲击乎？"[①] 日本外相伊藤博文说得更加明白：

> 世界局势每十年必有大变，连接极东和极西的西伯利亚大铁路已接近完成，现在东西两极之间的距离，约两星期即可走完。不应忘记，从民族安全观之，这种距离缩短需要我们极其认真地加以注意。最近交通情况的改进，在国际关系上引起了完全的革命。我试举例言之：十年前，任何西方大国都无法设想把十万军队调至远东。但，自条件发生了如许变化，就有可能在两三个月内甚至把好几十万军队调至东亚。自然，一切民族都希望和平。但无论如何，没有一个民族敢于忘记风暴时刻可能发生。

也就是说，日本对于俄国修建西伯利亚铁路的战略目的是非常清楚的。一旦铁路修通，朝鲜肯定是保不住了，一定会被俄国势力覆盖。再加上清朝洋务运动带来的压力，中国在1890年开始投资建设汉阳铁厂，在1894年就初步建成，如果再加上江西萍乡的煤矿资源、湖北大冶的铁矿资源，接近建成近代史上亚洲的第一个现代化煤钢联合企业，到那

---

① ［日］大山梓编：《山县有朋意见书》，原书房1966年版，第177页。

时，中国再建设海军就不用再从西方进口军舰，而日本的八幡制铁所要等到1912年才能建成投产①，中国经过洋务运动将要对日本形成发展的代差优势。所以，日本在1894年发动了甲午战争。经过中日甲午战争，日本击败了清朝，拿下了对朝鲜的控制权，还要割占辽东半岛。

这对于沙俄的大战略而言，不啻釜底抽薪的沉重打击，一旦让日本把这次对华侵略战争中掠夺到的土地落袋为安，那么寄托了沙俄拓展希望的西伯利亚铁路就等于白修了。沙俄财政大臣维特对此看得是很清楚的：

日本之所以进行甲午战争，就是我们开始建筑西伯利亚铁路的后果，欧洲列强及日本大概都意识到，在不久的将来，列强就要瓜分中国，他们也认为在瓜分时，由于西伯利亚铁道，我们的机会便大大增加。日本的敌对行动，主要是针对我们的。②

沙俄对此当然是完全不能容忍的，于是，就在《马关条约》签订后的第6天，俄国联合法国还有德国，向日本发出了最后通牒，要求日本必须放弃辽东半岛，把辽东半岛归还中国，否则，沙俄、法国、德国就要联合对日本宣战。沙俄在海参崴集结了5万军队，进入战备动员状态，随时准备进攻日本③。其背后，难掩法德俄大陆轴心同英日海上同盟的针锋相对。

---

① ［日］渡边与五郎：《西学东渐：中日近代化比较研究》，中国社会科学出版社2008年版，第91页。
② 关捷等主编：《中日甲午战争全史·战后篇》，吉林人民出版社2005年版，第8页。
③ 参见郭洪茂、郑毅：《试析三国干涉还辽事件对远东国际关系的影响》，《外国问题研究》1990年第1期，第12、46—51页；刘真武：《三国干涉还辽与日俄战争爆发》，《世界历史》1983年第5期，第80—85页。

日本勉强战胜清朝，已经精疲力竭，无论如何是不可能战胜三大欧洲强权的。于是日本只得退而求其次，放弃整个辽东半岛，而仅仅对大连旅顺提出要求，但是沙俄寸步不让。最后，日本不得不妥协退让，以向清朝勒索3000万两白银为代价，将包含旅顺、大连在内的全部辽东半岛归还给了清朝。

朝鲜半岛定风波

三国干涉还辽事件之后，日俄两国斗争的下一个焦点是朝鲜问题。甲午战争之后，清朝在朝鲜的影响力被一扫而光，但这并不意味着，日本就会自然成为朝鲜新的主人。恰恰相反，日本驱逐了清朝的势力，反而令它在朝鲜的影响力遭到了更致命的威胁。甲午战争对于朝鲜局势最重大的影响，反而是俄国势力在朝鲜的急剧膨胀。

1897年，俄财政部办公室主任、中东铁路和华俄道胜银行董事会董事罗曼诺夫在给财政大臣维特的一份备忘录当中，明确指出了朝鲜对于俄国的重要战略意义：

我确信，朝鲜对于我们具有头等的重要性，北满对我们之所以重要，是因为它能为我们提供一条通向辽东或者朝鲜的道路，但在近期，中国人未必愿意允许我们修一条铁路到辽东半岛的一个港口，因为中国人懂得，这么做，就等于把北京完全交到了我们手里，反之，它们大概不会十分反对我们修筑一条经过吉林通往朝鲜某个港口的铁路，因为这就使中国人有了不让日本人侵占朝鲜的保障。①

对于沙俄的在远东地区争取出海口的大战略而言，中国的大连和旅顺当然是最好的两个港口，但是中国毕竟是个大国，直接对着中国的两个重要港口下手，会彻底激怒中国，将遇到巨大的阻力，再加上三国干涉还辽的行动，已经与日本结下了梁子，沙俄要把手伸向辽东半岛，等同于逼着中日两国联手对付自己，日本又有英国和美国做靠山，沙俄若行动实际上是以一敌四，是必输的格局。

但是如果沙俄把扩张的矛头对准朝鲜半岛，就可以无形中化解潜在的中日利益同盟，反而可以利用中国反对日本控制朝鲜的心理，使中国和沙俄结盟去反对日本。日本如果面对的是中俄两个大陆国家组成的同盟，也是毫无胜算的。至于远东地区的太平洋出海口，朝鲜半岛南端的仁川、釜山都是深水良港，虽然比大连、旅顺还是不够理想，但是考虑到博弈的利害得失，既可以笼络中国共同对付日本，还能占下朝鲜南部的几个太平洋出海口，对于沙俄的国家利益来说已经是最好的解决方案了。

基于此种战略判断，甲午战争之后，沙俄极力向朝鲜渗透，同时朝鲜统治者也认识到，清朝已经被日本打垮，要想避免被日本征服就只有借助俄国的力量，于是，俄国与朝鲜一拍即合。1895年的7月，朝鲜的统治者就在俄国驻朝鲜公使的支持下，清洗了朝鲜的亲日派内阁，组建了亲俄的新内阁②。

---

① ［俄］鲍里斯·罗曼诺夫：《俄国在满洲（1892—1906年）》，陶文钊等译，商务印书馆1980年版，第140—141页。
② 参见宋晓芹：《隐于幕后：苏联与朝鲜战争》，社会科学文献出版社2014年版，第16页。

为了保卫甲午战争的"胜利果实",1895年10月,日本驻朝鲜公使发动了亲日派政变,政变的军警和日本浪人冲进了朝鲜王宫,杀害了垂帘听政的王太后,清洗了亲俄派内阁,重新组建亲日派内阁[①]。

俄国以此为契机,干脆一不做二不休,派兵进入朝鲜,1896年2月10日,俄国军队开进了汉城(今韩国首都首尔),朝鲜国王就在俄国军队的保护下,躲到了俄国公使馆里,整整待了一年[②]。紧跟着,在俄国军队支持下,朝鲜国王解散了日本训练的朝鲜军队,清洗掉了亲日派的大臣,废除了原本授予日本修筑汉城到仁川铁路的筑路权,并公开宣布,朝鲜的铁路禁止外国人开发。

在俄国军队的威胁下,日本不得不再次妥协退让,俄国驻朝鲜公使卡尔·伊万诺维奇·韦贝与日本驻朝鲜公使小村寿太郎达成协议,日本承认朝鲜国王迁居俄国公使馆的"正当性",承认俄国在朝鲜有驻军权,日本必须从朝鲜撤军,俄国只同意日本在朝鲜保留1000人的部队,以保护日本侨民[③]。这项条约使得日本的势力从朝鲜半岛一扫而空。

就在与日谈判的同时,俄国政府与朝鲜方面达成了一系列协议,俄国派遣军事顾问团训练朝鲜新军,俄国人阿列克谢耶夫取代英国人柏卓安出任朝鲜政府财政顾问,并把持朝鲜海关[④],拥有50万卢布资本的俄朝银行也随之开张,并以此替代日本银行寄存海关的税款;俄国商人布林涅获得了图们江和鸭绿江这两条界河整个流域的森林租让权;朝

---

① 参见宋晓芹:《隐于幕后:苏联与朝鲜战争》,社会科学文献出版社2014年版,第16页。
② 参见张文木:《全球视野中的中国国家安全战略(中卷上)》,山东人民出版社2010年版,第98页。
③ 参见张文木:《全球视野中的中国国家安全战略(中卷上)》,山东人民出版社2010年版,第99页。
④ 参见宋晓芹:《隐于幕后:苏联与朝鲜战争》,社会科学文献出版社2014年版,第18页。

鲜政府颁布命令，要求在朝鲜建筑的铁路皆与俄国西伯利亚大铁路轨距一致①。

在俄国的步步紧逼下，日本在朝鲜的殖民利益处在朝不保夕的危机状态下。1903年，日本在朝鲜对外贸易中的比重，从甲午战争前超过90%，下跌到略多于50%，日本丢失的市场份额，都被俄国抢占。如此一来，对日本来说，甲午战争的收益进一步被剥夺。

日本也试图通过外交途径来解决问题，1896年6月，日本首相山县有朋向俄国提出建议，要求日俄两国沿着北纬三十八度线来划分各自的势力范围。但是朝鲜之所以重要就是因为朝鲜南部的几个深水良港，还有控制对马海峡的优势。俄国政府据此认为："作为俄罗斯帝国未来的一个组成部分的朝鲜，由于地理上和政治上的条件，它的命运是由我们预先决定的。如果将朝鲜半岛南部让给日本，就等于是正式地而且永远地放弃了朝鲜在战略上和陆海军意义上的最重要的部分，也就等于是自动地限制了自己今后的行动自由。"②因此山县有朋的提议被俄国毫不犹豫地拒绝了。

一计不成再施一计，山县有朋于1898年再次向俄国政府提议，只要俄国政府承认日本控制朝鲜，那么日本就支持俄国控制中国辽东半岛，即要俄国用朝鲜来换取中国东北地区③。然而朝鲜是一只已经被俄国煮熟的鸭子，差不多就要吃下去了，而中国东北地区呢，在中俄同盟的共同利益下，日本的势力根本就伸不进来。日本的所谓朝鲜换东北的方

---

① 参见崔丕：《近代东北亚国际关系史研究》，东北师范大学出版社1992年版，第172—175页。
② ［俄］鲍里斯·罗曼诺夫：《俄国在满洲（1892—1906年）》，陶文钊等译，商务印书馆1980年版，第117页。
③ 张文木：《全球视野中的中国国家安全战略（中卷上）》，山东人民出版社2010年版，第100页。

案，根本就是用一个日本并不拥有的东西，去交换一个沙俄已经切实拥有的东西，不出意外，俄国再次毫不犹豫地拒绝了。

紧跟着，1899年4月22日，在中国问题上，沙俄与英国进行协调后达成共识，沙俄承认英国在中国长江流域的势力范围，英国承认俄国在中国长城以北的势力范围，英俄两国完成了瓜分中国的妥协方案[①]。英国支持日本，原本是为了用日本做打手，帮助英国抵御俄国在东亚地区扩张，结果现在英国与俄国达成交易，英国也就不需要日本了。

日本甲午战争伤亡无数，民穷财尽，好不容易抢来的战利品，先是被俄国虎口夺食被迫放弃辽东半岛，又被俄国撵出了朝鲜半岛，结果只落得个竹篮打水一场空。

华俄道胜银行

甲午战争后，日俄两国在朝鲜问题上的斗争以俄国居于上风而暂告一段落，但东北亚地区国际斗争的焦点始终是在我国东北地区，而沙俄物质力量投射到这一地区最主要的基础设施始终是西伯利亚大铁路。

在1891年，西伯利亚大铁路正式开工建设，并且以每年600公里的铺设速度向远东地区延伸，1895年，就已经修到了贝加尔湖畔的上乌丁斯克，来到了东北亚的家门口。但是在这个时候，俄国政府内部，却为了接下来铺设铁道线的具体走向而产生了剧烈的分歧。

沙皇亚历山大三世最初计划沿着中俄两国界河，在俄方境内修筑这条铁路，从赤塔出发经伯力，最后到达海参崴。亚历山大三世驾崩后，

---

① ［俄］鲍里斯·罗曼诺夫：《俄国在满洲（1892—1906年）》，陶文钊等译，商务印书馆1980年版，第187—188页。

财政大臣维特上奏新皇尼古拉二世，认为沿黑龙江的北岸修铁路到海参崴，绕道太远，他主张将西伯利亚铁路修到中国境内，由西向东，从满洲里进入中国，经过哈尔滨，再从绥芬河出中国入俄境，直接到海参崴，这样在空间上足足缩短了1000多公里。而且，还可以从哈尔滨出发，向南修一条支线铁路，直接到大连、旅顺，甚至可以修到吉林，再转向朝鲜，把铁路一直修到仁川港和釜山港，这样就可以一举实现拿下远东太平洋出海口的大战略。

维特伯爵的新方案却遭到了俄国远东地区总督杜霍夫斯科伊中将的坚决反对，杜氏认为，亚历山大三世的方案虽然绕远，可是铁道是修在自己的国土上，比较稳妥，如果进入中国境内，那就等于把自己的交通大动脉交到了中国手里，为了保护铁路，就必须得派兵入侵中国，这就跟中国结下了梁子，维特的方案是在把中国往日本一边推。就算压得住中国，可是这条铁路在中国境内的距离足有1000多公里，如何保护铁路运输安全呢？因此，沙俄远东总督杜霍夫斯科伊中将坚决支持亚历山大三世的方案。维特立刻上奏尼古拉二世，驳斥总督的意见，维特认为，只要修了这条铁路，不管走哪条线，都是要提升俄国向远东地区的力量投送能力，结果都必将是要与该地区其他国家交恶，索性一不做二不休。

从此后的历史发展来看，总督杜霍夫斯科伊的意见更具有战略眼光，俄国把铁路修到中国境内，肆无忌惮地侵略中国，只会把中国驱赶到日本一边共同对抗俄国。在东亚，中国和日本联起手来还是不容小觑的。十年之后，当俄国在日俄战争中被打得焦头烂额的时候，俄军总司令库罗帕特金将军在日记中痛心疾首地写道：

> 杜霍夫斯科伊坚决主张按照老沙皇亚历山大三世的意愿，在我国的

领土上修筑铁路,但具有无限权威的维特伯爵固执己见,结果,我们将1200俄里长的铁路插入了中国的肌体。谢尔盖·维特收买了卑鄙的李鸿章,他接受了这一横暴行为,为此,中国将永远不会饶恕俄国。中国将永远力争将横贯满洲的铁路干线变为本国的铁路,而不是俄国的铁路。①

杜霍夫斯科伊和库罗帕特金都是军人,他们习惯于从军事战略和地缘政治的角度去看问题,而维特历任沙俄交通大臣和财政大臣,在从西方资本市场发行铁路公债、融资建设铁路项目的长期经验当中,对于资本市场的金融炼金术是非常了解、非常熟悉的,习惯了从经济战略和币缘政治去思考问题。

维特为沙俄筹划的大战略,正是一条以资本输出和经济渗透为核心的英国式扩张道路。维特要向英国人学习,使用金融资本为帝国扩张的开路先锋,或者也可以反过来说,用帝国扩张来为金融资本的扩张做开路先锋,而与英国模式不同的是,维特伯爵根据俄国的特色,将金融资本与产业资本相融合,设计了俄罗斯的陆权金融资本扩张之路,具体而言,就是将西伯利亚铁路在中国境内的建设,作为金融资本信用扩张的基础资产。

为了推行俄国的金融资本扩张道路,维特决定组建一家银行,用这家银行作为俄国金融资本扩张的组织机构,同时发挥对华经济侵略参谋本部的作用。这家银行就是近代史上大名鼎鼎的华俄道胜银行。"华俄道胜银行"这个名字本身,就是维特金融资本扩张大战略的最好注脚。

华俄道胜银行最早的缘由,还要从中日甲午战争谈起。《马关条约》规定,中国要向日本赔款白银23000万两,只要中国一天不清偿赔

---

① 苏联国家中央档案馆编:《日俄战争:库罗巴特金、利涅维奇日记摘编》,吉林省哲学社会科学研究所翻译组译,商务印书馆1976年版,第15页。

款,侵华日军就一天不撤兵,而且,中国还要向日本支付未偿还赔款的利息,年化利率是 5%。清朝政府为了尽快支付赔款,不得不向西方国家大量举借外债,其中英国和德国一共向中国贷款 1600 万英镑,而法国与俄国也组成银行团,给中国贷款 1 亿金卢布,相当于清朝库平银 1 亿两。

借着这个由头,维特伯爵就游说法国和俄国的银行家,要他们共同出资,合股设立一家银行,专门负责经营对华贷款的业务,这就是华俄道胜银行的由来。1895 年 12 月 10 日,沙皇正式下诏,成立华俄道胜银行,大股东是法国的巴黎霍丁格尔银行、巴黎荷兰银行、里昂信贷银行、巴黎国家贴现银行,以及俄国圣彼得堡国际商业银行,总资本 600 万卢布,62.5% 由法国募集,37.5% 由俄国募集[①]。

虽然法国资本占大头,但是为了联合俄国向德国复仇,法国有求于俄国,于是维特伯爵利用地缘政治做杠杆,不但撬动法国金融资本投资华俄道胜银行,还迫使法国资本在银行董事会中居于少数地位,一共八名银行董事中,俄国人占了 5 席,法国人只占 3 席[②]。

那么这家银行经营哪些业务呢?由于清朝向法俄银行团贷款是以国内的税收收入为抵押的,沙俄政府颁布的《华俄道胜银行条例》规定,银行有权代收中国各种税收;有权经营与中国地方及国库有关的业务;可以发行中国政府许可的货币;可以代还中国政府所发行公债的利息;还可以铺设中国境内铁道和电线等项工程。

华俄道胜银行不仅是一个殖民地银行,而且还是一个侵略中国的

---

① 金世铸:《揭开华俄道胜银行的内幕》,《历史研究》1977 年第 6 期,第 100—112 页。参见张凤鸣:《中国东北与俄国(苏联)经济关系史》,中国社会科学出版社 2003 年版,第 73—74 页。
② 参见郭久祺:《华俄道胜银行——沙俄帝国主义对华经济侵略的大本营》,《郑州大学学报(哲学社会科学版)》1978 年第 1 期,第 64—70 页。

情报间谍机构。英国记者普特南·威尔曾到我国东北考察调研,发现"银行的设立,表面上……仅仅是从卢布与银元的买卖中牟利的金融机构,此外别无其他。但是,如果你了解详情之后,就会知道这个最新的现代银行巨擘分成两个部门——金融的和政治的,前者掩护后者,而后者才是真正的动机……自圣彼得堡的总行开始,到许许多多的前哨银行为止,一概都有两个部门——一个是从事实际银行业务,维护真正股东利益,一个是通过获取路矿森林的租借权,和足智多谋的董事老爷们所看中的其他领域而取得政治影响",而华俄道胜银行的每个分行,都有两套人马,"银行的重要职员都由财政部精心物色,他们可以直接同俄国政府联系。可以相信,这些政府委派的人实际上控制着银行的业务方针,他们的地位凌驾于业务经理之上。他们虽然不干预银行的例行公事,但财权却牢牢掌握在他们手中"①。

除了是殖民地银行和情报间谍机构之外,华俄道胜银行还是"一个政治、金融的混合机构,实际上只不过是一个略加伪装的俄国财政部分支机构"②。沙皇的财政部,就是沙皇侵略中国的总参谋部,财政大臣维特就是侵华总参谋长。"外交部差不多变成了一个隶属机关,他不得到财政大臣的同意,就不敢在远东采取任何步骤。而财政大臣在远东支配着其自己的侦察与执行机关,并支配东清铁路与华俄道胜银行之一切机关。"③ 1898年7月24日,维特公开批准了华俄道胜银行与财政部的协定,确立了华俄道胜银行与财政部的关系原则:银行要向财政部公开数据,必须执行财政部关于资金转拨的指令,而且这些业务没有任何的报酬。然而华俄道胜银行并不吃亏,发行国债时银行可得到2.5%的补偿

---

① [英]普特南·威尔:《满洲人和莫斯科仔》,伦敦1917年版,第123、128、135页。
② R.罗生:《外交生涯四十年》,英文本第一卷,第198页。
③ [俄]罗曼诺夫:《帝俄侵略满洲史》,民耿译,商务印书馆1937年版,第3页。

费,而且财政部通常在华俄道胜银行的账户上存有1500万卢布,华俄道胜银行则每年能得到约6万卢布的收入①。而华俄道胜银行在中国的种种侵略活动也"卓有成效",英国人斯叠指出,"银行在北京之权力则尤为盛大,主其事者常入觐宫廷,又与朝贵往返,商议要事"②。近代中国第一份以研究国际问题和评论外交事务为主要内容的《外交报》揭露,华俄道胜银行"竭力结欢权贵","费无限之资财,用无穷之心力,原望得此一日之用耳"③。

而维特费尽心机,创建的华俄道胜银行,其最重要的目的,还是要用华俄道胜银行的金融资本去建设西伯利亚铁路在中国境内的铁道线。但是清政府总算在这件事上还不傻,知道俄国把铁道线修进来可不是闹着玩的,于是一开始便对维特在东北修铁路的计划持坚决反对立场。

西伯利亚大铁路在中国境内的这一段,被称为是中国东北地区铁路,简称"中东路"。维特的中东路方案,其实最主要的目的并不是要通过这条铁路运送军队,武力吞并我国东北三省。而是要利用这条铁路,向中国进行资本输出和经济扩张。

为此,维特要向英国人学习,在我国东北建立一个俄国资本的非正式帝国,表面上尊重中国的主权,行政管理、民政治理还是留给清朝的地方政府,统治的成本还是由中国自己承担,俄国只需要在经济上取得特权,控制中国东北地区的经济命脉,俾使东北地区居民和企业的贷款融资得找俄国的银行,运送货物得用俄国的铁路,做买卖搞贸易要用俄

---

① 参见赵俊亚:《维特与华俄道胜银行》,《东北亚论坛》2006年第3期,第124—128页。
② 斯叠:《俄国在满州的银行铁道征服政策》,《外交报汇编》,商务印书馆1914年版,第52期,第23页。转引自金世铸:《揭开华俄道胜银行的内幕》,《历史研究》1977年第6期,第100—112页。
③ 《外交报汇编》,商务印书馆1914年版,第72期,第2页。转引自金世铸:《揭开华俄道胜银行的内幕》,《历史研究》1977年第6期,第100—112页。

国银行发行的货币，总之东北地区整个国民经济的运转，都需要依靠俄国金融体系的信用支持。

但问题是，清政府就是不同意俄国的铁路计划。如何破局？

维特伯爵之烦恼

维特认为，"我们要想拿下中国境内的铁路建设权，就必须要先去贿赂中国皇帝的亲信大臣"，这种脏活、黑活"可以吩咐华俄道胜银行的驻华代表去做"①。在华俄道胜银行正式成立后，维特干脆命令银行设立一个专项基金，专门用于贿赂清朝官员，力图获取在中国东北地区修筑铁路的特权②。

1896 年，华俄道胜银行在北京设立分行，分行经理名叫璞科第，他的首要任务就是想方设法从清政府手里取得中国东北地区铁路的修建权。璞科第的真实身份是沙皇俄国情报机关派驻远东地区多年的大间谍，曾到法国、中国、朝鲜等处进行过间谍活动，是个中国通，非常熟悉中国国情，黑白两道通吃，对于清朝官场的各种门道非常熟悉。据曾任北洋政府交通总长的叶恭绰回忆，"璞科第乃一国际侦探"③，其在华活动期间结识了北京白云观一位高道士，而这个高道士跟大太监李莲英是拜把子兄弟，于是璞科第在接到争取中东路修建权的任务后，第一时间就去找大太监李莲英的门路，三个人经常在前门外、杨梅竹斜街、万福

---

① ［俄］罗曼诺夫：《帝俄侵略满洲史》，民耿译，商务印书馆 1937 年版，第 74—75 页。
② 参见《美公使报告》，转引自［俄］罗曼诺夫：《帝俄侵略满洲史》，民耿译，商务印书馆 1937 年版，第 74—75 页。
③ 叶恭绰文，见《文史资料》第 8 期第 131 页。转引自金世铸：《揭开华俄道胜银行的内幕》，《历史研究》1977 年第 6 期，第 100—112 页。

居的雅座内密谈①。康有为的弟子罗惇融在其《庚子国变记》中记载道："慈禧太后内监李莲英最用事,与白云观高道士拜盟,而华俄银行理事璞科第交高道士厚,因缘结于莲英,多所密议,外交尤有力焉。"②

当时清廷的政治局势风云诡谲,甲午战败之后,慈禧太后承受了巨大的压力,不得不还政于光绪帝。李鸿章打了败仗,签了丧权辱国的《马关条约》,威信扫地,被光绪皇帝撤职查办,永不叙用。慈禧太后的统治集团是最难受的时候,璞科第向李莲英表示,只要慈禧太后支持俄国在中国东北地区修铁路,俄国就支持李鸿章出山,鼎力支持皇太后。双方一拍即合,决定利用新沙皇加冕的机会,逼迫朝廷任命李鸿章为祝贺特使,到圣彼得堡进行这笔交易。

随后,经过俄国驻北京公使馆与璞科第、李莲英、慈禧太后这条内线的共同努力,李鸿章再度出山,出任清政府的特使出使俄国。慈禧太后召见李鸿章,决定让俄国建筑铁路通过东北,并以让出一个不冻港作为谈判的基础。

由于西伯利亚铁路还未通车,从北京到莫斯科必须绕道海路:从上海出发,横渡印度洋,经过苏伊士运河进入地中海,再从地中海通过黑海海峡进入黑海,在俄国的黑海港口城市敖德萨登陆,最后乘坐火车到莫斯科。

华俄道胜银行董事长,俄国亲王乌赫托姆斯基亲自赶到苏伊士运河迎接李鸿章,一路送到圣彼得堡。李鸿章使团在俄国黑海港口敖德萨登陆的时候,乌赫托姆斯基为李鸿章组织了一个阅兵仪式,陪同李鸿章检

---

① 叶恭绰文,见《文史资料》第53期第261页。转引自金世铸:《揭开华俄道胜银行的内幕》,《历史研究》1977年第6期,第100—112页。
② 罗惇融:《庚子国变记》,见《中国近代史资料选辑》,第476页。转引自金世铸:《揭开华俄道胜银行的内幕》,《历史研究》1977年第6期,第100—112页。

第四章　日本崛起

阅了驻扎在当地的俄国黑海舰队。

到达莫斯科之后，沙皇尼古拉二世亲自和李鸿章密谈，许诺如果日本侵略中国，俄国就出兵援助。但是，为了调兵便捷起见，要由华俄道胜银行承修中国东北地区铁路。维特也向李鸿章承诺，如果李鸿章能够活动清政府授予俄国铁路建筑权，那么就给李鸿章个人三百万卢布作为谢礼①。维特还把华俄道胜银行的一份《议定书》拿给李鸿章看，其中规定只要清朝皇帝批准把铁路"租让权"授予华俄道胜银行，就付给李鸿章一百万卢布；合同签字并确定路线时再付一百万卢布；铁路筑成时再付一百万卢布。这份《议定书》上面还有华俄道胜银行董事长乌赫托姆斯基、总办罗启泰、俄国财政部副大臣政罗曼诺夫的签字画押②。

李鸿章认为，与俄国结盟足以压制日本的侵略野心，可以达到以夷制夷的战略目标，况且，一旦达成中俄之间的协议，个人也可以名利双收，于是积极促成两国达成协议。果然，他回国之后，因为建立中俄同盟有功，恢复了总理衙门大臣的职务，而且拿到了俄国给他的一百万卢布贿赂款③。

1896年6月3日，中俄两国秘密签订了《御敌互相援助条约》，其内容共有六款，意即中俄结盟共同对付日本，而其中第四款明确规定："今俄国为将来转运俄兵御敌，并接济军火、粮食，以期妥速起见，中国国家允于中国黑龙江、吉林地方接造铁路，以达海参崴。惟此项接造铁路之事，不得借端侵占中国领土，亦不得有碍大清国皇帝应有之权利，其事可由中国国家交华俄银行承办经理。至合同条款，由中国驻俄

---

① 参见《维特奏章》1900年，《俄国财政部档案》第五十一号，第一部分。
② 参见《俄国财政部档案》第五十一号，第一部分。转引自［俄］罗曼诺夫：《帝俄侵略满洲史》，民耿译，商务印书馆1937年版，第13页。
③ 1897年5月乌赫托姆斯基抵上海，经璞科第付李鸿章一百万卢布。《红档》1922年第2卷，第288—289页。

使臣与银行就近商订。"

《中俄密约》签订之后,维特继续游说李鸿章,阐明华俄道胜银行,是为了给中国提供贷款,以后还要在中国大举投资建设铁路、矿山、工厂,中国政府是否也入股?李鸿章认为入股是互利双赢的,于是就在维特伯爵安排下,从俄法银行团给清朝的1亿卢布贷款中,抽出500万卢布作为清政府的股本,注资给华俄道胜银行。

随后,1896年9月,作为中俄之间一揽子协议的一部分,清朝驻俄公使许景澄与华俄道胜银行董事长乌赫托姆斯基、总办罗启泰在德国柏林签订了《合办东省铁路公司合同章程》,规定清政府入股500万卢布和华俄道胜银行合办中东铁路,所有建造、经理一切事宜,由华俄道胜银行承办。华俄道胜银行北京分行有权直接与中国政府交涉有关中东铁路的一切事宜。但是维特在清朝出钱之后,又拒绝给清朝任何董事席位,只给股东年终分红。清政府明知上当也无可奈何[①]。

此时,维特在中国东北地区建立俄国资本非正式帝国的计划,实际上已经大功告成,接下来要考虑的是如何落实这项计划,落袋为安。但就在这个节骨眼上,沙皇尼古拉二世做出了一个非常愚蠢的决策,这个决策导致维特伯爵的大战略,在不到7年的时间里,就满盘皆输,俄国的势力,几乎就要被赶出东北亚。这个决策,就是抢占中国的大连港和旅顺口。

就在《中俄密约》签订的第二年,即1897年11月14日,德国皇帝威廉二世派海军霸占了我国的青岛港和胶州湾,并于1898年3月6日强迫清政府签订《胶澳租借条约》,租期99年,青岛成为德意志帝国皇家海军东亚分舰队的主要基地。

[①] 郭久祺:《华俄道胜银行——沙俄帝国主义对华经济侵略的大本营》,《郑州大学学报(哲学社会科学版)》1978年第1期,第64—70页。

第四章 日本崛起

沙皇见德国皇帝威廉二世在中国获得了出海口，也实在克制不住在远东夺取出海口的欲望，命令驻扎在朝鲜仁川港过冬的俄国太平洋舰队，出兵霸占了我国的大连和旅顺，维特伯爵还向李鸿章行贿50万卢布[①]，威逼利诱清政府与他签订所谓《中俄旅大租地条约》，取得了旅顺、大连25年的租借权，中国不得在辽东半岛内驻兵，亦不得让与别国；旅顺口作为俄国之海军港，只准中俄两国船只出入，大连湾除一港为军港外，其余均为商港，各国船舶均得出入；1899年沙俄把旅顺、大连租地改称为"关东省"，设总督，以旅顺为首府[②]，此外俄国还获取了修建铁路支线，直达大连旅顺的筑路权。

这一条约终于使得沙俄获得了梦寐以求的太平洋温暖海域的出海口，然而维特得知此事后却愤怒至极。维特伯爵认为，本来只要俄国克制住领土扩张的野心，满足于在中国东北地区建立非正式的商业帝国、资本帝国，既能赚得盆满钵满，又能拉拢中国与俄国结盟对付日本，朝鲜的仁川港和釜山港也是不错的远东地区的太平洋出海口。朝鲜惧怕被日本吞并，因此只能投靠沙俄，到时再把朝鲜纳入非正式商业资本帝国的体系当中，依托这个非正式帝国，以及中俄同盟的巨大威力，就能完全压制日本。现在沙俄出兵霸占了旅顺、大连，只能使得中国倒向日本，一旦中日结盟，其背后还有英国、美国两大势力撑腰，俄国将难以在东北亚立足。于是，在沙皇决策霸占旅顺、大连的御前会议上，维特坚决反对：

> 我们既然确立了不侵犯中国的原则，并且，已经根据这项原则迫使

---

① ［俄］谢尔盖·尤里耶维奇·维特：《俄国末代沙皇尼古拉二世——维特伯爵的回忆》，张开译，新华出版社1983年版，第111页。
② 参见王绳祖：《国际关系史（第3卷）》，世界知识出版社1995年版，第233—234页。

日本放弃辽东半岛，其中包括旅顺口和大连港，并把这些地方归还给了中国。此外，我们还同中国签订了对付日本的防御同盟密约，并保证保护中国，不让日本觊觎任何中国领土，既然我们做了这些事情，却又要去夺取中国领土，那岂不是冒天下之大不韪，太背信弃义了，即使撇开背信弃义这点，我们只根据自私的考虑来对付日本和对待中国，我认为这种做法也是危险的，因为我们刚刚开始修筑通过蒙古和中国的中国东北地区铁路，我们同他们的关系很不错，在这种情况下，如果占领旅顺口或大连湾，那势必激怒中国，使中国由一个同我们关系亲密友好的国家变成我们的对头，我们如果背信弃义就会造成这样严重的后果。①

但沙皇尼古拉二世并没有能听从维特的建议，依然决定拿下旅顺口和大连湾。维特只得苦谏道：

请陛下记住今天这个日子，您将能看到这个致命的措施将会给俄国带来多大的恶果。②

卢布帝国

俄国抢夺旅顺、大连标志着中俄同盟实际上已经破局。维特所能做的，也只能是在自己的职权范围之内，努力推进他的非正式帝国计划。这个计划的核心环节，就是由华俄道胜银行在我国东北推行卢布，把我

---

① ［俄］谢尔盖·尤里耶维奇·维特：《俄国末代沙皇尼古拉二世——维特伯爵的回忆》，张开译，新华出版社1983年版，第105页。
② ［俄］谢尔盖·尤里耶维奇·维特：《俄国末代沙皇尼古拉二世——维特伯爵的回忆》，张开译，新华出版社1983年版，第107页。

国东北地区纳入沙俄市场体系。

为了让卢布在东北市面上流通起来,维特用了两招。首先,华俄道胜银行承诺卢布的金本位,所有的东北百姓,可以用一卢布兑换金币一钱多,也可兑换银币五钱八分,以此取信于民。但是等卢布广泛推行之后,华俄道胜银行就停止将卢布纸币兑换成金银,转而以英镑、法郎和德国马克来兑换它所发行的卢布纸币,也就是把卢布发行的金本位,替换成了以外汇为准备金的金汇兑本位。

其次,维特下令,中国东北铁路在运营中只收卢布,以此来强制推广卢布。中东铁路在1903年通车后,旅客买火车票、商人支付运费,以及与铁路有关的一切税费的征收,一律只使用卢布[①]。这就等于,将俄国在我国东北地区发行的卢布与俄国在中国东北修筑的铁路的运输能力挂钩,某种意义上可以说是铁路运输本位,这样俄国修的铁路通车到哪里,卢布购买力的势力范围就扩张到哪里。俄国的中东铁路局,在自办的期刊《满洲杂志》当中写道:

在满洲(作者按:即我国东北)全境的经济结算中,卢布占着统治地位。一切交易,不仅在中东铁路沿线,而且在满洲内地其他许多地方,也使用卢布。农村居民在各种各样的金属货币或纸币中,宁愿吸取卢布,特别在储存货币的时候。[②]

当时中国商民习惯于将在华流通的卢布称为"羌帖"[③],那么一共有

---

① 王智慧:《俄币羌帖的发行对哈尔滨经济的影响》,《边疆经济与文化》2015年第3期,第8—10页。
② 参见寿乐英、寿充一:《外商银行在中国》,中国文史出版社1996年版,第55页。
③ 陈文龙:《华俄道胜银行在华发行的纸币:羌帖名称考略》,《学理论》2016年第7期,第149—151页。

多少卢布在我国东北流通呢？据统计，1914年，卢布在我国东北的流通量，在哈尔滨有4000万，在中东铁路沿线有6000万，仅仅这两项加起来就有1亿卢布[①]，而当时，全俄国总的货币流通量大概为16亿卢布。华俄道胜银行在我国东北发行流通的卢布，居然占到了俄国全部货币发行量的1/16[②]。

另外根据当时中国银行总管理处所编写的《东三省经济调查录》，东三省全境流通的卢布货币量高达2亿到4亿卢布，这还不算在关内流通的卢布[③]。而根据当年中国银行的调查，俄国卢布的流通范围，甚至遍及河北、山东、江苏，以及河南的偏远农村地区[④]。如果当年中国银行的调查统计准确的话，至少俄国货币发行量的1/8到1/4的卢布在中国流通，统治中国东北地区，势力范围遍及华北、华东和中原部分地区，这就太可怕了。

非但如此，每年秋天，到了农作物的收获季节，华俄道胜银行就发行大量纸卢布，借给俄国商人收购粮食、大豆、木材等，再装到火车上，经过中东铁路运往欧洲，推销到西欧市场，换取英镑、法郎、马克，这些英镑、法郎、马克又成了华俄道胜银行发行纸币卢布的准备金。

然后，这些英镑、法郎、马克，再由华俄道胜银行在欧洲的分行，汇兑到上海、天津的分行，抛售出去，换成中国的银两。由此，华俄道胜银行又可以一定程度上操控中国的外汇交易市场。

到了第二年春夏，东北需要从关内进口货物时，东北的商人又把去

---

① 参见金世铸：《揭开华俄道胜银行的内幕》，《历史研究》1977年第6期，第100—112页。
② 参见侯树彤：《东三省金融概论》，太平洋国际学会1931年版，第108页。
③ 参见寿乐英、寿充一：《外商银行在中国》，中国文史出版社1996年版，第55页。
④ 参见佟灿章：《东三省金融币制论》，《著者自刊》1915年，第104页，转引自金世铸：《揭开华俄道胜银行的内幕》，《历史研究》1977年第6期，第100—112页。

年秋天卖货收到的卢布，交给华俄道胜银行在东北的分支机构，兑换成关内通用的银两，再汇往天津、上海等地购货。这宗汇兑生意的规模巨大，仅汇往上海、天津的银子，每年就达两三千万两。

华俄道胜银行利用卢布发行，不但控制了我国东北农作物的收购及出口，进而可以操纵中国的外汇交易市场，还垄断了中国东北地区与关内各省的银钱汇兑。当时就有人评论道："凡欧亚间银钱之汇兑、中国南北省份资金之周转，东北地区南北之间调动款项所必需，在欧战以前，全靠卢布。"①

维特苦心孤诣，在中国东北地区营建的俄国资本的非正式帝国就像一头吸血怪兽，吸附在中国的身体上，中东铁路就是吸血管，华俄道胜银行就是大脑，它往中国体内注射的毒素就是卢布。俄国的卢布信用就是我国东北的经济鸦片，东北的一切经济活动，需要俄国银行注入的卢布信用才能运转起来，而这些经济运转所产生的财富，就会向着卢布信用注入的相反的方向，回流到俄国。这是一台高效运转的经济殖民的机器，所有东北百姓的经济活动，其实都是给华俄道胜银行的金融资本创造利息收入。因为清朝本身缺乏资本和信用，所以就会被迫加入这个剥削的体系中去。

根据英国记者普特南·威尔的调查研究，从 1895 年中日甲午战争结束，到 1904 年日俄战争爆发的 8 年时间里，俄国对华投资总额为 5.635 亿卢布，截至 1902 年，列强对华投资总额中，英国资本占比达到 33%，俄国资本占比达 31.3%，而且在俄国投资中，投资实业的比重很大，占了俄国对华投资总额的 89.4%②。这位英国记者以羡慕的口吻写道：

---

① 寿乐英、寿充一：《外商银行在中国》，中国文史出版社 1996 年版，第 64 页。
② 参见张国辉：《中国金融通史（第二卷）：清鸦片战争时期至清末时期》，中国金融出版社 2003 年版，第 270 页。

"名义上仅有资本1500万卢布的华俄道胜银行，八年以来在远东所做的，比英国政府半个世纪所做的还要多。"① 随后，他在采访手记中继续写道："中国是一个巨大的消费市场，又是一个原料产地。通过中东铁路，俄国将大量棉布、毛皮、毛织品及质量不高的工业品倾销到中国去，再从这里转运到朝鲜、日本。而中国传统的商品——茶叶、丝绸，可以通过铁路源源不断运入俄国，亦可充当贸易居间人，向西欧转卖中国商品。这样不仅获利，还增强了俄国与英国在欧亚两洲的竞争能力。"

由此，普特南·威尔总结道，沙俄是依靠长着三个脑袋的希腊女妖美杜莎来统治东北的，这个女妖的三个头分别是中东铁路、俄国卢布和华俄道胜银行。他说："如果中国人想要顽抗，那么就会看到那张卢布的诱人的脸，使人们心软意沉。"② 用货币信用的糖衣炮弹，消灭中国人民的反抗意志，使人们心软意沉，心甘情愿做外国资本的傀儡，这就是金融信用这种经济鸦片的巨大威力。事实上，直到今天，我们还能观察到这种经济鸦片的巨大影响力。

就在维特在中国东北推行卢布非正式帝国的计划进展顺利的时候，1899年夏爆发了一场世界经济危机，美国、英国、德国、俄国、荷兰、比利时等，都在危机中遭到了沉重打击，于是国际资本纷纷减少了对俄国政府债和企业债的投资，也减少了对俄国股票市场的投资。外国资本投资俄国国债的金额迅速跌破了15亿卢布，投资铁路建设公债的金额也从将近20亿卢布下降到17亿卢布左右③。到了1901年，俄国股市跌

---

① [英]普特南·威尔:《满洲人与莫斯科仔》，麦克米伦公司1907年版，第126页。
② [英]普特南·威尔:《满洲人和莫斯科仔》，麦克米伦公司1907年版，第214页。
③ 参见邓沛勇、罗丹萍:《外国资本与俄国经济发展：规模和影响探究》，《俄罗斯学刊》2021年第5期，第97—118页；张广翔:《外国资本与俄国工业化》，《历史研究》1995年第6期，第144—157页。

了 45.4%[①],几乎腰斩。俄国的重工业随之遭遇到了极其惨重的打击,到了最危急的 1901 年、1902 年,俄国的石油产量竟然下降了将近 70%,钢产量减少了一半,煤产量下降了 25%,铜产量下降了 20%[②]。

更糟糕的是,经济危机席卷全球,各国都努力减少了进口,扩大出口,欧美列强也加强了对沙俄在中国势力范围的商品输出,例如美国的煤油、面粉,英国的棉布开始大量向我国东北、华北的市场进行倾销,而沙俄在东北、华北的市场上只剩下烟草和伏特加还保持着竞争力[③]。维特伯爵的卢布帝国,几乎是刚刚建成,就被经济危机冲击得千疮百孔,摇摇欲坠。

恰恰是在这个时候,中国爆发了义和团运动。如果把中国社会比作人的身体,那么西方列强的入侵,就好比病毒对于人体的入侵,人体的免疫系统就会自发地反击病毒,义和团运动就是中国社会的免疫系统自发启动了,中国的老百姓,对于西方列强的入侵,进行了一次近乎本能式的反抗。

1900 年 6 月,德国社会民主党中央机关报《前进报》发表社论《铁拳》,指出:

> 义和团运动发生的时期,应该从德国强占胶州湾算起。德国发出侵占的信号,俄国和英国步其后尘,而这一切的自然结果,便是出现了一

---

① 参见李旭:《1861—1914 年俄国证券市场》,博士学位论文,吉林大学,2016 年。
② 参见张文木:《全球视野中的中国国家安全战略(中卷上)》,山东人民出版社 2010 年版,第 114 页。
③ 参见陈志明:《华俄道胜银行与沙俄的远东政策》,《北方文物》1990 年第 2 期,第 86—90 页。

个民族自卫的团体。因此,中国也举起了它的铁拳。①

1900年12月,列宁在俄国社会民主工党党报《火星报》创刊号上发表了著名的《中国的战争》一文,为中国人民仗义执言:

这次遭到英国人、法国人、德国人、俄国人和日本人等等疯狂镇压的暴动,究竟是由什么引起的呢?主战派硬说,这是由于"黄种人敌视白种人","中国人仇视欧洲文化和文明引起的"。是的,中国人的确憎恶欧洲人,然而他们究竟憎恶哪一种欧洲人呢?并且为什么憎恶呢?中国人并不是憎恶欧洲人民,因为他们之间并无冲突,他们是憎恶欧洲资本家和唯资本家之命是从的欧洲各国政府。那些到中国来只是为了大发横财的人,那些利用自己的所谓文明来进行欺骗、掠夺和镇压的人,那些为了取得贩卖毒害人民的鸦片的权力而同中国作战(1856年英法对华的战争)的人,那些用传教的鬼话来掩盖掠夺政策的人,中国人难道能不痛恨他们吗?②

义和团也向天下发出了自己的揭帖,即义和团宣言,表明斗争的原因、斗争的方法,以及斗争的目标。宣言内容如下:

神助拳,义和团,只因鬼子闹中原。劝奉教,自信天,不敬神佛忘祖先。

---

① 中国科学院历史研究所:《近代史资料》,科学出版社1957年版第1—7页,转引自李宏生:《义和团运动与国际公正舆论》,《山东师范大学学报(社会科学版)》1992年第1期,第24—30页。
② 《列宁选集》第1卷,人民出版社1972年版,第213—214页。

男无伦,女行奸,鬼子不是人所添。如不信,仔细观,鬼子眼珠都发蓝。

天无雨,地焦干,全是教堂遮住天。神也怒,仙也烦,一同下山把道传。

非是邪,非白莲,独念咒语说真言。升黄表,敬香烟,请来各洞众神仙。

神出洞,仙下山,附着人体把拳玩。兵法艺,都学全,要平鬼子不费难。

拆铁道,拔线杆,紧接毁坏火轮船。大法国,心胆寒,英美俄德尽萧然。

洋鬼子,全平完,大清一统锦江山。①

从这份义和团宣言中,既能体会到它的革命性、进步性,也能看到它的封建性和落后性,看问题需要结合具体历史条件,清朝时社会发展程度处于低水平,95%的人是文盲,受到落后的封建生产关系和生产力发展水平的制约,并没有更好的反抗方法。

当义和团运动爆发的消息传到俄国之后,俄国朝野一片欢腾。本来在国际金融危机的沉重打击下,维特在中国东北地区谋划的卢布计划被物美价廉的英美商品冲击得千疮百孔,濒临破产,俄国统治集团认为,还是要发挥俄国的比较优势,出动军事力量直接占领,只要用武力吞并了中国东北地区,仅提高进口关税就能把英国商品、美国商品挡在关外,俄国就可以垄断东北的一切市场和资源。

俄国陆军大臣库罗帕特金在听闻义和团运动爆发后,立刻兴高采烈

---

① 张守常:《说〈神助拳,义和团〉揭帖》,《历史研究》1997年第3期,第123—134页。

地对维特表示，他对这种后果感到非常满意，因为这样一来，俄国就有口实占领"满洲"了。1900年6月，义和团运动到达最高潮，东北也开始出现义和团，沙皇尼古拉二世于1900年6月23日下旨，命令远东俄军总动员，到了7月23日，俄军兵分五路，从伯力、海兰泡、满洲里、海参崴和大连五个方向，同时进攻东北[①]。这与30余年后日本发动的九一八事变如出一辙。俄国军队，从9月底到10月初，先后攻占了营口、辽阳、铁岭、锦州、长春和沈阳[②]。

1900年11月8日，俄国军队胁迫清朝在辽宁省的最高军政长官、盛京将军增祺，草签了一份《奉天交地暂且章程》，内容大致可理解为除了在名义上主权属于清朝，盛京将军负责地方治安之外，东北的一切内政、外交、经济、国防，全部由俄国掌控[③]。见俄国要独霸中国东北，帝国主义列强都开始着急了，于是，日本联合其他列强，开始共同对付俄国。

英日同盟

1900年6月21日，在义和团运动的刺激下，清政府以光绪帝的名义，正式下诏向列强宣战；英国、美国、德国、法国、俄国、日本、意大利和奥匈帝国这8个主要帝国主义列强紧急组成联军，在天津大沽口

---

① 参阅吉林省社会科学院历史所编：《1900—1901年俄国在华军事行动资料》（全三册），董果良译，齐鲁书社1981年版。
② 张文木：《全球视野中的中国国家安全战略（中卷）》上册，山东人民出版社2010年版，第106页。
③ 张文木：《全球视野中的中国国家安全战略（中卷）》上册，山东人民出版社2010年版，第109页。

登陆，进攻北京城。1900年8月15日，八国联军即完全占领北京城。到了1901年9月7日，在八国联军攻占北京整整一年之后，《辛丑条约》正式签订，规定清政府赔款白银45000万两，每个中国人赔款一两银子，以示对中华民族的惩罚。还规定这笔赔款的年利率是4厘，4%，分39年付清，本利合计共98200多万两，以中国海关关税和盐税作为赔款的担保。此外，《辛丑条约》还规定，清政府承诺毁弃天津大沽口炮台，等于首都不设防，列强还有权在北京、天津、山海关等地驻扎军队，从此京师门户洞开。

就在北方义和团运动与八国联军战争如火如荼之际，在1900年6月26日，两江总督刘坤一领头串联东南各省督抚，委托盛宣怀和上海道台余联沅，与列强驻上海外交使节团商定了所谓《东南保护约款九条》即《东南互保章程》，其核心内容，就是东南各省地方督抚坚决反对朝廷的宣战诏书，坚决镇压南方各省的义和团，坚决保护东南各省中外商民的生命财产安全；上海租界归各国共同保护，但洋兵不进入租界范围之外的内地各省，双方互相保证对方的安全，两不相扰。

本来，英国政府意图单独与东南各省地方督抚签订互相保护章程，因为长江流域是大英帝国的非正式帝国，东南各省的地方督抚，名义上是清廷的封疆大吏，实际上是大英非正式帝国的合作伙伴，当然应该由英国独享中国东南，怎奈英帝国当时正深陷南非布尔战争的泥潭，实在没有力量再去垄断在华利益，于是不得不接受美国提出的所谓门户开放、利益均沾原则，与各国的外交使节一道，签署了《东南互保章程》。从此之后，一直到新中国成立为止，西方列强处理中国问题的基本原则，就是被东南互保事件所确立的门户开放、利益均沾原则。

就在《东南互保章程》签署整整两个月之后，厦门事件的发生充分证明了列强坚持门户开放、利益均沾原则的严肃性。1900年8月25日，日本大本营派遣驻台湾日军渡过台湾海峡，准备占领厦门，但是清朝的闽浙总督也参加了东南互保，福建省也在东南互保的范围之内，于是，英、德、美、俄等西方列强立刻出动海军，组团开进了厦门港，英国海军陆战队也在厦门的英租界登陆，威慑日本不得轻举妄动。山县有朋被迫下令日军撤出厦门。①

非常讽刺的是，1900年的8月15日，八国联军刚刚攻占北京城，就在日本与西方列强在中国北方狼狈为奸的同时，在中国南方，西方列强却帮助清朝福建地方当局赶跑了试图入侵厦门的日本军队。而就在俄国海军加入列强联合行动，在中国的东南沿海地区，挫败了日本独霸厦门图谋的同时，俄国陆军却在中国东北地区大打出手，妄图把中国东北地区变成俄国的独占殖民地。

虽然俄军入侵中国东北地区，是在八国联军侵华战争时期同步发生的，除了出兵我国东北之外，俄国也派出1万多人的部队参与了八国联军进攻北京的行动，但实际上，这是两场战争。八国联军侵华的战略目的，是要把中国变成列强共同的半殖民地，宗旨是中国门户开放、列强利益均沾，而俄国入侵中国东北地区的战争，其战略目的，却是要把中国东北地区变成俄国的独占殖民地，排除其他列强在东北的存在。

俄国独霸中国东北地区的军事行动，在战术上非常成功，两个月时间就征服了全部东三省，但是在战略上，却是一个巨大错误。

俄国驻旅顺总督阿列克谢耶夫，接到圣彼得堡的命令，要他率领远东俄军全面入侵中国东北地区的时候，绝对料想不到，在短短4年之后，

---

① 参见刘芳:《1900年日军登陆厦门事件再研究——着重中国大陆、日本、中国台湾三方的互动》,《台湾历史研究》2014年第1期, 第347—363、410—411页; 秦岭:《日军厦门登陆事件与东南互保》, 硕士学位论文, 复旦大学, 2008年。

旅顺要塞陷落，俄国在中国东北地区和朝鲜的势力几乎被一扫而光。

八国联军侵华后，在1901年1月，清廷任命驻俄公使杨儒为全权大臣，在圣彼得堡与俄国谈判所谓《奉天交地暂且章程》以及俄军自东北撤军的问题。

在谈判中，俄国方面提出了一个一揽子解决方案。首先，清政府与俄国政府签订政府间条约，规定俄国不但要控制东三省，还要控制蒙古和新疆，俄军不撤出东三省，中国就不能在东三省驻军等，而要想俄国从东北撤兵，俄国财政大臣维特开出了价码，清政府必须先与华俄道胜银行签订条约，把东三省的全部矿山开采权、铁路修筑权等权利全都转让给华俄道胜银行。

中俄在圣彼得堡的会谈，本来是秘密谈判，但到了这步田地，李鸿章有意无意地把俄国提出的条约草案泄露给了其他列强，西方列强立刻就意识到他们在东亚真正的敌人不是义和团，而是沙皇俄国。于是，除了俄国的盟友法国之外，其他所有列强都向俄国政府发出照会，表示强烈抗议。

日本政府尤其害怕清廷顶不住压力，把东北让给俄国，于是命令驻上海和武汉的领事，经常到两江总督刘坤一和湖广总督张之洞处，游说他们出面阻止李鸿章与俄国签约。李鸿章就坡下驴，表示中国刚打了败仗，北京城都被八国联军占了，眼下实在没有力量与俄国对抗，于是日本就去串联其他列强，铆足劲儿要反制俄国。1902年年初，伊藤博文赴伦敦运作日英同盟时，明确表示要与俄国人摊牌的想法："迟早必须遏止俄国对满洲的入侵，不是用刺刀就是用别的什么工具。"[①]

---

① ［苏］鲍·亚·罗曼诺夫：《日俄战争外交史纲1895—1907（上册）》，上海人民出版社1976年版，第353页。转引自张文木：《全球视野中的中国国家安全战略（中卷）》，山东人民出版社2010年版，第109页。

俄国则在1901年3月12日，向清朝发出最后通牒，必须在3月26日接受条约，同时，命令在朝鲜仁川港集结的俄国海军太平洋舰队进入总动员，威慑日本。关键时刻，除了法国之外，所有的西方列强，全部站在了日本一边，会同日本向中俄两国发出联合照会，要求中国不要在条约上签字，并要求俄国遵守门户开放、利益均沾的原则，不要妄想独占中国东北地区。于是，在列强的联合干预下，在俄国最后通牒期限的最后一天，清政府终于决定拒绝在条约上签字。俄国发现自己被孤立了，实在不好与所有列强为敌，只得于4月6日发了一道声明就草草了事[①]，但是俄国军队依然实际占领着东北，华俄道胜银行依然独霸着东北的经济权利。俄国的行动不仅违反了门户开放、利益均沾的原则，而且严重威胁到了英美的在华利益。

法国也在中国南方虎视眈眈。法国在1883年到1885年的中法战争中，逼迫清朝承认越南是法国的殖民地，此后，法国就以越南殖民地为基地，在东南亚不断扩张，建立起庞大的法属印度支那殖民地，对相邻的英属印度殖民地造成了极大的威胁。在1895年中日甲午战争后，法国趁机北上向中国扩张，不但把广西和云南两省纳入法国的势力范围，还强租了广州湾（今广东湛江），把它纳入法属印度支那，由法国在越南河内的殖民政府派官员到湛江管理民政。湛江与香港近在咫尺。此外，在上海，英国本着门户开放、利益均沾的原则，整合列强在上海的租界地，成立了统一的公共租界，但是法国坚持保留法租界，坚持不加入公共租界。

更糟糕的是，法国与俄国还是盟国，而且还是由资本纽带紧紧捆绑在一起的铁杆盟邦，法国只有在与俄国结盟共同对付德国的情况下，才

---

① 张文木：《全球视野中的中国国家安全战略（中卷）》上册，山东人民出版社2010年版，第109页。

有可能完成对德国的复仇，这是法兰西民族不可动摇的民族意志；而沙俄，只有在法国资本市场的融资支持下，才能建设现代工业，推进工业化，才有能力打一场耗资巨大的现代战争。在第一次世界大战前夕，法国是所谓的高利贷帝国主义，法国的对外贷款绝大多数都投资到了俄国，也就是说，如果俄国垮了，法国对俄国无数的投资都要打水漂。因此，不论是法国的国家利益，还是法国的资本利益，都是与俄国的命运紧紧捆绑在一起的，法俄两国，已经凝结成了一个共同体。

现在，这个共同体，一南一北，向着中国的长江流域扩张而来，使英国在中国东南各省建立的非正式商业帝国，陷入腹背受敌的困境当中，空前被动。但此时英国在南非布尔战争中，已经打得筋疲力尽，实在无力在东亚大陆上单挑俄法两大强权，于是，英国不得不放弃了坚持了两百年的光荣孤立政策①，开始寻找盟国，与它共同制衡俄国在远东地区的扩张。

英国的第一个结盟对象是德国。但德国非常清楚，如果与英国结盟，就一定要与俄国为敌，这就等于，在欧洲大陆的地缘政治斗争当中，德国将陷入东西两线作战的不利战略态势当中。德国哪怕再强大，要想在东西两条战线上同时与法国和俄国作战，那也是毫无胜算的，因此，在1870年德国统一之后，德国大战略的主轴，就是尽力与俄国保持友好，从而孤立法国。再加上，德国在东亚地区的利益本来就不多，为了英国的利益去得罪俄国不合算。

此外，英国在南非布尔战争中的拙劣表现，也让德国错判了形势，德国皇帝威廉二世极度蔑视英国的战争能力，决心修筑一条从柏林直

---

① 光荣孤立是19世纪晚期英国追求的外交政策，即英国拒绝加入永久性联盟，不和其他国家订立长期盟约，不积极干预欧洲事务，置身于欧洲大国集团之外，以保持自己的行动自由。

达伊拉克首都巴格达的铁路，纵贯中欧平原，经过巴尔干山地，进入中东地区，最后抵达波斯湾的广袤欧亚大陆心脏地带。德国就是用这条铁路，在地理空间上，重新组织财富的生产与分配，开创新的世界市场空间，用整合欧亚大陆的办法，来挑战英国的海上世界霸权。

于是，德国毫不犹豫地拒绝与英国结盟，本来可以改写世界历史的英德 G2 机制，消失在了历史的长河当中。

但历史的车轮还在不停地向前奔腾，命运的列车从德国身旁呼啸而过，来到了日本的面前。日本与英国一拍即合。从 1901 年 10 月 16 日开始，即《辛丑条约》签订的 40 天之后，英日两国开始在伦敦秘密举行结盟谈判，到 1902 年的 1 月 30 日，英国外交大臣兰斯多恩与日本驻英公使董林正式签订了《英日同盟条约》，随后在 2 月 12 日，两国政府同时对外公布了条约，矛头直指沙俄与俄法同盟：当英国在中国及日本在中国和朝鲜的特殊利益因别国的侵略行为或中国、朝鲜发生动乱而受到威胁时，缔约国一方为保护上述利益而与他国开战时，他方应严守中立，并努力防止其他国家参加战事攻击其盟国。如果某一国或数国加入对缔约国一方的战争，缔约国另一方"应予以援助，共同作战"。①

英日同盟对于俄国无异于晴天霹雳。维特苦心孤诣，通过华俄道胜银行和中国东北铁路经营的卢布帝国，在东亚地区孤立日本的极度有利于俄国的战略局面，实际上已经满盘皆输。尽管，在 1902 年 3 月 16 日，也就是《英日同盟条约》公布的一个月之后，俄法两国也发表了联合声明，宣称俄法同盟的效力，也同样适用于东亚地区，但俄国非常清楚，

---

① 《英日同盟条约》，全文参阅复旦大学历史系中国近代史教研组编：《中国近代对外关系史资料选辑》（第二分册，上卷），上海人民出版社 1977 年版，第 193—194 页。转引自张文木：《全球视野中的中国国家安全战略（中卷）》上册，山东人民出版社 2010 年版，第 110 页。

法国真正的敌人是德国，法国不可能为了俄国在东亚的利益去与英国或者日本打仗；况且，法国在东北亚的力量及其薄弱，根本没有能力在东北亚地区打一场现代化战争，因此，法国的盟友身份仅仅具有象征意义罢了，一旦与日本的战争打响，俄国只能指望自己的军队。

沙皇的决断

1902年1月30日，英国和日本正式结盟，在东亚地区共同对付俄国。此时，俄国的战略形势已经非常凶险，沙皇开始举棋不定。

究竟是战是和，是进是退呢？于是在俄国政府内部展开了一场战略路线的大辩论。这场路线斗争，围绕是否从中国东北地区撤军的问题，分成三派：以财政大臣维特为首的全面撤退派；以陆军大臣库罗帕特金为首的撤退一半派；以沙皇尼古拉二世本人为首的前进派。

财政大臣维特坚决主张，要干净彻底地从中国东北地区撤军，把东北完整交还给中国，甚至旅顺和大连也要归还给中国，把南满铁路也卖给中国，俄国只保留中东铁路和保持华俄道胜银行的卢布帝国就可以，根本没有必要占领全东北。

在维特看来，从经济商业的角度来讲，军事占领东北实在是得不偿失，俄国20万大军驻扎在中国东北地区，人吃马喂，每个月都要支付大量的军事占领费用。维特自己算了一笔账，从1897年到1902年的5年时间里，华俄道胜银行的卢布帝国迅速壮大，它的商业利润，从1897年的每年900万卢布，迅速飙升到1902年的足足两亿卢布，五年时间盈利增长了20倍，可就是因为军事占领，这笔利润基本上都被军费开支给消耗了，导致俄国在中国东北地区每年净亏损4000万卢布。1903

年1月5日（俄历），陆军大臣库罗帕特金在与俄驻北京公使勒萨尔的谈话中披露："早先维特希望'东清铁路'将是一条经济线。现在他已看到，此路只有巨大的亏损。因此开始称它是政治的。维特事业每年的亏损：所花四亿卢布资本的利息两千万，经营的亏损一千万，（边界）护路队的维持一千万。每年亏损计共四千万卢布。"[①] 这是一桩赔本买卖。

从战略和地缘政治的角度来看，俄国占领中国东北地区，结果把中国、日本和英国等西方列强都得罪惨了，使得俄国从战略上成为众矢之的，俄国军队在战场上打得虎虎生威，但这种违背了战略利益的军事胜利，并没有加强俄国的国际地位，反而削弱了俄国的国际地位。吞下中国东北地区，犹如把一块烧红的炭火吞下了肚。

维特甚至认为，俄国连朝鲜都可以放弃。日本如果想独霸朝鲜，那么俄国也不应该独自出头与日本争，而是应该把朝鲜问题国际化，列强不是说要门户开放、利益均沾吗？那么朝鲜要不要也门户开放？日本想要独霸朝鲜，列强是不是也要来管一下呢？即便日本铁了心要出兵占领朝鲜，那么俄国也不应该为了朝鲜与日本打仗，拿朝鲜与日本做交易是更好的选择，比如俄国承认朝鲜归日本，作为交换，日本也要承认中国东北地区归俄国所有；总之，为了朝鲜与日本打仗，简直荒谬。

宁可放弃朝鲜也不与日本打仗的原因很简单，俄国在东亚地区的军备水平根本不足以与日本对抗。维特是财政大臣，俄国在东亚地区的军备建设上花了多少钱，维特是最清楚的，"愤青"可以自欺欺人，官僚可以欺上瞒下，但金钱永不撒谎。维特算了一笔账，到1904年，日本联合舰队的总吨位超过了20万吨，基本都是新建造的军舰；俄国海军太平洋舰队的总吨位是19.8万吨，基本都是老旧军舰，而且在装备和

[①] 《库罗巴特金日记》，见《红档杂志有关中国交涉史料选译》，张蓉初译，生活·读书·新知三联书店1957年版，第268页。

训练程度上都比不上日本海军，陆军的差距就更大了，日本临近朝鲜和中国东北地区，在战争爆发的第一天日本就能动员10个师团，调集20万军队，在朝鲜和中国东北地区登陆；俄国则要起码再从西线动员30万大军运往东线才有的打，但当时西伯利亚大铁路还没有全线通车，修建进程卡在了贝加尔湖，直到1904年，这条铁路每天还是只能通行两对列车，照这个运力，起码要用半年时间才能把部队运到远东的战场，届时黄花菜都凉了。

因此，维特的结论很清楚，当初就不应该出兵东北，连旅顺大连都不应该占领，得不偿失，即使占了也守不住，在军事上毫无胜算。因此，俄国应该从中国东北地区全面撤兵，极力避免与日本的任何军事冲突。

应当说，维特的逻辑是非常有说服力的，1902年英国与日本结盟之后，俄国陷入战略上极度被动的困境当中，维特的主张就更有吸引力了。俄国外交大臣穆拉维约夫曾经力主侵占我国旅顺大连，但是到了1900年6月，在他弥留之际，他拉住前来探望的维特的双手，对他说了一番非常恳切的话：

谢尔盖·尤利耶维奇（指维特伯爵），我们俩人在占领旅顺和大连这个问题上意见分歧很大。现在我发现，您当时的确可能是对的，是不该走这一步的，因为这次行动把局面搞得十分糟糕，但既然干了，也就干了。①

那么，既然主战派也承认，武力占领中国东北地区是个昏招，为什

---

① ［俄］谢尔盖·尤里耶维奇·维特：《俄国末代沙皇尼古拉二世——维特伯爵的回忆》，张开译，新华出版社1983年版，第139页。

么最后又坚持呢？因为所有的俄国统治精英的内心都很清楚，俄国的商业竞争力不如西方国家，其他列强坚持门户开放的自由贸易原则的原因，是其他列强的生产力更高，商品的竞争力更强，门户开放，自由市场竞争的结果，其实就是其他列强赢家通吃。俄国撤兵之日，就是俄国商品在东北市场上的份额被西方商品挤占之时。因此，俄国对中国东北地区只能坚持武力占领。

对此，维特的回应是，俄国可以用撤军作为筹码，换取清政府同意把东北的铁路、矿山、金融等权利全部转让给华俄道胜银行，西方资本可以到东北自由贸易，但是不能修铁路、开矿山、办银行，只能用中东铁路运货，从俄国购买各种自然资源，只能使用华俄道胜银行的金融服务，这样一来，即便在市场竞争中，西方商品打败了俄国商品，俄国照样可以在东北的经济活动中拿走利润的大头。在清政府派杨儒到圣彼得堡与俄国政府秘密谈判时，俄国政府坚决要求，清政府必须首先把东北相关经济权利的主权转让给华俄道胜银行，之后俄国政府才愿意从东北撤兵。但是，在列强的共同干预下，清政府拒绝在条约上签字，使得维特伯爵束手无策。

维特想不出解套的方法，俄国陆军大臣库罗帕特金此时提出了自己的解决方案。库罗帕特金反对俄军全部撤出中国东北地区，认为应当撤一半，占一半。库罗帕特金以长春为界，把长春以北称为"北满"，把长春以南称为"南满"。他认为，俄国军队应当撤出"南满"，甚至应当撤出旅顺和大连，把"南满"完全交还给中国，条件是清政府同意俄军继续驻扎在"北满"。

他认为，这样俄国就可以保住自己在中国东北地区的核心利益，中国和日本也都会觉得满意。因为俄国真正的核心利益是西伯利亚大铁路，只要保住"北满"，就能保住中东铁路。而中国能够收回"南满"，就应当很高兴了,日本真正在乎的是辽东半岛的旅顺、大连。这样一来,俄国、中国、英国、日本都满意,总该行得通了。

但是,陆军大臣库罗帕特金的方案,却遭到了维特和沙皇的一致反对。维特认为,只要不完全撤出中国东北,那么俄国在东北亚就永无宁日,中国也根本不会接受什么"南满交换北满"的方案,维特从根本上就反对俄国军事占领中国东北地区。

沙皇本人也反对陆军大臣库罗帕特金所谓"南满交换北满"的方案,但是反对的理由却跟维特截然相反。沙皇认为,从南满撤兵,放弃南满,就等于切断了旅顺和大连的陆上补给线,放弃南满,导致的必然结果,就是放弃旅顺、大连,然而俄国大战略最重要的基本原则,不就是获取温暖大洋的出海口吗?俄国虽大,但是像旅顺、大连这样,直接面向浩瀚大洋的优良不冻港,又能有几个呢?所以,旅顺、大连坚决不能丢,进而,南满也是坚决不能放弃的。甚至,为了保护满洲的安全,就连朝鲜也是绝对不能丢的。

俄国在东北亚的主要竞争对手是日本,沙皇尼古拉二世本人对日本是极其反感的。沙皇尼古拉二世还是皇太子的时候,曾经于1891年4月赶到海参崴为西伯利亚大铁路开工剪彩,之后去日本访问,结果竟然遭到日本"愤青"的刺杀,一枪打到尼古拉二世的脸上,好在手枪威力小,子弹打到尼古拉二世脸上的时候已经是强弩之末,弹头就镶嵌在他的颧骨上,总算是保住了一条命。但这一枪让尼古拉二世刻骨铭心。

沙皇尼古拉二世从自己治国理政的政治经验出发,也坚决反对对日本妥协退让。中日甲午战争以前,日本一次又一次对中国进行战略欺骗,俄国几次试图居间调停中日矛盾,但每次都被日本当成战略欺骗的工具,把俄国耍得够呛。尼古拉二世从中日甲午战争中,得出的基本经验教训就是,日本是得寸进尺、贪婪成性、欺骗成性的,只要对日本让步，总会招致更多的不得不的让步。而只要俄国态度强硬，敢于挥舞大棒，日本又总是会妥协退让。因此到了1903年12月，当东北俄军总司令阿列克谢耶夫发来日本即将开战的紧急电报时，沙皇在御前会议上表示："眼下的事件让朕想起中日战争之后的情况。当时，俄国坚持对日本说，向后退，而它就会听从。现在日本越来越厉害了，但它终究只是个野蛮国家。"①

最后，俄国的统治集团，经过反复辩论，达成共识，只要把军队撤出中国东北地区，那么俄国就会满盘皆输。1903年3月26日，俄国内阁会议得出结论②：某些大国正等待俄国撤出满洲，以便开始向满洲渗透，撤军以后，俄国在中东铁路租让地以外，就将处于和其他大国完全相同的地位，对日本特别有利。一方面，以朝鲜为基地，另一方面以华北为基地，日本将向满洲腹地进行顽强渗透。清朝会帮助日本。西方利用门户开放原则进入满洲不仅具有政治意义，而且具有巨大的商业意义，俄国将无法同西方竞争，它们很快便会把现在满洲出现的工商业萌芽完全消灭，中东铁路和华俄道胜银行将为西方的利益服务。从军事角度来看，撤离会使日本获得充分行动自由，无法坚守旅顺，而丧失旅顺将使俄国的威信扫地，从此一蹶不振。因此，一旦俄国从满洲撤军，则俄国的处境，比起1900年来，会更加凶险。

至此，沙皇尼古拉二世终于下定决心，拍板敲定了对中国东北地区政策的三项决议③：

---

① 《库罗巴特金日记》，见《红档杂志有关中国交涉史料选译》，张蓉初译，生活·读书·新知三联书店1957年版，第303页。
② 参见张文木：《全球视野中的中国国家安全战略（中卷）》上册，山东人民出版社2010年版，第138—139页。
③ 参见苏联国家中央档案馆编：《日俄战争：库罗巴特金、利涅维奇日记摘编》，吉林省哲学社会科学研究所翻译组译，商务印书馆1976年版，第30页。

第一，不从满洲撤军，相反还要加强军队；

第二，禁止其他外国人进入满洲；

第三，扩大俄国在朝鲜的影响力。

到了1903年的8月，坚持反战主和的财政大臣维特被沙皇撤职。在俄国政府内部，再也没有人给滑向战争深渊的俄国战车踩刹车了。

在1903年8月12日，日本政府向俄国政府提议，日本愿意承认俄国在中东铁路的特殊利益，但作为交换，俄国必须承认日本在朝鲜的优势地位，日本做出了争取和平的最后努力。然而俄国政府此时已经做出决策，要强硬对抗日本，绝不退让。于是，俄国政府回复称，俄国可以承认日本在朝鲜的优越地位，但条件是，日本必须承认，"满洲"（包括辽东半岛、旅顺、大连在内）在日本利益范围之外，并且要将北纬39度线以北的朝鲜领土作为俄国与日本之间的缓冲地带。双方不欢而散，一场战争已经迫在眉睫，不可避免。

此时，沙皇尼古拉二世反倒紧张起来了。他非常清楚俄国在东亚地区力量的弱点，当初维特所担心的一切，都是客观存在的事实，俄国不但在远东地区军备薄弱，而且在国库里能动用的闲置资金只有3.8亿卢布[①]，另外央行还有两亿卢布的货币发行权[②]，这就是俄国全部的战争资源。而这些，只够维持最长3个月的战争。另据苏联时代所修的日俄战争史记载：

直到开战两个多月后，才在鸭绿江畔的朝鲜边境上离铁路240俄里

---

① 参见裴然：《1881—1917年俄国财政研究》，博士学位论文，吉林大学，2010年，第66页。

② 参见张文木：《全球视野中的中国国家安全战略（中卷）》上册，山东人民出版社2010年版，第149页。

的地方集结起一支2万人的部队,以防日本由此侵入满洲,而据库罗帕特金本人承认,运输队始终"组织得十分糟糕"。部队都是用四轮载重车队从俄国运送到前线的,这种状况在战争的一半时间内一直没有得到改变。开战半年之后,库罗帕特金才决定"请求"供给部队驮载车队和两轮马车。整个第十军团往满洲开拔时没有一匹驮马,也没有一只"可以驮运上山的大水桶","结果派到山冈上担任防守的几个连队等了一昼夜,才每人领到一份熟肉和一壶水","有时即使找到水,为了去装水,下山上山就得花三四个小时"。

……

就技术兵器来说,陆军开始作战时仅有8挺机枪;尽管在1900年就已亲眼看到未来的战场将是山区,可是补充给部队的不是山炮而是野战炮;军队没有准确的地图,以致经常迷路。战争开始时,旅顺口仅有153发12英寸口径大炮的炮弹,可是在符拉迪沃斯托克(海参崴)尽管没有一门12英寸口径的大炮,却存放着1037发这种大炮的爆破弹。陆军没有足够的爆破弹,直到1905年夏才运来重榴弹炮,然而那时已经快要停战了。[①]

俄国已经扬起了它的拳头,却没有做好战争准备。

尼古拉二世只是在赌,赌日本不敢主动对俄国开战,赌日本会犹豫不定,再给俄国几年准备的时间,只要西伯利亚大铁路真正形成运输能力,俄国就将不再惧怕与日本开战。1903年12月15日的御前会议,沙皇尼古拉二世表示,时间是俄国最好的盟友,我们一年比一

[①] [苏]鲍·亚·罗曼诺夫:《日俄战争外交史纲 1895—1907(上册)》,上海人民出版社1976年版,第445页。转引自张文木:《全球视野中的中国国家安全战略(中卷)》,山东人民出版社2010年版,第148页。

年强。①

与此同时，俄国间谍机关关于日本动员军队，即将开战的情报如雪片般纷至沓来，搅得沙皇心绪不宁，尼古拉二世终日生活在未知的恐惧当中，神经紧张，到了1904年1月24日，沙皇情绪失控，对自己的陆军大臣库罗帕特金激动地说，应该使战争问题明朗化，打就打，和平就和平，而这个未知数却使人心烦。②

终于，到了1904年2月8日，沙皇得到报告，日军突然进攻旅顺口的俄国海军，击沉铁甲舰两艘、巡洋舰一艘。这个时候，陆军大臣库罗帕特金就在沙皇的身边，根据库罗帕特金的回忆，当沙皇看到战报的时候，"脸色灰白，但很震惊"③。

日俄战争就此爆发。

---

① 参见《库罗巴特金日记》，见《红档杂志有关中国交涉史料选译》，张蓉初译，生活·读书·新知三联书店1957年版，第303页。
② 参见《库罗巴特金日记》，见《红档杂志有关中国交涉史料选译》，张蓉初译，生活·读书·新知三联书店1957年版，第316页。
③ 《库罗巴特金日记》，见《红档杂志有关中国交涉史料选译》，张蓉初译，生活·读书·新知三联书店1957年版，第321页。

第五章

日俄战争

国际资本市场上的融资博弈与战场上直接军事斗争，都是改变财富在空间和时间上以有利于自己的方式重新分布的一种方式，并且融资博弈与直接军事斗争这两者之间互为条件、互相依托、互相转化，只有在国际资本市场获取压倒对方的融资，才能获取足够的资源去在战场上压倒对方，而在战场上取得胜利，也将有效改善融资条件，进而获取更多融资支持。

本章重点对比分析了日俄两国在战争融资、地缘政治、外交、战略战术、战术战法等方面各自的优缺点，将战场态势和军事斗争与两国各自在国际资本市场上的融资斗争有机结合起来，层层推动，双线并进，以1905年俄国革命、旅顺203高地之战、俄国波罗的海舰队的奇幻漂流，以及对马海战和两国融资代表在各自的融资目标国家与西方银行家们的纵横捭阖等。日俄战争的最终结果，是俄国战败，日本胜出。俄国战败使其没有能力再去挑战英国世界霸权，反而和缓了英俄矛盾，为1907年两国达成《英俄条约》创造了条件，进而为第一次世界大战埋下了伏笔。而日本战胜，使其从此跃入世界一流强国之列，而且随着战败后俄国势力淡出东亚地区，促使日本成为亚太地区国际斗争中的主要矛盾一方，某种程度上预示着1941年12月爆发的日美太平洋战争。

坂上之云

1904年2月6日清晨，日本长崎佐世保海军基地笼罩在军舰内燃机发动所产生的冲天煤烟当中。早晨9点钟，海港里汽笛长鸣，日本海军联合舰队启程离开佐世保基地，目标是停泊在旅顺口里的俄国海军太平洋舰队。在此之前两天,也就是 1904 年 2 月 4 日,日本御前会议已经决策对俄国开战。

到了 2 月 8 日,联合舰队有惊无险,通过对马海峡,进入黄海海域。当天日落时分,联合舰队各分舰队在距离旅顺港以东约 44 海里的圆岛抛锚停泊,临时集结休整。天黑之后,联合舰队司令官、海军中将东乡平八郎下令,每艘驱逐舰携带鱼雷两枚,组成三个作战编队,前往偷袭停泊在旅顺港内的俄国太平洋舰队的主力①。

旅顺口是一座世界级的深水良港,地形尤其险要,周围群山环抱,易守难攻,港湾的出口,被一道细长的山体切割开,就好像老虎甩出的尾巴,横亘在山海之间,切割后的出海口,只有 290 米宽,其中能够通行大型军舰的航道只有 91 米宽。紧邻海口的东侧,就是黄金山,黄金山临海的一面是悬崖峭壁,呈 90 度角,直插入海,山顶是一块宽 50 米、长 200 米的平地,俄国在山顶上修筑了黄金山炮台,炮台由混凝土浇筑而成,并部署了大口径重炮,射程 1 万米,居高临下,牢牢控制着港口,敌人的军舰从远处海平面看过来,这个黄金山炮台就像苍蝇一样大小,军舰又一直处在运动中,军舰上的大炮很难打中黄金山炮台。一炮当关,万夫莫开。

俄国从 1898 年强租了旅顺之后,先后投资 1100 万卢布,从东北和河北、山东征集中国民工 4 万多人,沿着旅顺 9 公里长的海防线、22 公里长的陆上防线,修筑永备的防御工事,用混凝土浇筑堡垒炮台,这些工事的墙壁最厚达两米,最薄的地方也有 90 厘米,75 毫米榴弹炮打上去也只留下个白点。可以说,俄国不惜血本,把旅顺要塞修得如铜墙铁壁一般。西方军事界普遍认为,任何国家,要想夺取旅顺,都要至少

---

① Tikowara, Hesibo, *Before Port Arthur in a Destroyer; The Personal Diary of a Japanese Naval Officer*, Translated by Robert Grant, London: J. Murray, 1907, p.12, p.15, p.17, p.42.

围攻两年时间。日本联合舰队挑战的，就是这样一个貌似不可战胜的对手。

好在，由于旅顺口内水位比较浅，也比较拥挤，且航道狭窄，每次只能通行一艘军舰，作战不便，于是，俄国太平洋舰队一般是停泊在口外宽阔的海面上，这就使日本联合舰队的夜袭从不可能变成了可能。但是，俄国海军也非等闲之辈，为了保护口外军舰的安全，在面向口外的老铁山上修建了观察哨，配备巨型探照灯，夜间将海面照射得如同白昼一般，一旦发现敌舰入侵，观察哨就可以指挥黄金山炮台轰击敌舰；除此之外，俄国还在舰队停泊处之外的水下布设了密集防弹网，防的就是敌人用鱼雷偷袭。在这样专业的严密防御措施下，按照常理，日本联合舰队的偷袭，成功概率是非常低的。

但是，当时俄国看不起日本，傲慢地认为日本绝不敢主动挑起战争。日本发起偷袭的 2 月 8 日，正是俄国东正教的盛大宗教节日，也正好是太平洋舰队司令海军中将斯塔尔克夫人的生日，于是当晚旅顺要塞举行了盛大的舞会，所有的军官都在跳舞，把酒言欢，一片歌舞升平，官兵斗志松懈，毫无防备。

很快，俄国就为自己的傲慢付出了昂贵的代价。

就在俄国的军官跳舞喝酒的同时，日本联合舰队派出的驱逐舰夜袭小分队已经全速向旅顺进攻了。午夜时分，日本驱逐舰攻击分队第一编队终于到达旅顺口预定攻击位置。编队司令浅井正次郎站在旗舰"白云"号的舰长室内，默默注视着 600 米外停泊的俄国军舰，那些如山一般的庞然大物，反射出的黑色的光仿佛随时要把他和他的舰队拖拽到俄国舰队的血盆大口之中。于是，浅井正次郎海军大佐深吸了一口气，断然下令，向这些庞然大物开火。1904 年 2 月 9 日凌晨 0 时 28 分，日本驱逐舰"白云"号向着俄国太平洋舰队发射了两枚鱼雷，打响了日俄战争的第一枪。

发射完鱼雷后,日本驱逐舰编队立刻撤退。几分钟后,随着一声巨响,海面上猛然升起一股浓烟,一艘俄国巡洋舰中弹爆炸。紧接着,日本驱逐舰攻击分队的第三编队也于0时30分向俄国舰队发起了鱼雷攻击。0时35分,日本驱逐舰攻击分队第二编队的一艘军舰赶到旅顺口,发射完鱼雷后撤退。日本驱逐舰攻击分队第二编队的另外一艘军舰,在22时30分发生碰撞事故后,本来要退出作战,但是在检查完受损情况后,舰长认为还可以继续作战,于是又转身加入战团,于凌晨1时25分终于赶到旅顺口,发动了当晚日本联合舰队的最后一次攻击。

当海港的爆炸声传到俄国军官的舞会现场时,俄国军人竟然都以为,那是某位军官,为了拍舰队司令斯塔尔克的马屁,搞的烟火秀,于是不以为意,继续舞蹈。直到参谋军官匆匆赶来报信,俄国舰队这才明白过来,但是在仓促之间,到处一片混乱,大家竟然都不知道到底发生了什么,直到第二天一早,迎着晨曦,俄国人才发现被击中的军舰残骸,歪斜着搁浅在港口处,一个晚上,俄国太平洋舰队就损失了两艘主力战列舰和一艘巡洋舰。日本联合舰队一共发射了18枚鱼雷,有15枚都被俄国海军事先铺设的水下防雷网拦截了,只有3发鱼雷命中了目标,打掉了俄国太平洋舰队的三艘主力舰①。

2月9日6时0分,老铁山俄军观察哨,又发现旅顺口外海面上升腾起几股煤烟,日本联合舰队的主力,6艘主力战列舰,6艘重型装甲巡洋舰,全军来犯。斯塔尔克立刻下令全军升火,准备出海迎敌。11时15分,日本联合舰队司令官东乡平八郎下令全军进攻旅顺口,11时30分双方舰队发生交火,同时旅顺要塞黄金山炮台和馒头山炮台的俄军

---

① Shaw, Albert (March 1904). "The Progress of the World – Japan's Swift Action", The American Monthly Review of Reviews. 1904, 29(3), p.260.

重炮开始轰击日本军舰。俄国太平洋舰队在岸上炮台的支援下，与日本联合舰队殊死搏斗，日本主力战列舰编队一共被击中7发10英寸炮弹，打到12时20分，日军不支，东乡平八郎下令撤退，到12时45分日本联合舰队全部脱离战场，撤往朝鲜仁川港休整。但俄国太平洋舰队也不敢出港追击，各自鸣金收兵。

这场海战，就让双方的海军各自摸到了对手的底细。从账面数字上看，俄国太平洋舰队总吨位19.8万吨，日本联合舰队总吨位20多万吨，相差无几，俄国舰队拥有7艘战列舰，8艘巡洋舰；日本联合舰队的战列舰和巡洋舰各6艘，似乎比较主力舰数量的话，俄国太平洋舰队还占据优势，但实际上，日本主力舰都是同一批从英国进口的最新式的军舰，型号、发动机、航速、火力、吨位一致，这就使得在实际海战的时候，日本联合舰队比较容易维持有效作战队形，发挥最大作战效能；而反观俄国太平洋舰队，主力舰都是七拼八凑来的，建造年代、型号、发动机、航速、火力、吨位不一致，真正在海上主力舰队对决的时候，很难保持有效的战斗队形，容易被各个击破，如果没有要塞炮台的火力支持，俄国太平洋舰队绝不是日本联合舰队的对手。但是，日本联合舰队要想打破旅顺要塞炮台的火力封锁，冲进港去，消灭俄国太平洋舰队，同样也是办不到的。

随后，东乡平八郎连续发动夜间偷袭，试图乘夜冲进旅顺港的海口，用沉船战术，封锁旅顺港的出海通道。旅顺港的出海口只有290米宽，航道只有91米深，日本只要在旅顺口的航道上沉船，闭塞旅顺口，让俄国军舰出不来就行了，一样能夺取黄海的制海权。但是在俄军的严密防守下，日本海军的闭塞行动接连失败。

于是双方打成了僵持的局面，俄国军舰出不来，日本军舰进不去，谁也灭不了谁。但从战略上讲，还是日本夺取了黄海的制海权，俄国舰队窝在海港里不敢出来，这样，日本就可以自由地通过黄海海域，向中国东北地区和朝鲜运送登陆部队和各种物资，形势对日本极为有利。

但在这个时候，俄国的一项人事变动，却撼动了日本的制海权。1904年3月9日，沙皇新任命的俄国太平洋舰队司令马卡洛夫海军中将赶到旅顺。马卡洛夫是俄国海军的传奇军神，他所撰写的海军战术教材，是各国海军院校的必修课，当然也是日本海军江田岛军校的必读教材。马卡洛夫可不是只会纸上谈兵，他出生在俄国海军基层军官家庭，从普通水兵干起，凭着卓越的才能和军功，一级一级做到俄国波罗的海舰队的司令官，所谓宰相必起于州部，猛将必发于卒伍，马卡洛夫正是这样一位从最基层干起的名将。

马卡洛夫一到旅顺，就显露出了名将本色。他首先把自己住处从富丽堂皇的司令官邸别墅，搬进了军舰的指挥室，然后将舰队基地雇用的中国民工的伙食标准，提升到与俄国水兵一致，他自己坚持去水兵食堂用餐，士兵吃什么，他自己就吃什么，和自己的士兵生活在一起。随后，他举行了舰队作战演习，根据演习的表现，表现不佳的军舰指挥官、贵族纨绔子弟全部就地免职，替换成真正表现出色的军官，不论阶级出身如何。

经过马卡洛夫的治理整顿，俄国太平洋舰队士气大振，战斗力有了质的提升。马卡洛夫本人，也得到了全军上下由衷的爱戴。作为一代世界海军名将，马卡洛夫深知海军的生命在于主动进攻，争夺大洋的制海权，于是，从3月22日开始，马卡洛夫率领太平洋舰队，伺机出港，寻找日本联合舰队主力，力图进行主力舰队对决。到了4月13日，马卡洛夫接到老铁山观察哨的报告，发现了三艘日本巡洋舰来犯，马卡洛夫立刻判断，这就是他苦苦寻找的日本联合舰队主力，立刻下令舰队升火，出港迎战。

但是马卡洛夫遭遇到的,只是日本的轻型巡洋舰分舰队,他们的任务,恰恰是引诱俄国太平洋舰队主力出港,使其脱离要塞炮台的火力支援,进入日本联合舰队主力舰队的伏击圈。很快马卡洛夫就发现自己似乎中计了,但他决定将计就计,命令舰队在与敌人交火后,且战且退,反过来引诱日本联合舰队的主力进入旅顺要塞炮台的射程范围内,在岸炮的火力支持下,一举而歼灭之。

然而,就在这个时候,马卡洛夫所乘坐的旗舰"彼得罗巴甫洛夫斯克号"触到了水雷,军舰上的弹药库发生殉爆,"彼得罗巴甫洛夫斯克"号被炸沉。爆炸之后,马卡洛夫拒绝撤离,遵循古老的海军荣誉原则,与自己的旗舰一同沉入海底①。

马卡洛夫一死,俄国海军的魂也没了。从此,俄国太平洋舰队就龟缩在旅顺口内,再也不敢外出挑战日本舰队。日本完全控制了黄海的制海权。

但是,仅仅控制黄海制海权还是远远不够的,俄国军队还完全占领着中国东北地区,旅顺要塞依然固若金汤,俄国太平洋舰队的主力尚存,俄国正在以每个月两万人的速度向东北增兵,沙皇还打算调动强大的俄国波罗的海舰队来远东作战。一旦俄国波罗的海舰队赶来,俄国海军的实力就将两倍于日本联合舰队,到时,俄国波罗的海舰队与太平洋舰队里应外合、内外夹击,后果就不堪设想了。

于是,决定日本国运的基本要素,就变成了日本军队必须在俄国波罗的海舰队赶到之前,消灭俄国太平洋舰队,而要消灭俄国太平洋舰队,就必须首先攻占旅顺要塞。要完成这个任务,单单靠联合舰队,是绝对无法完成的。日本大本营不得不决策扩大战争范围,利用暂时控制

---

① Spector, Ronald, *At War, at Sea: Sailors and Naval Warfare in the Twentieth Century,* New York: Viking Press, 2001, p.2.

黄海制海权的有利条件，动员日本陆军，在中国东北地区全面登陆，彻底击败盘踞在旅顺、大连、辽阳、沈阳的俄国军队，迫使俄国求和。

但紧接着，日本大本营和俄国沙皇都发现了一个致命的问题：双方的国库，都快要被战争打光了，而到这个时候，战争还只是刚刚开始。

庙算

为了打破僵局，沙皇准备调动波罗的海舰队，前往远东增援被日本压制在旅顺口里动弹不得的俄国太平洋舰队，试图内外夹击，击败日本联合舰队，重新夺取制海权。这样的战争发展前景，带给日本巨大的战略压力。

在开战之前，按照日本大本营所做的战略分析，俄国海军总体实力虽然数倍于日本，但是，由于俄国独特的地缘条件，其海军分散部署在欧洲的波罗的海方向、面向地中海和中东地区的黑海方向，以及远东太平洋方向，俄国海军的这三大战略方向之间，既远隔重洋，又被复杂的地形所切割，首尾不能相连，彼此不能呼应，便于日本海军集中力量各个击破。

于是，日本大本营作出战争计划，只要联合舰队首先发动偷袭，一举打掉俄国太平洋舰队，就能完全夺取东北亚的制海权，然后在仁川登陆，扫荡驻扎在朝鲜的俄国陆军，用武力夺取朝鲜半岛。以此为基础，就可以迫使俄国求和。这时，如果俄国派出其他舰队赶来救援，那么日本联合舰队坐拥主场之利，以逸待劳，赢面是非常大的；如果俄国人不敢再派海军过来争夺制海权，那么，战争实际上就已经结束了，日本将赢得这场战争。

然而，战场上实际较量的结果却是，海战打成了僵持的局面，虽然日本联合舰队取得了制海权，但俄国太平洋舰队的主力尚存，始终牵制着日本联合舰队的主力。

俄国太平洋舰队留驻在海参崴的分舰队，虽然实力弱小，只有4艘轻型巡洋舰，但依托日本联合舰队主力被牵制住的有利形势，不停地出海作战，神出鬼没，骚扰日本的海上交通线。他们甚至前出到对马海峡设伏，打掉了日本的一支补给运输船队，日本近卫师团的一整个联队被击沉；打掉日本运输船后，俄国海参崴分舰队也不着急回家，而是掉头向东，一头扎进日本首都东京湾，耀武扬威，在日本海军主力赶来之前，扬长而去，沿着日本东海岸一路北上，沿途炮击日本城市，俘虏日本商船，搞得明治天皇非常恼火，负责对海参崴俄国分舰队作战的日本联合舰队第二分舰队司令官上村彦之丞海军中将在东京的家，都被愤怒的市民群众给砸了。

日本陆军进展顺利。1904年3月21日，由近卫师团、第二师团和第十二师团编组而成的日本陆军第一军，在朝鲜仁川登陆，一路北上扫荡俄军，用了一个月的时间，就打到了鸭绿江边，彻底控制了整个朝鲜半岛。

到这个时候，日本大本营在战前所制订的战争计划已经基本完成了。但是俄国却没有一点求和的意思，俄国认为太平洋舰队的主力还在，强大的波罗的海舰队马上也要增援到位了，中国东北地区还完全在俄国的控制之下，俄国陆军怎么可能打不过日本陆军，于是沙皇坚决要把战争打到底。

为了加强在远东地区的实力，沙皇强令加紧抢修卡在贝加尔湖区的西伯利亚铁路大动脉。虽然抢修成功了，但仓促之间，只修通了一条单线铁路，只有一对铁轨，必须要等到上一班列车返回之后，才能发出下一班列车，这就使得铁路的实际运输能力大打折扣，一昼夜只能通行两对列车。陆军大臣兼远东俄军总司令库罗帕特金希望能够把铁路的运输能力提升到一昼夜通行至少6对列车。最后，俄国采取了非常措施：到达海参崴的火车不用再往回返，直接推出轨道，给下一班列车腾地方。就这样，西伯利亚大铁路的运输能力勉强提升到了一昼夜通行6对列车，每个月就能往东线调兵两万人。

这样一来，压力就转到了日本的身上。本来俄国的基础国力就要远远强于日本，俄国总人口是日本的3倍，陆军兵力是日本的5倍，海军总吨位是日本的3倍，黄金储备是日本的10倍，外贸总额是日本的3倍，每年财政收入是日本的7倍，国家预算是日本的10倍，工业潜能是日本的4倍，钢产量是日本的30倍[①]，日本敢于发起挑战，只不过是因为俄国国力的重心远在欧洲，俄国要把国力投送到万里之遥的远东，最少也需要半年的时间，日本就是要利用局部的国力优势，打一个时间差，在俄国把主要力量投送到远东来之前，就消灭远东的俄军主力，结束战争。

但俄国凿通了西伯利亚大铁路，开始源源不断地向中国东北地区倾注实力，每个月都比上个月要强。面对这种如山的压力，日本大本营深知，必须立刻扩大战争，全面进攻中国东北地区，必须在俄国的实力足以压倒日本、在波罗的海舰队赶到远东之前，打败远东俄军主力，攻占旅顺要塞，消灭俄国太平洋舰队。如果做不到，对于日本而言，就将是一场灭顶之灾。

经费阻碍着日本进一步扩大战争。在战前，根据中日甲午战争的战争规模、战争时间和战争烈度，以及由此产生的战争费用，日本大本营

---

① 参见张文木：《全球视野中的中国国家安全战略（中卷）》上册，山东人民出版社2010年版，第160页。

编制了日俄战争的军费开支预算，大约是 4.5 亿日元。那时日本还算不上是真正的工业国家，大量的战争物资都需要从西方进口，例如为了战争准备，日本至少需要储备 31 万吨钢，但在 1904 年，日本国内的全部钢产量还不到 4 万吨，不足的部分只能从国外进口。根据甲午战争时期的经验，日本大本营测算，全部军费开支中的大约 1/3，即约 1.5 亿日元，都要用来在海外购买战争物资。那个时候日元在国际上毫无地位，从海外进口物资，是不能用日元去支付货款的，必须用外汇或者黄金。

那么当年日本有外汇吗？在 20 世纪初期，日本商品毫无国际竞争力可言。甲午战争之后，日本在对外贸易中基本属于连年逆差，在 1899 年到 1903 年之间，日本平均每年贸易逆差 2600 万日元。更糟糕的是，当时日本出口创汇的主要产业是缫丝业，靠着建立血汗工厂，缫丝女工从早干到晚一天只能挣到一毛钱，生产两亿件生丝换一艘排水量 1.5 万吨的主力战列舰，日本就是这样一点一点地进行着资本原始积累，可是在 1899 年国际经济危机的打击下，1903 年，国际生丝价格大跌了 30%，能够勉强维持不破产就不错了，根本谈不上出口创汇。

既然日本无法依靠正常的国际贸易来积累外汇，那要靠什么支撑战争的费用呢？靠日本央行的黄金储备，日本央行的黄金储备主要来自中日甲午战争后清朝的赔款[①]。根据《马关条约》及其附属条约，清朝给日本赔款白银 2.3 亿两，以英镑来支付，日本通过战争从中国掠夺了大约 3000 万英镑，花费将近 2000 万英镑去建设联合舰队，从英国购买排水量 1.5 万吨的主力战列舰 6 艘，0.98 万吨的重型装甲巡洋舰 6 艘，编成所谓"六六舰队"，成为日本联合舰队的主力，正是这支用清朝赔款所

---

① 参见张世平：《史鉴大略：对当代中国战略问题的历史思考》，军事科学出版社 2005 年版，第 288 页；崔丕：《近代东北亚国际关系史研究》，东北师范大学出版社 1992 年版，第 229 页。

建立起来的"六六舰队",在日俄战争中消灭了俄国海军主力。

剩下1000多万英镑的赔款,日本用来作为日元金本位改革的准备金,截至1903年12月,日本央行的黄金储备是1.17亿日元,差不多相当于1100多万英镑。这是日本敢于发动对俄战争的底牌。

然而,由于巨大的战争消耗,到了1904年5月,开战三个月之后,日本央行的黄金储备就急剧下降到了6740万日元,消耗掉了5000万日元,几乎一个月就要打掉1000万日元黄金储备,而央行的黄金储备是维持日元金本位的根本所在,再如此消耗下去,将影响日元的稳定。

那么就只剩下了一个办法,到国际资本市场发行战争公债融资。早在战前,1903年10月,日本外相小村寿太郎就打电报给日本驻英国公使林董,以求和英国政府接触,要求英国政府出面担保日本政府在伦敦金融城发行战争公债,如果英国政府答应帮忙,那么日本政府打算在伦敦资本市场发行2000万英镑战争公债,按照票面价格发售,年利率是4%。日本公使林董在和英国外交大臣兰斯多恩会谈的时候,还抛出诱饵,声称一旦日本拿下中国东北地区,就会采取门户开放的自由贸易政策,保证维护英国在中国东北地区的利益。

但是没想到,英国不相信日本这个蕞尔小邦能战胜俄国,害怕一担担保借钱,大概率要打水漂,需要根据日本的战场表现,才能决定日本是不是值得英国投资。于是,英国外相兰斯多恩一直拖到1903年12月,才最终表示爱莫能助。

林董吃了兰斯多恩的软钉子,与外相小村寿太郎商议,英国政府是靠不住了,但战争箭在弦上,耽误不得,两人决定干脆撇开英国政府,自己去联系伦敦金融城的投资银行,以期直接在资本市场发债融资。但是林董一番活动下来,发现情况十分不乐观,资本市场并不看好日本的战争前景,有的银行家表示日本一旦与俄国开战,胜负的不确定性实在太大；另外一些银行家则表示，日俄战争一旦爆发，那么第三国卷入的可能性也很大，他们非常害怕法国或者德国会加入俄国一方对日本开战；还有的银行家表示，至少日本要首先跟俄国人打一仗，最好是打赢，才敢借钱；等等。

林董特别生气，整个英国资本市场左一个不确定性，右一个风险太大，可资本市场本来就是给风险定价的，银行家就是投机不确定性，从风险中获利，如果有极大确定性，就不需要找英国投资了。但林董实际上一筹莫展，毫无办法，只得于1904年1月22日给日本国内打电报，如实汇报了英国银行家信不过日本，哪怕对俄国打赢了一场战役，也最多帮日本承销500万英镑的战争公债罢了，于事无补。电报里，林董还建议，应当尽快派一位懂资本市场的融资代表，专门到伦敦来公关融资，或许还能补救。

于是，日本国内决定委派时任日本银行副总裁高桥是清出任融资代表，远赴伦敦筹办公债[①]。甲午战争时，高桥是清就是日本银行的支店长，具体负责与大藏省对接发行战争公债的事宜，熟悉资本市场业务，再加上他从小在美国长大，15岁以后才返回日本开始学习日语，他的英文讲得比日语还流利，对西方文化比对日本文化还熟悉，委派他代表日本与英国银行家谈融资，再合适不过了。

临行前，日本政府专门督办日俄战争融资事宜的两位政界元老，井上馨和松芳正义，亲自召见了高桥是清。井上馨出身长州藩，是日本明治维新的元老重臣，在明治新政府里担任多个部长职位，先后主管过外交、内政、农业、商业、财政等方面的工作。同时，井上馨还是三井财

---

① 参见 Gary Dean Best, "Financial Diplomacy: The Takahashi Korekiyo Mission 1904–1905", *Asian Studies*, 1974(04), pp.52–76；Richard Smethurst, *From Foot Soldier to Finance Minister: Takahashi Korekiyo, Japan's Keynes*, Cambridge, MA:Harvard East Asia Center, 2007.

阀的靠山，帮三井财阀在各种政府项目中占尽了便宜。松芳正义则出身萨摩藩，1881年出任大藏大臣，即财政部长，他全面推行税制改革和金融体制改革，在1882年组建了日本中央银行，在1897年主持推行了日元的金本位改革，全面刷新了日本的税收、财政、货币和金融。

1904年2月，明治天皇任命这两位元老重臣总管日俄战争的财政和融资，不但表现了天皇的知人善任，以及对战争的志在必得，也充分表明了明治天皇的用人之术的高明。财政，管钱袋子的工作，就不能由一个人专权，而一定要分权，互相制衡。井上馨代表长州藩，松芳正义代表萨摩藩，共同主持日俄战争的财政融资工作，共担责任，共享荣誉，同时也是互相监督，互相制衡。

这两位在召见高桥是清的时候，也给高桥是清交了底，日本的战争预算就是4.5亿日元，其中，需要动用外汇或者黄金储备1.5亿日元，现有能支付的黄金储备只有5000万日元，还有1亿日元，约合1000万英镑的融资缺口，而如果战争地点越过鸭绿江，与俄国在中国东北大打出手，那么军费至少还要翻几番，因此需要去伦敦资本市场借债融资，可以先借1000万英镑，年利率不能高于5%，可以用日本的关税和铁路运输费做抵押。

1904年2月24日，高桥是清在横滨登上了东去纽约的航船，他计划先到华尔街，拜访美国的银行家，再从纽约中转，前往伦敦。此时，日俄战争已经打了整整16天。日本战争机器，急需伦敦资本市场的融资支持。

犹太银行家

高桥是清到达纽约后，首先拜访了华尔街的银行家，试探能不能从美国资本市场借到钱。其实，高清是清很清楚，直到20世纪初期，美国一直是资本输入国，需要从欧洲大量吸引外资，去支撑美国的高速工业化，1904年，美国还没有做好准备投资海外。但高桥是清还是要投石问路，不放过一丝的可能性。果然，华尔街的银行家集体表示，在眼下的战争中，他们非常同情弱小的日本，然而对任何实质性的举措，都避而不谈。

但是，在不停地与各路投资人会谈的过程中，高桥是清也观察到了一些积极的信号，他发现，只要日本在华尔街发行战争公债，美国的个体投资人，即散户们还是非常感兴趣的，美国民间投资日俄战争的热情很高。此外，在美国生活的大量日本侨民，也都愿意报效祖国，积极认购日本战争公债。但问题是，日本政府不可能绕过华尔街的银行家，直接面向美国群众零售战争公债，按照规定，只能与大银行合作，由大银行在一级市场承销日本政府的公债，再去二级市场面向广大投资人推销。但恰恰是华尔街的大投行，对于日本政府发行战争公债的计划，都表示爱莫能助。

对华尔街银行家的态度，高桥是清其实早有所料，他在纽约的活动，也只是投石问路罢了，此行真正的重心还是在伦敦金融城。此时，日本横滨正金银行①伦敦分行行长给高桥是清拍来一封电报，浇了一盆冷水。

---

① 横滨正金银行是明治维新之后，日本政府开办的国有政策银行，专门负责外汇交易、跨国汇兑和商业票据贴现，是日本与国际银行界的桥梁，也是"二战"之前，日本进行资本输出的主要通道。

电报声称，不论是日本政府，还是横滨正金银行，在英国心中，信用都几乎为零，英国根本不相信日本有能力还本付息，更不用说打赢战争了，这种情况下，日本政府想要在伦敦金融城发行战争公债，只能是自取其辱。相比之下，日本要想获得海外融资，比较有可能的渠道，还是在美国华尔街。但高桥是清此刻很清楚，眼下从美国资本市场融资的时机还远未成熟。

于是，高桥是清只得硬着头皮踏上驶往伦敦的航船，在他到达伦敦之后，就立刻与伦敦金融城的大银行展开了密集磋商，包括汇丰银行、渣打银行、巴林银行和罗斯柴尔德银行等。但是结果，却与高桥是清在华尔街的遭遇差不多，大家都表示同情日本的战争努力，但是一说到实际的融资支持，全都口惠而实不至。

对于英美银行家的消极态度，高桥是清总结了六点理由[①]：

第一，俄国的背后是法国银行家，战争爆发后，在法国银行家的通力支持下，俄国战争公债已经在巴黎和伦敦的资本市场大量发行，且价格节节攀升，因此，俄国在战争中的赢面要更大一些。在这种情况下，英美银行家认为，日本政府发行的战争公债，不太可能吸引到太多公众的投资。

第二，如果日本政府的战争公债发行计划以失败告终，那么日本以前发行的公债也会受到影响，已经持有这些日本债券的英美银行和个人投资者的利益就要受到极大损失。

第三，一旦日本政府发行战争公债的计划失败，日本的实力就必然受到极大的削弱，那么日本在战争中的前景就将不容乐观。

第四，在日本政府发行战争公债的问题上，英国政府的态度暧昧不

---

① Gary Dean Best, "Financial Diplomacy: The Takahashi Korekiyo Mission 1904–1905", *Asian Studies*, 1974(04), pp.52–76.

明,没有刚性兑付日本的战争公债,风险过大。

第五,英国王室与俄国沙皇家族是亲戚。

第六,日俄战争是一场黄种人与白种人之间的战争,这使得高桥是清在西方世界的融资工作陷入了重重困境。

1904年4月8日,日本外相小村寿太郎再也按捺不住,拍电报催促日本驻英公使林董与高桥是清密切合作,尽快与英国银行家谈妥融资计划。甚至在电报里,小村寿太郎急切地表示,随着时间的流逝,融资的必要性越来越大,因此,即使是与有实力的银行家安排私人贷款,日本政府也在所不惜,随后,一旦时机有利,可以将这些私人贷款转变为公债。

林董接到电报后十分为难,他深知高桥是清在伦敦资本市场所遭遇到的困境,只能回电称,发行战争公债的时机还不成熟,但在未来的两个星期之内,事情也许会有转机。

很快转机出现了,在日本外相小村寿太郎拍来电报两天之后,即1904年4月10日,以汇丰银行为首的三家英国银行组成银行团,答应向日本政府短期贷款300万英镑,年化利率为6%,按票面价格打92折[1],即如果一份日本战争国债债券的面额为100块钱,银行只愿意出92块钱购买这些债券,还得按照票面价格支付6%的利息,还要用日本的海关关税做抵押。此外,汇丰银行还提出,要派人监督日本海关,以确保日本的偿债能力,而且此人听命于清朝海关总税务司赫德爵士。

高桥是清断然拒绝了汇丰银行的苛刻条件,认为这是把日本降低到了与清朝一样的地位了,这是对日本的侮辱,是绝对无法接受的。日本的战争融资努力,又陷入了僵局。

---

[1] Gary Dean Best, "Financial Diplomacy: The Takahashi Korekiyo Mission 1904–1905", *Asian Studies*, 1974(04), pp.52–76.

在这个紧要关头，日本军队在战场上的出色表现，转变了高桥是清在国际资本市场上的颓势。1904 年 4 月，日本海军取得了旅顺海战的胜利，日本陆军横扫朝鲜半岛，在 4 月底的鸭绿江会战中，一举突破俄国军队的防线，攻入中国东北地区。日本在战场上取得的胜利，决定性地改变了国际资本市场的态度，4 月 27 日，英国银行家终于同意，按照比较公平合理的条件，承销日本政府发行的战争公债[①]。公债总额是 1000 万英镑，其中的 500 万英镑战争公债可以立刻发行，另外的 500 万英镑延期押后发行。公债还本付息的期限可以延长为 5—7 年，发行价格是公债债券票面价格的 93%，扣除利息，日本政府实际可以获得的融资额，是发行债券票面价格总额的 88%，即 440 万英镑。根据当年英镑为金本位，1 英镑可以兑换 7.3 克黄金，再按照当前的国际黄金现货价格换算，就相当于今天的 114 亿美元。

但是日本政府对这个报价还是很不满意。日本政府更希望立即发行战争公债 700 万英镑，考虑到有海关关税收入做担保，比较合理的国债销售价格，应该是票面价格的 95%，扣除掉利息支出后，日本政府实际可以拿到手的金额，是所有国债票面价格总额的 90%，也就是 630 万英镑，相当于今天的 220 亿美元。

看到日本政府的回复，高桥是清大为光火，认为日本政府是站着说话不腰疼，能争取到这样的条件已经实属不易。作为同样奋战在资本市场第一线的战友，日本驻英国公使林董也力挺高桥是清，毫不客气地回复东京，尽管日本军队首战告捷，大破俄军，但是，在西方公众的潜意识里，俄国还是会反败为胜的，西方普遍认为，日本军队侥幸获胜，只不过是刺激俄国更加认真投入战争罢了，俄国会最终获胜的信念，在国

[①] Gary Dean Best. "Financial Diplomacy: The Takahashi Korekiyo Mission 1904–1905", *Asian Studies*, 1974(04), pp.52–76.

际资本市场上简直牢不可破，在一场战役中获胜，根本不足以扭转大局。于是日本政府就与融资代表团出现了意见分歧。

就在这个节点上，一位英国银行家，为了庆祝高桥是清在伦敦金融城的成功举办了一场午宴，在午宴上，高桥是清邂逅了一位华尔街犹太银行家，历史证明，这场邂逅，决定性地改变了日本和俄国在战争中的命运。这位美国犹太银行家，正是华尔街顶级大投行库恩-洛布公司的高级合伙人——雅各布·希夫（Jacob Hirsch Schiff）。当时，库恩-洛布公司是华尔街中仅次于摩根财团的第二号银行家族，在"二战"之后与大名鼎鼎的雷曼兄弟公司合并。当时雅各布·希夫在华尔街的权势，仅次于 J.P. 摩根（John Pierpont Morgan），可以说是美国最有权势的犹太银行家。他在整个国际犹太银行家圈子里，都具有举足轻重的影响力。

雅各布·希夫的战争

雅各布·希夫是德国犹太人，老家在法兰克福，希夫家族和罗斯柴尔德家族都是法兰克福犹太人当中的名门望族，只不过，希夫家族世世代代都是犹太教拉比，而罗斯柴尔德家族，一直是所谓的"宫廷银行家"，是专门给当地的领主理财的。后来经过法国大革命和拿破仑战争，罗斯柴尔德家族脱颖而出，成为欧洲首屈一指的犹太人银行家族，以伦敦金融城为根据地，在整个欧洲编织起一张绵密的融资网络。

在现代货币银行学教科书中，中央银行的基本职能是最后贷款人，即在危急时刻，大家都没钱了，或者大家都不愿意再进入市场交易了，中央银行必须拿出钱给整个银行体系兜底。然而，在1825年的世界金融危机当中，拉美债务危机爆发，拉美的企业债大量违约，国际资本市场的流动性迅速枯竭，英国中央银行英格兰银行都无力再应对这次危机，关键时刻，是罗斯柴尔德银行拿出钱来，帮助英格兰银行过关①。可以说，罗斯柴尔德银行，就是欧洲各国中央银行的中央银行。直到今天，欧洲中央银行的总部还设置在法兰克福。

希夫家族却是家道中落，到了雅各布·希夫的父亲摩西·希夫这一代，只得投到罗斯柴尔德门下，做罗斯柴尔德银行的经纪人。雅各布·希夫18岁时就独自到纽约闯荡，投身华尔街的犹太人银行业，从经纪人干起，在他年仅23岁的时候，就参与创建了纽约大陆银行。"二战"后，纽约大陆银行与纽约化学银行合并，成为全美第三大银行。除此之外，库恩-洛布公司也投资了美国西屋电器和西联国际汇款公司等一系列响当当的美国高技术产业和金融服务业公司。

创建纽约大陆银行之后，雅各布·希夫于1875年加入华尔街投资银行库恩-洛布公司。在希夫的领导下，库恩-洛布公司把经营的重点放在美国铁路建设上，在1897年领衔重组了美国联合太平洋铁路网，这张铁路网从加利福尼亚出发，覆盖整个美国中西部，横跨23州，总里程5.8万公里，是撑起美国身体骨架的钢铁大动脉；在1901年希夫又在与J.P.摩根的竞争中赢得了美国北太平洋铁路控制权之战。北太平洋铁路东起芝加哥，一路向西到西雅图，通车里程达到1.09万公里，是沟通美国传统经济腹地五大湖区，与美国太平洋沿岸新兴经济带的铁路大动脉。从J.P.摩根手里抢走北太平洋铁路公司，雅各布·希夫的库恩-洛布公司经此一战，名动天下，成为华尔街上仅次于J.P.摩根的第二大财团。

雅各布·希夫在生意上取得巨大的成就之后，开始关心政治问题，

---

① 参见［英］尼尔·弗格森：《罗斯柴尔德家族：金融统治者》，顾锦生译，中信出版社2009年版。

尤其关心各国犹太人少数民族的权利，积极宣传、资助犹太复国主义运动，出资设立了犹太人复兴移民署，组织、资助欧洲的犹太人大量移民到美国。希夫特别关心沙皇俄国统治下的犹太人，因为沙皇俄国对于犹太人的迫害尤其残酷。沙皇俄国的统治者，为了掩盖自己的无能和统治的暴虐，为了转嫁社会矛盾，煽动反犹浪潮。1903年，日俄战争爆发的一年之前，沙皇俄国还发生了针对犹太人的大屠杀。

日俄战争打响，希夫知道教训沙皇俄国的时机，终于到来了。他积极发挥在国际资本市场上的影响力，号召不要承销俄国的战争公债，更不要认购俄国战争公债。在1904年4月5日，就在高桥是清在伦敦金融城上下奔走的时候，远在法兰克福的希夫，给伦敦的罗斯柴尔德写了一封信：

> 在沙皇的统治下，我们的同胞苦难深重，而眼下这场战争，很有可能颠覆俄国现行的专制体制，这不但对我们的同胞有利，也对俄国本身有利。俄国人民争取立宪政府的努力终将获胜。这个过程也许会很慢，很漫长，但我们每个人都可以，通过努力削弱沙皇政权的办法，帮助俄国实现向宪政体制转型。我很骄傲，通过我个人的努力，在过去的四五年时间里，屡次挫败沙皇政府在美国资本市场融资的企图，我让沙皇政府在美国市场上一块钱也借不到。难道全欧洲所有有影响力的犹太银行家们，不应该采取和我一致的立场吗？不幸的是，到目前为止，情况并非如此，对此，您恐怕比我更清楚。但是可以肯定的是，当沙皇政府再次到欧洲货币市场寻求融资支持的时候，我们希望有势力的犹太银行家，不要再相信沙皇政府那套将会善待犹太人的鬼话，拒绝与沙皇政府合作，尽一切可能抵制俄国战争公债。这些经验告诉我们，如果我们不

这样做，那就是自取其辱。①

但是罗斯柴尔德家族对于希夫的来信却是不以为然。罗斯柴尔德家族也关心犹太民族的权利，也是犹太复国主义运动的支持者，但罗斯柴尔德家族的身份首先是银行家，以赚钱为第一要务。《孙子兵法》讲"主不可以怒而兴师"②，意即君主在决策军国大事的时候，不能够受到情绪和主观好恶的左右，那么对于银行家来说，商场如战场，在做投资决策的时候，同样绝不能够受到情绪和主观好恶的影响。在罗斯柴尔德家族看来，仇恨已经占领希夫的大脑，妨碍他做出专业的决策。

实际上，沙皇俄国是罗斯柴尔德家族的老主顾了，沙俄财政大臣维特伯爵，在法国金融资本的支持下，建立了华俄道胜银行，而罗斯柴尔德家族旗下的法国巴黎巴银行（BNP Paribas Bank），正是华俄道胜银行的大股东。罗斯柴尔德家族在法国的分支，是法国资本市场的重要组成部分，俄国这么多年来靠着在法国资本市场不停借债来维持国家财政，强行推进工业化，罗斯柴尔德家族也投资了不少俄国的国债和企业债，赚得盆满钵满，而且沙皇政府在资本市场上是非常讲信用的，因此，双方合作非常愉快。罗斯柴尔德家族不可能为犹太民族问题，就放弃如此优质的顾客。恰恰相反，在希夫来信之后的第十天，也就是1904年4月15日，罗斯柴尔德家族就委派法国巴黎巴银行，参加法国银行团，前往圣彼得堡，与俄国政府谈判融资事宜③。

---

① A.J.Sherman, "German-Jewish Bankers in World Politics: The Financing of the Russo-Japanese War", *The Leo Baeck Institute Year Book,* 1983(1),pp.59–73.
② 孙武：《孙子兵法》，北京联合出版公司2015年版，第25页。
③ A.J.Sherman, "German-Jewish Bankers in World Politics: The Financing of the Russo-Japanese War", *The Leo Baeck Institute Year Book,* 1983(1), pp.59–73.

远在伦敦的高桥是清,也积极寻求与罗斯柴尔德家族会谈[①]。1904年5月3日,在长谈后,罗斯柴尔德还是婉拒了高桥是清的融资请求,理由是如果罗斯柴尔德借钱给日本,那么沙皇政府就会对生活在俄国境内的犹太民族展开无情报复。但是他同时也表示,在战争结束之后,罗斯柴尔德家族会承销日本政府的海外债券发行。

在日俄战争当中,罗斯柴尔德家族实际下注在俄国一方,但是也不放弃在战后收割日本的机会,毕竟不论输赢,战后日本都需要在国际上大举借债,输了要支付战争赔款,赢了要重建国内经济,对于银行家来说,都是生意良机,但是对于日本的战争前景就十分不妙了。而雅各布·希夫却是坚决无法容忍俄国在战争中取胜的。

在这种情况下,高桥是清在一场午宴中邂逅雅各布·希夫。在餐桌上,两人完成了一次融资路演。希夫只是简单地向高桥是清询问了日本国内的经济情况,以及战后的经济重建计划。随后,希夫问道:"你们为什么只借500万英镑呢?这可远远不够支撑一场战争。"高桥是清回复称:"事实上我们日本政府希望至少融资1000万英镑,但是伦敦的银行家们过于谨慎了,只肯先承销500万英镑。"闻听此言,希夫只是笑了笑,并没有说话。随后,到了第二天,高桥是清接到了希夫给他的一封信,这是一份报价单,希夫表示,他愿意在华尔街,为日本政府承销另外500万英镑的公债[②]。

[①] 参见孟昭臣、张铁江、赵连泰:《试论日俄战争前后日本和犹太金融势力的交往》,《西伯利亚研究》2011年第4期,第79—81页。

[②] Barbasiewicz Olga, "The cooperation of Jacob Schiff and Takahashi Korekiyo regarding the financial support for the war with Russia (1904–1905): analysis of Schiff and Takahashi's private correspondence and diaries", *Acta Asiatica Varsoviensia*, 2014(27), pp.9-18; Gary Dean Best, "Financing a Foreign War: Jacob H. Schiff and Japan, 1904‐05", *American Jewish Historical Quarterly*, 1972(4), pp.313-324.

第五章 日俄战争

希夫为日本政府承销债券的消息轰动了英美金融界。罗斯柴尔德在俄国一方下注，而雅各布·希夫在日本一方下注。①

1904年5月7日，英美银行团与日本政府在伦敦签约，为日本政府承销1000万英镑战争公债，利率是6%，价格是债券票面价格的93.5%，期限是7年。库恩-洛布公司，率领洛克菲勒旗下的纽约国民城市银行和国民商业银行，组成银行团，在华尔街承销500万英镑日本战争国债。其余的500万英镑，由汇丰银行等英国银行团在伦敦金融城承销。

就在同一天，即1904年5月7日，法国银行团与沙俄政府在圣彼得堡正式签订融资条约，由里昂信贷银行、巴黎巴银行和霍丁格尔银行组成银行团，在巴黎证券交易所，共同承销4亿法郎，约合1600万英镑俄国战争公债，票面利率5%，扣除承销费用2.5%，佣金1.75%，实际利率6%，期限是5年。

幽灵永生

就在雅各布·希夫与罗斯柴尔德同时下注的两天之前，日本政府也押上了赌注。日本必须要向国际投资人证明其战争能力。1904年5月5日，由三个师团、两个旅团编组而成的日本第二军，一共3.8万多人，在貔子窝（今大连普兰店区）登陆，目标是攻下金州城，切断沈阳和辽阳俄军与旅顺大连俄军之间的陆上联系，一举拿下旅顺要塞。

---

① Miller, Edward S., "Chapter Twenty-Three Japan's Other Victory: Overseas Financing of the Russo-Japanese War", The Russo-Japanese War in Global Perspective, Leiden, The Netherlands: Brill, 2005.

金州地处辽东半岛南端的狭窄地带，东面是大连湾，西面是金州湾，两座海湾之间最短的距离只有五公里，如果海水淹没这五公里宽的陆地，那么大连就会变成一座孤岛。大连与内陆地区的陆上交通，全都要通过这道只有5公里宽的金州地峡，金州地峡中有南山，南山向北一公里就是金州城。虽然南山海拔只有116米，却是金州地峡的制高点，拿下南山，就能控制整个金州地峡，扼守住从陆地上进出大连的门户。日本第二军在普兰店登陆后，一路向南扫荡，很快就打到了金州城下。

5月24日，日军开始进攻金州城。战斗持续了一天，日军终于突破防御占领了金州城。随后，经过一天休整，日军于5月26日的黎明时分，在海军舰炮的火力支援下，继续进攻南山要塞。

日军进攻南山的兵力，是南山俄军的10倍，但是火炮和重机枪的数量只有俄军的一半。俄军用地雷、马克沁重机枪、碉堡、战壕、铁丝网，构筑起立体防御工事，而日军还是照搬过时的军事操典，迎着俄军密集的重机枪火力，发起一浪又一浪的人海攻势，战斗一直打到下午6时，日军消耗了3.4万发炮弹——这比甲午战争的炮弹消耗量还要大。俄军一共击退了日军9次冲锋，直到弹药都打光了，旅顺俄军司令部遂决定放弃大连，集中兵力防守旅顺要塞，下令大连和金州的俄军全线撤退，日军这才于当天19时20分占领南山。

南山战役只进行了一个白天，防守俄军伤亡1100多人，而日军的伤亡数字却高达6198人，乃木希典大将的长子乃木胜典也在这次战役中阵亡[①]。最后日本大本营接到战报，看到伤亡数字也感到难以置信，只是由于俄国为了集中兵力防守旅顺要塞，主动放弃了大连，伤亡惨重的日本第二军才终于在5月30日拿下大连。

---

① Kowner, Rotem, *Historical Dictionary of the Russo-Japanese War*, Lanham: The Scarecrow Press, 2006, pp.250–251.

此后，日本大本营又编组了第三军，由乃木希典指挥，于6月6日在大连湾登陆，6月8日第三军司令部进驻大连，接替第二军，承担起主攻旅顺要塞的重任。

此时，东亚俄军司令部趁着日军立足未稳之机，派出主力西伯利亚第一军，南下救援旅顺。日本第二军立即结束休整，沿南满铁路北上迎战，双方于6月15日在瓦房店遭遇，经过激战，日本第二军击退了俄国西伯利亚第一军，歼敌3500人[①]，随后，日军乘胜追击，准备北上进攻辽阳。此前，登陆朝鲜的日本第一军已经在4月底的鸭绿江战役中获胜，于5月1日突破俄军防线攻入了中国东北地区，从丹东方向威胁辽阳，5月14日，日本第四军又在丹东东港大孤山登陆，一路向鞍山攻击前进。到了1904年7月初，日本第一、二、四集团军对辽阳形成包围态势。

辽阳是事关全局的重要战略位置。辽阳在沈阳以南50公里，是沈阳的门户，从军事防御上来看，占领辽阳，沈阳就门户洞开了。此外，辽阳本身也是南满铁路上的一个重要交通枢纽，扼守住了沈阳与大连陆上交通的咽喉。此时，俄军的巢穴在沈阳，日军在东北的立足点是大连，如果辽阳在俄军手里，那么俄国随时都可以通过辽阳，南下进攻大连，这样俄军就掌握着战争的主动权。反之，如果辽阳在日军手里，那么日军就可以通过辽阳，随时北上攻略沈阳，这样日军就控制了战争的主动权。因此，谁能拿下辽阳，谁就抓住了决定战争胜负的关键。

于是，俄军在辽阳集结了14个师，15.8万人，609门大炮，严阵以待；日本则动员了9个师团，13.45万人，携带414门大炮，兵分三

---

① 冯平、王国富、吴志樵:《世界军事百科之八：近代战争》，中国环境科学出版社2006年版，第87页。

路围攻辽阳城。①

原本俄军的实力比日军强一些，但是库罗帕特金却执行了一条消极防御的战术路线。他不敢主动进攻，只是片面防御，将战场的主导权拱手让给了日军。

库罗帕特金的保守，来自他的自知之明。在战争爆发之前，俄国过于傲慢，极度轻视日本，他们根本不相信日本竟然敢于主动发起进攻，因此面对突如其来的战争，可以说是毫无准备，堂堂一个远东俄军总司令部，竟然连一张合乎作战标准的中国辽宁省地形图都找不到，俄军总后勤部给前线运来的几百门大炮，都是适合山地作战的山炮，而不是适合辽宁地理的野战炮，但是仓库里却堆满了使用不了的野战炮炮弹。至于部下的军官，大都是些贵族纨绔子弟。因此，沙俄的军队貌似强大，实际却已是日薄西山。

反观日本，整个国家刚刚经过明治维新大刀阔斧的改革，正处于朝气蓬勃的上升期，腐朽的幕府藩阀贵族势力被一扫而空，掌权的武士阶层卧薪尝胆，锐意进取，还没有阶层固化，有股子精气神。用库罗帕特金在战后总结报告中的话来说，日军官兵素质较高，军官受过高等教育，"在前方过着简朴而严格的生活"，"从总司令到士兵上下一致，信念坚定，知道为何而战，作战坚决勇敢"。

而且，按照中日《马关条约》，辽东半岛本来是要割让给日本的，但被俄国组织的三国干涉还辽给搅黄了，结果俄国人自己却在1897年霸占了旅顺大连。这件事被日本上上下下视为奇耻大辱，全部卧薪尝胆，发誓复仇。因此，日本对于中国东北地区是志在必得的，战争的准备极其充分。

---

① Jukes, Geoffry, *The Russo-Japanese War 1904–1905*, Oxford: Osprey Publishing, 2002, pp.49–52.

此外，俄国强占旅顺大连，进而在 1900 年之后借着义和团事件，出兵霸占中国东北全境，与中国的关系也十分不好。因此，在日俄战争中，中国虽然没有直接参战，但明里暗里站在了日本一边。清廷深知，如果俄国打赢了日俄战争，东北肯定是保不住了，只有日本打败了俄国，清朝才有希望收复东北。于是，清朝给日本提供了大量的情报和后勤支援，袁世凯麾下的北洋新军，也派出军官团跟随日军行动，观摩日俄两军交战，北洋军阀的冯国璋，当时还只是北洋新军的一名基层军官，他就是在辽阳会战期间，被派到俄军后方为日军刺探情报，表现突出，这才入了袁世凯的法眼，从此平步青云。

除了为日军提供情报和后勤支援，中国还大量投资日本的战争公债，为日本提供融资支援[①]。在战争过程中，日本除了在国际资本市场发行公债融资之外，也持续不断地在国内发行日元标价的战争公债，到了 1905 年 3 月，日本政府在国内发行国债 1 亿日元，准许国际投资人通过横滨正金银行的通道投资这次国债发行，结果，竟然有 8200 万日元的国债被境外投资人买去了。根据日本《每周邮报》在 1905 年 4 月 8 日发表的一份统计报告，这些境外投资人中，投资额最多的是英国人，其次是美国人，紧随其后的就是中国人。

于是，在以上因素的综合作用下，战场的形势逐渐向日本一方倾斜。战争从 7 月初一直打到 9 月初，双方都打得精疲力竭，弹尽粮绝，惨烈的战斗，巨大的伤亡，击穿了俄军统帅库罗帕特金的心理防线，他下令全线撤退，放弃辽阳、全军退守沈阳。库罗帕特金打定主意，保存有生力量，死守沈阳，等候国内援军，凭借基础国力的巨大优势，最后碾压日本。1904 年 9 月 4 日，来自广岛的日军第五师团率先攻入辽阳城。

[①] Gary Dean Best. "Financing a Foreign War: Jacob H. Schiff and Japan, 1904‐05", *American Jewish Historical Quarterly*, 1972(4), pp.313–324.

辽阳会战以日军胜利告终。

战后统计，日军参战总兵力约为134500人，阵亡5557人，打伤17976人。俄军参战兵力约为224600人，伤亡约为20000人①。俄军虽败，但是主力尚存，且败而不乱，撤退行动组织得极为缜密。日军取胜后，英国派到日本军中的观察员曾经问日军统帅大山岩，阁下是否满意日军在此次会战中的表现，大山岩胜而不骄，只说了一句话，"我军表现不过尔尔，俄军撤退得太熟练了"②。这是内行人说的内行话，一支部队真正的素质，突出表现在它阵前撤退的时候，是否能做到有条不紊，败而不乱。俄国人做到了。

但是，不管怎么说，日本人还是占领了辽阳这个战略要地，从此，俄国失去了战争的主动权，除非重新夺回辽阳，否则，俄国再也不可能通过陆路支援保卫旅顺。西方军事界普遍认为，俄军失守辽阳，预示了它在这场战争中的最后结局。国际投资人对俄国的信心开始动摇，俄国国内对于自己国家体制的信心也开始动摇，在战争的巨大消耗以及政府苛捐杂税的压榨下，民不聊生，民众开始质疑战争，甚至开始质疑沙皇政府本身，当局的各种反对派开始活跃起来，他们跃跃欲试，革命的幽灵，开始隐约在俄国大地上徘徊。

沙皇的炼金术

经过两个月的浴血奋战，日本军队于1904年9月4日终于占领了

---

① *Russia and USSR in Wars of the XX Century,* Moskow: Veche, 2010, p.32; Kowner, Rotem, *Historical Dictionary of the Russo-Japanese War,* Lanham: The Scarecrow Press, 2006, pp.205-208.
② 阎京生：《菊花与锚：旧日本帝国海军发展史》，知兵堂出版社2007年版，第129页。

战略枢纽辽阳,取得了辽阳会战的胜利,拿下了整个东北战场的主动权。到了这个时候,西方军事界普遍认为,战争胜负的天平已经倒向日本一侧,俄国战败,只是时间问题。

但是沙皇尼古拉二世和维特,对于这场战争,却依旧是信心满满。沙皇和维特对于战争的信心,当然首先就来自俄国在基础国力上碾压日本的巨大优势。在1903年,俄国的黄金储备高达10063万英镑,而日本的黄金储备只有1170万英镑,几乎只有俄国的1/10,俄国的外贸额比日本多3倍,财政收入比日本多10倍,钢产量竟然是日本的30倍,俄国陆军总兵力比日本陆军多3倍,俄国海军总吨位也比日本海军大3倍[①]。

从战略态势上来讲,日本虽然有英日同盟的加持,但是俄国却得到了法国和德国这两个欧陆强权的支持,有一种大陆同盟对抗海洋同盟的味道。而日俄战争的战略目标,主要是争夺中国东北地区,战场也主要在白山黑水之间那片东北亚的大地上,对于大陆国家似乎有一种天然的优势,虽然,战前俄国大战略的重心在欧洲,俄国军事力量也主要部署在欧洲,因此在远东地区这个局部战场上,日本对俄国享有优势,但只要日本无法一口吃掉远东俄军,只要战争打成持久战,那么俄国的巨大国力优势就要慢慢转化为战场上的胜利态势。

除了法俄同盟之外,德国也站在俄国一边。在战争爆发之前,德国皇帝威廉二世就天天写信、拍电报给沙皇尼古拉二世,鼓吹黄祸论,也就是所谓黄种人挑战白种人世界霸权的谬论,吹捧沙皇是欧洲基督教文明的保护者,鼓励沙皇坚定不移地对日本开战,宣称在这样一场战争中,德国将坚决站在俄国一边,德国和俄国这两个大陆轴心要联合起

---

① 张文木:《全球视野中的中国国家安全战略(中卷)》上册,山东人民出版社2010年版,第160页。

来，坚决扑灭黄种人日本的崛起势头，打破英日同盟对于海洋的垄断。①

德国支持俄国牢固地控制东北亚，是因为：

这儿（指德国）每个人都十分清楚，根据扩张规律，它（指沙俄）必须为商业利益而在海外获得一个不冻港；据此还有权获得适合这样港口所连带的海湾地带。符拉迪沃斯托克（海参崴）和大连及其背后的陆地必须在你（指沙皇尼古拉二世）的掌握之中，以便能使你的铁路（指中东路）建设成行，这条铁路能将给养送达这些地方。在这两港之间是一个舌形地带，可以在你的任何一个敌手中成为第二个达达尼尔海峡！这对于你来说是不能容许的。这些"达达尼尔"（包括朝鲜）虽不能威胁你的联络却能妨碍你的商业利益。那儿已成了（另一个）"黑海"，而那样并不是你所转向远东所要得到的！因此，任何一个没有偏见头脑的人都将认为，朝鲜必须是俄国的，不论什么时候或以何种方式获得它，那将只是你和你的国家的事，与他人无关。这就是我们国内（指德国）人民的观点。②

这样，柏林和圣彼得堡轴心就能控制整个欧亚大陆，以此为依托，俄国和德国这两个陆地强权就再也不用惧怕英国的海上封锁了。

在1904年的夏天，辽阳会战正打得如火如荼的时候，德国与俄国签订了一项贸易协议，德国授予俄国政府在柏林资本市场上融资的权利。1904年7月28日，德国批准了对俄贷款，在关税平衡方面对俄作

---

① 参见［日］楳本捨三：《关东军秘史》，高书全、袁韶莹译，上海译文出版社1992年版，第18页；罗福惠：《非常的东西文化碰撞：近代中国人对"黄祸论"及人种学的回应》，北京大学出版社2018年版。

② Ken Shen Weigh, *Russo-Chinese Diplomacy 1689-1924*, Shanghai: the Commerical Press, 1928, p.115.

出了200万卢布的让步。不仅如此，1904年12月28日以后，德国开始在国内市场销售2.31亿卢布的债券，现款将于次年分批交付俄国国库①。到了1904年的秋天，德国的汉堡美利坚轮船公司与俄国政府签订贸易合同，汉堡美利坚公司给俄国波罗的海舰队供应燃煤33.8万吨，在丹麦和中国浙江的舟山群岛分别两次为俄国舰队加煤，帮助俄国波罗的海舰队远赴东亚参战②。德国政府还私下向沙皇政府保证，俄国波罗的海舰队在经过德国周边海域的时候，德国海军将对俄国舰队提供护航，防备日本潜艇的偷袭。到了1904年的10月，两国皇帝和军方已经在认真商讨结盟事宜，只是在英国的干预下，德国才最终保持了中立。

除了俄国自身国力强大，以及拥有法国和德国这两个盟友支持以外，令沙皇和维特对战争保持信心的第三个因素，当然就是俄国远比日本强大的财政融资能力。

在战争爆发之初，维特在日记里自信地写道，在战争融资方面，日本绝不是我们的对手，或许，日本人可以维持战争一年，一年半，两年，最多两年半，不能再多了。只考虑财政因素的话，我们能打四年。即便不考虑其他因素，日本的财政能力也会被战争摧毁，他最后一定会向我们求和的。

讽刺的是，维特对于俄国财政的信心，并不来源于俄国本身的经济实力，而是来源于俄国在国际资本市场的债务融资能力。

在战前，俄国财政部还有盈余16000万卢布，但在战争爆发之后，交战短短3个月，财政部的盈余就被迅速耗尽。为了维持战争，沙皇政

---

① 参见[苏]鲍·亚·罗曼诺夫:《日俄战争外交史纲1895—1907（上册）》，上海人民出版社1976年版，第472、481页。
② 参见韩忠富:《日俄战争时期德国对俄政策》，《社会科学战线》1993年第6期，第187—193页。

府力图提高税收。它把城市里的房产税提高了 33%，啤酒和伏特加酒的消费税也提高了 33%，火柴税提高了 100%，燃油附加税提高了 20%，印花税提高了 50%，关税也做了大幅提高，但战后统计，沙皇政府在战时增加的全部税收，仅够支付全部战争费用的 5%。①

在财政收入入不敷出的情况下，维特的信心，来源于沙俄在国际资本市场中的融资能力，而这种融资能力，又是建立在双方长期合作所形成的互信基础之上的。在 1769 年，俄国在荷兰发行了第一次国债，借款 200 万卢布，年利率是 5%，10 年付清，以沙俄统治下的爱沙尼亚和立陶宛这两个波罗的海沿海省份的海关关税作抵押②。沙俄用这笔贷款，打赢了第五次俄土战争，迫使土耳其把克里米亚半岛割让给了俄国，另外赔款 250 万卢布。俄国用土耳其支付的战争赔款，连本带利还清了这次借款。俄国也真是"实诚"，它从国际资本市场上借了多少钱，就从战败国那里敲诈多少战争赔款，分文不差，绝不多讹一毛钱。

从此，沙俄就开启了与国际资本市场的合作之旅。俄国的债务，截至 1848 年 1 月 1 日，就膨胀到了 82800 万卢布。此后，1848 年欧洲革命爆发，沙俄出兵镇压匈牙利人民革命运动，为了给这次军事行动融资，沙俄又从英国巴林银行借款 550 万英镑。巴林银行可是罗斯柴尔德家族崛起之前，伦敦金融城里的头号银行家，沙俄跟巴林银行做成这笔交易，就意味着俄国政府从此进入顶级国际大投行的客户名单，很快，到了 1853 年，俄国的外债就突破了 10 亿卢布。③

---

① Zielinski, Rosella Cappella. "Chapter Five Taxation and Currency Reserves During the Russo-Japanese War,". *How States Pay for Wars*, NY:Cornell University Press,2016.
② 参见黄亚丽:《俄罗斯帝国时期的国债对俄罗斯国债管理的启示》,《西伯利亚研究》2008 年第 1 期，第 80—84 页。
③ 参见黄亚丽:《俄罗斯帝国时期的国债对俄罗斯国债管理的启示》,《西伯利亚研究》2008 年第 1 期，第 80—84 页。

第五章　日俄战争

在 1853—1856 年克里米亚战争中俄国战败之后，新上台的沙皇亚历山大二世，大刀阔斧地进行改革，建铁路、建工厂、改革税收、财政制度、建立俄国中央银行、垄断货币发行权等。改革的最高潮，当然就是 1861 年的农奴制改革，沙皇要废除俄国的农奴制，把土地和劳动力这两大生产要素解放出来，投入俄国的工商业资本积累当中去。他授予农奴完全平等的公民权，享有完整的政治经济和文化权利，从此广大的俄国农奴不再是主人的奴隶，并且有权从农奴主那里获得一份土地，但是农民只有土地的使用权，要获取所有权，就必须掏钱赎买自己获得的那份土地。

在这个交易中，农民与地主双方的地位是不平等的，农民获得多少土地、在什么位置，由以前的农奴主说了算，农民赎买自己土地的时候，价格也是地主说了算，因此，农民赎买自己土地的价格，往往是土地市场价格的两到三倍。为解决这个矛盾，沙皇政府下令，农民在赎买土地的时候，可以首付 20% 到 25%，其余的款项由政府代为支付，算是农民欠政府的债，这笔债农民要分 49 年偿还，年利率是 6%。[①]

这就等于是沙皇政府跟全国农民签订了一个为期 49 年的回购协议，农民给政府打欠条，一次性从政府借来一大笔钱，在未来的 49 年时间里，全俄国的农民，都要用自己的劳动所得，来给政府还债，直到 49 年期满，连本带利还清欠款，从政府手里赎回自己的欠条。但其实沙皇政府手里也没钱，那么它怎么办呢？它拿着这些欠条，跑去伦敦金融城做抵押融资，计划借款 1500 万英镑，拿回国，帮助农民赎买地主的土地，以此推进土地改革。

此时俄国手里的欠条都是优质资产，这些欠条的背后，都是劳动人

---

① 参见中共中央编译局：《列宁全集》，人民出版社 1984 年版，第 468 页。

民实打实的劳动成果，在商言商，对于资本市场来说，这真是一笔好买卖。但是，在英俄争夺世界霸权的背景下，出于政治原因，伦敦金融城拒绝再借钱给俄国。

俄国逼得没办法了，调整了思考方向，为什么非得找国际资本市场融资呢？干脆以这些欠条为抵押直接发行货币，而这样发行的货币，在内在价值上有未来49年全国农民的劳动果实为支撑，是劳动价值本位，非常坚挺。于是俄国央行就以这些欠条为抵押，发行了4亿卢布，一部分用来充实央行的所有者权益，大部分用来赎买地主的土地。地主拿到这笔钱，还是要存入商业银行，这样全俄国商业银行系统的资产负债表也在急剧扩张，那么银行信用急剧扩张，反过来又刺激了俄国实体经济的迅速发展。这等于国家一次性预支了未来49年的农业剩余价值，形成了大量的银行资本和实体经济中的固定资产投资，这样，俄国资本主义经济的发展，就有了第一桶金。

随着俄国实力的稳步上升，俄国很快就从克里米亚战争失败的阴影中爬了出来，重新获得了国际资本市场的认可。这次，是法国的资本市场伸出了橄榄枝。在1867年和1869年，法国资本市场分别两次承销俄国国债共计57700万法郎，大约相当于2800万到3000万英镑，年利率是4%，按票面价格的6折出售。紧跟着，在1870年到1875年之间，罗斯柴尔德银行开始承销俄国国债，金额共计6900万英镑，承销价格则从票面价格的76%提升到91%，10年间，俄国国债的价格从票面价格的61%，上涨了到91%，整整涨了50%。①

等到19世纪末，20世纪初，国际格局又发生巨大变化，德奥同盟形成，这就促使俄国跟法国迅速接近，在战略上，俄法两国要携手应对

---

① 黄亚丽：《俄罗斯帝国时期的国债对俄罗斯国债管理的启示》，《西伯利亚研究》2008年第1期，第80—84页。

德奥同盟带来的巨大威胁，在与英国争霸这个问题上，也需要法俄两国互相协调；在经济领域，法国的金融资本与俄国的快速工业化高度相互依赖，于是，法俄两国逐渐形成紧密的共同体。到了 1892 年，法俄两国正式签订军事同盟条约。①

俄法同盟形成之后，沙皇政府委派专门的融资代表常驻巴黎，主要负责在巴黎上下打点，公关巴黎的政界高层，金融圈大佬，以及媒体界的各位朋友，俄国财政部甚至设置专项基金，专门公关法国媒体，有能量的巴黎大报每月从俄国财政部领取大额津贴属于常规操作。这些法国媒体人也是投桃报李，天天在报纸上写软文，鼓吹俄国经济发展迅速，俄国经济基本面健康向上，投资俄国赚钱，俄国政府讲信用，忽悠法国投资者积极认购俄国国债和企业债等。②

到了日俄战争之前，沙俄派驻在巴黎的融资代表，名字叫亚瑟·拉法洛维奇（Arthur Raffalovich）。拉法洛维奇出生在乌克兰海滨城市敖德萨，父亲是当地的犹太富商，是遍布全欧洲的犹太人金融网络的一个节点。拉法洛维奇从小在巴黎和德国波恩留学，读书的时候就经常给法国的财经媒体写专栏，号称是经济学家，对巴黎的媒体圈、金融圈熟悉极了，后来拉法洛维奇为沙皇政府效力，出任俄国驻法国大使馆的商务秘书，还是巴黎的俄国总商会主席。

此外，由于家族的关系，拉法洛维奇跟罗斯柴尔德这种犹太金融圈的顶级大佬也保持着密切的书信来往，由于这层关系，拉法洛维奇就被维特看中，出任沙皇财政部驻巴黎的融资代表，直接向维特汇报工作。

---

① Siegel, Jennifer, "The Rise of the Franco-Russian Financial Alliance, 1894–1903", *For Peace and Money: French and British Finance in the Service of Tsars and Commissars,* New York: Oxford University Press, 2014.

② James William Long, "Russian Manipulation of the French Press, 1904–1906", *Slavic Review*, 1972(2), pp.343–354.

日俄战争爆发之后，拉法洛维奇的首要任务，当然就是竭尽所能，在法国资本市场上为俄国争取融资支持。

这个工作，并不像表面上看起来的那样轻而易举。1904年2月8日凌晨，日本联合舰队偷袭旅顺口里的俄国太平洋舰队，日俄战争爆发。消息传来，巴黎证券交易所挂牌上市的俄国国债价格应声暴跌，战争的巨大风险，吓坏了法国投资人。

拉法洛维奇马上活动起来，上下奔走，仅行贿法国巴黎巴银行的管理层，就一次打点了20万法郎，在巴黎的各大主流媒体身上，更是投下了数百万法郎的巨额贿赂。此外，俄国国债暴跌，连带法国自己的国债也跟着暴跌，投资人很清楚，法俄两国是一个共同体，法俄两国的国债也就成了一根绳上的蚂蚱，俄国要是失败了，法国也绝对好不了，于是法国政府为了维持本国财政稳定，也只得积极支持法国银行界投资日俄战争。

这样，到了4月15日，以里昂信贷银行和巴黎巴银行为首，法国银行界组团来到圣彼得堡，与俄国政府谈判贷款事宜。俄国政府计划发行战争国债8亿法郎，约合3200万英镑，折扣率是3%，也就是实际发行价格要按照票面价格扣掉3%，按照这个折扣率，发行面额8亿法郎的国债，俄国政府实际能拿77600万法郎；但法国银行团只肯承销4亿法郎，折扣率是6%，也就是说，实际发行价格要按照票面价格扣掉6%，这样俄国政府实际只能拿到37600万法郎。①

随着俄国军队在中国东北地区战场上接连失败，在圣彼得堡谈判桌旁的俄国政府也只好向现实低头，做出让步，到了5月7日，双方终于达成协议，法国银行界为俄国政府承销4亿法郎的战争国债，约合1600

---

① James Long, "Franco-Russian Relations during the Russo-Japanese War", *The Slavonic and East European Review*, 1974(127), pp.213–233.

万英镑,期限是 5 年,年利率 5%,折扣率是 6%,承销费率是 2.5%。也就是说,法国银行团每承销 1000 法郎的俄国国债,就要收费 25 法郎。协议还规定,如果国债发行顺利,那么在一年之内,法国银行团还要另外再为俄国政府承销国债 4 亿法郎,条件相同。①

为了尽快完成国债发行,俄国政府干脆向法国银行团做出承诺,只要能在 7 月底以前卖光俄国战争公债,那么可以再多给 1.75% 的回扣。②这下法国银行家们的积极性被彻底激发出来了,拼命推销俄国国债。再加上法国的媒体也拿了俄国政府不少好处,于是法国的主流媒体总是写文章吹嘘俄国军队,粉饰俄国的战场形势。偏偏法国资本市场上的投资人以散户居多,都是些小农、富裕农民、小业主、高级白领等,这些人做梦都想通过证券市场投机不劳而获,迅速积累财富,但是他们跟机构投资人不同,大机构,或者大的金融家族,有自己独立的情报网络,能量往往比国家的情报系统还要大,而散户呢,只能根据证券市场经纪人的一面之词,根据大众媒体所传播的信息来做投资决策,这样各大银行的经纪人一忽悠,大众媒体的报道又在印证券商经纪人的话术,而俄国国债的面额通常是 500 法郎,又非常适合这些中小散户们投资,于是法国的"韭菜"们就乖乖地被收割啦!

俄国战争国债在巴黎证券交易所迅速走俏,很快就被抢购一空,到了 6 月 11 日,第二批 4 亿法郎战争国债就已经上市发售,到了 7 月底,所有战争国债全部售出,在两个月时间里,俄国政府一共从法国资本市

---

① James Long, "Franco-Russian Relations during the Russo-Japanese War", *The Slavonic and East European Review*, 1974(127), pp.213–233.
② Siegel, Jennifer, "*Chapter Two The International Financial Challenges of War and Revolution, 1904–1906*", *For Peace and Money: French and British Finance in the Service of Tsars and Commissars*. New York: Oxford University Press, 2014.

场融资8亿法郎，折合3000万英镑，相当于今天的120亿美元①。实际上，这些钱当中的很大一部分，从来就没有离开过法国，而是被俄国政府用来就地在法国采购大量军用物资。俄国政府在7月底完成债券发行，融资8亿法郎，而到了8月底，仅仅是一个月的时间里，俄国政府就从这8亿法郎中，支出了6500万法郎，用于采购法国兵工厂生产的枪炮弹药，法国的军火工业，从日俄战争当中，大发了一笔战争财。至此，拉法洛维奇圆满完成了自己在法国的使命。

讽刺的是，就在以希夫为首的美国犹太银行家，声称为了解放沙俄统治下受难的同胞，而大规模融资支持日本的同时，沙皇自己的犹太银行家，却在竭尽全力，动员欧洲的金融网络，大规模融资支持俄国。

接下来，该轮到日俄两国的军人们，在战场上继续较量了。

203高地

在战争爆发之初，日俄双方的融资代表都出色地完成了自己的工作，到了1904年7月，日俄两国都顺利完成了各自的第一期融资计划，高桥是清在英美资本市场为日本争取到1000万英镑战争融资，拉法洛维奇在法国资本市场为俄国推销了3000万英镑战争国债。紧跟着，就是两国的军人直接用武器一较高下了。

日本军队在辽阳会战中获胜，拿下了东北战场的主动权。几乎就在日军猛攻辽阳城的同时，乃木希典率领日本第三军，开始围攻旅顺要塞。

---

① James Long, "Franco-Russian Relations during the Russo-Japanese War", *The Slavonic and East European Review*, 1974(127), pp.213–233.

日本大本营启用乃木希典，担当起攻略旅顺的重任，是因为在日军诸将领之中，只有乃木希典拥有攻打旅顺的实战经验——1894年中日甲午战争期间，正是乃木希典统兵，从清朝军队手里攻占了旅顺。

乃木希典是一个狂热的军国主义分子，甲午战争时期，他受命率军从广岛出发，进攻旅顺。时隔10年之后，乃木希典再次统兵来到旅顺城下，志在必得。1904年7月26日，乃木希典亲自统率麾下第三军的六万名将士，从旅顺要塞的东北方向，对要塞的外围前沿制高点——大孤山和小孤山——发起了前哨战。经过3天血战，日军在付出伤亡2500人的代价后，终于占领了大孤山和小孤山。但是此时，对日本军队的考验才刚刚到来。

俄军在旅顺的防线，依据地形，分为东线和西线。东线以东鸡冠山炮台为核心，依托连绵的山势，构筑起层峦叠嶂的防御体系，平均两米厚的水泥浇筑而成的碉堡、战壕纵横交错，俄军在此重点布防，非常难打；但是东线距离旅顺城区咫尺之遥，只要打穿东线，旅顺就再也无险可守。甲午战争时期，乃木希典就是从东线长驱直入，仅仅用了两个小时就攻下了旅顺。防守旅顺的西线以203高地为核心，这里的山势不如东线险要，距离旅顺城区也比较远，因此防守相对薄弱。

然而乃木希典根据自己在甲午战争时期的经验，还是选择强攻东线。日军于8月19日开始，发动了对旅顺要塞的第一轮强攻，一直打到8月24日，5天之内日军伤亡1.5万人，彻底失去了进攻能力。

这时乃木希典审时度势，根据战场形势的变化，将主攻方向调整到俄军防守薄弱的西线。从9月15日开始，日军又对旅顺要塞的西线防御阵地发起了总攻，这一波攻势仅仅维持了4天，就因为伤亡惨重不得不中止进攻，日军伤亡5000多人，但是终于拿下了大顶子山等外围阵地，攻到了西线核心203高地的山脚下。

打到这个时候，日本第三军的伤亡已经超过了2万人，而第三军的总兵力才6万人，旅顺日军已经是疲惫不堪，急需休整。但到了1904年10月15日，一个爆炸性的消息传来，俄国海军波罗的海舰队，终于启航奔赴远东战场参战。这个消息让日本全国上下都焦虑不安。波罗的海舰队是俄国用来对付德国海军和英国海军的主力舰队，一旦与旅顺口里的俄国太平洋舰队会师，那绝不是日本联合舰队所能对付的。如果让俄国夺取了制海权，对于日本这个岛国来说，就等于是宣判了死刑。

一方面是俄国波罗的海舰队逼近，另一方面，俄国陆军沿着西伯利亚大铁路，不断加入东北战场，似乎顷刻之间，日本就要陷入败局。而日本唯一的希望，就是赶在俄国波罗的海舰队赶到之前，拿下旅顺要塞，消灭俄国太平洋舰队，这样日本联合舰队以逸待劳，单挑波罗的海舰队，才有胜算。

于是，日本的国运，就托付在了乃木希典和他的第三军身上。乃木希典也就不得不振奋精神，发起了第三次总攻。但到这个时候，第三军已经是强弩之末，猛攻了5天，打到10月30日，又伤亡将近5000人，仅仅拿下了俄军一座堡垒，就再也不能前进一步。

进入11月，日本把国内剩下的最后一个师团，即北海道的第七师团，派去支援旅顺前线，又从沈阳前线调来第八师团的一个联队南下增援第三军，日本国内增援的重炮也姗姗来迟运抵前线，于是，乃木希典终于有能力在11月26日，发起第四次总攻。主攻方向，还是西线的203高地。惨烈的战斗一直打到11月30日，乃木希典的儿子乃木保典也在战斗中阵亡。

今天，从旅顺203高地山头往下走50—100米，会看到在半山腰上立着一块不大的木牌子，上面刻着"乃木保典战死处"。乃木保典战死的时候，只有 23 岁。半年之前，他的哥哥，乃木胜典刚刚在金州南山战役中阵亡。乃木胜典阵亡半个月之后，乃木希典率领日本第三军在大连登陆。

203 高地只是一个不起眼的小山头，此刻却决定了两大世界强国的命运。乃木保典阵亡的当天，日军终于在下午 5 时占领了 203 高地的表面阵地，但是入夜之后，就遭到了俄军预备队的猛烈反击，又被赶下山去。这时日军在 203 高地下已经伤亡了将近两万人。

日本上上下下，从前线到后方，都对乃木希典的指挥能力愤怒至极。就在乃木保典阵亡的第二天，日本的所谓满洲军总参谋长儿玉源太郎来到旅顺前线，实际上接替了乃木希典指挥，经过三天休整，于 12 月 4 日拂晓开始最后一次猛攻 203 高地。打到 12 月 5 日晚 10 时整，日军终于攻占了俄军最后一个据点，攻克了 203 高地。

日军在攻占 203 高地后，就可以在高地上部署重炮，控制整个旅顺口内的港湾，俄国太平洋舰队很快就被消灭，俄军再坚守下去实际上已无任何意义。到了 1905 年 1 月 5 日，驻守在旅顺要塞的俄军终于向日军投降，旅顺要塞陷落。从 1904 年 7 月底，旅顺会战打响，一直到 1905 年 1 月 5 日俄军投降，前后整整 5 个月，俄军太平洋舰队和 4 万防守俄国陆军全军覆灭，日本军队的伤亡更是高达 5.9 万人；开战时日本第三军的士兵，几乎没有人能活到战役结束。

日俄战争结束之后，1906 年 1 月 14 日，乃木希典启程回国，身后是部下数万人还有自己两个儿子的尸骨。一将功成万骨枯，但此时乃木希典已是心如死灰。

航船终于抵达港口，日本政府组织了各界群众前来欢迎乃木希典"凯旋"，乃木希典面对热烈欢迎的民众做致辞演说。他百感交集，只能说出一句话:"吾乃杀乃兄乃父之乃木是也!"①

波罗的海舰队的奇幻漂流

战争进行到 1905 年 3 月,虽然日本军队全歼了俄国太平洋舰队,打掉了东北俄军主力,攻占了旅顺、大连和沈阳,但是俄国还是拒绝认输,也拒绝和谈,俄国政府手里还有两张王牌,第一张王牌,是俄国海军主力波罗的海舰队。波罗的海舰队此刻已经横渡印度洋,逼近新加坡通过马六甲海峡进入中国海域,只要强大的波罗的海舰队打掉日本联合舰队,重新夺回远东制海权,那么,俄国就能反败为胜;俄国手里的第二张王牌,当然就是欧洲瞬息万变的大国博弈关系,此时,俄国正与德国紧张进行秘密结盟谈判,一旦俄德结盟,德国这枚沉甸甸的砝码加到日俄战争的天平上,俄国就将毫无悬念地取得战争的胜利。

然而在英日同盟的约束条件下,一旦有第三国站在俄国一边投入战争,等于直接挑战日本背后的大英帝国,德国自然不肯为了俄国就去直接冒犯英国。于是,当俄国要求德国兑现诺言,对远东俄军提供实质性支持的时候,德国却表示,德国部署在青岛租借地的远东舰队一旦参战,将遭到部署在威海卫和香港的英国舰队的围攻,因此爱莫能助。

既然"俄罗斯只有两个盟友:俄国陆军和俄国海军",沙皇终于下令俄国波罗的海舰队东征亚洲战场。

但要把波罗的海舰队派去东亚作战,也绝不是一件轻而易举的事情。日俄战争是日本主动挑起的,俄国的战争准备极其不充分,它的海军建设计划远未完成,波罗的海舰队的主力是五艘战列舰,但是在接到

---

① 邵永灵:《战争与大国崛起》,辽宁人民出版社 2015 年版,第 210 页。

出征命令的时候，才刚刚下水了两艘，还有三艘依然建设中，要到1904年的9月才能建成下水，匆忙间很难形成真正的战斗力，那么其余的舰船呢？比较新式的军舰都调拨给了远东的太平洋舰队，被日本堵在了旅顺口里，而波罗的海舰队能用的军舰，就剩下了些老弱病残。再加上沙皇政府的"帝国晚期综合征"，海军"衙门"里派系倾轧，官僚习气严重，眼看远东前线军情急如星火，但是官僚们依旧是气定神闲，申请补给品都要经过许多道程序，要打通无数关节，时间一天一天拖下去，严重制约舰队形成战斗力。

此外，俄国海军训练有素的精锐官兵，大多都在太平洋舰队，于是波罗的海舰队司令部不得不征召退伍军人与从未见过大海的农民充当水兵，重新训练，里面甚至还有不少人是文盲。海军是技术兵种，短短几个月的训练，是不可能快速掌握现代化军舰的。装备与官兵不能很好地磨合，可想而知，这对于整体战力会造成多么大的负面影响。

更严重的是，从波罗的海启程前往中国的渤海湾，距离是1.8万海里，相当于3万公里，而俄国根本没有任何海外军事基地。那时的军舰还是使用蒸汽机，动力全靠烧煤，可是俄国在海外连个加煤站都没有，而世界的制海权又掌握在俄国的敌人——英国手里，沿途到处是英国的海军基地。在这种情况下，波罗的海舰队这四十几艘军舰，上万名官兵，要长途远征3万公里，如何保证后勤供应？如何能在完全陌生而敌对的海域，安全赶到目的地？别说打仗了，单单是把这些船平安开到旅顺都几乎是一个不可能完成的任务。

除了装备和人员训练等技术问题之外，还有至少两个问题，需要俄国认真解决之后，波罗的海舰队才真正有可能出征：一是财政问题，二是外交问题。

出征东亚的波罗的海舰队，排水量总吨位是27万吨，相当于6个北洋水师，要建造、编组、训练这样一支庞大的舰队，还要把这支舰队开到3万公里之外，四十几艘军舰每天都要烧煤、上万名官兵每天都要吃饭，要发军饷，还要补给弹药物资，可是这巨额军费开支从何而来呢？

就财政问题而言，俄国靠着在法国资本市场发行3000万英镑战争国债，初步解决了这个问题。在沙皇下诏波罗的海舰队出征之前两个星期，法国银行家代表团于1904年4月15日抵达圣彼得堡谈判债券发行问题，到5月7日法国银行团跟沙俄政府正式签约，此后两个月的时间里，3000万英镑战争国债就已经在法国资本市场被抢购一空。这笔钱足够俄国建设波罗的海舰队了。

1904年10月之后，为了筹措波罗的海舰队远征的费用，并且将它在远东的战争维持下去，沙俄政府计划再在国际资本市场发行3000万英镑战争国债。就在波罗的海舰队于10月15日启程离开维堡基地的同时，巴黎的银行家代表团再度来到圣彼得堡。不过这次沙皇表示，除了在巴黎发行国债以外，还要在柏林、阿姆斯特丹和圣彼得堡三个城市联合发行战争国债。为了回报德国在战争中对它的支持，也是为了争取更多的融资渠道，争取更多的国家站在它一边，同时也是为了避免自己的金融命脉完全操控在法国手里，俄国政府坚决主张德国银行团也加入这次战争国债发行计划当中。而这一点是法国政府所坚决无法容忍的。法国外交部明确表示，俄国国债发行计划中，不应该有德国银行业的一席之地。俄国财政依赖巴黎资本市场，法国政府对此乐见其成，但法国政府的任何情况下都要坚决反对德国在资本输出领域做大。

眼看法国在反对德国这一点上寸步不让，俄国政府干脆甩开法国银行团，单独与德国银行团谈判借款事宜，双方很快达成一致，由布雷施罗德银行、门德尔松银行、信用合作银行和柏林商业银行组成银行团，在柏林资本市场上联合为俄国政府承销发行5亿马克,约合2500万英镑战争国债,年化利率4.5%,实际发行价格比票面价格便宜5.6%[①]。有了德国资本的这笔直接注资,俄国又有了继续战斗下去的底气。波罗的海舰队终于可以安心上路了。

接下来是外交问题。俄国没有海外军事基地,也没有海外殖民地,这就意味着,波罗的海舰队在出征途中,必须借用其他国家的港口或者基地来完成补给和休整,那么其他国家凭什么要冒着得罪英国和日本的风险,帮助俄国呢?俄国能给什么好处来交换这种帮助呢?诸如此类的问题,都需要投入大量的外交资源去解决。

还是在1904年6月,沙皇政府又跟德国的汉堡美利坚轮船公司签订了运煤合同,波罗的海舰队出征东亚的征途中,由汉堡美利坚轮船公司负责运输补给燃煤,补给的范围,西起丹麦日德兰半岛,东到中国舟山群岛,补给燃煤的总量是33.8万吨。合同约定,一旦波罗的海舰队启程出发,汉堡美利坚轮船公司就要动员70多艘运煤船,在穿越大半个地球的远洋航线上,昼夜不停地为波罗的海舰队穿梭运煤[②]。这样,波罗的海舰队东征路上最大的一只拦路虎,军舰的动力燃料问题就解决了。当然,汉堡美利坚轮船公司也能从这笔大生意中获得巨大的商业利益。

德国政府对日俄矛盾的立场,就是充分利用,积极支持俄国对日本开战,其战略目的一是将俄国力量引向东方,减轻其东线压力,帮助其在法俄同盟的战略困境当中解套;二是借用英日同盟的力量削弱俄国,即削弱法俄同盟;三是利用沙皇俄国这部战争机器,削弱日本,即削

---

① Jonathan Steinberg, "Germany and the Russo-Japanese War", *The American Historical Review*, 1970(7), pp.1965–1986.

② Jonathan Steinberg, "Germany and the Russo-Japanese War", *The American Historical Review*, 1970(7), pp.1965–1986.

弱英日同盟的力量。汉堡美利坚轮船公司的商业利益，与德国的国家利益，是高度一致的。

但是这份运煤合同很快就被神通广大的英国媒体捅了出去。1904年9月12日，《伦敦航运周刊》报道了这份合同的大致内容。这就引起了日本驻德国大使的强烈抗议，德国身为中立国，怎么能直接帮助交战国参战呢？日本政府强烈要求德国政府立刻终止这份运煤合同。

就此问题，德国政府内部展开了一场辩论，外交部担心如果执行这份合同，将会招致日本海军拦截或者攻击汉堡美利坚轮船公司的运煤船，根据国际法，日本确实是有权利这么做的，那么，如果日本海军攻击德国商船，德国海军要不要保护自己的商船呢？要不要保护德国公司的海外商业利益呢？如果德国海军不去保护德国的海外利益，那么德国纳税人为什么要投入巨资建设海军呢？但如果德国海军采取行动保护本国的运煤船，这就意味着德国将卷入一场英日同盟的危险战争，真有必要去冒这个险吗？

但普鲁士军官团认为，只要支持俄国坚决把日俄战争打下去，就能打散俄法同盟，打弱英日同盟，就能把俄国从法国身边打到德国身边，这显然符合德国最根本的战略利益；至于日本海军可能会攻击德国运煤船的问题，德意志帝国海军参谋本部判断，日本单挑沙俄已经很吃力了，断断不敢冒着与德国开战的风险，骚扰德国商船，因此，日本的抗议必然只会停留在口头上，不足为惧。

此外，当时汉堡美利坚轮船公司在世界航运业坐头把交椅，公司老板阿尔伯特·巴林（Albert Ballin）是德国重工业巨头，而当时德国的统治集团是所谓"钢铁与黑麦的同盟"[①]，"黑麦"指的是德国的地主容克贵

[①] 徐弃郁：《脆弱的崛起：大战略与德意志帝国的命运》，商务印书馆2021年版。

族，地主容克贵族掌握着德国政权和军事力量，即普鲁士军官团，德国皇帝的另一个身份，是普鲁士军官团的团长，这是从欧洲中世纪封建社会就传下来的老规矩，所有这些军功贵族都对德国皇帝保持个人效忠的关系，从这个意义上讲，德意志帝国就是伪装成国家的一支军队。

那么黑麦与钢铁同盟中的"钢铁"，当然指的就是德国新崛起的重工业寡头，比如克虏伯、巴斯夫、西门子等，也包括汉堡美利坚轮船公司，这帮工业巨头除了是企业的老板以外，也是整个德意志帝国的股东。从这个意义上讲，德意志帝国又是一个伪装成国家的重工业垄断集团。

工业寡头武装军官团，军官团则用枪杆子为工业寡头拓展商业利益保驾护航，这就是维系德意志帝国存在的社会契约。就像是德国社会中隐含的这份社会契约的镜像，汉堡美利坚轮船公司老板、世界航运业巨头阿尔伯特·巴林跟德国皇帝威廉二世是关系紧密的朋友。为了敲定给俄国波罗的海舰队运煤这笔世纪大单，阿尔伯特·巴林接连游说德国皇帝威廉二世和宰相比洛（Bernhard von Bülow）。于是，威廉二世一锤定音，表示运煤合同是私营企业的商业行为，德国政府无法干涉自由贸易，拒绝了日本政府的外交抗议[①]。

但德国在运煤合同问题上的固执己见，引起了英国深深的警惕。

在英国人看来，这份运煤合同，所传递出来的信息很丰富，其中最本质的一条信息，就是表明了德国在扩张海洋权利方面所蕴含的强大潜力。德国从来就被认为是一个陆权强国，主导德国统一的普鲁士军官团都是一帮容克地主，严重缺乏海洋视野，甚至德国建立起世界第二的强大海军，也不是为了争夺世界海洋霸权，而只是为了制衡海洋霸主大英

---

① Jonathan Steinberg, "Germany and the Russo-Japanese War", *The American Historical Review*, 1970(7), pp.1965–1986.

帝国对德国的潜在威胁，甚至只是一个可以拿来与英国做交易的筹码。但实际上，如果一家德国的商业公司，都有能力帮助一支强大的远洋舰队出征3万公里，横跨大半个地球去作战，那么德国一旦动员自己的海军力量将不堪设想。英国作为全球海洋霸主，纵横四海两百年，对于海洋战略，是极其敏感的。

除此之外，英国很快还回忆起1904年8月所发生的两件事情：第一件，旅顺口里被围的俄国太平洋舰队，在8月做过一次突围的努力，虽然最终失败，又被堵了回去，可还是有几艘军舰成了漏网之鱼，南下跑到德国的胶州湾租借地避难。根据国际法，在战争期间，交战国军舰进入中立国港口，靠港时间超过24小时的话，就必须要完全解除武装；可是当时是德意志帝国海军部管理胶州湾租借地，不管是从国家利益出发，还是从个人感情好恶出发，普鲁士军官团都是倾向于支持俄国的，于是驻扎在青岛的德国远东分舰队司令冯·普利特维茨海军中将竟然自作主张，拒绝解除俄国军舰的武装。这就等于这些俄国军舰可以充分利用德国在青岛的海军基地，完成休整和补给，恢复战斗力。这件事做得就有些太过分了，后来在德国皇帝威廉二世的干预下，还是解除了这些俄国军舰的武装，但是，英日两国都把这笔账默默地记下了。

另外一件事情，德国皇帝威廉二世的弟弟亨利亲王从俄国访问回国，带回沙皇尼古拉二世的求援信。俄国沙皇恳请德国皇帝批准汉堡美利坚轮船公司的运煤合同，同时表示，一旦俄国波罗的海舰队启程，经过波罗的海和北海海域的时候，就有可能遭到日本潜艇或者鱼雷艇的偷袭，请求德国海军在俄国舰队通过上述海域的时候，提供保护。这件事，德国皇帝威廉二世答应了下来，并且立刻命令帝国海军部和内务部全力搜捕日本间谍①。

---

① Jonathan Steinberg, "Germany and the Russo-Japanese War", *The American Historical Review*, 1970(7), pp.1965–1986.

第五章　日俄战争

如果说8月发生的"青岛军舰避难事件"和"波罗的海—北海护航事件"，还可以当作孤立事态处理的话，那么9月，德国皇帝竟然批准了德国企业给俄国舰队补给煤炭的合同，这三件事连贯起来看，德俄即将结盟的小道消息立刻传得满天飞。英国国防委员会秘书乔治·克拉克给巴尔福首相写信，表示俄国与德国之间距离达成协议就在毫厘之间了；9月14日，英国《泰晤士报》干脆刊出通栏大标题：俄国与德国就远东问题达成一致。

英国与德国之间的不信任和敌意，在10月达到高潮。于是，10月21日深夜发生了"道格尔沙洲事件"。道格尔沙洲位于英国西北海岸之外，是英国渔民的传统渔场。10月21日深夜，出征远东的俄国波罗的海舰队途经这片沙洲，在夜色笼罩中，缺乏训练的俄国水兵，将几艘英国渔船误认作日本鱼雷艇而加以炮击，当时击沉了两艘英国渔船，击伤多艘，3名英国渔民死亡，多人受伤[1]。炮声一响，其他军舰搞不清状况，陷入一片混乱，在神经高度紧张下，导致各舰互相之间开火攻击，足足交火了20分钟才被喊停，也幸亏是仓促成军的波罗的海舰队官兵素质确实不高，平时缺乏训练，实弹射击训练尤其不足，结果在黑夜中互相猛烈交火15分钟后，所有军舰竟然能都毫发无伤[2]。弄得舰队司令罗杰斯特文斯基哭笑不得，也不知道是该庆幸，还是该愤怒。

可想而知，俄国军舰在英国近海炮击英国渔船的事件，引起了英国朝野的强烈愤怒。英国皇家海军本土舰队的28艘战列舰奉命进入战备状态，而英国巡洋舰分队则一直跟随俄国波罗的海舰队穿过比斯开湾和

---

[1] Corbett, Julian. *Maritime Operations In The Russo-Japanese War 1904-1905, Vol.2*, Annapolis:Naval Institute Press, 2015, pp.31–35.
[2] Wood, Walter. *North Sea fishers and fighters,* London: Kegan Paul, Trench, Trubner & Co.Ltd., 1911, pp.275–286.

葡萄牙海岸。

但有趣的是，英国愤怒的目标，却不是主要针对俄国，英国把满腔怒火，都对准了德国。英国相信，如果没有德国在后面撑腰，一塌糊涂的俄国海军，不敢在英国家门口炮击英国渔船。

实际上，经过青岛俄国军舰避难事件、波罗的海—北海护航事件、运煤合同事件以及俄国在柏林发行战争国债事件等，尤其是经过这次道格尔沙洲事件，英国确信，如果没有德国在后面支持俄国，挑唆俄国积极投入战争，那么俄国其实根本就没有能力打这场战争。因此，英国把这笔账，主要都记在了德国身上。英国海军大臣约翰·费舍尔在道格尔沙洲事件后给自己妻子的一封信中讲道："事态严重。这次真的是德国人在背后搞鬼。至少今天夜里，和平还能够维持，但是，因为德国皇帝在无所不用其极地在我们与俄国之间制造战争，因此，谁也不知道战争将在何时爆发。"英国驻法国大使则在给国内外交部的朋友的信中写道："你曾对我说，只要还有一口气在，就绝对不能信任德国人。是的，你说得对。德国人就是想让我们流血。不管是在商业上还是在政治问题上，德国人就是我们真正的敌人，如假包换。"德国驻伦敦大使，也在给德国国内的报告中，证实了英国这一主流民意。①

英国至此已经普遍确认，德国才是英国真正的敌人。德国之所以还没有入侵英国，只不过是因为德国皇帝在耐心等待德国舰队强大到足够征服英伦三岛为止。而德国之所以要帮助俄国舰队平安渡过波罗的海，也只是为了在英国与俄国之间挑起一场战争罢了。于是英国政府决意要复仇。反正英国海军天下第一，人性就是如此，手里拎着大锤，看谁都

---

① 参见Jackson, Karen Kitzman, *The Dogger Bank Incident and The Development of International Arbitration,* Lubbock: Texas Tech University, 1974.

像钉子。德国政府猛然发现,自己正面临着致命的战争威胁。①

10月27日,德皇威廉二世给沙皇尼古拉二世写信,提议两国结盟。沙皇热切地接受了德国皇帝的结盟提议。1904年10月30日,德国宰相比洛向德国皇帝威廉二世提交了德俄防御同盟的草案。到了10月31日,比洛宰相召开了一次高级外交和军事顾问会议,商讨与俄国结盟问题。参加会议的,除了比洛宰相本人之外,还有外交部部长里希霍芬,外交部政策规划室主任荷尔斯泰因,以及陆军总参谋长冯·施利芬和海军大臣提尔皮茨。②

令比洛宰相颇感意外的是,对于俄国结盟这个提议,只有比洛本人的心腹,荷尔斯泰因表示支持,其余三位重臣全部反对③。反对的理由看起来无懈可击,英国要进攻,一定是用海军,那么在海战中,俄国能为我们做些什么呢?俄国的海军,连亚洲国家日本都打不过,更不要提与海上霸主英国作战了。也就是说,从军事战略的角度出发,与俄国结盟对德国的价值实在有限,却反而为德国招来英国的敌意和打击,这是赔本买卖,断不可与俄国结盟。

散会之后,海军上将提尔皮茨还不放心,在11月1日又写信给国务秘书里奇霍芬,请他劝说比洛宰相放弃与俄国结盟的想法:

与俄国结盟不具有军事价值,对于海上作战没有任何帮助。假设英国对我们单独宣战,而俄国随后决定站在我们一边参战,但法俄两国之间的盟约中,有针对我们的条款,这将妨碍我们对法国政策的灵活性,

---

① 参见何春超、张季良、张志:《国际关系史(上册)》,法律出版社1988年版,第238页。
② Jonathan Steinberg, "Germany and the Russo-Japanese War", *The American Historical Review*, 1970(7), pp.1965–1986.
③ Trotha, "*Sitzung Beim Reichskanzler*" Oct.31, 1904.

同时俄国对我们的帮助在实际上也将不会有什么效果。如果与俄国结盟,那么,众所周知,英国舆论的全部力量都将完全冲着我们而来。①

到后来,还是俄国在与德国结盟的立场上向后退缩这才替德国解了套。原来道格尔沙洲事件后,英国威胁要发起对俄战争,把法国也给吓坏了。法国是俄国的盟友,英俄之间爆发战争的话,法国是有条约义务参战的,然而法国才刚在这一年的 4 月跟英国做成了一揽子交易,英法之间形成了准结盟的关系。法国无论如何不愿意跟着老盟友一起与新盟友作战,于是竭尽全力在英国与俄国之间说和调停。到了 1904 年 11 月 25 日,英俄两国政府终于达成协议,同意将此事提交到海牙国际法庭审理。最终,俄国政府赔款 6.6 万英镑②,这件事就算了结了,一场大战终于消弭于无形。

在与英国关系缓和之后,俄国就从与德国积极结盟谈判的立场上向后退缩。在俄国已经与法国结成共同体的情况下,如果要俄国在法国和德国之间二选一的话,俄国只能选择法国。1904 年 12 月 7 日,也就是旅顺 203 高地被日军攻占的第二天,沙皇告知德国皇帝,俄国与德国之间的任何谈判条款,都必须首先与法国磋商之后,才能算数。这就等于委婉地拒绝了两国结盟的提议③。德国长出了一口气,不再提两国结盟这回事,俄德结盟谈判无疾而终。

到了这个时候,德国的外交战略显然出了大问题。它在日俄战争爆发前后的所有动作,对俄国的种种支持,其战略都是为了动摇法俄同

---

① *Tirpitz to Richthofen*, Nov.1, 1904.
② J.G.Merills, *International Dispute Settlement*, Cambridge: Cambridge University Press. 1999.
③ [苏]鲍里斯·罗曼诺夫:《俄国在满洲(1892—1906 年):专制政体在帝国主义时代的对外政策史纲》,陶文钊、李金秋、姚宝珠译,商务印书馆 1980 年版,第 430—432 页。

盟，争取将俄国拉到自己一边来。但是，当与俄国结盟的机会真正到来的时候，德国统治集团却以军事战略的理由否定这一联盟的存在价值。在这里，德国统治集团显然犯了一个致命错误，犯了战略问题中的一个大忌，即单纯军事观点的路线错误。实际统治德国的军官团没弄明白一个道理，即军事战略一定要服从和服务于整体国家战略。

在德国崛起过程中，为了打破旧霸主英国的潜在威胁，德国建立起一支世界第二的强大海军，这就迫使英国不得不与日本结盟，以此集中力量，贴身盯防德国。德国为了打散法俄同盟、削弱英日同盟，就积极支持俄国进行日俄战争，试图把俄国拉到自己一边；可是当与俄国结盟的机会真正到来的时候，德国又不敢得罪英国，放弃了与俄国结盟的机会。最后德国的对外战略堕落成了一个恶性循环。德国的海军建设增加了英国的敌意，这种敌意催生出了英日同盟；为了对抗英日同盟的威胁，德国只能与俄国结盟，可是俄国海军实力太弱，无法为德国提供有效的海军支援，反而只会增加德国的风险。因此，德国折腾一圈下来，既疏远了俄国，也得罪了英国。一场日俄战争打下来，除了外交孤立，德国一无所获。

就在沙皇婉拒德国皇帝结盟提议的同一天，1904年12月7日，俄国波罗的海舰队终于有惊无险，来到了德属南非西岸，也即今天纳米比亚的摩珊麦兹港。仅仅一天之前，中国东北战场上的日本军队刚刚攻占了旅顺203高地。10天之后，1904年12月16日，俄国波罗的海舰队抵达纳米比亚最南端的港口城镇卢德里兹，在那里，舰队司令官罗杰斯特文斯基接到战报，得知旅顺港内的俄国太平洋舰队，被攻占203高地的日本军队悉数歼灭，已经荡然无存。

1905年1月9日，波罗的海舰队终于越过好望角，来到法属马达加斯加岛北端的诺希北港，这时噩耗传来，旅顺要塞陷落。要知道波罗的海舰队原本的任务是救援太平洋舰队,远航的目的地就是旅顺口,现在太平洋舰队全军覆没,旅顺要塞沦陷,那么接下来俄国波罗的海舰队又该何去何从呢?

波罗的海舰队司令罗杰斯特文斯基审时度势,上奏沙皇,在目前形势下,波罗的海舰队继续远征东亚,已无实际意义,即便勉强赶到东亚,劳师远征,胜算也实在不大,为了避免承担不必要的风险,建议停止这次远征。但罗杰斯特文斯基的建议,却被沙皇政府断然否决,严令波罗的海舰队继续奔赴远东。

在丢了大连和旅顺之后,俄国在远东太平洋上的海军基地,就只剩下了海参崴,如果沙皇还想争夺东北亚的制海权,波罗的海舰队只有进入海参崴,获得充分的休整和物资补给,进行严格训练,才能形成真正的战斗力,与日本联合舰队一决雌雄。基于此,罗杰斯特文斯基又上疏朝廷,兵贵神速,请求立即启航前往海参崴。但这时沙皇政府不知道又从哪里拼凑了几艘老旧战舰,编组了一支新舰队,电令波罗的海舰队暂时停泊在马达加斯加,等候新舰队到来,会师之后再继续启程前往中国。

罗杰斯特文斯基看到这一纸电令,简直怒不可遏。等候新的分舰队从北欧波罗的海,赶来非洲南端的马达加斯加岛,这就意味着舰队还要再等两个月才能出发,可是兵贵神速,本来日本联合舰队经过将近一年的连续作战,已经极度疲劳,需要回港大修才能恢复战斗力,而俄国波罗的海舰队正好可以乘此良机,避开日本联合舰队主力,相对安全地抵达海参崴。但是现在,沙皇的一纸电令等于送给日本联合舰队足够的休整时间恢复战斗力。这对劳师远征、师老兵疲的波罗的海舰队来说,将是非常不利的,极有可能遭遇灭顶之灾。但是军令不可违,罗杰斯特文斯基也只得耐住性子,焦急等待。

那么沙皇政府是否就是昏庸无能、严重误判形势,以致昏招迭出,非要赶着波罗的海舰队去送死呢?当然不是的,由于所处的位置不同、高度不同,沙皇看到的东西,罗杰斯特文斯基未必能看到。沙皇政府当然有自己的通盘考虑,沙皇的考虑主要有两点:第一,是沙皇政府在国内所面临的政治危机;第二,则是沙皇俄国在国际资本市场所面临的岌岌可危的信用危机。

沙俄自从1861年农奴制改革之后,进入高速工业化的快车道,整个社会从传统农业社会向现代工业化社会快速转型,当然由此也带来了大量新生社会矛盾,俄国老百姓在农奴制封建残余,以及新兴资本主义血汗工厂的双重压榨下,挣扎求生,在经济高速发展的时期,尚且还能维持温饱,一旦1899年到1901年世界经济危机来袭,这种脆弱的社会平衡就被迅速打破了。等到日俄战争爆发,在巨大军费开支压力下,沙俄政府不得不开动国家机器,巧立名目横征暴敛,老百姓就连喝口酒、划根火柴都要交税,以此来填补军费开支的无底洞,俄国人民忍无可忍,发动了一波又一波的罢工、游行、抗议、示威。1905年1月22日,圣彼得堡15万工人大游行,向沙皇递交请愿信,要求进行民主改革,竟然遭到沙皇军队的血腥镇压。事后,根据沙皇政府的报告,大约有130多名工人在镇压中丧生,但普遍认为真实的伤亡数字是打死1000多人,打伤3000多人①。这就是俄国历史上著名的"血腥星期天事件"②。

然而,血腥镇压反而激起了全国的愤怒,街头巷尾到处都传唱着:"沙皇痛打了我们,我们也要痛打沙皇一顿。"③革命党人不失时机地喊出

---

① 参见阎京生:《菊花与锚:旧日本帝国海军发展史》,知兵堂出版社2007年版,第133页。
② [苏]托洛茨基:《托洛茨基自传》,胡萍译,中国社会科学出版社2003年版,第176页。
③ 云光:《国际共产主义运动史》,群众出版社1986年版,第178页。

"打倒专制!""打倒血腥的沙皇!""武装起来!"等革命口号[①]。到了傍晚,圣彼得堡全城筑起了街垒,成群的劳动人民全神贯注地倾听着革命党人的演说。紧跟着,群众运动迅速蔓延到全国各大城市,工人、农民,受压迫的少数民族劳动人民纷纷起来斗争。1905年俄国革命不但从根本上动摇了沙皇统治的合法性,也极大动摇了沙皇俄国政府在国际资本市场上的融资信用。

1905年1月2日,沙俄在旅顺要塞向日本军队投降,紧跟着1月22日圣彼得堡发生"血腥星期天事件",于是在巴黎证券交易所挂牌交易的俄国国债市场价格迅速暴跌。沙俄财政部驻巴黎的融资代表拉法洛维奇给远在圣彼得堡的顶头上司新任财政部长科科夫佐夫打电报,直言不讳地说:"你得在战场上打赢它几场仗,还要重新稳定社会秩序,只有这样才能安抚国际投资人的恐惧。"

而沙俄财政部对此的回复,则是在3月9日,给拉法洛维奇汇款23.5万法郎[②],要他加强公关法国媒体,试图通过低成本的媒体操纵,来重新塑造投资人心目中的俄国国家信用。可是到了3月10日,中国东北前线传来消息,沈阳会战中俄军防线全线崩溃,日军于3月11日全面占领沈阳城。于是巴黎证券交易所的经纪人们联合起来,向承销俄国国债的法国银行,及俄国财政部发出最后通牒,在当前形势下,巴黎交易所绝无可能再次发行新一批俄国国债,除非俄国政府能够"按每年300万法郎算,付出75万法郎作为最近三个月的报纸津贴"[③],打点法国媒体和证券经纪人。当时法国银行团正在圣彼得堡,与俄国财政部谈判新一批俄国国债发行事宜,结果遭遇1905年俄国革命,圣彼得堡到处

---

① 王荣堂、姜德昌:《新编世界近代史》下册,吉林人民出版社1980年版,第214页。
② 科科夫佐夫1905年2月26日给涅利多夫的信(《俄国财政》,第46号)。
③ 科科夫佐夫1905年3月4日给涅利多夫的信(《俄国财政》,第49号)。

都是街垒、战斗，示威群众包围了银行家们下榻的酒店，在酒店外面的大街上高唱国际歌，俄国财政部不得不向法国银行家们低头让步，答应了法国银行团的融资条件，以5%的年利率，由法国银行团承销6亿法郎国债，承销价格是票面价格的91.25%，市场销售价格是票面价格的98%[1]，也就是俄国政府一次性给了法国银行团6.75%的回扣。但是，即便是如此优惠的条件，也没能打动法国银行团。法国银行团中的台柱子是里昂信贷银行，里昂信贷银行在圣彼得堡、莫斯科和敖德萨等俄国城市都设有分行，这些西方银行家设在俄国的分支机构非常了解俄国各地的实际情况，有关俄国各地罢工、挤兑银行、疯狂抛空卢布、抢购外汇等信息如雪片般飞进法国银行家的办公桌，3月12日，法国银行团正式通知俄国财政部，无限期搁置这一次的俄国国债发行[2]。

对此，英国权威杂志《经济学人》发表文章指出，俄国政府在巴黎资本市场已经信誉扫地，柏林的资本市场则在流行做空卢布汇率，俄国的内政问题惨不忍睹，一句话，此刻沙皇别想再从国际资本市场借到一分钱了，俄国实际上已经无法再维持这场战争了。

到了这步田地，沙皇俄国实际上是已经陷入内外交困、山穷水尽的绝境当中，而沙皇的最后一根救命稻草，就是远在非洲南端马达加斯加岛的俄国波罗的海舰队。只有波罗的海舰队继续远征，国际投资人才有理由相信，俄国还在战斗，战争还有转机，沙俄政府才有可能说服国际投资人，继续给俄国融资。如果像舰队司令罗杰斯特文斯基所建议的那样，撤回波罗的海舰队，一切就全完了。至少，让这支海军继续远征日

---

[1] 参见 Gregg, Amanda, *For Peace and Money: French and British Finance in the Service of Tsars and Commissars*. New York:Oxford University Press, 2014；James Long. "Franco-Russian Relations during the Russo-Japanese War", *The Slavonic and East European Review*,1974(127), pp.213-233.

[2] 参见科科夫佐夫1905年5月10日给涅利多夫的信（《俄国财政》，第58号）。

本，哪怕真被日本联合舰队消灭了，也比让他们回到俄国更有利于沙俄政府，如果不这样，难道要让这些早已心怀不满的水兵回到俄国参加革命吗？更何况，万一打赢了呢？那就连本带利，全都捞回来了。于是，沙皇政府不顾战争规律，坚决命令波罗的海舰队继续远征日本。

1905年3月16日，波罗的海舰队在加满补给品之后，离开马达加斯加，启程航向东北亚。首先就要横跨印度洋。在当时，英国控制着印度洋的制海权，西起非洲东部印度洋沿岸，东到马来西亚新加坡，全都是英国的势力范围，英国是日本的盟友，自然不会接受俄国舰队靠港补给，因此，俄国连一处落脚歇息的地方都没有。偌大一支波罗的海舰队，只有依靠德国汉堡美利坚轮船公司的运煤船来补给燃料，倒是在无意间，创下了世界上首次在航行途中，在海上进行舰对舰补给燃料的纪录。

经过一个月漫长的漂流，俄国波罗的海舰队终于在1905年4月14日，抵达越南的金兰湾，当时越南是法国的殖民地，法国又是俄国的盟友，波罗的海舰队终于可以靠港休整了。在休整了整整一个月之后，1905年5月14日，波罗的海舰队离开越南金兰湾，驶向中国的舟山群岛。

波罗的海舰队横渡中国南海，经过台湾以东海域进入东海，在1905年5月23日，终于抵达舟山群岛。根据沙俄政府与德国汉堡美利坚轮船公司所签署的运煤合同，舟山群岛是德国公司向俄国波罗的海舰队供煤的最后一站。在这里，罗杰斯特文斯基命令各舰队进行最后一次的加煤作业，随后启程离开舟山群岛，前往最终的目的地——海参崴。与此同时，汉堡美利坚轮船公司的运煤船队离开舟山群岛，驶往100公里之外的上海，靠港休整。谁也没想到，正是运煤船队的这个常规靠港动作，最后葬送了俄国波罗的海舰队，而刚刚启航的波罗的海舰队，对此却浑然不觉。

第五章　日俄战争

对马海战

  1905 年 5 月 23 日，俄国波罗的海舰队抵达中国舟山群岛，进行了最后一次加煤作业，随后，于 25 日启程离开舟山群岛，向北方驶往海参崴。同一天，汉堡美利坚轮船公司的运煤船队也离开舟山群岛，向西驶往 100 公里之外的上海。

  这支运煤船队进入上海黄浦码头之后，立刻就被日本三井物产综合商社驻上海分公司的商业间谍给盯上了[①]，情报迅速传递到朝鲜釜山港镇海湾的日本联合舰队司令部，联合舰队司令官东乡平八郎拿到这份情报，仔细斟酌了一番，终于心里一块石头落了地。此刻，东乡平八郎内心笃定，波罗的海舰队此番是在劫难逃了。为什么三井物产传来的一份商业情报，竟然能让日本联合舰队的司令长官，作出如此重大的军事预判呢？

  原来，日本联合舰队早已在对马海峡布下天罗地网，只要俄国波罗的海舰队钻进自己布下的口袋阵，东乡平八郎就有把握歼灭之。但问题是，如果波罗的海舰队不走对马海峡，只要俄国人的这支主力舰队躲过伏击，避开日本联合舰队主力，平安进入海参崴基地，那么，日本在战略上就将陷入极其不利的被动局面。获得充分补给和休整的波罗的海舰队，还是有能力争夺东北亚制海权的，至少，也会持续性地给日本施加巨大的压力，让这场战争就此无休止地拖下去。假设果真如此，仅仅是财政问题都要压垮日本了。所以，东乡平八郎绝不能允许这种事情发生，必须找到俄国舰队的准确位置，捕捉到俄国舰队的主力，进行主力舰队对决，彻底消灭俄国波罗的海舰队。

[①] 姜宇：《日俄战争中日本情报谋略的特点和启示》，《江南社会学院学报》2019 年第 1 期，第 42—46 页。

好在英国是日本的盟国，从英伦三岛到新加坡，跨过半个地球，到处都是英国的殖民地，1904年10月15日，俄国舰队一离开波罗的海基地，就处于英国的密切监视之下，在1905年3月16日，波罗的海舰队刚刚离开马达加斯加岛，英国就把情报交给了日本大本营，要日本早做准备。①

当时，日本联合舰队在1905年1月刚刚结束在旅顺的战事，全军撤回九州佐世保基地休整。东乡平八郎接报，立刻召回了全体休假中的日本联合舰队官兵，开始紧张备战，日夜操练。同时，日本联合舰队作战参谋秋山真之海军中佐开始紧张工作，制订具体的作战计划。日俄战争爆发之初，偷袭俄国太平洋舰队，封锁旅顺口的作战计划，就出自秋山真之，帮助日本在战争一开始就夺取了东北亚的制海权。

到了1905年3月，英国传来情报，俄国波罗的海舰队离开非洲南端的马达加斯加，启程前往东亚战场，秋山真之立刻开始着手制订针对波罗的海舰队的作战计划，为了这个计划，秋山每天只睡三个小时，脑海里全是作战海图和舰队队形，最终制订出著名的"七段式作战"计划：将作战时间和作战区域划分成七段，假设日俄两国海军进行主力舰队对决，那么对决发生的时间和海域就是第一段；紧跟着，打到当天晚上，日本主力舰队就近撤回基地休整，但驱逐舰和鱼雷艇舰队展开狼群战术，在夜间继续咬住俄军舰队主力不放，到处围猎俄军军舰，这算是第二段；等到第二天天一亮，日军驱逐舰和鱼雷艇舰队则返回母港休整，而日军主力舰队继续出动围攻俄军主力舰队，这算是第三段攻击；打到第二天夜里，日军主力舰队脱离战场返回母港休整，驱逐舰和鱼雷艇舰队则再次出动，在夜里死死咬住俄军主力舰队，这算是第四段攻

---

① 逄复：《侵华日军间谍特务活动纪实》，北京出版社1993年版，第5页。

击；以此类推，直到第四天白天，日军主力舰队发动第七段攻击。

这份七段式作战计划，最大程度上发挥了日本的主场优势，而将俄国海军远离基地作战的劣势放大到极限，四天三夜，天罗地网，不只是要击败俄军主力舰队，而是要干净彻底地消灭俄国波罗的海舰队，一举赢得战争。

为了能够确保网住俄国舰队，不使其有漏网之鱼，秋山真之甚至将对马海峡直到日本海之间长达225公里的预定作战海域，划分成若干方格，就好像棋盘一样，在每一个方格内都部署武装渔船或者轻型巡洋舰，这样，只要俄国舰队进入对马海峡，就无可遁形，一定会被日本舰船发现。

但还有一个致命的问题，困扰着秋山真之和联合舰队司令部：如果俄国舰队走日本以东海域，绕道北海道方向进入海参崴，又该如何呢？无论如何，日本做不到在所有可能的航线上都布下重兵埋伏，没有任何国家拥有这样的资源。而一旦俄国舰队避开日本联合舰队主力，悄无声息地溜回海参崴，那么，对日本而言，就是战略上的重大挫败。能否网住俄国波罗的海舰队，就成了整个战争的胜负手，也成了决定日俄两国国运的胜负手。

恰在这时，三井物产上海分公司的商业间谍，发来情报[①]，5月25日，6艘德国汉堡美利坚轮船公司的运煤船进入上海黄浦码头。根据德国运煤船队的运煤能力、俄国舰队的动力情况和用煤量，以及舟山群岛到海参崴的航程距离，东乡平八郎立刻判断出，俄国舰队要用这些煤开到海参崴，只能走距离最近的对马海峡这条航线。而且，根据德国运煤船队从舟山群岛驶到上海的航速和距离，就能推断出俄国舰队的大致位

---

① 姜宇：《日俄战争中日本情报谋略的特点和启示》，《江南社会学院学报》2019年第1期，第42—46页。

置。俄国波罗的海舰队，终于还是一头撞进了东乡平八郎和秋山真之布下的天罗地网当中。

东乡平八郎立刻下令，联合舰队主力，4艘战列舰，8艘重型巡洋舰，集结在对马海峡朝鲜一侧的釜山港镇海湾隐蔽待命，同时派出4艘武装商船及两艘轻型巡洋舰在东海上侦察。

1905年5月27日凌晨2点45分，日本武装商船信浓丸在茫茫夜色中发现一艘灯火通明的巨大轮船[①]。信浓丸立刻靠了上去，经过两个小时的围绕观察，终于确定这就是俄国波罗的海舰队的医护船鹰号。虽然舰队司令罗杰斯特文斯基下令波罗的海舰队在夜晚航行时实施灯火管制，但是这艘医护船却自恃有海牙国际公约保护，不属于战争目标，因此夜间航行时也是灯火通明。

东乡平八郎当日于凌晨5时5分下令，集结在朝鲜镇海湾的日本联合舰队全体出港，升火迎敌。同时向大本营发出一份由秋山真之起草的电报："已经发现敌舰，联合舰队即刻出动，今日天气晴朗但是风高浪急。"[②]

紧接着，在早晨6时40分，原本在203号高地海域隔壁方格负责海上侦察的和泉号轻型巡洋舰赶来增援信浓丸，出现在俄国舰队的视线范围之内。此后，这艘日本轻型巡洋舰就如同幽灵一般，牢牢贴近俄国舰队主力，死死咬住，时刻向大本营报告俄国舰队的具体位置和航向，一刻也不放松。

眼看着一艘日本巡洋舰像鬼魅一样缠住自己，俄国水兵陷入了巨大

---

① ［日］安冈昭男：《日本近代史》，林和生、李心纯译，中国社会科学出版社1996年版，第366页。
② Clouds Above the Hill, Volume 4, Translated by Andrew Cobbing in Shiba Ryotaro, Routledge, 2013, p.212.

的不安当中，一直到上午 11 时，再也按捺不住的俄国战舰开始向日本巡洋舰开火，但罗杰斯特文斯基不愿意因为一艘日本轻型巡洋舰的骚扰，就拖慢舰队前进的速度，于是命令停火，继续航行。恰逢 5 月 27 日是沙皇尼古拉二世的登基纪念日，为了安抚官兵的情绪，激励士气，罗杰斯特文斯基传令全军庆祝，并享用了一顿丰盛的午餐。这也是波罗的海舰队最后的午餐了。

中午 12 时整，日军联合舰队的主力抵达战场。到 13 时 39 分，俄国舰队与日本联合舰队主力出现在了彼此的视线范围之内。这是一场跨越了 3 万公里，耗时整整 220 天的死亡约会。日俄双方分别下达了战斗命令。13 时 45 分，罗杰斯特文斯基下令变阵迎敌，但是糟糕的训练水平，却使得整个舰队陷入一片混乱。但正是这场混乱，却差点挽救了波罗的海舰队的命运。

10 分钟之后，在下午 13 时 55 分，日俄两支舰队相距 12000 米的时候，东乡平八郎下令旗舰三笠号高升 Z 字旗，向全体联合舰队表明，"今日晴空万里，波澜壮阔，皇国兴废，在此一战，诸君一同努力"①。同时，东乡平八郎下令全军向左侧急转 90 度，抢占 T 字头。什么是"抢占 T 字头"的战术呢？就是一支舰队，在交战之前，突然调转航向，排成一横列，从敌军的纵列阵型之前，呈 90 度角切过，这时，排成横列的舰队压在纵列阵型的舰队上方，就好像是英文字母的 T 一样。抢占 T 字头的好处是，可以充分发挥火力优势，集中各舰炮火攻击敌军阵型领头的旗舰，而此时敌军各舰根本看不到我方阵型，无从开炮还击②。东乡

---

① Koenig, William, *Epic Sea Battles*, London: Octopus Publishing Group Ltd., 2004, p.141.
② 参见 Semenoff, *Captain Vladimir. The Battle of Tsushima*, Translated by Lindsay, Captain A.B. (Second ed.), London: John Murray,1907, p.70 ; Mahan, Alfred Thayer. "Reflections, Historic and Other, Suggested by the Battle of the Japan Sea Proceedings", *US Naval Institute*, 1906, pp.457－458.

平八郎正是打算用抢占T字头的战术来对付波罗的海舰队。

但是事与愿违，正是由于波罗的海舰队暂时陷入混乱，停在原地没有继续前进，原本抢占到T字头部位置的日军舰队赫然发现，俄国军舰竟然还在炮火射程范围之外，等俄国军舰重新排好阵型继续前进的时候，两支舰队已经擦肩而过，脱离了交战范围。命运的天平，看起来开始向俄国人一方倾斜。罗杰斯特文斯基果断下令，全军开足马力，全速向东北方向逃离战场。只要逃出日军的伏击圈，从战略上看，俄军就赢了。

此刻，是1905年5月27日14时整。在这关键时刻，东乡平八郎断然下令，全体舰队原地180度角调头回航，做了一个U形大转弯，果断拦截试图逃逸的俄国舰队，再次抢占T字头。

东乡平八郎的命令，将整个联合舰队置于全军覆灭的危险境地。联合舰队要完成这次转向，大约需要10分钟，而在这10分钟的时间内，舰队由于转化阵型的原因，是没有办法开炮攻击的，更糟糕的是，这是在敌军纵列的侧翼进行大回转，等于将全军都暴露在了敌军集中火力攻击的射程范围之内，整个舰队要承受敌军的饱和式攻击，却无力反击。由此，这10分钟的时间，将成为联合舰队在战场上最脆弱的10分钟，也将成为日本国运最危险的10分钟。

罗杰斯特文斯基简直不敢相信眼前发生的一切，目瞪口呆地看着敌军在自己的炮口底下亮出柔软的下腹部。直到14时8分。罗杰斯特文斯基终于弄清楚了日本的目标，立刻下令全军集火攻击日本舰队。但是俄军的战斗素质实在太差，平时缺乏训练的弊病在实战中暴露无遗，在敌人毫无还手之力的两分钟时间里，竟然没有能击沉一艘日本军舰，只有一艘日本轻型巡洋舰被打坏了动力系统，被迫退出战斗。

两分钟之后，14时10分，联合舰队全部掉头完成，这时两支舰队相对距离6400米。联合舰队开始开炮攻击俄国舰队。到14时18分，两支舰队相对距离缩短到4600米，日舰开始集火攻击俄军旗舰苏沃洛夫公爵号。

这时罗杰斯特文斯基耍了一个花招，命令主力战列舰博罗季诺号左转向全力冲刺，试图造成一种假象，似乎整个俄国舰队都要左转逃逸。东乡平八郎果然中计，立刻下令联合舰队全军转向，追击博罗季诺号。而此时，俄军主力舰队继续保持原来航向加速前行。眼看着俄国舰队又将逃出伏击圈，这时联合舰队当中的日本第二舰队司令官上村彦之丞识破了俄军的花招，对东乡平八郎下达的转向命令是抗命不从，保持原有阵型，牢牢钉死在俄国舰队逃窜的去路上。俄国舰队被死死围在了伏击圈里。此时一切诡诈之术已经不再起作用，战争的结果将由双方的实力来决定。

俄国的军舰都是自己建造的，主力是4艘1.4万吨级的战列舰，每舰装12英寸口径巨炮4门，6英寸口径舰炮12门，舰体采用德国克虏伯渗碳钢材装甲，平均厚度20厘米，那时还没有发明穿甲弹、破甲弹，传统的黑火药炮弹很难击穿这么厚的装甲。反过来日本联合舰队的主力，也是4艘战列舰，但却是英国建造的，吨位、火力、航速全都力压俄国军舰一头：联合航队的平均航速最快可以达到18—20节，俄国舰队的航速只有15—18节；联合舰队每分钟可发射炮弹360发、投送炸药总重量21949公斤；而俄国舰队每分钟只能发射134发炮弹，投送炸药总重量8190公斤，火力输出能力不到日本舰队的一半。①

两军战斗到14时43分，俄军旗舰苏沃洛夫公爵号几乎要被击沉，舰队司令罗杰斯特文斯基身负重伤，驱逐舰"大胆"号冒死靠近自己的

---

① 参见［俄］A.B.洛巴诺夫：《兵败日本海——俄国人对马海战的回顾与反思》，靳涛译，《现代舰船》2007年第3期，第48—51页。

旗舰，救下了昏迷不醒的罗杰斯特文斯基。波罗的海舰队失去指挥，陷入一片混乱。此刻，胜负已定。接下来的，只是有组织的日本舰队对无组织的俄国军舰所展开的一场围猎。到当天 19 时 20 分，俄国舰队一共 4 艘主力战列舰当中的 3 艘已经被击沉。

当夜幕降临的时候，俄国的噩梦才刚刚开始。日本不给俄国任何喘息的机会，派出驱逐舰和鱼雷艇舰队，采用狼群战术，对残存的俄国舰队，展开夜间围猎。经过整整一夜血腥、绝望的猎杀，到第二天天一亮，日本联合舰队主力再次投入战斗，搜索围歼残敌。到当天上午 10 时 34 分，残存俄国舰队的旗舰尼古拉一世号上升起了白旗和日本太阳旗，表示投降。15 时 30 分，日本军舰截获俄国驱逐舰"大胆"号，俘虏了舰队司令罗杰斯特文斯基。18 时，俄国舰队最后一艘战舰，纳希莫夫海军上将号拒绝投降，自沉海底。对马海战到此完全结束。秋山真之策划的七段击，打到第三段，就已经全歼了俄国波罗的海舰队。

这次海战，俄国舰队除了 3 艘辅助军舰侥幸逃到了海参崴之外，其余全军覆没，舰船损失总计高达 27 万吨，死亡 4830 人，被俘 5917 人。日本方面只损失了 3 艘鱼雷艇，死亡 117 人，587 人负伤。[①] 至此，俄国海军的两支主力舰队，太平洋舰队和波罗的海舰队都被日本联合舰队消灭。距此整整 44 年之前，在 1861 年，仅仅是一艘俄国军舰入侵日本对马岛，就能把日本逼得走投无路；而在短短 44 年的时间里，日本就迅速实现现代化，有能力消灭俄国海军的全部主力。

对马海战全军覆灭的消息传回俄国国内，举国上下一片哗然，社会矛盾迅速激化。1905 年 6 月 27 日，在波罗的海舰队全军覆灭的整整一个月之后，俄国黑海舰队爆发水兵起义。起义的水兵枪毙了沙皇的贵

---

① 汤重南：《日本帝国的兴亡》上册，世界知识出版社 2005 年版，第 343 页。

族军官,选举产生水兵委员会,离开海军要塞塞瓦斯托波尔,驶往港口城市敖德萨,试图和那里的起义工人会师。1905年俄国革命就这样爆发了。

到这个时候,内外交困之下,沙皇再也无力将战争继续下去了,而日本也打得筋疲力尽,再打下去,就不是日本的战争胜利了,而是日本要沦为国际银行家们的债务奴隶了。于是,在美国政府的居间调停之下,经过10轮外交谈判,日俄两国于1905年9月5日,在美国新罕布什尔州的朴次茅斯海军基地签订了和平条约。根据和约,俄国割让库页岛的南半部分给日本,承认朝鲜是日本的势力范围,将旅顺和大连租借地转让给日本,同时将长春到旅顺的南满铁路也转交给日本,等于日俄两国以长春为界,南北瓜分了我国东北。日本对俄国作出的唯一让步,就是放弃要求战争赔款。至此,双方议和达成,日俄战争到此结束。

这场战争,深刻重塑了当时大国博弈的基本格局。俄国在战争中落败,不再有能力挑战英国的世界霸权,反而缓和了英俄两国的关系。日俄战争结束两年之后,也就是在1907年,英俄两国达成协约,就双边关系中存在的一系列问题,主要是争夺东方殖民地的问题上,达成了妥协,双方划分了各自在伊朗、阿富汗和我国西藏的势力范围[1]。以此为标志,英法俄三国协约正式形成,在欧洲出现了德奥同盟对抗英法俄三国协约的两极格局[2],第一次世界大战迫在眉睫。

---

[1] 参见朱瀛泉:《欧洲重组与1907年英俄中亚协定——英俄协约谈判起因探述》,《世界历史》1992年第1期,第95—105页;袁明:《国际关系史》,北京大学出版社1994年版,第119页;徐志民:《西藏史话》,社会科学文献出版社2011年版,第42页。

[2] 参见袁明:《国际关系史》,北京大学出版社1994年版,第119页;黄日涵、张华:《国际关系学精要》,社会科学文献出版社2017年版,第57页。

后记

本书从公元 10 世纪前后，中东伊斯兰商业文明开创出人类历史上第一个世界经济体系开始，一直到日俄战争的大幕徐徐落下时戛然而止，前后历时近乎 1000 年，却只为了回答一个问题：当近代资本主义从西方孕育生长出来，并根据自己的本性，向东方扩张而来的时候，东方文明究竟要如何应对这千年未有之大变局？

当好莱坞影星迈克尔·道格拉斯（Michael Douglas）所饰演的华尔街大亨戈登·盖柯（Gordon Gekko）在电影《华尔街 II》中说出那句名言"贪婪是好的（Greedy is good）……金钱永不眠（Money never sleeps）"的时候，他就已经点明了资本的本性之一，就是永不停歇的扩张。资本的存在方式就是价值增值，资本的生命就是一刻不停地扩张，不但是从地理维度上扩张，即不断开辟新的销售市场、原料来源地和投资场所，也在虚拟资本的维度上扩张，即通过金融创新，以信用扩张的方式，在时间维度上动员未来的资源在当下使用，在空间维度上动员他人的资源为己所用，以此来实现超越人类想象力极限的资本积累规模。

黑格尔和尼采都是表达资本主义精神最好的哲学家。黑格尔认定世界的本原是"绝对精神"（Absolute Spirit; 德语 Absoluter Geist），"只有绝对精神才具有外化为(或创造出)自然界的能动创造力"[1]，即"所有在我们面前展现的事物，不仅包括人的精神意识活动，也包括山川河流、动物植物，人类社会……都是绝对精神自己展开、自己实现的结果"[2]。

而精神展现于外界而创造出物质的过程，就是"绝对精神"在自身内在基本矛盾的驱使下，表现出一种"我一定要创造、我一定要存在"的"权力意志"（The Will to Power，德语 Der Wille zur Macht），或者说"冲创意志"[3]的施展过程，就是一个'绝对精神'（圣父）通过自己的外化（圣子）而意识到自身（圣灵）的过程。[4]

作为世界的本原，"绝对精神"同样贯通于资本主义的世界里，化身为"价值"（Value，德语 Wert），展现为"庞大的商品堆积"[5]，而"物的价值则只能在交换中实现……商品交换使商品彼此作为价值发生关系并作为价值来实现"[6]，也就是说，资本主义的运动过程，就是资本世界中的"绝对精神"——价值，通过外化为商品和商品交换，进而意识到自身的过程。资本也采取"价值"（Wert/Value，圣父）、"使用价值/商品"（Ware/Commodity，圣子）、"交换价值"(Tauschwert/Exchange Value，圣灵)"三位一体"的存在方式。

资本主义的运动过程，就是资本展现自身"权力意志"，通过商品之间的互相交换而意识到自身价值的运动过程。"意识到"，这是一个拟人的修辞手法，真正的含义是"实现"，即资本的权力意志，就是通过市场交换，使自己的道成肉身——商品，实现为价值。

---

[1] 邓晓芒：《思辨的张力：黑格尔辩证法新探》，商务印书馆 2016 年版，第 400 页。
[2] 李义天、袁航：《知道点世界哲学》，陕西人民出版社 2007 年版，第 4 页。
[3] 参见陈鼓应：《尼采新论》，中华书局 2015 年版。
[4] 参见《马克思恩格斯全集》第 3 卷，人民出版社 2002 年版，第 163 页。
[5] 卡尔·马克思：《政治经济学批判》1859 年柏林版第 3 页。
[6] 《马克思恩格斯全集》第 23 卷，人民出版社 1972 年版，第 100、103 页。

后记

正是在扩大市场交换、实现价值的驱使下，西方资产阶级永不停歇地努力扩张，力图将地球上的每一个角落都纳入西方资本主义所主导的生产分工和交换体系当中去。而当西方资本主义的历史洪流滚滚而来的时候，东方世界中那些"古老的社会生产机体……或者以个人尚未成熟、尚未脱掉同其他人的自然血缘联系的脐带为基础，或者以直接的统治和服从的关系为基础。它们存在的条件是：劳动生产力处于低级发展阶段，与此相应，人们在物质生活生产过程内部的关系，即他们彼此之间以及他们同自然之间的关系是很狭隘的"[①]，由此，西方"资产阶级，把一切民族甚至最野蛮的民族都卷到文明中来了。它的商品的低廉价格，是它用来摧毁一切万里长城、征服野蛮人最顽强的仇外心理的重炮。它迫使一切民族——如果它们不想灭亡的话——采用资产阶级的生产方式；它迫使它们在自己那里推行所谓文明，即变成资产者。一句话，它按照自己的面貌为自己创造出一个世界……使农村屈服于城市的统治，使未开化和半开化的国家从属于文明的国家，使农民的民族从属于资产阶级的民族，使东方从属于西方。"[②]

近代早期中国封建社会在面对西方资本主义扩张而来的千年未有之大变局时，生动诠释了马克思的上述论断。明代中国完全是被迫、被动融入了欧洲殖民者所开创的早期世界体系中去的。1567年隆庆开关后，明代商人的海外贸易节点是西班牙的马尼拉殖民地，明朝手工业制成品经过马尼拉转口，销往美洲或再转口到欧洲，售价是马尼拉当地的十倍不止，然而明朝不掌握太平洋制海权，不掌握美洲殖民地，因此明朝商人是绝对吃不到这十倍的利润的，甚至就是这么一点薄利，还要被马尼拉西班牙殖民当局巧立各种苛捐杂税给盘剥掉，而且在马尼拉的西方转

[①] 《马克思恩格斯全集》第23卷，人民出版社1972年版，第96页。
[②] 《马克思恩格斯选集》第1卷，人民出版社2012年版，第404—405页。

口贸易商结成了卡特尔,对明朝商品采取统一定价,尽量压低明朝商人的利润率。欧洲人只是无中生有地跑去美洲抢了一堆贵金属,就能低价换取明朝的真实财富,这就意味着明代中国人成了西方殖民者控制下的贵金属货币的奴隶,或者用马克思的话讲,是"货币拜物教"的奴隶。

用沃勒斯坦和阿明(Immanuel Wallerstein / Samir Amin)的范式[①],欧洲是中心、明朝是外围,中心地带决定外围地带的命运。1618年欧洲三十年战争爆发,早期世界体系按下暂停键,白银不再流向中国,则明朝立刻陷入恶性通缩危机,随之财政崩溃。等到1648年欧洲三十年战争结束,已然神州陆沉。发生在欧洲的一场宗教战争,不经意间给东亚历史造成一个"小小"的副作用,就是明清鼎革、神州陆沉。这就是外围地带不能掌握自己命运的悲哀。

明朝中国人对世界不了解,对于甲申之变、明清鼎革的时代剧变感到百思不得其解,那个时代最优秀的儒家知识分子写了种种诸如《明夷待访录》《宋论》《读通鉴论》之类的反思,都是不得要领。找不到主要矛盾,就只能归结到天命了。可是世界上哪来的什么天命呢?要说有天命,资本主义时代的"天命"就是黑格尔所讲的"绝对精神"(Absoluter Geist / Absolute Spirit),就是尼采的"权力意志"(Der Wille zur Macht / The Will to Power)。什么样的"绝对精神"?什么样的"权力意志"?就是在地理空间和虚拟资本空间这两个维度上,综合运用商业技术、金融技术和军事技术,不择手段、永不停歇地推动价值增值,扩张资本积累的规模、范围和效率。

---

① Immanuel Wallerstein(1974), *The Modern World-System,* New York, Academic Press, pp. 347-357. 参见 Amin S.(1976), *Unequal Development: An Essay on the Social Formations of Peripheral Capitalism,* New York: Monthly Review Press.; Wallerstein, Immanuel(1983). *Historical Capitalism,* London: Verso.

后记

公元1618年，明万历四十六年，东西方命运的齿轮，在这一年加速转动：

1618年，欧洲三十年战争爆发，天主教世界与基督教新教文明之间的战争一直持续到1648年，漫长的三十年战争使得欧洲本土遭受巨大破坏，欧洲与美洲新大陆之间的大西洋贸易几乎停摆，连带美洲与东亚之间的马尼拉大帆船贸易也出现停滞，欧洲白银暂停流向中国；

同一年，努尔哈赤以七大恨告天，起兵反明；明廷开始加派"辽饷"；

1633年，日本幕府发布锁国令，禁止白银出口，从此日本白银也不再流向中国；

1639年，华商在马尼拉遭受屠杀，马尼拉大帆船贸易遭受沉重打击；

1641年，作为欧洲三十年战争的一部分，新教荷兰殖民者打败天主教葡萄牙殖民者，征服了马六甲，切断了澳门与印度洋之间的交通，中国输入白银的澳门通道被关闭。

……

应对这样的大败局，要想回天，就只有一个办法：内阁票拟，司礼监披红，皇帝保证用未来税收作抵押，由户部发行战争公债，建设海军，出海征服日本列岛，获取日本的贵金属资源以及日本列岛的海权地缘优势，利用欧洲列强身陷欧陆战场、在远东地区力量薄弱的历史机遇，奋起与西方列强争雄海权。但明朝中国人还远远看不到这个层面。历史的机遇稍纵即逝。等到1840年，英国殖民者前来叩关的时候，"东方睡狮"依旧昏昏欲睡，而历史已经不再是悲剧[①]。

---

① 参见尼采：《悲剧的诞生》，孙周兴译，商务印书馆2012年版。

时间来到 1905 年。当日俄战争于这一年终于落幕的时候，日本已经成功崛起为世界列强之一。为何日本会成为近代史上唯一成功应对西方资本主义挑战东方文明国家？归根到底，乃是因为近代日本充分认识到了并且透彻理解了资本主义时代的"绝对精神"，并坚决贯彻为"我一定要崛起、一定要富国强兵、一定要争霸世界"的权力意志。正如甲午战争前，为日本制定《清国征讨方略》的日本参谋本部大佐小川又次所言：

今日乃豺狼世界，完全不能以道理、信义交往。德国和英国采取了进攻战略，所以成了强国，因此，对于日本来说，最紧要者，莫过于研究断然进取方略，谋求国运隆盛。①

这样的权力意志当然不符合东亚传统儒家伦理道德的胃口。直到今天，哪怕是被外界认为是所谓"鹰派"的中国国际关系学者，依然主张所谓的"道义现实主义"。

在当今时代，中国要实现民族复兴就需要在"正义"和"信义"两个方面超越美国。"正义"的具体表现是，中国在国际冲突中比美国更多地维护弱者的合法权益；而"信义"的表现是，中国有比美国更高的战略可靠性……中国需要借鉴"仁、义、礼"三个中国古代概念，结合"平等、民主、自由"的现代政治概念，在世界上推行"公平、正义、文明"的价值观。②

但问题是，如果"正义""信义""仁、义、礼"等抽象的道德原则，与"民族复兴"的现实需要之间产生矛盾怎么办？假如"民族复兴"的

---

① 林庆元、杨齐福：《"大东亚共荣圈"源流》，社会科学文献出版社 2006 年版，第 158 页。
② 阎学通：《道义现实主义的国际关系理论》，《国际问题研究》2014 年第 5 期，第 102—128、130 页。

客观需要就是要在"豺狼世界"里采取"进攻方略"呢？假如就是需要为了庞大的国内产能争取更广阔的外部消费市场、原料来源地和投资场所呢？那时是该放弃抽象的道德原则呢，还是为了符合道德原则而放弃"民族复兴"呢？我的回答是，道德仅仅是用来规范私人人际交往的伦理原则，而普遍的道义原则绝不能以抽象的原则应用于有组织竞争的豺狼世界中。

紧接着的问题就是，在"豺狼世界"里采取"进攻方略"的最终目的是什么？换言之，我们将要带给世界一个什么样的未来？当然就是为"黑暗森林"世界提供法权秩序，为生活在"黑暗森林"中的人们消除因为信息不对称而产生的敌意螺旋，为世界提供制度、秩序和规范来有效降低交易成本，比如提供世界交易货币、信贷、开放市场、产权保护、生产要素自由流通、争端解决机制、集体安全机制、探索外太空，诸如此类，俾使"黑暗森林"世界走出马尔萨斯陷阱，走向人类命运共同体。

是时候重估一切价值了。必须重估一切价值了。[①]

---

① 参见尼采：《重估一切价值》，林笳译，华东师范大学出版社 2013 年版。